二十一世纪"双一流"建设系列精品教材

证券投资技术分析

（第5版）

ZHENGQUAN TOUZI JISHU FENXI

吴晓东　朱泊怡　张明曜 编著

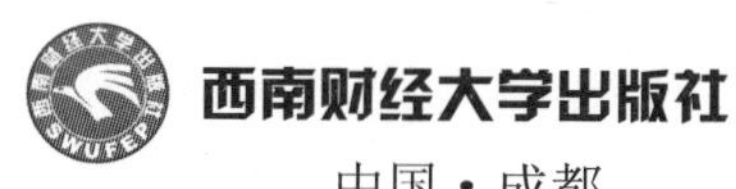

西南财经大学出版社
中国·成都

图书在版编目(CIP)数据

证券投资技术分析/吴晓东,朱泊怡,张明曜编著.—5版.—成都:西南财经大学出版社,2021.12
ISBN 978-7-5504-5204-6

Ⅰ.①证… Ⅱ.①吴…②朱…③张… Ⅲ.①证券投资—投资分析
Ⅳ.①F830.91

中国版本图书馆CIP数据核字(2021)第239303号

证券投资技术分析(第5版)

吴晓东 朱泊怡 张明曜 编著

责任编辑:金欣蕾
责任校对:王青杰
封面设计:墨创文化 吴刘煜
责任印制:朱曼丽

出版发行	西南财经大学出版社(四川省成都市光华村街55号)
网　　址	http://cbs.swufe.edu.cn
电子邮件	bookcj@swufe.edu.cn
邮政编码	610074
电　　话	028-87353785
照　　排	四川胜翔数码印务设计有限公司
印　　刷	郫县犀浦印刷厂
成品尺寸	185mm×260mm
印　　张	17
字　　数	385千字
版　　次	2021年12月第5版
印　　次	2021年12月第1次印刷
印　　数	1—2000册
书　　号	ISBN 978-7-5504-5204-6
定　　价	39.80元

第五版前言

投资是一个不断学习的过程，投资者不仅要从自己的投资经历中不断总结、成长，更要善于从别人的投资经历中吸取经验和教训。呈现在读者面前的这本《证券投资技术分析》是笔者在西南财经大学所开课程——“证券投资技术与分析”的教授内容，也是笔者多年从事证券投资的心得。

在中国今天的经济生活中，有一个词越来越富有吸引力，它就是“证券投资”。的确，在现代经济生活中，证券投资的影响越来越大。面对证券公司富丽堂皇的高楼大厦，透过浮躁喧闹的证券交易和变幻莫测的价格指数，人们强烈地感到，证券投资正在以其神奇的魔力，左右着我们的经济，影响着我们的生活。证券投资业已如血液一样流淌在整个社会经济的“肌体”中，连接着国民经济的各个部门，影响着经济生活中的许多机构和个人。对一般的投资者来说，证券公司是证券投资的主要场所，这里每天吞吐着数以千亿元计的资金，汇集着来自四面八方的信息，引导着资金的分配与流动，推动着经济的发展与巨变。

证券投资以其纷繁复杂的交易工具和涨落无常的价格为自己罩上了一层神秘的面纱。手段高超的投资欺诈曾多少次让世界各国的管理当局寝食难安，横行无阻的投资风潮曾摧垮过多少企业王国，变幻莫测的证券价格又曾多少次改变了证券交易者的命运……这里既是天堂也是地狱，既是乐园也是苦海。美国 1929 年的股市大崩溃虽已过去了多年，但其中的一幕幕惨烈场面至今还令人心惊胆战：在这次股市崩溃中，美国投资者在两个月就损失了 300 亿美元的财富，而这还只是灾难的开始——股市崩溃最终引起了整个美国经济和社会的危机……所有这些都使人们增强了了解证券投资的愿望。

20 世纪 90 年代以后，随着中国经济金融体制的改革和对外开放，作为市场经济体系重要组成部分的证券市场也相继建立和发展起来。证券市场的发展，无论是对传统的金融制度还是对原有的金融观念来说，都是一场革命。证券市场的运行与操作具有较强的技术性，需要人们掌握其规律，用科学的方法去运作它。但是，证券市场在我国毕竟还是一种仅出现了三十几年的新生事物，我们在这方面还需要不断地积累、学习。从国家宏观经济来看，证券市场的管理体制、管理方法、管理手段以及市场运行的法律基础都在不断健全与完善；从市场参与者来看，市场交易的主体地位、市场服务体系、投资者的投资理念、市场竞争机制等也在不断完善。因此，人们迫切需要对证券投资的理论与业务进行系统的学习和了解，为积极能动地进行证券投资打下坚实的基础。

中国金融业的发展历史决定了中国过去长期以来以间接融资为主要的融资方式，而直接融资与间接融资的比例失衡，不仅给银行造成了沉重的负担，同时也令实体经济难以得到应有的支持。中国证券监督管理委员会（简称“中国证监会”）指出，在2012年年底，中国直接融资占比为42.3%，不仅低于美国（87.2%）、日本（74.4%）、德国（69.2%）等发达国家，也低于印度（66.7%）、印度尼西亚（66.3%）等发展中国家，与中国经济社会发展实际需要不匹配。直接融资和间接融资比例失衡，使中国金融风险高度集中于银行体系，客观上也加重了实体经济融资难和融资贵、居民投资渠道有限等问题。更重要的是，这种失衡还有不断加重的趋势。2007—2012年，银行资产占金融总资产的比重由53%上升至76%。因此，促进直接融资与间接融资协调发展、提高直接融资比重具有全局性意义。资本市场是直接融资的高效平台。2014年“新国九条”提出，要发展多层次股票市场，规范发展债券市场，培育私募市场，提高证券期货服务业竞争力等。推出这些政策措施的一个重要考量就是顺应当前中国居民多元化投资和企业多样化融资的大趋势，健全多层次证券市场体系。可以说，证券市场正在逐渐影响我国更多的企业、机构（包括基金）和个人。对企业来说，在不断加剧的市场竞争中，它们需要寻求资金的支持，而证券市场正是企业资金供应的重要渠道。因此，如何从证券市场获得长期和短期资金，怎样融资才能使成本降至最低，如何协调证券市场中各个当事人的关系给投资者以合理的回报等，都已经成为企业决策的主要内容；对机构（包括基金）而言，中国证券市场上的机构与机构、基金与基金、机构与基金之间的博弈正在发生改变；对个人而言，随着经济的发展和个人收入水平的提高，个人的消费节余不断增加，传统的银行储蓄方式已不能满足人们多样化的投资需求，因而人们正在逐渐转向证券市场，寻找既能投资获益又可安全保值的投资方式。个人如何更好地介入证券市场成了大家日益关注的问题。

正如要开车的人至少得有个驾驶证，要参与证券市场，也得懂证券投资技术分析。正是基于这样的考虑，笔者在收集了大量最新资料并总结了多年教学与实际投资心得的基础上创作了这本书。具体来说，本书力求达到以下目的：对于关心证券投资技术问题的读者，为他们提供一把打开证券市场和证券交易之门的技术分析钥匙，使他们在较短的时间内较快地了解证券投资技术与分析的基本知识；对于积极参与证券投资活动的企业、机构和广大个人投资者，为他们从事证券投资活动提供技术分析指南，指导他们在证券市场中回避投资风险、争取盈利。当然，作为我国重点财经大学的教育工作者，笔者还希望通过自身的努力为金融和其他财经专业的师生们提供一本具有较高水准的教科书。

在学习本书时一定要注意，证券投资者在实际证券投资中，并不需要使用深奥难懂的技术分析工具和方法，常用的技术分析工具和方法在一般的交易软件中都有。在技术分析上，往往越简单、越纯朴的东西越直接、越接近真理。“在此，我要指出的是，数学与普通投资者态度的关系上存在着一个特殊的悖论：通常，人们认为数学能带来精确和可靠的结果；但是，在股市上，越是使用复杂和深奥的数学模型，所得出的结论就越不确定，越是具有投机性。在华尔街44年的从业经历和研究中，除了一些简单的算术和基本的代数之外，我还从未看到过能够可靠地计算出普通股的价值或相关投资策略的方法。每当有人用到微积分或高等代数时，你就应该保持警觉：计算者正在试图以理论代替经验，而且，通常也是在投资的伪装下从事投机。”① 盘面分析、K线分析（形态）、技术分析理论（道氏理论）、波浪理论、技术指标和均线系统分析等，都是简单而有效的技术分析工具和方法。记住：在证券投资中，使用的分析工具往往越简单越好，关键是保持客观、理性的头脑。此外，投资还需要知识、技术、经验和成熟的心态，技术分析只是“技”。

证券市场的变幻确如波翻浪涌，诡谲莫测，证券价格从高位飞流直下到从低位急剧暴涨，这个骤变的过程经常把人弄得茫然不知所措又徒呼奈何。熟悉证券价格

① 格雷厄姆. 聪明的投资者［M］. 4版. 王中华，黄一义，译. 北京：人民邮电出版社，2010：443.

运行情况的人，要善于从过去和现在的技术走势预测未来的变动方向。主力的强悍并不意味着主力能主宰一切，虽然我们无法洞悉主力做市的全部内容，但通过综合技术分析，成熟的投资者也能大致看出主力的意图，起码能发现一点点嬗变的迹象。

最后需要说明的是，本书是笔者在繁忙的教学和科研工作之余完成的，疏漏之处在所难免，恳请读者批评指正，谢谢！

吴晓东

2020 年 8 月于光华园

目 录

第一章 导论

本章将从证券的一般界定开始，先后介绍股票投资基础、股票指数期货投资基础、基金投资基础、权证投资基础、个股期权、证券交易软件常用名词。这些都是每个证券投资者进入证券投资市场之前必须知道的基础知识。

第一节　证券的一般界定

“证券”一词在日常生活中已被广泛使用，但其内涵常常被人误解。比如，人们往往把证券等同于有价证券，把证券等同于股票、债券。事实上，证券的范围很广，有价证券只是其中一部分。相应地，即使是股票、债券，也并不构成有价证券的全部。认股权证、期货合同、期权、基金券等也构成现代证券投资的重要工具。有鉴于此，我们有必要首先从性质、职能、特性等角度对证券做出一般界定。

一、证券的构成

证券在一般意义上是指用以证明持有者有权按其所载取得相应收益的各类权益凭证。其包括三大类：证据证券、所有权证券和有价证券。证据证券只是单纯证明某种事实的凭证，如借据、收据等。所有权证券是认定持有人是某种财产所有权的合法享有者，证明持有人所履行的权利与义务有效的文件，如土地所有权证书等。有价证券则是证明某项财产权利的凭证，如支票、汇票、债券、股票等。日本学者津村英文认为：“有价证券是某种权利的化身，其持有人有权取得一定的收入。要行使该项权利，就必须保有该项证券。要转移该项权利，也必须转移该项证券。”① 有价证券是某种权利的化身，有了有价证券，持有人即可根据证券所表明的内容，实现其财产权利；而对有价证券负有义务的人，则应履行证券所要求的义务。有价证券具有权利与证券紧密相连、不可分离这一基本特点。

有价证券按其所表明的财产权利的性质的不同又可分为三类：商品证券、货币证券及资本证券。商品证券是证明某种商品所有权的凭证，是一种物权。这里的物权是指占有一定的空间，有一定使用价值和交换价值，并可由民事主体支配，以满

① 津村英文．证券市场学［M］．张友栋，白若愚，译．北京：中国经济出版社，1988：13.

足人们生产或生活需要的一切客观存在的物质资料。商品证券是某种商品物权的凭证，其拥有者对该证券上所载明的商品享有合法权利，提货单、栈单、运货单等就属于商品证券。货币证券是证明某种商品的所有权转化为对货币的索取权的凭证。这种证券因商品交易而产生，代表着索取与某种商品价值相符的货币的权利，如期票、汇票、支票等。资本证券是证明投资这一事实以及投资者拥有相应权利的凭证，如股票、债券等。

在法律上，有时将货币证券称为有价证券，但在证券投资中所指的有价证券或简称证券，多指资本证券。在证券市场上交易的证券基本上就是资本证券，如股票、债券等。但随着证券制度的发展，其交易工具又有所扩展。比如像优先认股权证，它本身并不反映投资的事实，从而不具备资本证券的条件，但是因为它是预定要转化为股票的证券，而且在证券市场上交易，因而也包含在有价证券中。也有人称之为“相关证券”或“派生证券”。派生证券除包括认股权证外，还包括基金券。股票、债券、认股权证、基金券等资本证券和派生证券构成证券投资的主要工具。而从最新发展来看，证券投资工具还包括期货与期权。

二、证券的特性

从证券投资的角度来看，证券具有以下特性：

1. 期限性

证券有不同的期限。证券的期限一般比较长。由于股票不能退股，相应也就没有到期日，可以说是无期限的。证券的期限性对证券投资双方有着不同的含义。对证券的购买者而言，期限性主要指购买证券到归还本金的时间；对证券的发行者而言，期限性主要指发行证券到支付本金之间的时间。这种差别决定了期限可以分为绝对期限与相对期限：从证券发行日开始计算的期限为绝对期限，从发行后某个时点开始计算的期限为相对期限。对证券的发行者来说，最关心的是绝对期限，因为它反映了所筹集的资金可以使用的时间。而证券的购买者最关心的是相对期限，因为它反映了购买证券后还需多长时间才能得到偿还。

2. 收益性

证券以一定的收益为条件，这是证券投资的目的，也是证券发行的前提。比如：债券是以按照一定的利率支付和约期还本为条件的。证券的收益包括经常收入和资本收益两个部分。经常收入即投资人在证券到期或被赎回之前的时间内按期以利息形式获得的收益；资本收益则是证券实际价格高于或低于面值所产生的增值或损益。

股票一般是没有所谓到期日的，所以普通股票买进后如不卖出，它的收益就只有经常收入，即每年的股息收益。但是买进普通股票后永远不出售的投资者是极少的，大都要出售。一旦卖出，在买卖价格上就会有差别，这就产生股票持有期间的资本增益或资本损失。所以，普通股票的收益与其他证券一样，也包括股利收益（经常收入）和资本收益两个部分。

3. 流动性

流动性是指资产转换为货币的能力。若某种资产一旦需要可随即转换为货币，且交易费用很低、不承担本金的损失，那么该资产就具有较强的流动性；反之，资产的流动性就较高。证券作为一种资产，具有一定的流动性。证券持有人遇到经济不景气，行情大起大落，或者收益率看跌时，为了转移风险，或者为了自己资金周转上的需要，可灵活地转让证券换取相应的货币。不同的证券有着不同的流动性。证券的流动性受信用级别、证券期限、证券市场的发达程度影响。

4. 风险性

证券的内在风险有来自经济的，有来自政治的，也有来自道德、法律等方面的，其中以经营风险和市场风险为主。市场风险来自证券价格的波动。对通货膨胀的预期、对企业盈利的预测，以及其他因素的变化都会引起证券价格的波动。在这种情况下，就存在着损失证券本金的可能性，这就是所谓的市场风险。经营风险则是由于发行人破产，或经营管理人员所做经营决策造成投资者的收入或本金减少或损失的可能性。证券的风险与证券的收益有着直接的联系：风险越大，证券的收益率往往越高。

5. 权利性

证券作为一种财产权利凭证，可以赋予证券购买人（持有人）与证券类别相对应的权利。比如，债券持有人作为债权人，拥有到期时获取本金和利息的权利以及公司破产时对剩余财产的优先索偿权；有的还有权参与公司决策，分享部分公司的剩余盈利。股票持有人作为公司的股东，有权参加股东大会、有权选举公司董事，以及有权参与公司重大事项的决策等。

三、证券的功能

1. 筹资功能

证券的首要功能就是筹资。现代经济的信用性决定了筹资人对外源资金有着很大的依赖。而筹资人外源资金的来源主要有两个：一是向债权人借款，二是通过证券市场用发行证券的方式筹资。用第一种方法筹集资金，除了资金使用期限较短外，往往还要受债权人的限制，比如贷款会受到银行种种条件的限制。在证券市场上，筹资人创造证券并将其出售给投资人，投资人通过购买筹资人的证券将暂时剩余的资金转移给筹资人。用这种方法筹集资金，除了较主动外，更具稳定性与长期性。政府也可以通过发行证券筹集资金以解决公共开支扩大、财政赤字所引起的资金不足等问题。

2. 分散功能

证券的分散功能一方面表现为分散筹资人的风险，另一方面表现为分散投资人的风险。在证券投资中，证券购买人在分享筹资人投资获得的一部分收益的同时，也有条件地承担了一部分筹资人所面临的投资风险；这样，证券购买人本身也变成了风险投资人，使经济活动中风险承担者的数量大大增加，从而减少了每个筹资人所承担的风险量。证券这一功能使筹资人承担的风险大量减少。与此同时，由于证券购买人分担投资风险是有条件的，因此，他们尽力选择收益高且风险小的证券，将资金投入那些经济效益好的公司或项目上，从而保证资金流向的合理化，进而有利于全社会经济效益的提高。此外，有些为了取得巨大的可能收益而甘愿冒大风险的人，也通过购买风险大而潜在收益高的证券，把资金投入那些代表技术发展趋势的新项目，从而保证了技术发展对资金的需求，使经济获得不断进步的动力。

对证券投资者而言，一旦预期企业前景不理想，可以及时售出证券，换取货币，以避免或减少损失，使风险分散给多个人承受。不仅如此，由于各种证券有不同风险，如果投资者能预先注意所持有证券的分散化，那么，就可以通过有效的证券组合分散投资风险。

3. 告示功能

证券数量、证券价格均和国民经济运行的状况密切相关，对经济动向有十分灵敏的反应。证券价格的变化往往是经济周期变动的先期指标。一种证券价格上升，在很大程度上反映了该企业经济发展前景较好；而一种证券价格下降，则反映该企业经济发展前景较差。总体证券价格下降则反映了整个国民经济发展前景较差；总体价格上升则反映了整个国民经济发展前景较好。证券有着极强的告示功能，当然这是以证券市场有效为前提的。在非有效的证券市场上，证券价格往往不能显示出准确的经济信息。

第二节　股票投资基础

在中国，股票投资是最广泛的一种投资方式，拥有相当庞大的股民群体。根据中国证券登记结算有限责任公司提供的数据，截至 2019 年 10 月底，A 股共有 1.58 亿个投资者账户，其中自然人投资者账户有 1.577 亿个，非自然人账户有 37.46 万个。由于这一数据为上海、深圳两个证券交易市场的账户总数，以除以二来简单推算的话，中国 A 股的股民数量在 7 900 万人左右，约占到人口总数 14 亿的 5.64%。但是，比起美国人投资股票的比例来说，这个数字要小得多。根据统计数据，2011 年，54%的美国人在股票市场有投资。2002 年美国人投资股票市场的人数比例曾高达 67%，在 2007 年也曾有 65%的美国人投资股票市场。但全球经济危机以后美国人对股票市场失去了信心，投资股票市场的人数所占比例一路下滑：2008 年为 62%，2009 年为 57%，2010 年为 56%。股票是最受欢迎的投资品种，因此了解股票投资就显得非常必要。

一、股份制

通俗讲，股份制就是企业的一种财产组织形式，是一种约定的制度。它就是把企业的资金划分成若干相等的单位，分成一股一股的、一份一份的，所以叫股份。这个股份必须相等，比如，每一股份是 1 元，必须都是 1 元，不能有的股份是 1 元，有的是 2 元。在我国证券市场的早期，市场中主要是 1 元面值的股票。随着证券市场的发展，股份公司公开发行和在交易所挂牌交易的股票出现了非 1 元面值的股票，股票发行面值将不再统一为 1 元。

二、股份有限公司的类型

根据《中华人民共和国公司法》（简称《公司法》）的规定，按设立方式不同，股份有限公司可分为两种类型，即发起设立的股份有限公司和募集设立的股份有限公司。发起设立，是指由发起人认购公司应发行的全部股份而设立的公司；募集设立，是指由发起人认购公司应发行股份的一部分，其余股份向社会公开募集或者向特定对象募集而设立的公司。股份有限公司已在境内或境外上市的，称为上市公司，否则称为非上市公司。

三、股东有限责任

股东有限责任是指股东以投资为限对公司承担责任，公司以其全部财产对公司债务承担责任，具体到有限责任公司和股份有限公司，则指股东以认缴的出资额或认购的股份为限承担责任。股东承担有限责任是公司制的最显著特征，同时也是公司法人制度的两大基石之一。股东承担有限责任在公司与股东之间竖起了一道屏障，使股东责任与公司责任分离，从侧面反映了公司的独立人格，同时也是公司与其他非法人企业的根本区别之一。

有限责任制度对于公司制度的发展具有重大的意义。首先，有限责任制度是股东获取投资利益、限制投资风险的有效形式；其次，有限责任制度是募集社会资金、兴办大型企业的有效手段；最后，有限责任制度适应了所有权与经营权分离的生产方式的要求，使那些拥有资金但又无暇或不擅长经营管理的人能通过对股份有限公司的投资而使自己的资金进入经营流转，一方面避免了社会资本在所有者手中的停留和浪费，另一方面增加了资本所有者的经济利益。正如美国哥伦比亚大学前校长巴特尔先生所言，有限责任形态的公司是现在最伟大的发明，其产生的意义甚至超过了蒸汽机的发明及电的发现。

但是，股东有限责任并不是绝对的，也存在例外情形。在公司具体运作过程中，出现了公司资本显著不足、利用公司回避义务、公司法人人格化等滥用股东有限责任和公司独立人格制度的现象，于是美国率先创设“揭开公司面纱”（又称“公司法人人格否认”），以期对滥用行为进行规制。

四、股票

股票是股份公司为筹集资金而发给股东以作为其投资入股的证书和索取股息的凭证，其实质是公司的产权证明书。股票持有者就是公司的股东，享有盈利分配权、出席股东代表大会权、资产分配权等权利。股票分为优先股和普通股。优先股持有人按固定股息率取得股息，享有优先分配股利的权利。普通股持有人则按业绩在优先股持有人之后分配利润。

国务院于 1993 年 4 月 22 日发布的《股票发行与交易管理暂行条例》这样定义：

股票是指股份有限公司发行的、表示其股东按其持有的股份享有权益和承担义务的可转让的书面凭证。《公司法》对股票的定义是：股票是公司签发的证明股东所持股份的凭证。

在我国的证券市场上曾经存在国家股、法人股、自然人股。何谓国家股、法人股、自然人股？国家股、法人股、自然人股的称谓是我国股权分置背景下的产物。按照《中国证券登记结算有限责任公司证券登记规则》的有关规定，相关称谓已变更为国家持股、法人持股和自然人持股。国家持股是指有权代表国家投资的部门或机构以国有资产向公司投资形成的股份，包括以公司现有国有资产折算成的股份。法人持股是指企业法人或具有法人资格的事业单位和社会团体以其合法拥有的资产向公司投资所形成的股份。自然人持股是指自然人以其合法拥有的财产向公司投资所形成的股份。

五、新股发行制

中国证券市场大致经历了三个阶段。第一个阶段为1990年证券市场初创至1999年，其特征为股票发行实行严格的政府主导。第二阶段为2000—2009年，这个阶段的早期曾掀起短暂的市场化改革热潮，但未能深入，仅引入若干市场化的技术手段，如在配售环节引入专业机构投资者、在定价环节引入询价机制等。第三个阶段为2010年至今，伴随着多层次资本市场的建立，新股发行制度首先在新三板上采取了市场化道路，但对主板、中小板、创业板的发行制度，仍在核准制的道路上继续改良，多停留在对高估值、高定价、高募集额问题的治理。2013年11月30日，《中国证监会关于进一步推进新股发行体制改革的意见》出台，宣告资本市场的改革之路乃大势所趋，不会因人事变动而有所动摇。

2013年证券市场注册制改革旨在“还权于市场、还权于投资者”，尝试贯彻有关注册制的理念，包括审核理念、融资方式、发行节奏、发行价格、发行方式以及管控方式，更强调市场化精神。由市场起决定性作用，核心是由市场主体自主决定市场价格，自主享受收益并承担风险。按照2013年11月30日发布的《中国证监会关于进一步推进新股发行体制改革的意见》，新股发行应当以发行人信息披露为中心；中介机构对发行人信息披露的真实性、准确性、完整性把关；监管部门和中国证券监督管理委员会发行审核委员会对发行申请文件和信息披露内容的合法合规性进行审核，不判断发行人的持续盈利能力和投资价值；在充分信息披露的基础上，改由投资者和市场自主判断企业价值和风险，自主做出投资决策；发行人可以选择普通股、优先股、公司债或者股债结合等多种融资方式，融资手段将更加丰富；新股发行的多少、快慢将更大程度上由市场自主决定。监管当局不再管理询价、定价、配售的具体过程，由发行人与主承销商自主确定发行时机和发行方案，并根据询价情况自主协商确定新股发行价格。

六、股票的价值

股票价值包括以下四种：

（1）票面价值，是指股票上面所标明的金额。如我国大多数股票的票面价值都是1元。但股票发行不一定按照“面值”，通常是溢价（高于票面价值）发行。这样，票面价值也就失去了它原来的意义。票面价值一般没有重大的实际意义。

（2）账面价值，是指股票所含的实际资产额。账面价值=（公司资产-负债）/股票总股数。例如：某公司有2亿元总资产，其中8 000万元系借入资金，即负债，真正属于股东的净资产为11.2亿元，该公司共发行350万股普通股票，其账面价值为120 000 000÷3 500 000≈34.29（元）。由于账面价值代表每股股票所拥有的实际资产，因此账面价值一般被视作上市股票的最低价格。如上例即该公司破产，还掉所有债务，清算时每股还有34.29元净值可以分给股东。若股价跌破34.29元，则意味着该公司具有一定的投资价值，因此，股票的账面价值曾被视为普通股的最后保障，投资者对其极为重视。当然，账面价值只是估计股票实际价值的一个依据，它和股票实际价格往往不一致。

（3）内在价值，是指投资者分析了上市公司的财务状况、盈利前景以及其他影响公司成长的因素以后，认为股票实际代表的价值。它是一种理论价值。

（4）市场价值，又称市场价格，可以有两种理解：一种理解是上市公司（股份有限公司）每一股股票的市场价值；另一种理解是上市公司（股份有限公司）的市场价值。人们通常所说的市场价值是指股票在股票市场上实际买卖的价格。影响股票价格的因素很多：有宏观的因素，如经济周期、利率等；有中观的因素，如行业产业状况；也有微观的因素，如上市公司本身的情况。

七、累积投票制

累积投票是与直接投票相对应的概念。在直接投票制下，每一个股东拥有与所持股份数额相同的表决权数，因此，只要有一个股东持有公司50%以上的股份，即完全有能力操纵公司，其他股东的权利完全失衡，此时，出现弱肉强食的情况也就不足为奇了。在累积投票制下，股东拥有的表决权数等于其股份数乘以待选董事人数，股东既可以将其票数投给一个候选人又可投给多个候选人。

累积投票制在一定程度上为中小股东的代言人进入董（监）事会提供了保障。例如，某公司大股东持股60%，二股东持股20%，三股东持股8%，四股东持股7%，其余股东合计持股5%。由于大股东持股超过50%，在直接投票制的简单多数决定原则下，他一人即可完全决定董（监）事会的所有人选。但在累积投票制下，情形将有所不同：假定该公司董事会由5名董事组成，大股东享有3亿票表决权，二股东享有1亿票表决权，三股东享有4 000万票表决权，四股东有3 500万票表决权，其余股东有2 500万票表决权。大股东可将其表决权分散投于其中意的候选人，如A获1.000 1亿票，B获1.000 1亿票，C获4 002万票，D获4 001万票，E获1 995万票；二股东可将其表决权集中投于其中意的候选人，如F获1亿票；三股东可将其表决权集中投于其中意的候选人，如G获4 000万票；四股东可将其表决权集中投于其中意的候选人，如H获3 500万票；其余股东可将其表决权集中投于其中意的候选人，如I获2 500万票。根据得票多少的顺序，候选人A、B、F、C、D

当选为董事，而大股东中意的候选人 E 将无法进入董事会。在该案例中，如果三股东和四股东联合起来，均将其表决权共计 7 500 万票集中投于候选人 G，则候选人 A、B、F、G、C 当选为董事，而大股东中意的候选人 D 和 E 都将无法进入董事会。

累积投票制的立法模式有两种：①强制主义。早期的累积投票立法均采用此模式，它是在中小股东保护机制极不健全时期的产物。②许可主义。许可主义之下又有两种模式：其一，选入式许可主义即除非公司章程规定了累积投票制度，否则不实行之。其二，选出式许可主义即除非公司章程明确排除累积投票制，均得适用之。

《公司法》第一百零五条明确规定：股东大会选举董事、监事，可以依照公司章程的规定或者股东大会的决议，实行累积投票制。显然，《公司法》选用了选入式许可主义模式。

2002 年年初颁布实施的《上市公司治理准则》首次在我国引入了董事选举的累积投票制，但由于一直没有出台关于该制度的实施细则或者操作指引，上市公司对其含义理解各异，在实践中存在不少问题。一是关于等额选举现象。累积投票制的实际操作一般是将众多董（监）事候选人按照其得票的多少依次排序，从前往后根据拟选出的董（监）事人数决定有关候选人是否当选，而不计较其具体的得票数量。极端情况下，仅得一票的候选人也可能当选。因此，通常情况下，累积投票制只有在差额选举时才有实际意义，除非公司章程对最低当选票数有相应要求。然而，我国上市公司在采用累积投票制选举董事时实行的往往是等额选举。拟选出的董事人数与提交股东大会审议的候选人人数相同，使累积投票制按照候选人得票多少的顺序而非具体得票数量来决定是否当选的设计失去了意义。这也是当前实践中最突出、最普遍的一个问题。二是关于是否可将董事和监事一并选举的问题。如前所述，在累积投票制下，选出一名董（监）事所需最低票数是与拟选出的董（监）事人数成反比的。换句话说，拟选出的人数越多，小股东的意志越有可能得到反映。这就引出是否可将董事和监事一并选举以扩大选举范围的问题。从证券公司治理相关规定可以看出，采用累积投票制选举监事，在我国至少不是一个从未涉足的领域。为尽可能体现引入累积投票制的宗旨，可以尝试将董事和监事一并选举。

八、电脑撮合交易

上海、深圳两个证券交易市场均采用这种先进的方式。在电脑撮合交易下，交易所的电脑与证券商的电脑联网，证券商本部及其分支营业机构通过终端机将买卖指示输入电脑。证券商经纪人在集中市场交易席的终端上接到其营业处传来的买卖申报后，须经确认无误，再输入交易所的电脑主机。买卖申报被交易所电脑主机接受后，按证券价格、时间排列，自开市起按“二优先”原则撮合成交[①]。买卖成交

---

① 2006 年 7 月 1 日起正式实施新交易规则，将集合竞价调整为开放式集合竞价，竞价时间为9：15—9：25，即时行情内容包括证券代码、证券简称、前收盘价格、虚拟开盘参考价格、虚拟匹配量和虚拟未匹配量。9：15—9：20 可以接受申报，也可以撤销申报；但 9：20—9：25 只接受申报，不接受撤销申报。新交易规则新增了市价申报制度，并且对申报价格控制和交易公开信息等业务也做出了调整。2016 年 5 月 9 日起，9：15—9：20可以挂单也可以撤单，9：10—9：25 只能挂单，不能撤单，9：25—9：30 不能挂单也不能撤单，9：25—9：30 的挂单与撤单都暂存券商系统，9：30 再统一提交到交易所。

后，交易所的电脑打印机自动打印成交单，买卖双方经纪人在场内成交单上签字并取回回执联，通知其营业处所转告客户。

例如：有一种股票，A 方要以 5 元买进，B 方要以 9 元买进，C 方要以 9 元卖出，D 方要以 5 元卖出，交易量均为 100 股。那么按价格优先，B、D 双方首先成交，因为他们成交价格适宜，A、C 交易落空。如果都以 9 元的价格挂单买卖，那就要看谁先买或谁先卖了，这就是时间优先。如果 A 比 B 还先买进，那么 A、C 双方成交。

九、竞价

在高度组织化的证券交易所内，会员经纪商代表众多的买方和卖方按照一定的规则和程序公开竞价。

1. 竞价原则

证券交易所的证券交易按照“价格优先、时间优先”的原则进行竞价交易。成交时价格优先的原则为：较高价格买入申报优先于较低价格买入申报，较低价格卖出申报优先于较高价格卖出申报。

成交时，时间优先的执行原则为：先后顺序按照交易主机接受申报的时间确定。例如，A、B、C、D 投资者四人，均申报卖出某只股票，申报价格和申报时间分别为：A 的卖出价格为 10. 60 元，时间为 13：35；B 的卖出价格为 10. 30 元，时间为 13：40；C 的卖出价格为 10. 65 元，时间为 13：25；D 的卖出价格为 10. 30 元，时间为 13：38。那么这四个投资者交易的优先顺序为 D、B、A、C。

2. 竞价方式

目前，我国证券交易所采用两种竞价方式：集合竞价方式和连续竞价方式。

上海证券交易所（简称“上交所”）规定，采用竞价交易方式的，每个交易日的 9：15—9：25 为开盘集合竞价时间，9：30—11：30、13：00—15：00 为连续竞价时间。深圳证券交易所（简称“深交所”）规定，采用竞价交易方式的，每个交易日的 9：15—9：25 为开盘集合竞价时间，9：30—11：30、13：00—14：57 为连续竞价时间，14：57—15：00 为收盘集合竞价时间。

（1）集合竞价。

集合竞价，是指对在规定的一段时间内接受的买卖申报一次性集中撮合的竞价方式。根据我国证券交易所的相关规定，集合竞价确定成交价的原则为：①可实现最大成交量的价格；②高于该价格的买入申报与低于该价格的卖出申报全部成交的价格；③与该价格相同的买方或卖方至少有一方全部成交的价格。如有两个以上申报价格符合上述条件的，深圳证券交易所取距前收盘价最近的价格为成交价格；上海证券交易所则规定使未成交量最小的申报价格为成交价格，若仍有两个以上使未成交量最小的申报价格符合上述条件的，其中间价格为成交价格。集合竞价的所有交易以同一价格成交。

所有买方有效委托限价按由高到低的顺序排列，限价相同者按照进入交易系统电脑主机的时间先后排列。所有卖方有效委托限价按由低到高的顺序排列，限价相同者也按照进入交易系统电脑主机的时间先后排列。交易系统依序逐笔将排在前面的买方委托与卖方委托配对成交。也就是说，按照价格优先、同等价格下时间优先的成交顺序依次成交，直至成交条件不满足为止，即所有买入委托的限价均低于卖出委托的限价，所有成交都以同一成交价成交。集合竞价中未能成交的委托，自动进入连续竞价。

【例 1.1】某股票某日在集合竞价时买卖申报价格和数量如表 1.1 所示，该股票上日收盘价为 10.13 元。该股票在上海证券交易所当日开盘价及成交量分别是多少？

表 1.1　某股票某日在集合竞价时买卖申报价格和数量

买入数量/手	价格/元	卖出数量/手
—	10.50	100
—	10.40	200
150	10.30	300
150	10.20	500
200	10.10	200
300	10.00	100
500	9.90	—
600	9.80	—
300	9.70	—

各价位的累计买卖数量及最大可成交量见表 1.2。

表 1.2　各价位的累计买卖数量及最大可成交量

累计买入数量/手	价格/元	累计卖出数量/手	最大可成交量/手
0	10.50	1 400	0
0	10.40	1 300	0
150	10.30	1 100	150
300	10.20	800	300
500	10.10	300	300
800	10.00	100	100
1 300	9.90	0	0
1 900	9.80	0	0
2 200	9.70	0	0

由表 1.1 和表 1.2 可知，符合上述集合竞价确定成交原则的价格有两个：10.20 元和 10.10 元。上海证券交易所的开盘价为这两个价格的中间价 10.15 元，深圳证券交易所的开盘价为离上日收市价（10.13 元）最近的价格 10.10 元。成交量均为 300 手。

（2）连续竞价。

集合竞价主要解决开盘前的买进、卖出委托，产生开盘价。而后还会有许多买卖信息输入，这时就转入连续竞价阶段。它的原理是这样的：确认连续竞价中每一盘的有效委托；根据一定时间间隔或一定委托数量二者优先成立的原则选取已报入系统的一盘买卖委托，其中对于一定的时间间隔和一定委托数量的参数设定由交易所视市场状况而定。比如以每 20 笔单子为一盘，如果不足 20 笔时以 15 秒为一盘。连续竞价通常以昨日收市价的一定范围（比如 10%）为有效范围。其限价在有效范围内的合法委托，称为该盘的有效委托。系统只对有效委托进行竞价处理。

连续竞价是指对买卖申报逐笔连续撮合的竞价方式。每一笔买卖委托输入电脑自动撮合系统后，系统会当即判断并进行不同的处理：能成交者予以成交，不能成交者等待机会成交，部分成交者则继续等待剩余部分成交。

按照我国证券交易所的有关规定，在无撤单的情况下，委托在委托当日交易时间内有效。另外，开盘集合竞价期间未成交的买卖申报，自动进入连续竞价阶段。深圳证券交易所还规定，连续竞价期间未成交的买卖申报，自动进入收盘集合竞价阶段。

①成交价格确定原则。连续竞价时，成交价格的确定原则为：a. 最高买入申报价格与最低卖出申报价格相同，以该价格为成交价；b. 买入申报价格高于即时揭示的最低卖出申报价格时，以即时揭示的最低卖出申报价格为成交价；c. 卖出申报价格低于即时揭示的最高买入申报价格时，以即时揭示的最高买入申报价格为成交价。

例如，某股票即时揭示的卖出申报价格和数量分别为 15.60 元和 1 000 股、15.56 元和 800 股、15.36 元和 100 股，即时揭示的买入申报价格和数量分别为 15.25 元和 500 股、15.20 元和 1 000 股、15.15 元和 800 股。若此时该股票有一笔买入申报进入交易系统，价格为 15.56 元，数量为 600 股，则应以 15.36 元成交 100 股、15.56 元成交 500 股。

②实行涨跌幅限制的证券的有效申报价格范围。竞价申报时还涉及证券价格的有效申报范围。根据现行制度规定，无论是买入还是卖出，股票（含 A、B 股）、基金类证券在 1 个交易日内的交易价格相对于上一交易日收市价格的涨跌幅度不得超过 10%，其中 ST 股票和*ST 股票价格涨跌幅度不得超过 5%。涨跌幅价格的计算公式为（计算结果四舍五入至价格最小变动单位）：

涨跌幅价格 = 前收盘价×（1±涨跌幅比例）

例如，某 A 股票的收盘价为 18 元；某 B 股票的交易需特别处理，其属于 ST 股票，收盘价为 6.8 元。那么一个交易日内，A 股票交易的价格上限为 19.8 元［18×（1+10%）］，价格下限为 16.2 元［18×（1−10%）］；B 股票交易的价格上限为 7.14 元［6.8×（1+5%）］，价格下限为 6.46 元［6.8×（1−5%）］。

买卖有价格涨跌幅限制的证券，在价格涨跌幅限制内的申报为有效申报，超过涨跌幅限制的申报为无效申报。

在深圳证券交易所，买卖有价格涨跌幅限制的中小企业板股票，连续竞价期间超过有效竞价范围的有效申报不能参加竞价，暂存于交易主机；当成交价格波动使其进入有效竞价范围时，交易主机自动取出申报，参加竞价。中小企业板股票连续竞价期间有效范围为最近成交价的上下3%。开盘集合竞价期间没有产生成交的，连续竞价开始时有效竞价范围调整为前收盘价的上下3%。

③不实行涨跌幅限制的证券有效申报价格范围。对于无价格涨跌幅限制的证券，上海证券交易所和深圳证券交易所都规定了其发生的情形和有效申报价格范围。

我国证券交易所规定，属于下列情形之一的，首个交易日不实行价格涨跌幅限制：

a. 首次公开发行上市的股票（上海证券交易所还包括封闭式基金）；

b. 增发上市的股票；

c. 暂停上市后恢复上市的股票；

d. 证券交易所或中国证监会认定的其他情形。

根据上海证券交易所的规定，买卖无价格涨跌幅限制的证券，集合竞价阶段的有效申报价格应符合下列规定：

a. 股票交易申报价格不高于前收盘价格的900%，并且不低于前收盘价格的50%；

b. 基金、债券交易申报价格最高不高于前收盘价格的150%，并且不低于前收盘价格的70%。

集合竞价阶段的债券回购交易①申报无价格限制。

在上海证券交易所买卖无价格涨跌幅限制的证券，连续竞价阶段的有效申报价格应符合下列规定：

a. 申报价格不高于即时揭示的最低卖出价格的110%且不低于即时揭示的最高买入价格的90%；同时不高于上述最高申报价与最低申报价平均数的130%且不低于该平均数的70%；

b. 即时揭示中无买入申报价格的，即时揭示的最低卖出价格、最新成交价格中较低者视为前项最高买入价格；

c. 即时揭示中无卖出申报价格的，即时揭示的最高买入价格、最新成交价格中较高者视为前项最低卖出价格；

当日无交易的，前收盘价格为最新成交价格。

根据深圳证券交易所的规定，无涨跌幅限制证券的交易按下列方法确定有效竞价范围：

a. 股票上市首日开盘集合竞价的有效竞价范围为发行价的900%以内，连续竞价、收盘集合竞价的有效竞价范围为最近成交价的上下10%。

b. 债券上市首日开盘集合竞价的有效竞价范围为发行价的上下30%，连续竞价、收盘集合竞价的有效竞价范围为最近成交价的上下10%；非上市首日开盘集合竞价的有效竞价范围为前收盘价的上下10%，连续竞价、收盘集合竞价的有效范围为最近成交价的上下10%。

c. 债券质押式回购非上市首日开盘集合竞价的有效竞价范围为前收盘价的上下100%，连续竞价、收盘集合竞价的有效竞价范围为最近成交价的上下100%。

① 债券回购交易是指债券买卖的双方在成交的同时，约定于未来某一时间以某一价格双方再进行反向交易的行为。

无价格涨跌幅限制的证券在开盘集合竞价期间没有产生成交的，连续竞价开始时，按下列方式调整有效竞价范围：

a. 有效竞价范围内的最高买入申报价高于发行价或前收盘价的，以最高买入申报价为基准调整有效竞价范围；

b. 有效竞价范围内的最低卖出申报价低于发行价或前收盘价的，以最低卖出申报价为基准调整有效竞价范围。

另外，买卖深圳证券交易所无价格涨跌幅限制的证券，超过有效证券范围的申报不能即时参加竞价，可暂存于交易主机；当成交价格波动使其进入有效竞价范围时，交易主机自动取出申报，参加竞价。

开盘集合竞价小知识

2006 年 7 月 1 日，上海和深圳证券交易所实施开放式集合竞价，即在集合竞价期间，即时行情实时揭示集合竞价参考价格。开放式集合竞价时间为 9 点 15 分至 9 点 25 分。开盘集合竞价对于当天股价走势的技术研判具有非常重要的指导意义，所以投资者有必要了解一些开盘集合竞价的小知识。

（1）在 9：15—9：20 这五分钟开放式集合竞价中，可以输入委托买入和卖出的单子。你看到的匹配成交量可能是虚假的，因为这 5 分钟可以撤单，所以有些主力在 9：15—9：20 挂大单买入，引诱散户，并掐点在 9：20 之前瞬间撤单。当你买进时，你不能撤单，他可以撤单，然后他再照价卖给你。

（2）在 9：20—9：25 这五分钟开放式集合竞价中，可以输入委托买入和卖出的单子，但不能撤单。有的投资者认为他在此阶段撤单就完事了，事实上这五分钟撤单是无效的。这五分钟你看到的委托买入和卖出都是真实的。

（3）9：25—9：30 这五分钟不叫集合竞价时间。这五分钟里券商可接受买入和卖出委托，也可接受撤单，不过这五分钟电脑不处理，即不会送交交易所。如果你委托买入或卖出的价格估计能成交，即使你立马反悔去撤单，也是排在后面的来不及生效的委托。

（4）9：25 才是集合竞价期间唯一一次真正的成交时间，此时会显示成交笔数。9：25 成交的那个价格，也就是开盘价。所有委托的成交价格都是同一个价格。这个价格是根据最大成交量撮合出来的。

（5）集合竞价最好的填单时间是越接近 9：25 越好。集合竞价先是价格优先，然后才是时间优先，所以你只要在 9：25 之前的一瞬间，报比当时价格低的价格卖出或报比当时价格高的价格买入，则肯定会成交。最终的成交价按照开盘价确定，而不是你的委托价格。

（6）券商营业部正式向交易所发送委托数据的时间是 9：05。一般来说，券商营业部在每个交易日的 9：05 左右会将营业部的转换系统打开，这一系统负责将证券营业部客户的委托指令转换成数字波束合成（DBF）库数据发送至交易所，交易数据在 9：15 准时进入交易所电脑主机执行。所以，那些追逐连续涨停股票的投资者，需要尽早委托，等到集合竞价开始后再下单，则委托单基本就要排到队列最后了。

十、分红派息、分红派息的方式及股权登记日

分红派息，是指公司以当年税后利润，在弥补以前年度亏损、提取法定公积金及任意公积金后，将剩余利润以现金或股票的方式，按股东持股比例或按公司章程规定的办法进行分配的行为。

一般来说，公司可以三种方式实施分红派息：①派发现金；②派发新股（包括无偿送红股和有偿配股）；③以公司盈余公积金转增股本。公司董事会提出分配预案，并按法定程序召开股东大会进行审议和表决。个人股东享有的红利，必须按国家有关规定纳税。一般情况下，该项所得税由公司代扣代缴。

公司在实施分红派息或送配股的时候，需要定出某一天，界定哪些股东可以享有此次分红派息或参与此次送配股。定出的这一天就是股权登记日。也就是说，在股权登记日这一天收市时，持有该公司股权的股东可以享有此次分红派息或参与此次送配股。

十一、除息、除权计算

除权的英文缩写为 XR，除息的英文缩写为 XD。股东回报包括公司发给股东的现金或股票，它们分别叫现金股利、股票股利。对这种无形中增加的股票价值要除净权息。

当一家股票上市公司宣布上年度股利分派为现金股利时，则在发放股息前，该种股票称为含息股票。要办理除息手续的发行公司先公布除息日期，让投资者有充分的时间办理过户手续。凡在过户截止日期前办好过户手续的，就作为该公司的股东，享有领取股息的权利。除息日当天又叫除息基准日，在除息基准日以后的一段时间内股票要停止过户，使该公司有时间整理股东名单，编制股东名册，以便发出通知召开股东大会。除息基准日确定后，除息日当天会出现除息报价，即除息基准日前一天的市场收盘价减去该公司应发放的现金股利，它是除息日当天开盘价的参考价。如某公司派发现金 1 元，除息基准日前该股票的收盘价是 5 元，则除息报价是 5-1= 4（元）。除息后，若股票价格上升到 4.5 元，叫涨息；如上升到 5 元或超过 5 元，就会将除息后的价值缺口填满或超出，这就成了填息。

当一家股票上市公司宣布上年度股利分配为股票股利时，在股票股利尚未分派之前，该种股票称为含权股票。要办理除权手续的发行公司先要报主管机关核定。在得到准许后，发行公司就公布除权日期，让投资者有充分的时间办理过户手续。凡在过户截止日前办好过户手续的，就享有领取或认购股权的权利（可领取派发的股票或获得认购股票的权利）。除权日当天叫除权基准日。除权基准日确定后，除权当天会出现除权报价。除权价格的计算，分三种情况：

①送股时，除权价格=除权日前一天收盘价÷（1+送股率）；

②有偿配股时，除权价格=（除权日前一天收盘价+配股价×配股率）÷（1+配股率）；

③送股与有偿配股相结合时，除权价=（除权日前一天收盘价+配股价×配股

率）÷（1+送股率+配股率）。

如果是除息和除权同时进行，当日除息除权报价=（前一日收盘价-股息金额+配股价×配股率）÷(1+配股率+送股率)。例如：某公司在除权除息前交易日的收盘价是11元。该公司的派息方案是：10股送2股配8股，每10股送1.50元股息，配股价4元。所以，报价应使用除息除权公式，即（11-0.15+0.8×4）÷（1+0.2+0.8）≈7.03（元）。

该公司股票的除息除权的参考价是7.03元，比原来收盘价11元低了。注意：7.03元是参考价，不是开盘价。待股市开盘后，价位会有变动。这里只是提供了一个参考值。

我国有关制度规定，证券发行人认为有必要调整上述计算公式的，可以向证券交易所提出申请并说明理由。证券交易所认为必要时，可调整除权（息）价的计算公式。

除权（息）日证券的买卖，除了证券交易所另有规定外，以除权（息）价作为计算涨跌幅度的依据。

在权证业务中，标的证券除权、除息对权证行权价格有影响，因此，需要调整。根据有关规定，标的证券除权、除息的，权证的发行人或保荐人应对权证的行权价格、行权比例做相应调整并及时提交证券交易所。

标的证券除权的，权证的行权价格、行权比例分别按下列公式进行调整：

$$\text{新行权价格}=\text{原行权价格}\times\frac{\text{标的证券除权日参考价}}{\text{除权日前一日标的证券收盘价}}$$

$$\text{新行权比例}=\text{原行权比例}\times\frac{\text{除权日前一日标的证券收盘价}}{\text{标的证券除权日参考价}}$$

标的证券除息的，行权比例不变，行权价格按下列公式进行调整：

$$\text{新行权价格}=\text{原行权价格}\times\frac{\text{标的证券除息日参考价}}{\text{除息日前一日标的证券收盘价}}$$

十二、开（收）盘价、最高（低）价

股票开盘价格，简称“开盘价”或开市价，是指每天股票市场一开始营业，某股票买卖最初始的成交价格。股票收盘价格，简称“收盘价”或“收市价”，是指每天股票市场营业结束时，某股票最后成交的价格。股市收盘价格是反映股市动向的重要参数。

在证券市场上，开盘价和收盘价往往要通过制度加以规范。

在开盘价方面，有用开始最大成交量为开市价格的。在上海、深圳证券交易市场上，（集合竞价）不考虑10%涨跌的话，开盘价由电脑撮合交易而成。粗略地讲，就是在交易所每天开业前的一段时间里，如上海证券交易所、深圳证券交易所定在上午9：15到9：25，大量买或卖某种股票的信息都输入了电脑，但此时电脑只接受信息，不撮合信息。在正式开市前的一瞬间（9：25），电脑开始工作；十几秒后，电脑撮合定价，按一定规则（如前面介绍的方法或其他规定的方法）确定的价格产生了这种股票当日的开市价，并及时将其反映到屏幕上，这也称集合竞价。根据我国现行的交易制度，证券的开盘价通过集合竞价方式产生。不能产生开盘价的，以连续竞价方式产生。按集合竞价产生开盘价后，未成交的买卖申报仍然有效，并按申报顺序自动进入连续竞价阶段。

在收盘价的确定方面，上海证券交易所和深圳证券交易所有所不同。

在上海证券交易所，证券交易的收盘价为当日该证券最后一笔交易前1分钟所有交易的成交量加权平均价（含最后一笔交易）：最后一分钟每笔成交价格×成交数量÷最后一分钟的总成交量=收盘价。当日无成交的，以前收盘价为当日收盘价。2016年5月9日起，上海证券交易所以每日最后一笔价格为收盘价。

在深圳证券交易所，证券交易的收盘价通过集合竞价的方式产生。收盘集合竞价不能产生收盘价的，以当日该证券最后一笔交易前1分钟所有交易的成交量加权平均价（含最后一笔交易）为收盘价。当日无成交的，以前收盘价为当日收盘价。

股票最高价格，简称“最高价”，是指某股票当天曾达到的最高价格。

股票最低价格，简称“最低价”，是指某股票当天曾达到的最低价格。

十三、什么是 *T*+0、*T*+1？

T是英文trade的第一个字母，是“交易”的意思。*T*+0交易是指在不改变现行清算交收期的前提下，投资者在交易日当天得到成交确认后进行的反向交易，即买进（卖出）委托成交确认后、清算交割前可再委托卖出（买进）。也就是说，你所买（卖）的股票在当天确认成交后，可以马上再卖（买）出，即当天又买又卖。那么*T*+1、*T*+2等就是只能在第2天、第3天才可进行反向交易。

十四、涨跌停板

从1996年12月16日起，上海证券交易所、深圳证券交易所对上市的股票、基金的交易实行涨跌停板限制，涨跌限制在10%以内[①]。要了解10%的涨跌幅度，须先知道股票的“开盘价”与“收盘价”。各个股票当天涨跌幅度的限制，就是以前一天收

---

① 根据《关于完善中小企业板首次公开发行股票上市首日交易监控和风险控制的通知》的有关规定，深圳证券交易所将对上述股票上市首日交易实施以下措施：

第一，当股票盘中成交价格较开盘价首次上涨或下跌达到或超过20%时，深圳证券交易所可对其实施临时停牌30分钟；首次上涨或下跌达到或超过50%时，深圳证券交易所可对其实施临时停牌30分钟。

临时停牌期间，投资者可以继续申报，也可以撤销申报。

股票临时停牌时间跨越14：57的，深圳证券交易所于14：57将其复牌并对停牌期间已接受的申报进行复牌集合竞价，然后进行收盘集合竞价。

第二，深圳证券交易所可视上述股票盘中交易情况采取进一步的风险控制措施。

第三，深圳证券交易所将严密监控上述股票上市首日的交易，对通过大笔集中申报、连续申报、高价申报或频繁撤销申报等方式影响证券交易价格或证券交易量的账户，将依据有关规定采取限制交易、上报中国证监会查处等措施。

2012年3月8日，为适应《证券发行与承销管理办法》修订所带来的变化，深圳证券交易所发布《关于进一步完善首次公开发行股票上市首日临时停牌制度的通知》，新增涨跌幅20%档位临时停牌指标，实施10%、20%两档涨跌幅停牌机制；调整换手率达50%的临时停牌时间。根据该通知，新股盘中成交价较开盘价首次上涨或下跌达到或超过10%，临时停牌1小时；盘中成交价较开盘价首次上涨或下跌达到或超过20%，临时停牌至14：57分；盘中换手率达到或超过50%，临时停牌1个小时，之后继续交易。为有效抑制新股炒作，实现新股发行体制改革目标，深圳证券交易所在2012年3月8日推出新股上市首日临时停牌机制。3月8日以后，深圳证券交易所上市45只新股，上市首日平均涨幅为21.82%，涨幅明显下降，上市首日以后的走势总体平稳。同时，部分新股上市首日交易时间较短等现象引起了广泛关注。

盘价的10%为限的。

根据规定，超过涨跌停板限制的委托为无效委托，当日不能成交。

主板首发上市的涨跌幅限制为44%。注册制实施后，创业板和科创板首发上市后5个交易日不设涨跌幅，5个交易日之后创业板和科创板涨跌幅限制为20%。

十五、中小板报单不能偏离3%

深圳证券交易所规定中小板的价格每次变动不能超过3%。举个例子，某股票前收盘价为10元，目前股价为10.5元，涨跌停板分别为11元和9元，此时有效申报价格为10.19元至10.82元。如果某投资者挂单11元买入该股票，其结果将是不合格申报。但是其报单将会保存在交易所电脑中，当所申报价格满足当时价格上下3%的时候，再自动进入交易队列，继续进行前面的交易。当该股票价格继续上涨，股价达到10.68元时，此时11元距10.68元的差距已经小于3%，报单已经变为合格报单，此时投资者买入该股的成交价也就是10.68元，比该投资者想买入时的价格高出了0.18元。因此，在买入或卖出中小板股票时，不要过分高挂买入或压低卖出，以免出现不合格报单的问题。如果急于成交，让利2%~3%一般就足够了。如果仍不放心，可以采用市价报单。沪深股市主板及中小板集合竞价时没有3%的限制。

其实，对于3%这个限制，如果应用得好的话，完全可以成为投资者一种新的报单方式。还以前面提到的股价为例，当该股票涨到10.50元时，如果投资者希望在股价涨过10.60元时追涨买入，否则不买，那么投资者可以申报10.92元买入股票，这样只要出现了10.61元的报价，也就是说多方吃光了10.60元的抛盘，就自动追涨买入股票，否则就不予买入。

十六、换手率

某股票成交的股数与其上市流通的总股数之比即换手率。它反映了该股票流通的程度。如果换手率是10%，说明股票成交量不大；如果换手率是90%，说明股票交易活跃，买卖频繁。有些人用换手率指标来衡量股市流动性，实际上这是片面的，因为流动性是指以合理价格迅速成交的能力，包括两个方面：交易价格合理和成交即时性。换手率指标之所以不能用来衡量股市流动性，是因为换手率只考虑了即时性，而没有考虑合理价格要素。即便市场交易非常活跃，即时性很容易得到满足，但价格冲击成本非常高，同样不能认为该市场是一个高流动性的市场。国际上通常用价格冲击成本来衡量股市的流动性。价格冲击成本也可称为流动性成本，是指一定数量的委托（订单）迅速成交时对价格的影响，因此是一个包含即时性和合理价格两方面要素的指标。从流动性成本看，尽管近十年我国股票市场的流动性有了很大的改善，但与国际市场相比，仍存在一定差距。

通过换手率分析多空博弈的走向

换手率是判断和衡量多空双方分歧的一个重要参考指标。低换手率表明多空双方的意见基本一致，股价一般会由于成交低迷而出现小幅下跌或步入横盘整理。高换手率则表明多空双方的分歧较大，但只要成交活跃的状况能够维持，股价会呈现出小幅上升的走势。对于换手率的判断，投资者最应该重视的是换手率过高和过低时的情况。在多数情况下，过高和过低的换手率都可能是股价变盘的先行指标。下面，我们分别描述一下换手率高低所对应的不同盘面特征。

一般而言，在股价出现长时间调整后，如果出现连续一周多的时间内换手率都保持在极低的水平，如一周累计换手率小于1%（除大盘权重股外），则往往预示着多空双方都处于观望之中。由于空方力量已经释放完毕，此时股价基本已进入底部区域，此后即使是一般的利好刺激，也有可能引发反弹。

如果个股是在相关高位突然出现高换手率的情况，一般而言成为下跌前兆的可能性较大。历史数据显示，当个股单日换手率超过20%时，尤其是连续数个交易日换手率都在10%以上时，个股进入调整阶段的概率较大。个股利好出台时，也会突然出现高换手率，表明获利盘在借机出逃，“利好出尽是利空”的情况就是在这种情形下出现的。对于这种高换手率，投资者同样需要警惕。

十七、什么是“一手”？不足“一手”怎么处理？

上海证券交易所和深圳证券交易所均规定，“一手”为100股。买卖股票要以“一手”为单位，不能买105股这样超过“一手”的股票。但在配股中往往有配零股现象出现，如10股配3股，那么100股变为130股，这时卖130股也可以成交。现在三板市场采用的是“3万股为一手、每次交易最低一手”，也就是说，如果1只股票价格为1元/股，则投资者买一手就需3万元。

十八、多头、空头

多头是指投资者看好证券市场，预计市场价格将会上涨，于是趁低价时买进证券，待价格上涨至某一价位时再卖出，以获取差价收益。一般来说，人们通常把价格长期保持上涨势头的证券市场称为多头市场。在多头市场上，证券价格变化的主要特征是一连串的大涨小跌。

与多头相反，空头是指投资者不看好证券市场，预计市场价格将会下跌，于是趁高价时卖出证券，待价格下跌至某一价位时再买进，以获取差价收益。一般来说，人们通常把价格长期保持下跌势头的证券市场称为空头市场。在空头市场上，证券价格变化的主要特征是一连串的大跌小涨。

十九、买空、卖空

传统交易中有买空和卖空的交易行为。买空就是看好某种证券的上涨趋势，借钱投资，盈利还钱。卖空就是借入自己不看好的股票、债券、外汇等，并将其抛出获得现金，等这些股票、债券、外汇等的价格如预期那样下跌到某个水平后，再用现金购入等量的股票、债券、外汇等归还出借人。如果借入的证券果真大幅下跌，还券后剩下的现金就是自己的利润。

二十、牛市和熊市的由来

“牛市”和“熊市”这两个股市术语出现于18世纪早期的美国股市。首先出现的是“熊”，在1709年就有记载，最早指因为预计股价下跌就卖掉将来才发行而现在还没到手的股票，这样就使得投机商可以以较低的价格购入股票。这样的投机商就被称为“熊皮批发商”。这个称呼源自词组“sell the bear's skin before one has caught the bear”。慢慢地，这个词组就表示“股市越来越不乐观”。

后来，投资者把健步向前的牛作为股市上涨的象征，寓意向上的趋势不可阻挡；而把倔强好纠缠的熊作为股市下跌的象征，表示下跌的结束遥遥无期。“牛市”的用法出现于1714年，也是受到了“熊市”的影响而产生的。而在西方古代文明中，牛代表着力量、财富和希望，而熊代表着抑制狂热、消化自身、待机重生。同时也有另一种说法：牛在顶人的时候都是低头向上用力，熊在打人的时候则是站起来向下发力。

二十一、股票价格指数

股票价格指数是指反映某股票的价格在不同时期变动的相对数。股票价格指数通常用来描述股价波动的状况及趋势，能较准确地反映经济水平的变化，是股票市场上的一项重要指标。

股票价格指数的计算原理是：以某一日期为基期，采用某种方法，以特定的股票为对象计算出平均价格。若计算某日股票价格指数，则用该日的股票价格平均数与基期的股票价格平均数相比，并以百分数表示。其计算公式为

某日股票价格指数=（某日股票价格平均数÷基期股票价格平均数）×100%

目前，上海证券交易所常用的有综合指数、30指数。深圳证券交易所常用的有成分指数、综合指数。

上海证券交易所综合指数（简称“上证综合指数”）的计算公式为

指数=（报告期的市价总值÷基期的市价总值）×100

其中，市价总值=Σ（市价×发行股数）。上证综合指数的基期定在1990年12月19日，上海证券交易所30指数（简称“上证30指数”）的基期定在1996年7月1日，深圳证券交易所综合指数（简称“深证综合指数”）的基期定在1991年4月3日，深圳证券交易所成份股价指数（简称“深证成指”）的基期定在1994年7月20日。

我们常常听到这样的说法：某种股票价格上升或下降了多少“点”。对“点”的解释，通常有两种说法：①“点”是百分点的简称；②“点”是股票价格指数的单位。这两种解释都是不妥的，百分点是百分数相减的结果。例如：去年价格指数

是 150%，今年价格指数是 130%，那么今年价格指数比去年下降了 20 个百分点（130%-150%）。如果点是百分点的简称，为什么没听过物价指数或工业产值等指数用点的简称呢？另外，股票价格指数从广义理解就是相对数或百分数。既然是相对数，怎么能有单位呢？所以，点不是股票价格指数的单位。

那么点究竟是什么呢？从交易所经纪人报价看，说“股价上升了 58.23%”，显得冗长，因此，为快捷表达，国外经纪人口头报价时仅说“上升 58 点”（点的英文是 point）。于是我国也引入了“点”的说法。比如“股价今天比昨天上升了 20%”（这是准确说法）则说成“上升 20 点”。久而久之，约定成俗，大家都这么说，也不会发生理解错误，因此“点”的叫法被投资者承认了。这没关系，只要存在的就是合理的。但我们应该清楚，从本质上讲，点不是百分点，也不是单位，只是一个通俗、简练的叫法。

二十二、熔断机制和指数熔断机制

熔断机制是一种市场保护机制，即在证券交易过程中，当价格波动幅度达到某一限定目标时，交易将暂停一段时间，类似于电力设备中的保险丝熔断，因此被称为熔断机制。以美国标准普尔 500 指数为例，当指数跌幅达到 7%时，交易暂停 15 分钟；当指数跌幅达到 13%时，交易再次暂停 15 分钟；当指数跌幅达到 20%时，纽约证券交易所将关闭当天交易。

中国的指数熔断机制是在借鉴国际先进经验基础上的创新机制，其推出有利于抑制股指出现非理性暴涨暴跌，防止市场整体出现大幅波动，从而有利于稳定 A 股市场。当沪深 300 指数日内涨跌幅达到一定阈值时，在上海和深圳证券交易所上市的全部股票，以及可转债、可分离债、股票期权等股票相关产品暂停交易，中国金融期货交易所（简称“中金所”）的所有股指期货合约暂停交易。暂停交易时间结束后，视情况恢复交易或直接收盘。具体细则为：当沪深 300 指数涨跌幅达到 5%时，暂停交易 15 分钟；14：45 及之后触发 5%熔断阈值，以及全天任何时段触发 7%熔断阈值，将暂停交易至收盘。涨跌都熔断，且日内各档熔断最多仅触发一次。熔断至 15：00 收市未能恢复交易的，相关证券的收盘价为当日该证券最后一笔交易前一分钟内所有交易的成交量加权平均价（含最后一笔交易）。

特殊时段的安排：一是集合竞价阶段不熔断；如果集合竞价期间指数触发 5%的阈值，将于 9：30 开始熔断，熔断时长 15 分钟；触发 7%的阈值，将于 9：30 开始熔断，暂停交易至收市。二是上午熔断时长不足的，下午继续熔断。三是股指期货交割日（每个月的第三个周五）仅在上午实施熔断，无论是触及 5%还是 7%引发的暂停交易，下午均恢复交易。

二十三、市盈率

市盈率是指某股票收市价与年度每股税后利润之比。如果某公司普通股收市价为 20 元，其年度每股税后利润为 0.5 元，则其市盈率为 40。因为市盈率是股价与每股收益的比率，所以它的倒数就是投资回报率。一只股票，如果市盈率是 20 倍，那么它的投资回报率就是5%；如果是25倍，回报率就是4%，这就有可能跑不赢通货膨胀。如果市盈率是40倍或者50倍，则投资回报率可能就只有2.5%或者2%，也就是说，按照静态收益计算，需要40年或者50年才能回收投资，除非你认定它是真正的高成长性企业。

二十四、市净率

因创立“资产组合选择”理论而获得1990年诺贝尔经济学奖的美国著名财务金融学家哈里·马科维茨教授认为：“股票净值是股市投资最可靠的指标，投资者更应注意股价与每股净值的关系［市净率（PNR）＝股价÷每股净值］，而不是人们通常所说的股价与每股税后利润的关系［市盈率（PER）＝股价÷每股税后利润］。”股票净值即资本公积金、资本公益金、法定公积金、任意公积金、未分配盈余等项目的合计，它代表全体股东共同享有的利益，也称净资产（净资产＝总资产－总负债）。

二十五、投资和投资报酬率

从最一般的角度来说，投资是指经济主体（国家、企业、个人）以获得未来货币增值或收益为目的，预先垫付一定量的货币与实物，经营某项事业的经济行为。简单地说，投资是指为了获得不确定的未来增值而做出的确定的现值的牺牲。

投资报酬率（ROI）反映了投资者从投资中所得报酬能力。其计算公式如下：

股票投资报酬率＝［（股票现值－股票原值＋股息、红利收入）÷股票原值］×100%

如某股东购买股票1 000元，该股票的现值上升为1 500元，股息（或红利）收入为200元，那么该股东的股票投资报酬率＝［（1 500－1 000＋200）÷1 000］×100%＝0.7×100%＝70%。

疯狂的股市①

——人类历史上首次全民炒股 整个英国为之疯狂

这是人类历史上第一次“全民炒股”，英国的王室、贵族、平民都加入了狂欢，就连牛顿都没有例外。然而，泡沫破灭后，整个英国被笼罩在阴霾中整整一个世纪。

1701年，西班牙哈布斯堡王室绝嗣，法国的波旁王室与奥地利的哈布斯堡王室为争夺西班牙王位，引发了一场欧洲大部分国家参与的大战。战争进行了13年，最终以英国胜利告终。这就是欧洲历史上著名的西班牙王位继承战。

获胜的英国在这场战争中夺取了大量法国的海外殖民地，成功地巩固了海上优势，从而走上海上殖民帝国之路。但是，庞大的战争支出也令其背负了巨额国债。新国王乔治一世向议会游说偿清国债的好处，贵族们最终达成一致，要找到“解脱”的好办法。1711年成立的南海股份有限公司（简称“南海公司”）此时站了出来。为了显示雄厚的经济实力，南海公司不惜以巨资认购了政府1 000万英镑的

---

① 佚名. 人类历史上首次全民炒股　南海“泡泡”始末［EB/OL］.（2009-05-14）http://www.dzwww.com/special/chct/200905/t20090514_4629630.htm.

债券，从而获得了政府和社会公众的信赖。英国政府把它作为发行巨额债券的渠道，并以保证对已转换债券支付6%的利息及免征间接税作为对南海公司的回报。此外，南海公司还获得了英国与美洲大陆东海岸之间的贸易特权，以及英国与美洲大陆西海岸的所有贸易权。

一、“泡泡”被吹起来了

南海公司成立之初就有个众所周知的目的：攫取蕴藏在南美洲海岸的巨大财富。当时，很多人都知道秘鲁和墨西哥的地下埋藏着巨大的金银矿藏，只要能把英格兰的加工商送上海岸，不计可数的“金砖银石”就会被源源不断地运回英国。加上有政府支持，社会公众对南海公司的前景充满信心。

彼时，英国经济兴盛，人们的资金闲置，储蓄膨胀，而发行量极少的股票是特权的绝对象征。南海公司的股票理所当然地被投资者看好。

然而，南海公司的董事毫无商品贸易和经营管理方面的经验，所取得的业绩极不理想。在其成立的最初8年间，除了每年向南美洲运送一船黑奴外，南海公司几乎没干过几件能够获得盈利的事情。其唯一的流动资金来源，还是创立之初接手国债所得的每年6%的利息收入。南海公司就这样撑着。为了改变这种状况，南海公司向政府官员大量行贿，以加速“官商化”进程。英国公众和投机商也希望南海公司成为阻止大批资金流入法国密西西比公司并与之抗衡的公司。

英国政府开始着手处理超过3 000万英磅的债务。为提高声誉，南海公司通过竞标获得了此批债务的置换权。此举不仅深受英国政府欢迎，也迎合了众多投机者的需要。1720年1月1日，南海股票指数为128点，一天之内，翻了3倍，并从此以惊人的速度上涨。

尝到甜头的南海公司开始持续采取欺诈手段制造虚假的繁荣。1720年4月12日，南海公司以每股300英镑的价格发行新股；5月，南海公司又发行了每股400英镑的新股；6月15日，其更是以现付10%的方式再次发行新股，此时的股价已升至800英镑；7月1日，南海股票指数飙升至950点，并一度达到1 050点，较首次发行价130英镑上涨了7.08倍！

南海公司股票暴涨产生了巨大的示范效应，部分投机者开始跟风创办公司，并公开发行股票，以实现“圈钱”的目标。这些新公司像吹气泡一样迅速出现，满足了市场的投资渴望。

二、英国陷入疯狂

在政府的默许下，一个又一个美妙的故事开始在坊间流传：

在墨西哥和秘鲁发现了巨大的金银矿藏，数不尽的金银就要被源源不断地运回英国！

西班牙马上就要放弃智利、秘鲁沿海的4个港口，英国很快就可以利用这些港口进行贸易，南海公司包租的船只可以不受数量限制！

…………

伴随着这些故事的传播和政府官员的捧场，外加购买南海公司的股票还有分期付款等优惠，英国上下一片欢腾，厄雷交易街的投资者陷入了极度亢奋的状态。投资者认为，他们苦等多年的机会终于从天而降，只要南海公司的股价大涨，自己就会发大财。大量渴望高额利润的资金蜂拥而至，其来源包括国王、贵族、官员甚至科学天才牛顿！

牛顿将他的天才也用于“追涨杀跌”，他买入7 000英镑股票，据说第一笔交易就大赚。

投资者争相抢购，股价成倍数暴涨。短短5个月的时间，南海公司股票就增值近8倍。高额利润预期诱惑了大量老百姓，人们几乎是见股票就买。英国的投资者就这样被南海公司的股票紧紧控制着。此时，人们关心的只是能否买到股票，以及手中这些不知来历的股票明天又会涨多少。股票背后的真相已经全无意义，人类历史上第一次“全民炒股”出现了。

经济学家们也丧失了理智，火上浇油般站出来证明扩充货币供给具有超级杠杆作用，它有可能创造新的工作机会，在增加社会需求的同时提高社会生产能力，从而把国民经济带到一个更高的均衡点。可是，他们的论述都没有清楚地指出这个新的均衡点究竟在哪里，以及达到这个均衡点的基本机制是什么。

三、“泡泡”被吹破了

举国疯狂的时候，只有辉格党政客罗伯特·沃尔波尔还保持着理智，他警告人们当心股票投机的风险，但是没人听得进去。英国人准备把自己的房屋、生计全部押到这场对虚幻财富的徒劳追求上。甚至下院中那些向来专心听沃尔波尔讲话的议员们，一旦知道他将就南海公司问题发表意见，也都溜出了议院大厅。

最终，利润预期的“泡泡”巨大到令人惊恐的程度，股票从100多英镑快速涨到近1 000英镑，股市崩盘已不可避免。议会见势不妙，赶紧出台了严格管制股市的《泡沫法案》以推卸责任。1720年8月，南海公司一些董事和高级职员意识到公司股价暴涨和毫无起色的经营业绩完全脱钩，开始大量抛售手中的股票。投资者也终于识破南海公司的真相，更加疯狂地抛出所持股票。

“泡泡”破裂，股价暴跌，怎么涨上去的，就怎么跌下来，前后过程大约10个月。整个英国股市此时完全崩溃，为数众多的银行倒闭，公司破产；无数家庭倾家荡产，许多人倾尽所有却血本无归；社会问题加剧，政府信用破产，政治危机一触即发。

刚刚兴起的股份公司在英国被视为金融欺诈团体，进而被宣布为非法。“南海泡泡”阴影笼罩英国股市近百年，人们闻股色变，老实了许久。股票在英国市场上几乎销声匿迹。

辉格党政治家罗伯特·沃尔波尔成为这场闹剧最大的获益者。他野心勃勃，借着收拾危局笼络人心，取得政权，确立了内阁首相制，成为英国的首任首相，执政达20年之久。

第三节　股票指数期货投资基础

股票指数期货是期货的一种。期货是指由期货交易所统一制定的、规定在将来某一特定的时间和地点交割一定数量标的物的标准化合约。这个标的物，又叫基础资产，是期货合约所对应的现货。它可以是某种商品，如铜或原油，也可以是某个金融工具，如外汇、债券，还可以是某个金融指标，如三个月同业拆借利率或股票指数。期货可以大致分为两大类，即商品期货与金融期货。金融期货的主要品种包括外汇期货、利率期货和股指期货、国债期货。股票指数期货（share price index futures）也可称为“股价指数期货”，简称“股指期货”。股指期货是指以股价指数为标的物的标准化期货合约。股指期货的交易双方约定在未来的某个特定日期，按照事先确定的股价指数进行标的指数的买卖。股指期货的交易双方交易的是一定期限后的股票指数价格水平，通过现金结算差价来进行交割。

1982 年 2 月 24 日，美国堪萨斯市交易所推出第一份股指期货合约——价值线综合指数期货合约。1988—1990 年是股指期货交易的停滞期。1987 年 10 月 19 日，美国华尔街股市一天内暴跌近 25%，从而引发重挫全球股市的金融风暴，即著名的“黑色星期五”。2006 年 9 月 8 日，中国金融期货交易所股份有限公司正式在上海期货大厦内挂牌。从此，国人越来越关注股票期货①和股指期货。

一、股指期货的产生

随着证券市场规模的不断扩大和机构投资者的成长，市场对规避股市单边巨幅涨跌风险的需求日益迫切。无论是投资者还是理论工作者，对推出股指期货以规避股市系统性风险的呼声都越来越高，决策层也对这一问题极为关注。同其他期货交易品种一样，股指期货也是适应市场规避价格风险的需求而产生的。

第二次世界大战结束以后，以美国为代表的发达市场经济国家的股票市场取得了飞速发展，上市股票数量不断增加，股票市值迅速膨胀。以纽约证券交易所为例：1980 年，其股票交易量达到 3 749 亿美元，是 1970 年的 3. 93 倍；日均成交 4 490 万股，是 1960 年的 19. 96 倍；上市股票 337 亿股，市值 12 430 亿美元，分别是 1960 年的 5. 19 倍和 4. 05 倍。股票市场迅速膨胀的过程也是股票市场的结构不断发生变化的过程：第二次世界大战结束以后，以信托投资基金、养老基金、共同基金为代表的机构投资者取得了快速发展，它们在股票市场中占有越来越大的比例，并逐步居于主导地位。机构投资者力图通过分散的投资组合降低风险，然而进行组合投资的风险管理只能降低和消除股票价格的非系统性风险，而不能消除系统性风险。随着机构投资者所持有股票的不断增多，其规避系统性价格风险的要求也越来越强烈。

股票交易方式也在不断发展。以美国为例，最初的股票交易是以单种股票为对象

---

① 股票期货是指以单只股票为标的的期货合约。根据香港联合交易所的解释，股票期货是一个买卖协定，注明于将来既定日期以既定价格买入或者卖出相当于某一既定股票数量的金融合约。

的。1976年，为了方便散户的交易，纽约证券交易所推出了指定交易循环系统（DOT），该系统直接把交易所会员单位的下单房同交易池联系了起来。此后，该系统又发展为超级指定交易循环系统（SDOT）。对于低于2 099股的小额交易指令，该系统保证在三分钟之内成交并把结果反馈给客户；对于大额交易指令，该系统虽然未保证在三分钟内完成交易，但毫无疑问，其在交易上是享有一定的优惠和优势的。与指定交易循环系统几乎同时出现的是：股票交易也不再是只能对单个股票进行交易，而是可以对多种股票进行“打包”，用一个交易指令同时进行多种股票的买卖，即进行程序交易（program trading，也常被译为“程式交易”）。对于程序交易的概念，历来有不同的说法。纽约证券交易所从实际操作的角度出发，认为超过15种股票的交易指令就可称为程序交易；而一般公认的说法则是，作为一种交易技巧，程序交易是高度分散化的一篮子股票的买卖，其买卖信号的产生、买卖数量的决定以及交易的完成都需要计算机技术作支撑。程序交易常与衍生品市场上的套利交易活动、组合投资保险以及改变投资组合中股票投资的比例等相联系。伴随着程序交易的发展，股票管理者很快就开始了“指数化投资组合”交易和管理的尝试。“指数化投资组合”的特点就是股票的组成与比例都与股票指数完全相同，因而其价格的变化与股票指数的变化完全一致，所以其价格风险就是纯粹的系统性风险。在“指数化投资组合”交易的实践基础上，为适应规避股票价格系统性风险的需要而开发股指期货合约，就成为一件顺理成章的事情了。

看到了市场的需求，堪萨斯市交易所在经过深入的研究、分析之后，在1977年10月向美国商品期货交易委员会提交了开展股指期货交易的报告。但由于商品期货交易委员会与证券交易委员会关于股指期货交易管辖权存在争执，且堪萨斯市交易所也未能就使用道·琼斯股票指数达成协议，该报告迟迟未获通过。直到1981年，新任商品期货交易委员会主席菲利浦·M. 约翰逊和新任证券交易委员会主席约翰·夏德达成协议，明确规定股指期货合约的管辖权属于商品期货交易委员会，才为股指期货的上市扫清了障碍。

1982年2月16日，堪萨斯市交易所开展股指期货交易的报告终于获准通过，24日，该交易所推出了道琼斯综合指数期货合约的交易。交易一开市就很活跃，当天成交近1 800张合约。此后，在4月21日，芝加哥商业交易所推出了S&P 500股指期货交易，当天交易量就达到3 963张。东京、香港、伦敦、新加坡等地也先后开始了股票指数的期货交易，股指期货交易从此走上了蓬勃发展的道路。目前，股指期货已发展成为最活跃的期货品种之一，股指期货交易也被誉为20世纪80年代“最激动人心的金融创新”。

二、股指期货的优势

股指期货的优势主要表现在如下几个方面：

1. 提供较方便的卖空交易

卖空交易的一个先决条件是必须首先从他人手中借到一定数量的股票。国外对卖空交易的进行设有较严格的条件，这就使得在金融市场上并非所有的投资者都能很方便地完成卖空交易。例如，在英国只有证券做市商才能借到英国股票；而美国证券交易委员会所制定的10A-1规则规定，投资者借股票必须通过证券经纪人来进行，还得缴纳一定数量的相关费用。因此，卖空交易也并非人人可做。而进行指数期货交易则不然。实际上有半数以上的指数期货交易中都包括拥有卖空的交易头寸。

2. 交易成本较低

相对于现货交易，指数期货交易的成本是相当低的。指数期货交易的成本包括交易佣金、买卖价差、用于支付保证金的机会成本和可能的税项。如在英国，期货合约是不用支付印花税的，并且购买指数期货只进行一笔交易，而想购买多种（如100种或者500种）股票则需要进行多笔、大量的交易，交易成本很高。而美国一笔期货交易（包括建仓和平仓的完整交易）收取的费用只有30美元左右。有人认为指数期货交易成本仅为股票交易成本的1/10。

3. 较高的杠杆比率

在英国，对于一个初始保证金只有2 500英镑的期货交易账户来说，它可以进行的金融时报100指数期货的交易量可达70 000英镑，杠杆比率为28∶1。由于保证金缴纳的数量是根据所交易的指数期货的市场价值来确定的，因此交易所会根据市场的价格变化情况，决定是否追加保证金或是否可以提取超额部分。

4. 市场的流动性较高

有研究表明，指数期货市场的流动性明显高于现货股票市场。如在1991年，FTSE-100指数期货交易量就已达850亿英镑。

从国外股指期货市场的发展情况来看，使用指数期货最多的投资人当属各类基金（如各类共同基金、养老基金、保险基金）的投资经理。其他市场参与者主要有承销商、做市商、股票发行公司等。

三、股指期货的交易规则

以股票指数为基础交易物的期货合同称为股指期货。它的标的物的独特性质决定了其独特的交易规则。

1. 交易单位

在股指期货交易中，合约的交易单位是以一定的货币金额与标的指数的乘积来表示的，一定的货币金额则由合约来固定，因此，期货市场只以该合约的标的指数的点数来报出它的价格。例如，在芝加哥商品交易所（CBOT）上市的主要市场指数期货合约规定，交易单位为250美元与主要市场指数的乘积。因而若期货市场报出的主要市场指数为410点，则表示一张合约的价值为102 500美元。而若主要市场指数上涨了20点，则表示一张合约的价值增加了5 000美元。

2. 最小变动价位

股指期货的最小变动价位，即一个刻度通常也以一定的指数点来表示。如S&P 500指数期货的最小变动价位是0.05个指数点。由于每个指数点的价值为500美元，因此，就每张合约而言，其最小变动价位是25美元，它表示交易中价格每变动一次的最低金额为每张合约25美元。

3. 每日价格波动限制

自1987年10月股灾以后，绝大多数交易所均对其上市的股指期货合约规定了每日价格波动限制，但各交易所的规定有所不同。这种不同既表现在限制的幅度上，也表现在限制的方式上。

4. 结算方式

以现金结算是股指期货交易不同于其他期货交易的一大特色。在现金结算方式下，每一张未平仓合约将于到期日得到自动冲销。也就是说，交易者通过比较成交及结算时合约的价值来计算盈亏，并进行现金交收。

四、股指期货的合约规格

股指期货合约是按照一定的规格进行交易的，不同市场的交易规格不同。在此，我们介绍一下CBOT主要市场指数期货合约规格和我国的沪深300股指期货合约规格。

1. CBOT主要市场指数期货合约规格

CBOT主要市场指数期货合约规格包括的内容很多，具体如下：

①交易单位：250美元×主要市场指数点。

②最小变动价位：0.05个指数点（每个合约12.50美元）。

③每日价格波动限制：不高于前一交易日结算价格80个指数点，不低于前一交易日结算价格50个指数点。

④合约月份：最初三个连续月份及紧接着的三个以3月、6月、9月、12月循环的月份。

⑤交易时间：上午8：15至下午3：15（芝加哥时间）。

⑥最后交易日：交割月份的第三个星期五。

⑦交割方式：根据主要市场指数期货收盘价实行逐日结算，并于最后交易日根据主要市场指数的收盘价实现现金结算。

2. 沪深300股指期货合约规格

中国金融期货交易所自2010年2月22日9时起，正式接受投资者开户申请，沪深300股指期货合约自2010年4月16日起正式上市交易。沪深300股指期货合约见表1.3。

表1.3　沪深300股指期货合约

合约标的	沪深300股票指数
合约乘数	每点300元
报价单位	指数点
最小变动价位	0.2点
合约月份	当月、下月及随后两个季月
交易时间	9：15—11：30，13：00—15：15

表1.3(续)

最后交易日交易时间	9：15—11：30，13：00—15：00
每日价格波动限制	上一个交易日结算价的±10%
最低交易保证金	合约价值的12%
最后交易日	合约到期月份的第三个周五，遇国家法定节假日顺延
交割日期	同最后交易日
交割方式	现金交割
交易代码	IF
上市交易所	中国金融期货交易所

从公布的规则和合约内容来看，有十大要点值得关注：①交易时间较股市开盘早15分钟，收盘晚15分钟，投资者可利用期货指数管理风险。②涨跌停板幅度为10%，取消熔断，与股票市场保持一致。③最低交易保证金的收取标准为12%。④交割日定在每月第三个周五，可规避股市月末波动。⑤遇涨跌停板，按“平仓优先、时间优先”原则进行撮合成交。⑥每日交易结束后，将披露活跃合约前20名结算会员的成交量和持仓量。⑦单个非套保交易账户的持仓限额为100手，当前点位账户限仓金额在1 500万元左右。⑧出现极端行情时，中金所可谨慎使用强制减仓制度控制风险。⑨自然人也可以参与套期保值。⑩规则为期权等其他创新品种预留了空间。

五、股指期货交易的主要功能

一般来说，期货交易的功能有两个：一是价格发现功能，二是套期保值功能。作为金融期货的一种，指数期货也具有这两个功能。

价格发现功能是指期货市场通过公开竞价交易等交易制度形成一个反映市场供求关系的市场价格。具体来说就是，指数期货市场的价格能够对股票市场未来走势做出预期反应，同现货市场上的股票指数一起，共同对国家的宏观经济和上市公司的经营状况做出预期。从这个意义上讲，股指期货对资源的配置和流向发挥着信号灯的作用，可以提高资源的配置效率。

套期保值功能是指投资者买进或卖出与现货数量相等、交易方向相反的期货合约，以期在未来某一时间通过卖出或买进期货合约来消除现货市场价格变动的不确定性。股指期货的这种套期保值功能，会丰富股票市场参与者的投资工具，带动或促进股票现货市场交易的活跃，并减轻集中性抛售对股票市场造成的恐慌性影响，对平均股价水平的剧烈波动起到缓冲作用。

目前，股指期货对市场的影响主要包括以下三个方面：

一是股指期货有助于完善市场结构，改变市场单边运行机制，促进市场合理估值和内在稳定。股指期货市场以期货交易的方式复制了现货交易，建构了服务和服从于股票市场的影子市场，使股市风险变得可表征、可分割、可转移和可管理，有助于股市健康、稳定、持续发展。

二是股指期货提供了避险保值工具，培育了市场避险文化。股指期货开辟了管理股市风险的第二战场，有助于剥离股市风险，将风险从股票市场转移到期货市场。股指期货也提供了交易风险的渠道，有助于分散股市风险，实现股市风险从避险者向投机者、从厌恶者向偏好者的转移。

三是股指期货促进了产品创新，有助于改善股市生态。当前，我国金融市场仍然面临产品结构单一、品种匮乏、投资策略趋同等问题，尚不能满足广大居民日益增长的财产性收入增长需求。随着股指期货的推出，金融机构将根据客户的风险承受能力为证券市场的投资者提供完整的个性化金融服务。

六、股指期货与交易式开放式指数基金的区别

虽然股指期货与交易型开放式指数基金（ETF）都是基于指数的工具性产品，但二者之间有很大的不同。综合而言，主要体现在以下几个方面：

第一，股指期货交易的是指数未来的价值，以保证金形式交易，具有杠杆效应。按现在设计的规则，沪深 300 股指期货的杠杆率是 8.3 倍（因为最低交易保证金的收取标准是 12%），资金利用效率较高；而 ETF 目前是以全额现金交易的指数现货，无杠杆效应。

第二，最低交易金额不同。每张股指期货合约最低保证金上万元；ETF 的最小交易单位一手，对应的最低金额是 10 元。

第三，买卖股指期货未包含指数成分股的红利；而持有 ETF 期间，标的指数成分股的红利归投资者所有。

第四，股指期货通常有确定的存续期，到期日还需跟踪指数，需要重新买入新股指期货合约；而 ETF 产品无存续期。

第五，随着投资者对大盘的预期的变化，股指期货走势不一定和指数完全一致，可能有一定范围的折价和溢价，折溢价程度取决于套利的资金量和套利的效率；而全被动跟踪指数的 ETF 净值走势和指数通常保持高度一致。

通过以上比较，我们可以看出，虽然同为基于指数的金融工具，股指期货与 ETF 拥有不同的产品特性，适合不同类型的投资者的需求。同时，从国外成熟资本市场的发展经验来看，出于风险管理的需要，指数的现货产品和期货产品之间具有重要的互动和互补关系。

有人认为，国内股指期货的推出对相关指数现货产品的交易活跃程度有一定影响。目前设计的沪深 300 股指期货，虽然还没有跨市场 ETF 作为直接的现货对冲工具，但通过研究不难发现，深证 100 指数和上证 50 指数的组合与沪深 300 指数的相关性已高达 99.4%，两个指数相关的 ETF 产品目前具有充分的流动性和相对完善的套利机制，它们的组合也是沪深 300 股指期货重要的现货对冲工具。

股指期货的风险①

2012 年最后一个交易日，股指期货再度上涨近 50 个点。老张看着屏幕上的长阳线，终于狠心砍掉了剩下的空单。作为持仓千手的大空头，如果没有 12 月的大涨，他做空所得逾亿元盈利就成了囊中之物。但期市没有如果，12 月，继续死扛做空的他亏掉了近 1 个亿，正应了那句话——“出来混总是要还的”。

现在，像老张一样心有不甘的空头又开始蠢蠢欲动，做空大本营的冲锋号隐隐传来。2012 年最后两个交易日，期货指数（简称“期指”）总持仓接连创出历史新高，排名空头前两位的海通期货和中证期货分别增加空单 3187 手和 987 手。本周五是 2013 年多空双方的首次交锋，总持仓虽然小幅回落，但依然维持在近 11 万手的高位。

悲摧 12 月

2012 年 12 月，一直得意扬扬的期指空头们遭遇无妄之灾。

“今天亏了 40 万元。”12 月 14 日，在上海某酒吧的期货圈小型聚会上，王启智（化名）显得有些惆怅。而那天，心情低落的不止他一人。当日股指期货飙涨近 123 点，而每手未平仓的空头头寸都亏损将近 25 万元。

2012 年养成的空头思维曾经让王启智大赚，所以他坚信期指应继续做空。当天聚会散场时他说道：“还是与前段时间一样，逢高做空。”

令王启智没有料到的是，那天只掀开了亏损大幕的一角。之后期指飙涨近 400 点，如果不是及时止损离场，之后的亏损将使他血本无归。

张岩（化名）的故事或许更具有戏剧性。在上海证券综合指数（简称“上证综指”）跌破 2 000 点之前，他认为指数已经接近见底，于是平仓了空单，转而试仓多单。不过，彼时股指并不争气，多头底气不足，偶有反弹但屡屡被空头打压下去。

当上证综指跌破 2 000 点后，张岩的心态发生了较大变化，他判断股指将继续探底，于是选择增仓空单。然而数周之后，期指飙涨让他的 300 万元本金所剩无几。

“一切重新开始。”2013 年元旦假期，张岩改了他的 QQ 签名。

如果没有 2012 年 12 月的大涨，老张或许拿着他的数亿盈利依然坐在神坛之上，但现在 2012 年的盈利已经化作青烟。

12 月 8 日，期指飙涨逾 80 点，老张不为所动，依然延续着他全年的空头套路。12 月 14 日，期指飙涨逾 122 点，老张大吃一惊，赶紧平了部分空头仓位。但是他的做空思路依然未变。此后，他如法炮制此前屡试不爽的做法：调入 2 亿元资金进入期指账户，再度做空。但这一次他彻底中枪，期指 12 月近 400 点的犀利涨势直接终结了他“做空就赚钱”的神话。

12 月的最后一周，老张黯然平了空单，而这时他的账户已经亏掉了近 1 亿元。巨大的财富落差对这位饱经资本市场风雨的老手来说也难以承受：“一年白忙

① 中国证券报. 做空期指赚钱神话终结：老股民 12 月死扛亏近 1 亿[EB/OL].（2013-01-05）http://www.nbd.com.cn/articles/2012-03-28/704536.html.

活了。”

传奇故事

从 2012 年 6 月至 11 月，期指主力合约跌幅近 20%，如此巨大的跌幅让空头大赚特赚。坊间不乏用几十万元资金做空赚到数百万元的传奇故事。

上文中的老张想起数月之前的意气风发就如同昨天发生的故事。在 2012 年 6 月至 11 月短短的几个月时间，他通过做空实现 1 亿多元的盈利。

老张有逾 10 年的股龄，不显山不露水的他，身家到底有多少是个谜。2012 年，他转入 2 亿元资金进入期指市场，手中操作 10 余个期指账户，目的是避免资金太过集中引起关注以及规避单个账户持仓 300 手的限制。

或许是刚进入期市的原因，他作风剽悍，操作时经常是几个账户联合起来以整数的 200 手、500 手加仓，持有空单 1 000 手成为家常便饭。《中国证券报》记者曾粗略计算：其保证金接近 1.2 亿元，仓位经常超过六成。

期货市场的高杠杆意味着高风险，六成的做空仓位意味着期指稍有反弹，他就面临爆仓风险。然而，由于他身家不菲，即使出现脉冲式大涨，他也能迅速调动数亿资金进入期货账户作为保护资金。

其实，自 9 月以来，期指曾几度出现日内飙涨走势。9 月 7 日，期指飙涨逾 100 点；9 月 24 日，期指日内最高大涨逾 120 点，之后回落近 50 点；但 9 月 25 日，期指再度大涨逾 50 点，一举收回 24 日的失地。不过，此前诸如这样的脉冲式大涨都是“一日游”，反而为老张这样的空头提供了高位做空的良机。

即便是在 9 月、10 月期指上蹿下跳时，老张之前赚的利润毫发无损。11 月，老张的做空神话被彻底推向高潮，当月盈利超过数千万元。但如今这一切已是传说。

126 亿元巨资对峙

“投机资金已经加仓做空了。”中证期货的一位人士告诉《中国证券报》的记者。被市场称为“空头大本营”的中证席位聚集着券商自营、基金、私募等机构以及众多实力派游资。在这里，投机性更强的大户习惯了结成小圈子。在操盘时，他们时常讨论行情，一旦对一波行情达成共识，就会采取一致行动。而李林正是某小圈子成员之一。

2012 年最后一个交易日收盘之后，李林给圈内朋友打电话：“我就不信总能这么涨下去，我加了空单。”2012 年的空头行情曾让他大赚。但 12 月份，坚持空头思维的他亏了近四成，此前的盈利已经损失殆尽。

“这样的上涨太不正常。”李林边说边熟练地翻出上证综指的 K 线图，指着 998 点、1 664 点这两个 A 股的历史大底，“你看，这两次行情启动之后都有近 30%的回调，而这一次还没有”。李林说，圈内人在 12 月 24 日就开始加空单，那天整个期指的净空单大幅增加近 3 000 手，做空力量一度成为本轮反弹以来最强的一次。但是，这次做空无功而返。据东方证券金融衍生品首席分析师高子剑测算，空头当天亏损约 3.37 亿元。

不过现在，做空阵营正在迅速壮大，空头时刻准备反击。“2012 年最后两个交易日，股指期货总持仓接连创出历史新高。”李林说：“我们赌的就是指数猛烈上涨后的技术性回踩，在2012年最后两个交易日都加了空单。”尝惯了将近一年空头带来的甜头，他们还是希望通过做空获利。

根据2013年1月4日股指期货四个合约结算价以及业内主流15%的保证金计算，目前多空各坐拥126亿元巨资展开对峙。

第四节 基金投资基础

基金是一种间接的证券投资方式。基金管理公司通过发行基金单位，集中投资者的资金，并将资金交给基金托管人（具有资格的银行）托管。基金管理人管理和运用资金，从事股票、债券等金融工具投资。投资者可以在证券大厅交易基金，即在二级市场上进行买卖，也可以通过和基金合作的银行代卖点申购基金。如果要买基金的话，投资者可以详细询问一下相关费用、利息比；然后再研究基金管理公司的内部情况和以往业绩。我国的基金产品也从封闭式基金的单一品种，到开放式基金、上式型开放式基金、交易型开放式基金、货币型基金、中短债型基金、创新型封闭式基金、合格的境内机构投资者（QDII）基金，投资者可选择的范围越来越广泛。然而，在投资的过程中，不断有这样或那样的问题困扰着广大投资者：面对市场的跌宕起伏，不少投资者长期投资的信念发生了动摇；面对日益丰富的产品，如何挑选“最适合自己的那一款”，成为令不少人头疼的问题；就连基金投资中的申购、赎回、分红等看似简单的细节问题，也存在着不少理解上的误区。

一、基金的种类

根据不同标准，证券投资基金可以划分为不同的种类：

1. 根据基金单位是否可增加或赎回，证券投资基金可分为开放式基金和封闭式基金

开放式基金是世界各国基金运作的基本形式之一。基金管理公司可随时向投资者发售新的基金单位，也需随时应投资者的要求买回其持有的基金单位。开放式基金与封闭式基金的区别主要有：①基金规模不固定。封闭式基金有固定的存续期，其规模固定。开放式基金无固定存续期，其规模因投资者的申购、赎回而可以随时变动。②不上市交易。封闭式基金在证券交易场所上市交易；而开放式基金在销售机构的营业场所销售及赎回，不上市交易。③价格由净值决定。开放式基金的申购、赎回价格以每日公布的基金单位资产净值加减一定的手续费计算，能一目了然地反映其投资价值；而封闭式基金的交易价格主要受市场对该特定基金单位的供求关系的影响。④管理要求高。开放式基金随时面临赎回压力，必须更注重流动性等风险管理，要求基金管理人具有更高的投资管理水平。世界投资基金的发展历程基本上遵循了由封闭式转向开放式的发展规律。目前，开放式基金已成为国际基金市场的主流品种。相对于封闭式基金，开放式基金在激励约束机制、流动性、透明度和投资便利程度等方面都具有较大的优势。其主要优点如下：

（1）市场选择性强。如果基金业绩优良，投资者购买基金的资金流入会导致基金资产增加。而如果基金经营不善，投资者通过赎回基金的方式撤出资金，会导致基金资产减少。规模较大的基金的整体运营成本并不比小规模基金的运营成本高。一般情况下，大规模的开放式基金的业绩更好，愿意买它的人更多，其规模也就更大。这种优胜劣汰的机制对基金管理人形成了直接的激励约束。

（2）流动性好。基金管理人必须保持基金资产的流动性，以应付可能出现的赎回。由于开放式基金的管理人不会集中持有大量难以变现的资产，因而减少了开放式基金的流动性风险。

（3）透明度高。除随时履行必备的信息披露外，开放式基金一般在每日公布资产净值，随时准确地体现出基金管理人在市场上运作、驾驭资金的能力。这对于能力、资金、经验均不足的投资者有特别强的吸引力。

（4）便于投资。投资者可随时在各销售场所申购、赎回开放式基金，十分便利。良好的激励约束机制又促使基金管理人更加注重诚信、声誉，中长期、稳定、绩优的投资策略，以及优良的客户服务。作为一个金融创新品种，开放式基金的推出，能更好地调动投资者的投资热情，而且其销售渠道包括银行，能够吸引部分新增储蓄资金进入证券市场，改善投资者结构，起到稳定和发展市场的作用。

2. 根据组织形态的不同，证券投资基金可分为公司型基金和契约型基金

公司型基金通过发行基金股份成立投资基金公司的形式设立；契约型基金也称信托型投资基金，它是依据信托契约通过发行受益凭证而组建的投资基金。契约型基金一般由基金管理人、基金保管人及投资者三方当事人订立信托契约：基金管理人可以作为基金的发起人，通过发行受益凭证将资金筹集起来组成信托财产；依据信托契约，基金保管人负责保管信托财产，具体办理证券、现金管理及有关的代理业务等；投资者也是受益凭证的持有人，其通过购买受益凭证，参与基金投资，享有投资收益。基金发行的受益凭证表明投资者对投资基金所享有的权益。目前，我国的证券投资基金均为契约型基金。

3. 根据投资风险与收益的不同，证券投资基金可分为成长型基金、平衡型基金和价值型基金

成长型基金又分为积极成长型基金和稳定成长型基金两种。积极成长型基金追求资本长期增值，但在目标选择上更偏好规模较小的成长型企业，风险高、收益大。而稳定成长型基金一般不从事投机活动，追求的是资本长期增值，以稳定持续的长期增长为目标。平衡型基金既追求长期资本增值又追求当期收益。这种基金一般把资产总额的25%~50%投资于优先股和债券，将其余的用于普通股投资，其风险和收益介于成长型和价值型之间。价值型基金以追求当期收入为主要目标，它的投资对象主要是绩优股、债券以及可转让大额存单等收入比较稳定的有价证券。与成长型基金和平衡型基金相比，价值型基金成长性弱，风险最低，比较适合那些相对保守的投资者。

4. 根据投资对象的不同，证券投资基金可分为股票基金、债券基金、货币市场基金、期货基金等

股票基金是指主要投资于股票的基金，其股票投资占资产净值的比例大于等于60%，是投资基金的主要种类。

债券基金是指80%以上的基金资产投资于国债、企业债等债券的基金。假如全部投资于债券，可以称其为纯债券基金；假如大部分资产投资于债券，少部分资产投资于股票，可以称其为债券型基金。理论上讲，债券型基金比纯债券基金的潜在收益和风险要高一点。债券基金投资的债券是指在银行间市场或交易所市场上市的国债、金融债、企业债（包括可转换债券）。债券基金就是在这些债券品种中进行债券组合，以期给投资者带来最大的收益。债券基金的主要收益来自基金所投资的债券的利息收入和买卖债券所获得的差价收入。从债券基金的利润来源看，它是一个收益相对稳定的品种。债券基金的利息收入是稳定的，因为债券是一种固定收益类证券，它的利息一般是固定的（当然也有利息可变的浮动利息债）。对于企业债而言，不管企业经营得好坏，都要按规定支付利息，比起股票红利稳定得多。至于买卖债券获得的差价收入虽然存在一定的不确定性，主要是债券价格会随市场利率的变化而变化，但短期而言，市场利率变化的幅度一般比较小（或已经被预期消化了），因此这种不确定性也不会很高。一般说来，与其他类型的基金相比，如股票基金、对冲基金等，债券基金的在收益比较稳定，潜在风险比较小。

货币市场基金（money market fund，MMF）是投资于货币市场（一年以内，平均期限120天）的投资基金。它主要投资于短期货币工具，如国债、银行大额可转让存单、商业票据、公司债券等短期品种。与传统的基金比较，它具有以下特点：首先，货币市场基金的基金单位资产净值是固定不变的，一般一个基金单位是1元，这是与其他基金最主要的不同点。投资货币市场基金后，投资者可利用收益再投资，增加基金份额，从而不断累积投资收益。其次，货币市场基金的评价标准是收益率，这与其他基金以净资产价值增值获利不同。再次，货币市场基金的流动性强、安全性高，这是因为货币市场是一个低风险、流动性强的市场。最后，货币市场基金的风险低、投资成本小。货币市场工具的到期日通常很短，货币市场基金投资组合的平均期限一般为4~6个月，因此风险较低，其价格通常只受市场利率影响。货币市场基金通常不收取赎回费用，并且其管理费用也较低。货币市场基金的年管理费用大约为基金资产净值的0.25%~1%，比传统基金的年管理费率1%~2.5%要低很多。货币市场基金除具有收益稳定、流动性强、购买限额低、资本安全性高等特点外，还有其他一些优点，比如可以用基金账户签发支票、支付消费账单；通常被作为进行新投资之前暂时存放现金的场所，这些现金可以获得高于活期存款的收益，并可随时撤回用于投资。一些投资人大量认购货币市场基金，然后逐步赎回用以投资股票、债券或其他类型的基金。许多投资人还将以备应急之需的现金以货币市场基金的形式持有。有的货币市场基金甚至允许投资人直接通过自动取款机抽取资金。

期货基金是一种以期货为主要投资对象的投资基金。期货是一种合约，只需一定的保证金（一般为5%~10%）即可买进合约。期货可以用来套期保值，也可以以

小博大，如果预测准确，短期能够获得很高的投资回报；如果预测不准，遭受的损失也很大，因而具有高风险、高收益的特点。因此，期货基金也是一种高风险的基金。

证券市场上还有一种需要大家熟悉的基金，它是ETF。ETF是一种在交易所上市交易的证券投资基金产品，其交易手续与股票完全相同。ETF管理的资产是一篮子股票组合，这一组合中的股票种类与某一特定指数如上证50指数所包含的成分股票相同，每只股票的数量与该指数的成分股构成比例一致。ETF交易的价格取决于它拥有的一篮子股票的价值，即"单位基金资产净值"。ETF是一种混合型的特殊基金，它克服了封闭式基金和开放式基金的缺点，同时集两者的优点于一身。ETF可以跟踪某一特定指数，如上证50指数；与开放式基金使用现金申购、赎回不同，ETF使用一篮子指数成分股申购赎回基金份额；ETF可以在交易所上市交易。由于ETF简单易懂，市场接纳度高，因而其在全球范围内发展迅猛。研究表明，ETF在我国具有广阔的市场前景，不仅有助于吸引保险公司、合格的境外机构投资者等机构和个人储蓄进入市场，提高直接融资比例，而且能够活跃二级市场交易，增加市场的深度和广度。

二、基金投资基础

1. 基金折价率

基金折价率是如何形成的？一般来说，基金折价率可高可低。基金折价率的形成大致可归纳为以下几个原因：一是流动性损失。基金持股集中度过高和基金间交叉持股造成基金所持有股票的流动性受到影响。在投资者看来，以基金所持股票市值为基础计算出来的基金净值并不能反映基金的真实价值，而还需要扣除流动性不足可能带来的净值损失，这就直接导致二级市场上的基金价格低于其净值。二是双重交易成本。基金购买和卖出股票需要付出交易成本，这种交易成本一方面包括买卖股票所付出的佣金，另一方面还包括卖出股票所导致股价下跌带来的净值损失。三是投资者行为的不理性。在二级市场上买入封闭式基金的投资者一般并非为了到期清算后实现资产增值，而是为了在二级市场以高价卖出，获取差价收益。因此，其价格变化同上市公司的股价具有相似性，受到公司业绩、市场供求、市场环境等因素的影响。折价率跟基金的规模和清算期限存在一定的正相关，也在一定程度上反映了投资者对该基金的管理水平的认可程度，所以低折价率的基金往往有着优于行业内平均水平的表现。但单从折价率高低无法全面衡量基金未来的成长能力，应该从整个基金公司的资产管理角度，结合市场的阶段性特点，具体分析造成折价率较高的原因。

2. 基金转换业务

基金转换业务是指投资者在持有一家基金管理公司发行的开放式基金后，可自由转换到该公司管理的其他开放式基金，直接申购目标基金而不需要先赎回已有基金。基金转换业务为投资者应对股市、债市和货币市场的变化提供了方便。另外，通过转换业务变更基金投资品种，比正常的赎回再申购业务享有一定幅度的费率优惠。基金份额在转换后，原持有时间仍延续计算，享受持有时间越长、赎回费率越低的优惠。基金转换还可以比卖出老基金再买入新基金更缩短时间。正常情况下，在申请基金转换后，第二个交易日即可获得确认。应该注意的是，由于基金注册登记机构等原因，同一个基金公司中可能会有一只或者少数几只基金不能同其他基金进行转换。但是，投资者不要频繁地转换基金产品，因为基金是一种专业理财产品，基金业绩有一定的周期性。投资者不能因为基金净值在短期内低于心理预期，就盲目地进行基金产品之间的转换。这样不但增加了基金的转换成本，而且也可能失去了原有基金产品应有的获利机会。

基金转换是投资者在基金投资中常用的一种投资方法，特别是对于基金产品线特别丰富的基金管理公司来讲，基金转换可能是经常发生的事。因此，时刻关注基金管理公司发布的转换公告，熟悉其转换原则是非常重要的。①只适用于在同一销售机构购买的基金管理公司所管理的各基金品种之间。转换业务需要遵循“先进先出”的业务规则。②各基金间转换的总费用包括补差费和转出基金的赎回费两个部分。补差费分两种情况。第一，对于前端收费模式基金，转出基金的申购费率（或认购费率）高于转入基金的申购费率（或认购费率）时，补差费为0；转出基金的申购费率（或认购费率）低于转入基金的申购费率（或认购费率）时，按申购费率（或认购费率）的差额收取补差费。第二，对于后端收费模式基金，补差费为0。假定某位投资者在某只基金的开放日内将所持有的A基金转换成B基金，假定某日的两基金份额净值分别为1.30元和1.50元，转换份额为9 547.27份，转换费率为0.2%，认（申）购费补差费率为0.3%，那么转换申请所负担的转换费、认（申）购费补差费和相应的基金份额等的计算如下：

（1）转出金额=转出份额×转出基金当日单位资产净值=9 547.27×1.30≈12 411.45（元）；

（2）基金转换费=转出金额×基金转换费率=12 411.45×0.2%≈24.82（元）；

（3）认（申）购费补差费=转出金额×认（申）购费补差费率=12 411.45×0.3%≈37.23（元）；

（4）转入金额=转出金额-基金转换费-认（申）购费补差费=12 411.45-24.82-37.23=12 349.40（元）；

（5）转入份额=转入金额÷转入基金当日单位基金资产净值=12 349.40÷1.50≈8 232.93（份）。

3. 指数型基金

2002年11月8日，国内首只开放式指数基金——华安180指数增强型基金（现已变更为华安MSCI中国A股指数增强型证券投资基金）正式成立，指数化的投资理念开始被引入国内资本市场。指数基金属于被动型基金，具体可分为指数复制型基金和指数增强型基金，前者是完全复制对应的指数组合，其涨跌基本与指数同步；后者是通过指数化投资和积极投资有机结合，实现基金资产的长期稳定增值。从指数增强型基金的具体运作特点来看，一般存在两种增强的方法。第一种方法是选择股票投资进行增强，即在按目标指数结构进行部分资产分配的基础上，将基金剩余资产投向有升值潜力的个股、行业、板块进行适当比例的增仓；或者对没有升值潜力的个股、行业、板块进行适当比例的减仓。第二种方法是进行金融衍生产品的投资，如买入看多的股票指数期货等。目前，开放式基金中的指数基金有不少，包括华安 MSCI 中国 A 股、嘉实 300、博时裕富等。其中，华安 MSCI 中国 A 股就属于典型的指数增强型基金，其跟踪标的是覆盖沪深两市的 MSCI 中国 A 股指数。

4. ETF 套利及具体方法

弱市中进行投资，在 ETF 上套利就是一种很好的做法。目前，已经有很多投资者在重视这个方面的事情。所谓套利，就是指当相同的或类似的证券或投资组合具有不同的市场价格时，投资者可以买入价格被低估的证券，卖出价格被高估的证券，从而获取无风险收益。套利的经济学原理是一价定律，即如果两个资产是相等的，它们的市场价格应该倾向一致。一旦存在两种价格，就出现了套利机会。基于同一风险源的相同或不同的交易品种的价格之间具有严格的函数关系，当其价格偏离这种函数关系的程度超过套利交易中的各项成本之和时，就出现了套利机会。套利的典型特征是交易净现金流为正，同时不持有任何风险头寸。就 ETF 而言，成分股所表现出的基金净值与 ETF 市价是同一投资组合的不同市场定价，因此存在套利机会。套利的具体方法有两种。①折价套利，或称反向套利：当 ETF 市价大于净值时，买入 ETF，赎回 ETF，得到一篮子股票，然后卖出一篮子股票。②溢价套利，或称正向套利：当 ETF 净值大于市价时，买入一篮子股票，申购成 ETF，然后卖出 ETF。

5. 基金份额转托管

基金份额转托管是一种基金份额的转出或转入业务，是指投资者申请将其在某一销售机构（或网点）交易账户中所持有的基金份额全部或部分转出，并转入另一销售机构（或网点）的交易账户。比如：投资者原来在 A 银行申购了某只基金，后来发现 B 银行离家更近，于是就可以进行基金份额转托管，把该基金从 A 银行转托管到 B 银行。基金份额转托管业务分转出、转入两步。投资者需要带上身份证、基金账户卡和原机构的资金卡在原购买基金的网点办理转托管转出业务，然后在 20 个工作日内到转入机构办理转入申请。办理转托管业务，要求投资者在即将转入的销售机构先开立基金交易账户。一般情况下，在 T 日投资者转托管基金份额成功后，转托管份额于 $T+1$ 日到达转入方网点；投资者可于 $T+2$ 日起赎回该部分的基金份额。转托管后，原托管份额的存续时间，在转到新的托管网点后仍旧连续计算。权益登记日的前五天和后三天内，不接受投资人转托管的业务申请。

6. 利用统计指标选基金

基金的配置从根本上决定了基金的风格，但基金运作统计资料是不是也会反映同样的问题呢？答案是肯定的。

在一些基金评级网站上，有成立一年以上基金的主要数据，从这些数据里面可以看出比单纯基金评级更多的信息。

以晨星网为例，无论你通过什么方式搜索到一个基金，都会有“风险评估”一栏。如果是一只成立 1 年以上的基金，也就是参加评级的基金，在这项里面会有 6

个指标：平均回报、标准差、夏普比率、阿尔法系数、贝塔系数和 R^2。

平均回报指标反映按照今年的数据去推算一年的总回报。一般说来，当然是总回报越大越好。标准差指标反映了基金增长率的波动情况，也就是平均涨跌幅度的变化。标准差越大，说明基金收益的变化越大，短期波动风险越大。夏普比率是综合了收益和风险的系数，基本上是收益除以风险。夏普比率高，说明在收益相同的情况下，波动较低；反之，在风险相同的情况下，收益较高，也就是高收益低风险。阿尔法系数是代表基金能在多大程度上跑赢整个市场的指标，当然是数值越大越好，也就是说，基金的收益能超越市场。贝塔系数反映了基金相对于大盘指数的波动情况。如果是一个指数基金，那么贝塔系数就是 1，因为指数基金是完全按照大盘情况来设置的。贝塔系数比 1 大，说明基金波动比大盘波动还要大，也就是其短期风险比大盘还大；贝塔系数比 1 小，说明基金波动比大盘波动小，其短期风险比大盘小。R^2 代表基金和大盘的相关性。如果 R^2 是 1，表示基金和大盘完全相关。其实，R^2 和 1 相差很大的话，贝塔系数就没有什么意义了。

简单地说：平均回报和阿尔法都代表收益，越大越好；标准差和贝塔系数代表波动，也就是短期风险，数值越小，基金表现得越平稳。在收益或者风险相同时，夏普比率的数值越大越好。

需要再次强调的是：我们必须在同类基金中进行比较，也就是相对于同样的资产组合标准。从这个意义上说，用股票基金和债券基金去比较是没有任何意义的。而且这些系数彼此得到的结论有时候是不统一的，甚至不同的基金评估公司算出来的数值都不大一样。

当我们确定了投资方向和自己的风险承受能力后，具体比较几只基金以便优中选优的时候，这些指标会给出一个参考。不过，由于我国的基金发展历史还很短，而这些数据都是统计得出来的，可能还不具备太大的代表性和权威性，但至少可以用来参考。

7. 上市型开放式基金

上市型开放式基金的英文全称是“listed open-ended fund”，简称“LOF”。在 LOF 发行结束后，投资者既可以在指定网点申购与赎回基金份额，也可以在交易所买卖该基金。投资者如果是在指定网点申购基金份额，想要上网抛出，必须办理一定的转托管手续；同样，如果是在交易所的网站上买进的基金份额，想要在指定网点赎回，也要办理一定的转托管手续。

LOF 是指通过深圳证券交易所交易系统发行并上市交易的开放式基金。LOF 的投资者既可以通过基金管理人或其委托的销售机构以基金份额净值进行基金的申购、赎回，也可以通过交易所市场以交易系统撮合成交价进行基金的买入、卖出。

（1）LOF 的主要特点。

LOF 主要有三个特点：①上市型开放式基金在本质上仍是开放式基金，基金份额总额不固定，基金份额可以在基金合同约定的时间和场所申购、赎回。②上市型开放式基金的发售结合了银行等代销机构与深圳证券交易所交易网络二者的销售优势。银行等代销机构网点仍沿用现行的营业柜台销售方式，深交所交易系统则采用通行的新股上网定价发行方式。③上市型开放式基金获准在深交所上市交易后，投资者既可以选择在银行等代销机构按当日收市的基金份额净值申购、赎回基金份额，也可以选择在深交所各会员证券营业部按撮合成交价买卖基金份额。

（2）LOF 对投资者的意义。

LOF 对投资者的意义如下：

一是减少交易费用。投资者通过二级市场交易基金可以减少交易费用。不同类型开放式基金的交易费用不同。按双向交易统计，场内交易的费率两次合并为 6‰，场外交易申购加赎回股票基金为 15‰以上，债券基金一般也在 6‰以上。场外交易的成本远大于场内交易的成本。

二是加快交易速度。开放式基金的场外交易采用未知价交易。在 $T+1$ 日，交易确认；在 $T+2$ 日，申购的份额才能赎回；在 $T+3$ 日，赎回的金额才能从基金公司划出，需要经过托管银行、代销商划转；投资者最快在 $T+7$ 日才能收到赎回款。

LOF 增加了开放式基金的场内交易，买入的基金份额在 $T+1$ 日可以卖出；卖出的基金款如果参照证券交易结算的方式在当日就可用，在 $T+1$ 日可提现金。与场外交易比较，买入比申购提前 1 日，卖出比赎回最多提前 6 日。LOF 减少了交易费用，加快了交易速度。

三是提供套利机会。LOF 采用场内交易和场外交易同时进行的交易机制，为投资者提供了基金净值和围绕基金净值波动的场内交易价格。由于基金净值是每日交易所收市后按基金资产当日的净值计算，因此场外的交易以当日的净值为准采用未知价交易，场内的交易以交易价格为准，交易价格以昨日的基金净值作为参考。场内交易价格与基金净值价格不同，投资者就有套利的机会。

8. 基金定期定额投资

所谓基金定期定额投资指的是投资者在每月固定的时间（如每月 10 日）以固定的金额（如 1 000 元）投资到指定的开放式基金中。

基金定期定额投资具有类似长期储蓄的特点，能积少成多，平摊投资成本，降低整体风险。由于是定期定额投资，所以在市场上涨、基金净值增加时候会自动减少投资份额，而在市场下跌、基金净值下跌时会自动增加投资份额。因此，无论市场价格如何变化，定投总能获得一个比较低的平均成本，可抹平基金净值的高峰和低谷，消除市场的波动性。只要选择的基金整体增长，投资人就会获得一个相对平均的收益，不必再为入市的择时问题而苦恼。

在境外的成熟市场，有超过半数的家庭购买基金，而他们投资基金的方式大多数为定期定额投资。不过，这种投资方式需要经过一段时间才能看出成效，最好能持续投资 5 年以上。一项统计显示，定期定额投资只要超过 10 年，亏损的概率接近零。

以定额定投方式购买基金适合以下三类人群：①工薪阶层。“手头闲钱不多，却要在未来应对大额支出”，这是很多人都会遇到的问题。比如年轻的父母为子女积攒未来的教育经费，中年人为自己的养老计划存钱等。由于可以积少成多，起点也低，定投可谓是这类人群的投资首选。②想投资但不想冒太大风险的投资者。这类群体主要是指既害怕股市风险，又对其他投资方式不够了解，投资能力不强、期望稳健型投资的人。③职场新人。定投有助于培养投资习惯，特别适合刚刚踏入社会、积累比较有限、把投资当成末位问题看待的年轻人。定投不仅能为他们搁置起来的一些小钱找到出路，而且能帮助年轻人改变大手大脚的消费习惯。

一些投资者对基金类型和风险收益特征缺乏了解，看到基金在一段时间内连续下跌就结束定投，连续上涨就赎回获利了结；或者是以为所有类型的基金都能够定投。事实上，定投基金的关键在于看选择的基金、投资的市场在未来是否有长期增长。而且定投平均成本、控制风险的特点不是对所有的基金都适合，比如债券型基金收益较稳定，一般波动不大，不适合定投。而股票基金或指数基金长期收益相对较高、波动较大，更加适合定投。

9. 基金分红

基金分红是指基金将收益的一部分以现金的方式派发给基金持有人，这部分收益本来就是基金单位净值的一部分。投资者实际上拿到的分红就是自己账目上的资产，也就是说分红并不增加投资人的实际收益。下面举例说明：

根据相关法律法规的规定及基金合同的约定，20××年 5 月 28 日，汇添富基金公司对添富优势基金进行第七次分红。收益分配方案为每 10 份基金份额派发红利 11.30 元。5 月 28 日除息前净值为 3.768 8 元，分红后净值为 2.638 8 元。A 某于 20××年 1 月 29 日申购了添富优势，确认份额为 10 198.81 份。截至 28 日，按未除息的净值计算，其基金资产市值为 3.768 8×10 198.81≈38 437.28（元）。此次分红，A 某分得现金红利 11 524.7 元，除息后基金资产市值为 2.638 8×10 198.81≈26 912.62（元），现金红利和基金资产市值两部分相加正好等于按未除息的净值计算得到的总市值。也就是说，分红并没有改变客户的基金资产总值，分红并不是给客户额外的一部分收益，而是从原来的基金资产中拿出一部分做基金分红，通俗地说，基金分红也就是“从左边口袋放到右边口袋”。

（1）分红的好处。虽然基金分红并没有额外为投资人增加收益，却实实在在地给投资人带来了好处，原因有两个。首先，选择了现金分红的投资人会收到现金，其效果相当于无赎回费的退出市场。如果投资人急需用钱或者对市场未来走势不看好希望暂时退出市场避险，现金分红无疑提供了一种无成本的退出方式。其次，选择红利转投的投资人的基金份额会增加，分红所得资金转为基金份额后会加到原来的基金份额中，而且这部分基金份额的增加没有任何费用。对于长期投资的客户来说，基金份额的增加还会带来复利效应。

（2）既然基金分红是对基金实现的投资净收益进行分配，那么仅在分红前一天申购的投资人也可以享受分红。这部分投资人是拿哪部分收益进行分红的呢？基金分红虽然是对过去的收益进行分红，但是后申购的投资人购买基金时的基金净值已经包含了过去基金的收益，即相当于支付了包括基金过去投资收益的溢价部分，因此这些投资人分红所得的依然是基金已经实现的投资收益。

（3）基金公司为什么进行大比例分红？这是否是促销行为？对于大比例分红，投资者需要视具体情况仔细分析。比如，某基金的契约和招募书规定：在符合有关基金分红条件的前提下，本基金每年收益分配次数最少一次，最多为六次，年度收益分配比例不低于基金年度已实现收益的80%。如果上一年度，某基金已实现较多收益，那么就可能出现严格执行基金契约规定而进行大额分红的行为，这是履行契约规定的正常行为。如果某基金并不是为了履行契约而进行大额分红，特别是在销售火热或者销售清淡的市场环境中，就有可能是促销行为。这需要投资者视具体情况进行分析。

场外交易市场

除了交易所外，证券市场还包括一些其他交易市场，这些市场因为没有集中的统一交易制度和场所，因而被统称为场外交易市场（OTC），又称柜台交易或店头交易市场。它主要由柜台交易市场、第三市场、第四市场组成。

一、场外交易市场的特点

（1）场外交易市场是一个分散的无形市场。它没有固定的、集中的交易场所。在场外交易市场，许多各自独立经营的证券经营机构分别进行交易，并且主要依靠电话、传真和计算机网络联系成交。

（2）场外交易市场的组织方式采取做市商制。场外交易市场与证券交易所的区别在于不采取经纪人制，投资者直接与证券商进行交易。

（3）场外交易市场是一个拥有众多证券种类和证券经营机构的市场，以未能在证券交易所批准上市的股票和债券为主。由于证券种类繁多，每家证券经营机构只固定地经营若干种证券。

（4）场外交易市场是一个以议价方式进行证券交易的市场。在场外交易市场上，证券买卖采取一对一的交易方式，对同一种证券的买卖不可能同时出现众多的买方和卖方，也就不存在公开的竞价机制。场外交易市场的价格决定机制不是公开竞价，而是买卖双方协商议价。

二、场外交易市场的交易者和交易对象

在国外，场外交易市场的参加者主要是证券商和投资者。参加场外交易的证券商包括：

（1）会员证券商，即证券交易所会员设立机构经营场外交易业务。

（2）非会员证券商，或称柜台证券商，其不是证券交易所会员，但经批准设立证券营业机构，以买卖未上市证券及债券为主要业务。

（3）证券承销商，即专门承销新发行证券的金融机构。有的国家新发行的证券主要在场外市场销售。

（4）专职买卖政府债券或地方政府债券以及地方公共团体债券的证券商，等等。

三、场外交易市场的功能

场外交易市场与证券交易所共同组成证券交易市场，具有以下功能：

（1）场外交易市场是证券发行的主要场所。新证券的发行时间集中、数量大，需要众多的销售网点和灵活的交易时间。而场外交易市场是一个广泛的无形市场，能满足证券发行的需求。

(2) 场外交易市场为政府债券、金融债券以及按照有关法规公开发行而又不能或一时不能到证券交易所上市交易的股票提供了流通转让的场所，为这些证券提供了流动性的必要条件，为投资者提供了兑现及投资的机会。

(3) 场外交易市场是证券交易所的必要补充。场外交易市场是一个开放的市场，投资者可以与证券商当面直接成交，不仅交易时间灵活分散，而且交易手续简单方便，价格又可协商。这种交易方式可以满足部分投资者的需要，因而成为证券交易所的卫星市场。

四、场外交易市场的组成

场外交易市场，通常是指店头交易市场或柜台交易市场，但如今的场外交易市场已不只是传统意义上的柜台交易市场，有些国家在柜台交易市场之外又形成了其他形式的场外交易市场。

1. 柜台交易市场

柜台交易市场是指通过证券公司、证券经纪人的柜台进行证券交易的市场。该市场在证券产生之时就已存在。在交易所产生并迅速发展后，柜台市场之所以能够继续存在并发展，主要有以下原因：

(1) 交易所的容量有限，且有严格的上市条件，客观上需要柜台市场的存在。

(2) 柜台交易比较简便、灵活，满足了投资者的需要。

(3) 随着计算机和网络技术的发展，柜台交易也在不断地改进，其效率已和场内交易不相上下。

2. 第三市场

第三市场是指已上市证券的场外交易市场。第三市场产生于1960年的美国，原属于柜台交易市场的组成部分，但因其发展迅速、市场地位提高，被作为一个独立的市场类型对待。第三市场的交易主体多为实力雄厚的机构投资者。

3. 第四市场

第四市场是指投资者绕过传统经纪服务，彼此之间利用计算机网络直接进行大宗证券交易所形成的市场。第四市场的吸引力在于：①交易成本低。因为买卖双方直接交易，无经纪服务，其佣金比其他市场少得多。②可以保守秘密。因无须通过经纪人进行交易，所以利于进行匿名交易。③不冲击证券市场。如在交易所内进行大宗交易，极有可能给证券市场的价格造成较大影响。④信息灵敏，成交迅速。

第五节 权证投资基础

权证交易一直以高风险、高收益而著称，但相对火爆的市场行情使得部分投资者只看到其日后的高收益，而将其具有的高风险抛在了脑后。对权证交易知识的匮乏，使得很多投资者为其无知交了昂贵的“学费”。

权证是基础证券发行人或其以外的第三人发行的，约定持有人在规定期间内或特定到期日，有权按约定价格向发行人购买或出售标的证券，或以现金结算方式收取差价的有价证券。权证本质上是一个期权合约，其基本要素主要包括标的资产、行权价格、行权比例、存续期限、行权期和结算方式等。标的资产是指权证发行所依附的基础资产，即权证持有人行权时所指向的可交易的资产。我国目前的权证产品均是以单一股票作为标的资产，如过去存在的权证武钢 CWB1，其标的资产就是武钢股份股票。行权价格又称执行价格，是指发行人在发行权证时的价格，权证持有人在行权时以此价格向发行人买入或者出售标的股票。行权比例是指每持有 1 份权证可以买入或者出售正股的股数。如某认购权证规定行权比例为 0.1，就表示行权时，权证持有人每持有 10 份权证可以以行权价买入 1 股标的股票。存续期限是指权证存续的时间。跟股票不同，权证一般都有一定的存续期限，过期的权证没有任何价值。行权期即权证持有人可以行使权利的时间范围。权证到期的结算方式主要有两种：实物结算和现金结算。实物结算就是目前国内的证券给付方式。而现金结算更为简便，只需根据行权价格和结算价格收取差价即可。在成熟市场中，现金结算方式占主导地位。

一、权证的种类

按照不同的分类标准，权证可以分为不同的种类：

（1）按照权利内容的不同，权证可以分为认购权证和认沽权证两种。认购权证是一种买权，该权证持有人有权于约定期间或者到期日按约定价格向权证的发行人买进一定数量的标的资产。认沽权证是一种卖权，该权证持有人有权于约定期间或者特定到期日以约定价格向权证发行人出售一定数量的标的资产。

（2）按照行权期间的不同，权证可以分为美式权证、欧式权证和百慕大式权证。美式权证是指权证持有人在到期日前，可以随时提出履约要求以买进或出售约定数量的标的资产。欧式权证是指权证持有人只能于到期日当天，才可以提出买进或者出售标的资产的履约要求。百慕大式权证介于美式权证和欧式权证之间，是指权证持有人在到期日之前的一段时间内可以随时提出买进或者出售标的资产的履约要求。

（3）按照权证发行人的不同，权证可以分为股本权证和备兑权证。股本权证由上市公司发行，一般以融资为目的。它授予持有人一项权利，即在到期日前特定日期（也可以有其他附加条款）以行权价购买公司发行的新股（或者是库藏的股票）。备兑权证是由上市公司之外的第三方发行的，目的在于提供一种投资工具，同时发行人也获取一定的发行利润。在境外成熟的权证市场，既有上市公司自身作为再融资手段发行的股本权证，又有券商为满足市场需求发行的备兑权证，其中后者由于其灵活性、多样性已经成为市场主流，例如中国香港权证市场，99%的权证都是由券商等金融机构发行的备兑权证。

二、权证的内在价值

认购权证的内在价值是标的股票的价格与行权价之间的差额，认沽权证的内在价值是行权价与标的股票的价格之间的差额。它们的计算公式如下：

认购权证的内在价值=max［标的股价-行权价］

认沽权证的内在价值=max［行权价-标的股价］

根据权证的行权价和正股市场价格的关系，权证可以分为价内权证、价外权证和价平权证三类。假设标的股票的市场价格为100元，认购权证的行权价为80元，则此权证的内在价值是20元。一般情况下，权证的价值最少应等于其内在价值，价平权证和价外权证的内在价值都等于零。对认购权证而言，如果正股的市场价格高于权证的行权价格，则为价内权证；如果正股的市场价格低于权证的行权价格，则为价外权证。认沽权证则刚好相反：如果正股的市场价格高于权证的行权价，则为价外权证；如果正股的市场价格低于权证的行权价，则为价内权证。不论是认购权证还是认沽权证，如果正股的市场价格刚好等于权证行权价，则为价平权证。由于正股价格总是不断波动的，严格的价平权证较为少见。通常权证总是处于价内或者价外两种状态。那么，价内权证和价外权证对投资者而言有什么不同的意义呢?

第一，从内在价值的角度来看，价内权证的风险低于价外权证。价内权证具有一定的内在价值，而价外权证的内在价值为零。一般而言，价内权证到期具有行权价值的可能性较大，而价外权证到期可能归零。尤其是一些处于深度价外的权证，到期归零的可能性很大。例如，过去国内权证市场的认沽权证，均处于深度价外，到期成为价内的机会极小，因而风险极大。而处于深度价内的认购权证的风险要小得多。

第二，从有效杠杆的角度来看，在看对后市方向的时候，价外权证带来的潜在收益更大。有效杠杆代表正股价格变化1%时权证价格变动的百分比，表示投入在正股和权证的资金量相等时，投资权证的收益相对于投资正股收益的实际放大倍数。通常，价外权证的有效杠杆要大于价内权证的有效杠杆，换言之，在看对后市方向时，价外权证比价内权证更容易放大收益。不过，需要提醒投资者的是，有效杠杆是把“双刃剑”，放大潜在收益的同时也会放大潜在损失：当看错后市方向的时候，投资价外权证的损失也会更大。

第三，从时间价值损耗的角度来看，价外权证的投资风险更大。权证的时间价值随着到期日的临近而不断损耗。在权证到期时，权证的价格在理论上会回归内在价值，时间价值会逐渐衰减为零。因此，投资者在持有权证的时候，也在同时承受着时间价值的损耗。价外权证的内在价值为零，权证价格全部体现为时间价值，随着到期日的来临，若权证价值没有回归价内，权证价格势必衰减为零。因此，价外权证的时间价值的损耗比价内权证快，持仓风险更高。

当然也要注意，权证即使在到期前的内在价值为零，也仍然存在一些价值。这部分价值被称为权证的时间价值，代表着投资者为权证在到期时变为价内权证的可能性所支付的价格。随着时间的推移，由于标的股价向有利方向变动的机会更小，权证在到期时拥有更高价值的可能性也更小，因此，权证的时间价值会随着到期日的临近而衰减，并在到期日变为零。值得注意的是，时间价值的损耗在临近到期日有加剧的趋势，且临近到期的权证的流动性一般较差。因此对剩余时间只有一两个月的权证，一定要谨慎选择。特别应该注意的是，权证的内在价值主要看标的价格与行权价格的差距，而不是看财务数据的优劣。

总而言之，价外权证比价内权证的投资风险更大，稳健型投资者宜选择价内权证或一些轻微价外权证。在看对后市方向时，价外权证通常比价内权证更能放大收益。风险偏好投资者若对后市有明确的方向性判断，可以选择一些价外权证作短期投资。但对于一些深度价外的权证，特别是即将到期的深度价外权证，投资者应尽量回避。

（1）权证的价值评估。从价值评估角度来看，衡量权证的估值水平有两个指标——溢价率和隐含波动率。权证的溢价率与其价内外程度密切相关。一般来说，价外程度越高，其溢价率越高。因此，价内权证与价外权证应当有不同的溢价率，就像周期性行业和非周期性行业的公司应享有不同的市盈率（PE）一样。如果单纯以溢价率为标准来选择权证很容易误入歧途。溢价率为负的权证尽管有一定的估值优势，但在融券业务推出之前，并不一定是好的投资标的。因为权证有一定的价格发现功能，溢价率为负表明市场对其未来的表现并不看好，接下来的走势极有可能是正股的大幅下跌带动权证下跌。

由于不同权证的正股有不同的波动率，因此一般将隐含波动率和历史波动率相比较，再结合有效杠杆比率，来评判权证是否具有估值优势。而有效杠杆比率是权证相对于正股股价的弹性。弹性越大，权证的杠杆优势越明显。但如果估值畸高，高杠杆只会让投资者面临更大的风险。

在经典的 B-S 定价模型中，决定权证价值的参数主要有五个，即正股价格、正股波动率（波幅）、行权价格、剩余期限和无风险利率。在计算权证的理论价值时，我们通常取正股的历史波幅作为模型中波动率的输入参数。如果我们把权证的市场价格代入 B-S 定价模型，从而反推出波动率的数值，这个波动率就是我们通常所说的引申波幅。

引申波幅是衡量权证估值水平的重要指标，在权证投资中具有重要的意义。引申波幅反映了市场对正股在权证剩余期限内波动率的预期。在其他条件不变的情况下，当引申波幅升高时，无论是对于认购权证还是认沽权证，其价值都是增加的；反之亦然。实际上，在支付权利金（权证价格）之后，投资者就拥有了在行权期内以一定价格购买或出售正股的权利，当然也可以不行使这个权利，而且对于投资者来说，并不承担任何义务。因此，对权证持有人而言，可以规避正股对其不利的变化，而保留对其有利的变化。正是由于这种非对称性，正股价格波动越大，对权证持有人越有利，因此权证的价值也越大。

以认购权证为例，如果其行权价格为 10 元、市场价格为 1 元，此时对应的正股价格为 10 元，则在权证到期时，如果正股价格低于 10 元，即使正股价格跌至接近零，投资者仍然只亏损 1 元，其亏损额不会因为正股价格的下跌幅度增大而增加；而如果正股价格高于 10 元，则投资者的收益会随着正股价格的上涨而增加，且理论上并无上限。对认沽权证而言，也是相似的原理。因此，引申波幅越高，意味着正股波动可能越剧烈，权证的价格也就越高。

当投资者买入某权证后，即使正股价格不变，只要引申波幅升高，权证的价格也将上涨，这样，投资者就能从引申波幅的上升中获利。如果投资者买入权证后，权证的引申波幅下降，即使正股价格不发生变化，权证的价格也将下跌，从而造成投资者的亏损。因此，投资者在决定买入权证之前，不仅要关心正股的走势，也要关心引申波幅的变化。

通常，投资者应该选择引申波幅处于低位的权证。一方面，这样的权证的走势较为贴近正股的走势；另一方面，引申波幅升高的可能性亦较大，投资者不仅可以从正股的变化中获利，也可以从引申波幅的升高中获利。而如果选择的权证引申波幅较高，即使投资者看对了正股的方向，也可能因为权证引申波幅下降而赚不到钱甚至亏钱。因此，在其他条件相同的情况下，投资者应该尽量选择引申波幅较低的权证。

（2）权证的价格。权证的价格主要受六个因素的影响。一是标的股票的价格。标的股票的价格是影响权证发行价格及其交易价格走势的最重要因素。通常，权证标的股票的价格越高，认购（沽）权证的价格也就越高（低）。二是权证剩余到期时间。权证离到期日时间越长，权证变为价内的机会就越大，价格通常也就越高。随着到期日临近，该概率渐小，权证在二级市场的交易价格相应下降。三是权证行权价格。权证所约定的行权价格越高，认购权证未来行权获利的可能性越小，其价格往往越低。四是标的股票的波动性。标的股票的波动性越强，无论是对于认购权证还是认沽权证，都意味着权证变为价内的概率越大，因而权证价格会越高。五是市场利率。市场利率的高低决定着标的股票投资成本的大小。利率水平越高，投资标的股票所需成本越大，因而认购权证的高杠杆作用变得较具吸引力，而认沽权证的吸引力则相应变小，故认购（沽）权证的价格越高（低）。六是预期股息。一般而言，权证无法享有现金股利，因而预期股息越高，对认购权证越不利，故认购权证价格越低。

三、权证的溢价率

权证的溢价率是指以当前的价格买入权证，在不考虑交易成本的前提下，正股至少需要上涨（认购证）或下跌（认沽证）多少百分比，投资者持有权证到期行权才可保本。溢价率反映了到期行权的盈亏平衡概念，在目前国内的权证市场机制下，也是反映权证价格风险的重要指标。由于权证价格主要由市场供求决定，因此价格的变动并不一定体现正股的价格变化。在权证流通数量一定的情况下，当供不应求时，权证价格就容易被推高至不合理的位置，反映在溢价率上就会处于较高的水平。如刚上市的权证，在市场炒新习惯下较易成为追捧的目标，价格会被高估。

当权证处于高溢价水平时，投资者面临的风险是什么呢？如果高溢价水平脱离市场正股的合理预期，那么一旦市场热点转移，溢价率的回落将带动权证价格下降，这时，即使正股上涨，权证也未必能紧跟正股上涨的步伐。而如果此时正好遇上正股调整，更会加剧权证的下跌。

那么，投资负溢价的权证是不是就没有风险呢？答案也是否定的。虽然由供求关系决定的权证价格可能会存在不合理的因素，但市场往往是对投资者心理预期最真实、最直接的反映。如果一只权证长期处于负溢价而没有得到市场的修正，那么有可能是市场对正股的前景普遍看淡。假如投资者在此时买入权证，虽然看似折价，但未来一旦正股的价格进入调整期，那么负溢价可能瞬间消失，而且权证还可能在正股的价格拖累下继续走低。这样的例子很多。总的来说，溢价低比溢价高好，但负溢价并不代表没有风险，投资权证是为了获利，不宜单纯以溢价高低来选择权证。

值得注意的是，正的溢价率实际上反映了权证的时间价值，溢价率也与剩余存续期有关。比如同一只正股的两只权证，在其他条款一样的情况下，一般存续期较长的权证的溢价率较高。由于在临近到期的时候，溢价率都有归零的趋势，因此，从风险角度来看，假如一只权证处于高溢价，且存续期较短，那么其溢价率回调的风险就会非常大，除非投资者对正股价格的短期上涨幅度有强烈的预期，否则最好不要参与。假如权证负溢价较大且剩余期限较短，那么负溢价对于投资者说就是很好的保护。在对正股短期走势有正面预期的情况下，在溢价率归零的过程中，投资者有较大的获利机会。

四、权证涨跌幅的计算

上海证券交易所（简称“上证所”）对权证实施与股票价格有关的涨跌幅限制，当然不是10%或5%的固定涨跌幅限制。其计算公式如下：

权证涨幅价格＝权证前一日收盘价格+（标的证券当日涨幅价格-标的证券前一日收盘价）×125%×行权比例

权证跌幅价格＝权证前一日收盘价格-（标的证券前一日收盘价-标的证券当日跌幅价格）×125%×行权比例

当计算结果小于或等于零时，权证跌幅价格为零。

投资者可按照如下方式计算权证的涨跌幅价格：首先，计算当日股票价格与前日股票价格之差，该价格可称为“股票涨跌变动价位”，计算结果精确到“分”；其次，计算股票涨跌变动价位的1.25倍，得到“权证涨跌变动价位”；最后，在前一日权证收盘价格的基础上，加或减权证涨跌变动价位，计算结果精确到“厘”，就可以得到权证的涨跌幅价格。

以武钢JTB1为例，20××年11月24日，武钢JTB1收盘价为1.172元，达到涨幅价格，是按照如下方式计算得出的：20××年11月23日，G武钢收盘价格为2.77元，武钢涨跌变动价位为0.28元，乘以1.25倍可得到权证涨跌变动价位，即0.350元。20××年11月23日，武钢JTB1收盘价格为0.822元，涨幅价格恰好为1.172元。20××年11月28日，武钢JTB1收盘价格为1.498元，达到跌幅价格，是按照如下方式计算得出的：20××年11月25日，G武钢收盘价格为2.91元，武钢涨跌变动价位为0.29元，乘以1.25倍可得到权证涨跌变动价位，即0.362 5元。20××年11月25日，武钢JTB1收盘价格为1.86元，减去涨跌变动价位得到跌幅价格，即1.498元（计算结果精确到“厘”）。

五、权证的先行指标作用

了解期货市场的投资者都知道，期货对于现货往往有先行指标的作用。许多研究也发现，国外股指期货的走势对股票市场有预测作用，那么权证市场的走势是否对A股市场同样也有预测价值呢？事实上，在2007年5月31日A股大调整之前，2007年5月28日至29日，认沽权证板块已经整体提前调整到位并转趋活跃。相反，认购权证板块普遍在2007年5月28日已见顶。追踪股市过去的大幅单日调整，认沽权证板块整体都有提前的预热反应，并在大跌当天有上佳表现。造成这一现象的原因之一是期权、期货具有反映远期前景的价值发现功能。不过，在现实中，权证、期货品种的 $T+0$ 的交易规则，吸引了大量的短线交易型的投资者，进而使权证板块吸引了大批以技术分析及短线交易策略为主的资金，因此对市场的转角位反应更敏感。由此可见，将认购权证、认沽权证板块的整体涨跌作为分析大市短期走势的参考指标，有一定的借鉴价值，但只适合于短期交易型的投资者。

显然，认购权证和认沽权证同时上涨在通常情况下是不太正常的，除非市场的引申波幅大幅上升，否则往往是投机性资金的推动。有的投资者虽然不参与权证交易，但也不妨参考一下权证板块走势。

六、参与权证买卖需防范的风险

投资者买卖权证需防范的风险主要有：

（1）价外风险。权证按价值分为价内权证和价外权证，内在价值大于零的为价内权证，内在价值为零即无行权可能的为价外权证。例如，在深交所挂牌的钾肥认沽权证在20××年6月25日进入行权期，行权价为15.1元，当时权证价收盘报3.15元，而盐湖钾肥正股价为39.2元，那么盐湖钾肥至少跌至11.95元以下，权证才有行权的可能，而这种可能性当时看来极小。在权证内在价值为零的情况下，越临近行权期，投资价外权证的风险越大。如万科认沽权证在20××年8月的最后一个交易日单边下跌，跌幅高达95%，有的投资者损失超过100万元。

（2）价格剧烈波动的风险。由于权证是一种带有杠杆效应的证券产品，一般来说，行权比例为1，标的证券的价格远高于权证价格，所以，权证涨跌幅一般都会大于10%。

（3）$T+0$ 风险。由于权证在单个交易日可以来回买卖多次，因此投资者对资金动向及买卖市场实况难以判断，市场风险进一步加大。某些炒作权证的短线资金大量交易、频繁回转，导致散户盲目跟风。

（4）行权风险。一部分投资者对权证的行权原理不太熟悉，有的投资者误对价外权证行权，导致了巨大的损失。如20××年2月竟有30名散户对所持的3.8万多份大冶特钢认沽权证进行价外行权，并因此损失了20.63万元。

（5）市价委托风险。这种风险的概率虽很低，但投资者也应加以注意。例如：20××年2月28日有投资者以市价委托卖出海尔认沽权证82万份，当日的收盘价每份为0.699元，实际却以0.001元成交，56万元变成820元，损失惨重。投资者在买卖权证时，应谨慎使用市价委托方式，以避免造成不必要的损失。

七、权证投资注意事项

权证和股票的最大区别就是实行 $T+0$ 的交易制度，其价格变化快、波动大，可当天买入、卖出，随时止盈止损。可以说 $T+0$ 赋予了权证强大的流动性，这是权证赖以为生的基础。再者，不加征印花税更使权证的投机成本降低，而且从参与权证投机的构成者看，由于绝大多数是各个券商营业部的短线活跃资金，券商出于对盈利的综合考虑，对这部分活跃资金的收佣率普遍不高，因此炒作权证成本较低。此外，权证一天的涨跌幅度比正股大很多。权证涨跌幅度比正股大，通常是正股的当天最大涨跌价格的250%。投资者稍不注意，就可能亏去大部分本金。

权证一经推出便吸引了众多投资者，交易情况相当火爆。但在火爆的交易中，不少投资者不明不白遭受了很大的损失，令人倍感惋惜。诸如权证类的金融衍生产品，其价值判断与价格波动的不确定性要比标的证券大得多，造成损失的可能性与幅度也更难以控制，怀着浮躁的心态盲目参与是最不可取的。凡事预则立，不预则废。投资者在投资前对权证这一产品的特性进行深入了解是相当有必要的。

投资者在投资前至少需要了解权证的三个主要特征：

一是权证价值决定的复杂性。权证的本质是一种权利，即以约定的时间、价格买卖标的证券的权利，其价值是不确定的，受到行权价格、权证发行价格、标的证券价格波动、剩余存续期限等诸多因素影响。

二是权证存续时间的有限性。权证都有约定的行权时间。过了行权时间之后，权证将不复存在。比如：某人买了 A 权证，A 权证的行权终止日是 2021 年 8 月 30 日，那么他必须在 2021 年 8 月 30 日前将 A 权证卖出或者行权，否则 8 月 30 日后，A 权证将被注销，届时权证就成了一张废纸。

三是权证的交易性特征。权证施行的是 $T+0$ 的交易制度，虽然也有涨跌幅限制，但涨跌停幅度是不确定的，往往大于股票的涨跌停幅度。由于权证投资者将面临更多的价格不确定性和更大的价格波动幅度，因此其必须衡量一下自己能否承受这样的风险，再决定是否参与。

在决定参与权证投资之后，投资策略和投资品种的选择就显得至关重要。权证的操作主要有两种策略：一是买入并持有到期行权的投资性策略，二是针对权证价格本身波动的波段性交易策略。前一种策略需要对标的证券的内在价值和未来价格趋势有较为准确的预先判断，专业性较强，更适合专业人士或者意欲长期投资标的证券的大资金操作；后一种策略则更侧重于价格波动的投机性交易，更适合一般投资者。实际上，大多数权证投资者也正是冲着其 $T+0$ 的交易规则和大的价格波动去的。

正所谓“欲思进，先思退”，进行权证投机交易的投资者更应该把风险控制放在首位。控制风险主要通过对交易品种和交易时机的选择来把握。权证价值由内在价值和时间价值决定，一般而言，购买价内权证风险相对更小。投资者尤其要回避即将到期的价外权证，而不要管它的价格有多低，因为这些品种很可能届时会一文不值，投资将面临100%亏损的可能。比如 A 权证为认沽权证，其行权价为 10 元，目前距离行权日尚有 5 个交易日，其正股对应股价目前为 20 元，在这种情况下，即使未来正股连续 5 个交易日跌停，届时其正股价格为 11.80 元，也高于行权价，那么这时 A 认沽权证就已经毫无价值了。

在交易时机把握上，投资者必须严格执行预定的操作策略，根据自己的风险承受能力预先设定止损位并严格执行，不要因为被套而由投机性操作被动转入持有到期的投资性操作。

沪港通交易

一、适用的交易、结算及上市规定

交易结算活动遵守交易结算发生地市场的规定及业务规则。上市公司将继续受上市地上市规则及其他规定的监管。沪港通仅在沪港两地均为交易日且能够满足结算安排时开通。

二、结算方式

中国内地结算、中国香港结算采取直连的跨境结算方式，相互成为对方的结算参与人，为沪港通提供相应的结算服务。

三、投资标的

试点初期，沪股通的股票范围是上海证券交易所上证 180 指数、上证 380 指数的成分股，以及上海证券交易所上市的 A+H 股公司股票；港股通的股票范围是香港联合交易所恒生综合大型股指数、恒生综合中型股指数的成分股和同时在香港联合交易所、上海证券交易所上市的 A+H 股公司股票。双方可根据试点情况对投资标的范围进行调整。

四、投资额度

试点初期，对人民币跨境投资额度实行总量管理，并设置每日额度，实行实时监控。其中，沪股通总额度为 3 000 亿元人民币，每日额度为 130 亿元人民币；港股通总额度为 2 500 亿元人民币，每日额度为 105 亿元人民币。双方可根据试点情况对投资额度进行调整。

五、投资者

试点初期，香港证券及期货事务监察委员会（简称“香港证监会”）要求参与港股通的境内投资者仅限于机构投资者以及证券账户和资金账户余额合计不低于 50 万元人民币的个人投资者。港股与 A 股市场的主要差别见表 1.4，港股与 A 股市场上的术语对比见表 1.5。

表 1.4 港股与 A 股市场的主要差别

类别	A 股市场	港股市场
交易规则	T+1 当天买入，第二天才允许卖出	T+0 当天买入即可当天卖出，并且没有交易次数限制
交易品种	股票、基金、权证	股票、基金、权证
涨跌幅度	有涨跌幅限制	无涨跌幅限制
交易方式	网上、电话和人工委托等	网上、电话和人工委托等
沽空交易	期指、期货、融券	股票、期货、期权、认沽权证

表1.4(续)

类别	A 股市场	港股市场
流通深度	市场相对封闭	市场相对自由，国际游资自由进出
新股认购	打新中签率比较低	中签率高，基本人手一份
派息情况	股东回报率偏低，派息不稳定	地产股及银行股派息普遍较高
短期利弊	直通车开通后面临资金分流	短期资金会有流入，利好

表 1.5　港股与 A 股市场上的术语对比

A 股市场	港股市场
做多	做好
做空	做淡
多方	好友
空方	淡友
跳空	裂口
ST 股①	绩差股
补涨股	落后股
绩差股	质差股
抄底	捞底
绿	跌
红	升
过夜持仓量	街货量
换仓	换马

第六节　个股期权

期权是交易双方对于未来买卖权利达成的合约。就个股期权来说，期权的买方（权利方）通过向卖方（义务方）支付一定的费用（权利金）而获得一种权利，即有权在约定的时间以约定的价格向期权卖方买入或卖出约定数量的特定股票或 ETF。当然，买方（权利方）也可以选择放弃行使权利。如果买方决定行使权利，卖方就有义务配合。

① ST 股的 ST 是“special treatment”的缩写，意为“特别处理”。

一、期权合约及要素

期权合约包括很多要素，投资者在交易中必须注意。期权合约的要素及其含义见表 1.6。

表 1.6　期权合约的要素及其含义

要素名称	含义
合约标的	合约标的是指期权交易双方权利和义务所共同指向的对象。通常，个股期权的合约标的是在交易所上市交易的单只股票或 ETF
合约类型	合约类型是指属于认购期权和认沽期权中的某一种
合约单位	合约单位是指一张期权合约对应的合约标的的数量。合约单位与权利金的乘积，即买入（卖出）一张期权合约的交易金额
行权价格	行权价格，也称执行价格、敲定价格、履约价格，是指期权合约规定的在期权权利方行权时合约标的的交易价格
行权价格间距	行权价格间距是指基于同一合约标的的期权合约相邻两个行权价格的差值，一般为事先设定
期权的交割方式	期权的交割方式分为实物交割和现金交割两种
合约到期日	合约到期日是指合约有效期截止的日期，也是期权权利方可行使权利的最后日期。合约到期后自动失效，期权权利方不再享有权利，期权义务方不再承担义务

二、备兑开仓

个股期权买卖中有备兑开仓。备兑开仓是指在拥有标的证券的同时，卖出相应数量的认购期权的策略。该策略使用 100%的现券担保，不需额外缴纳现金保证金。备兑开仓卖出了认购期权，即有义务按照合约约定的价格卖出股票。由于有相应的现券作为担保，该策略可以用于被行权时交付现券，因而称为“备兑”。

相对而言，备兑开仓的风险较小，易于理解掌握，是基本的期权投资入门策略，可以使投资者熟悉期权市场的基本特点，由易到难，逐步进入期权市场交易。从境外成熟市场经验看，备兑开仓也是应用最广泛的期权交易策略之一，可以增强持股收益，相当于降低了持股成本，增强了股票的投资吸引力。

备兑开仓的基本原理是什么？备兑开仓是指在中长期内购买（或拥有）股票，同时为了获取收入，定期卖出认购期权。这相当于持有股票来获取租金，具有降低持股成本的效果。

当投资者备兑卖出认购期权（一般来说是卖出轻度虚值认购期权，即行权价格比当前股票价格略高一些）后：如果标的股票价格上升，并且股票价格达到或者超过行权价格以上，所卖出的认购期权将被执行，投资者的持仓标的股票将被卖出。相比于持仓成本，股票卖出后取得了收益。如果标的股票价格下跌，则所卖出的认购期权将会变得毫无价值，因而一般不会被执行，投资者卖出期权所获得的权利金也间接降低了股票持仓成本。

我们来看一个例子。刘先生是一位有经验的投资者，对甲股票有一定研究。3 月 31 日这天，假设每股甲股票的价格是 14 元。经过观察和研究，他认为该股票近期会有小幅上涨，如果涨到 15 元，他就会卖出。于是，他决定进行备兑开仓，以 14 元每股的价格买入 5 000 股甲股票，同时以 0. 81 元的价格卖出一份 4 月到期、行权价为 15 元（这一行权价等于刘先生对这只股票的心理卖出价位）的认购期权（假设合约单位为 5 000），获得权利金为 0. 81×5 000＝4 050（元）。

在这里，投资者可能会有几点小疑问：

（1）为什么只卖出一份认购期权呢？

因为甲股票的合约单位为 5 000，因此投资者刘先生买入 5 000 股股票，只能备兑开仓一份期权合约，即卖出一份认购期权。

（2）为什么卖 4 月份到期而不是 5 月份到期的期权？

这是因为投资者刘先生只对这只股票的近期股价有一个相对明确的预期，而对于一个月以后的走势则没有比较明确的预期或判断。同时相对来说，近月合约流动性更强，投资者更容易管理卖出期权的头寸，所以刘先生选择卖出当月期权合约。

（3）为什么卖行权价格为 15 元的虚值认购期权，而不卖行权价格为 14 元的平值认购期权，或者行权价格为 13 元的实值认购期权呢？

备兑开仓策略一般适用于投资者对标的证券价格的预期为小幅上涨或维持不变。因此投资者在选用备兑开仓策略时，不会卖出行权价格低于正股价格的期权，即不会卖出行权价格为 13 元的实值认购期权。因为如果卖出这一期权，将会压缩投资者的收益空间，到期被行权的可能性也会更大。至于是卖出行权价格为 15 元的虚值认购期权，还是行权价格为 14 元的平值认购期权，这主要取决于刘先生对这只标的证券的预期。

三、认购期权与认沽期权

个股期权同样包括认购期权与认沽期权，它们的区别明显，如图 1. 1 所示。

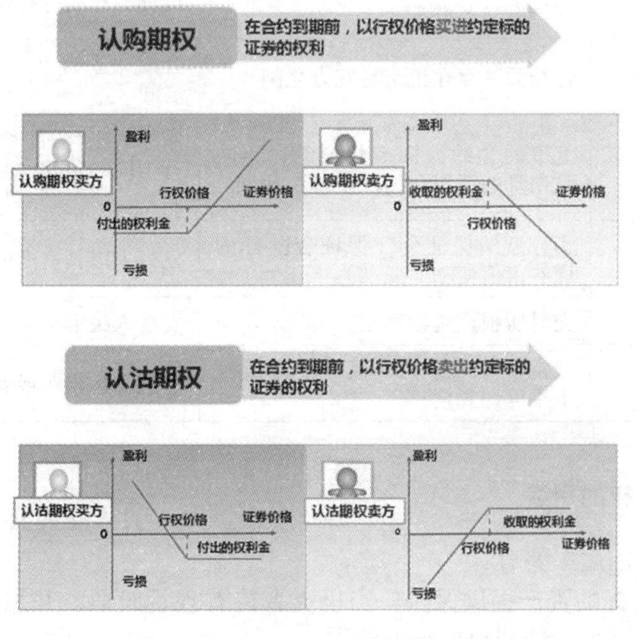

图 1. 1　认购期权与认沽期权的区别

四、产品比较

与期货、权证相比，个股期权具有自己的明显特点。

（1）个股期权和期货的比较见表 1.7。

表 1.7　个股期权和期货的比较

项目	个股期权	期货
合约	标准化	标准化
到期日	交易所规定	交易所规定
清算	中央对手方	中央对手方
权利和义务	买方有权利无义务	买卖双方均有义务
保证金收取	仅对卖方收取保证金	对买卖双方均收取保证金
每日浮动盈亏结算	卖方逐日盯市结算	双方每日无负债结算
履约	买方可选择履约	双方在到期日必须履约

（2）个股期权和权证的比较见表 1.8。

表 1.8　个股期权和权证的比较

项目	个股期权	权证
发行主体	没有特定的发行人	通常是标的证券上市公司、证券公司、上市公司大股东
持仓类型	投资者既可持有权利方头寸，也可持有义务方头寸	投资者只能持有权利方头寸
合约关系	合约关系存在于交易双方之间	合约关系存在于发行人与持有人之间
合约特点	上市的合约为标准化合约，不同到期日的期权合约条款基本相同	非标准化合约，每一个上市权证都有不同的条款（如行权比例各有不同）
履约担保	卖方缴纳保证金（保证金随标的证券市值变动而变动）	发行人以其资产或信用担保履约
行权价格	交易所根据规则确定	发行人决定
存续期间	通常一年以下，一般一个月或一个季度即到期	一般长达半年或者在一年以上

五、个股期权的用途

个股期权的用途主要有：

（1）为持有标的资产提供保险。当投资者持有现货股票，并想规避股票价格下行风险时，可以买入认沽期权作为保险。

（2）降低股票买入成本。投资者可以卖出具有较低行权价格的认沽期权，为股票锁定一个较低的买入价（行权价格等于或者接近想要买入股票的价格）。若到期时股价维持在行权价格之上而期权未被行使，投资者可赚取卖出期权所得的权利金。若到期时股价维持在行权价格之下而期权被行使的话，投资者便可以原先锁定的行权价格买入指定的股票，其购入股票的实际成本则因获得权利金收入而有所降低。

（3）通过卖出认购期权增加持股收益。当投资者持有现货，预计股价未来上涨概率较小，其可以卖出行权价格高于当前股价的认购期权，以获取权利金。如果合约到期时，股票价格未超过行权价格，期权买方通常不会选择行权，期权卖方因此增加了持股收益。但是如果合约到期时股价上涨，面临被行权，认购期权的卖方需利用现货进行履约，从而丧失了股价上涨所能获得的收益。

（4）通过组合策略交易，形成不同的风险和收益组合。得益于期权灵活的组合投资策略，投资者可通过认购期权和认沽期权的不同组合，针对不同市场行情，选择不同的风险和收益组合。常见的期权组合策略包括合成期权、牛市价差策略、熊市价差策略、蝶式价差策略等。此外，投资者通过组合策略还能以较低的成本构建与股票损益特征相似的投资组合。

（5）进行杠杆性看多或看空的方向性交易。如果投资者看多市场（预期市场价格会上涨），或者投资者需要观察一段时间才能做出买入某只股票的决策，同时又不想踏空，那么投资者可以买入认购期权。投资者只用支付较少的权利金，就可以锁定股票未来的买入价格，在放大投资收益的同时可以管理未来投资的风险。

六、个股期权的风险

个股期权的买卖具有很大的不确定性，风险很大，具体如下：

（1）价值归零风险。在虚值（平值）期权接近合约到期日时，期权价值逐渐归零：内在价值为零，时间价值逐渐降低。不同于股票的是，个股期权到期后即不再存在。

（2）高溢价风险 。当出现个股期权价格大幅高于合理价值时，可能出现高溢价风险。投资者切忌跟风炒作。

（3）到期不行权风险。实值期权在到期时具有内在价值，只有选择行权才能获取期权的内在价值。

（4）交割风险。交易对手无法在规定的时限内备齐足额的现金或现券，导致个股期权行权失败或交割违约。

（5）流动性风险。在期权合约流动性不足或停牌时，投资者无法及时平仓，特别是深度实值或虚值的期权合约。

（6）保证金风险。期权卖方可能随时被要求提高保证金数额，若无法按时补交，会被强行平仓。

投资者还应当通过了解期权业务规则、签署期权交易风险揭示书、参与投资者教育活动等各种途径，全面了解和知悉从事期权投资的各类风险，谨慎做出投资决策。

第七节　证券交易软件的界面和常用名词

在我国各个券商的营业部中，我们都可以看到各种各样的交易软件。尽管这些软件的开发者不同，但是它们的基本功能基本一样，因此，熟悉这些软件及其名词是我们进行证券投资必须上的第一堂课。本节主要介绍证券交易软件的界面和常用名词。

一、证券交易软件的界面

证券交易软件的界面包括K线图和分时图。

证券交易软件的日K线图如图1.2所示。

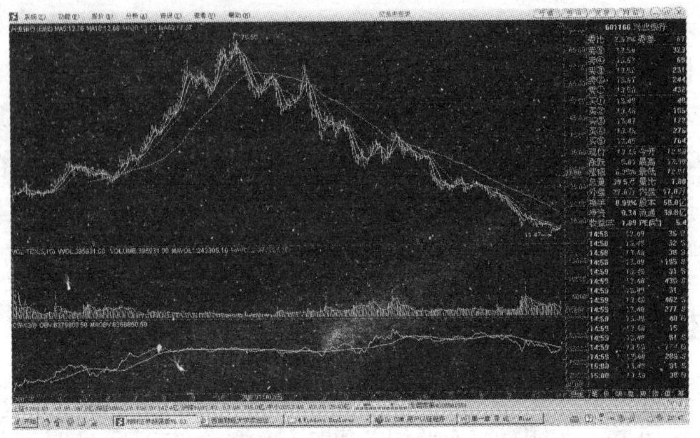

图1.2　证券交易软件的日K线图

证券交易软件的分时图如图1.3所示。

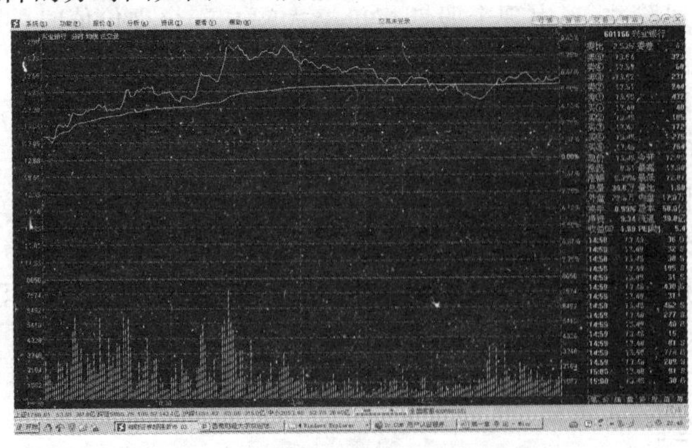

图1.3　证券交易软件的分时图

二、证券交易软件的交易名词

1. 委比

委比是用来衡量买卖盘相对强度的指标。委比的计算公式如下：

委比=［（委买手数-委卖手数）÷（委买手数+委卖手数）］×100%

委买手数：现在所有个股委托买入下五档手数相加之总和。委卖手数：现在所有个股委托卖出上五档手数相加之总和。

当委比数值为正值时，表示委托买入之手数大于委托卖出之手数，买盘比卖盘大，证券价格上涨概率比较大；当委比数值为负值时，表示委托卖出之手数大于委托买入之手数，卖盘比买盘大，证券价格下跌概率比较大。

2. 内盘、外盘

内盘是指卖家以买家的买入价来卖出成交，说明抛盘比较踊跃。内盘大，则抛压沉重；反之，则轻。外盘：是指以卖出价成交的交易。外盘大，则买力强盛；反之，则弱。内盘、外盘这两个数据可以用来大体判断买卖力量的强弱。若外盘数量大于内盘，则说明买方力量较强；若内盘数量大于外盘，则说明卖方力量较强。通过外盘、内盘数量的大小和比例，投资者有可能发现主动性的买盘多还是主动性的抛盘多，并且很多时候可以发现庄家动向。但投资者在使用外盘和内盘数据时，要注意结合股价在低位、中位和高位的成交情况以及该股的总成交量情况。因为外盘、内盘的数量并不是在所有时间都有效。在许多时候，外盘大，股价并不一定上涨；内盘大，股价也并不一定下跌。

3. 量比

量比是用来衡量相对成交量的指标。其计算公式如下：

量比=现成交总手数÷［（5日平均总手÷240）×目前已开市多少分钟］

其计算结果反映即时成交分钟成交量放大与缩小的情况。上述公式经过变换后，量比=现成交总手÷［（过去5个交易日平均每分钟成交量）×当日累计开市时间（分）］，也可简化为：量比=现成交总手÷［过去5日平均每分钟成交量×当日累计开市时间（分）］。

在观察成交量方面，量比是有效的分析工具，它将某只股票在某个时点上的成交量与一段时间成交量的平均值进行比较，排除了股本不同造成的不可比情况，是发现成交量异动的重要指标。在时间参数上，多使用10日平均量，也有使用5日平均量的。在大盘活跃的情况下，宜用较短期的时间参数；而在大盘处于熊市或缩量调整阶段，宜用稍长的时间参数。

有人认为：量比为0.8~1.5倍，则说明成交量处于正常水平。量比在1.5~2.5倍则为温和放量。如果股价也处于温和缓升状态，则升势相对健康，可继续持股；如果股价下跌，则可认定跌势难以在短期内结束，从量的方面判断可考虑停损退出。量比在2.5~5倍，则为明显放量。如果股价相应地突破重要支撑或阻力位置，则突破有效的概率颇高，投资者可以相应地采取行动。量比在5~10倍，则为剧烈放量。如果是在个股处于长期低位时出现剧烈放量突破，涨势的后续空间巨大。但是，如果在个股已有巨大涨幅的情况下出现如此剧烈的放量，则应高度警惕。对于量比在10倍以上的股票，一般可以考虑反向操作。在涨势中出现这种情形，说明见顶的可能性压倒一切，即使不是彻底反转，至少涨势会休整相当长一段时间。在股票处于绵绵阴跌的后期，突然出现巨大量比，说明该股在目前位置彻底释放了下跌动能。量比在20倍以上的情形基本上每天都有一两单，是极端放量的一种表现，这种情况的反转意义特别强烈。如果在连续的上涨之后，成交量极端放大，但股价出现“滞涨”现象，则是涨势即将停止的强烈信号。当某只股票在跌势中出现极端放量，则是建仓的大好时机。量比在0.5倍以下的缩量情形也值得好好关注，其表示交易不活跃，但也暗藏着一定的市场机会。缩量创新高的股票多数是长庄股。缩量能创出新高，说明庄家控盘程度相当高，而且可以排除拉高出货的可能。缩量调整的股票，特别是放量突破某个重要阻力位之后缩量回调的个股，常常是不可多得的买入对象。

在涨停板时量比在1倍以下的股票的上涨空间无可限量，在第二天开盘即封涨停的可能性极高。在跌停板的情况下，量比越小则说明杀跌动能未能得到有效宣泄，后市仍有巨大下跌空间。

当量比大于1倍时，说明当日每分钟的平均成交量大于过去5日的平均值，交易比过去5日火爆；当量比小于1倍时，说明当日每分钟的平均成交量小于过去5日的平均值。

4. 均价

均价是指现在时刻已成交买卖每股的平均价格。其计算公式如下：

均价=（分时成交的量×成交价）之总和÷总成交股数

5. 成交明细表中的现手红字、绿字的含义

若成交价比前一时刻的成交价高，则成交价现手用红字表示；若成交价比前一时刻的成交价低，则成交价现手用绿字表示。

6. 走势图中的白线、黄线

在钱龙软件的上证指数趋势图中，一根白线表示上证指数的当日走势。一根黄线是钱龙公司编制的领先指数的走势。上证指数的计算采用的是加权平均的方法，而领先指数采用的计算方法是简单平均法。加权平均法计算的指数即用每个股票总股本乘以当日市价累计之和再除以这几只股票的总股本，最后乘以基数得出的指数。而采用简单平均法计算的指数，只是将各股的市价之和除以市场的股票数，最后乘以一个基数而得出指数。例如，有两只股票组成的股票市场，A股票股本为1万股，当日收市价为1元；B股票的股本为3万股，当日收市价也为1元，基数为1 000点。第二天，A股票上涨10%，收市报1.1元；B股票上涨220%，收市报2.2元。如果用加权平均法计算，当日指数为

［（1×1.1+3×2.2）÷（1+3）］×1 000=1 925

而用简单平均法计算，当日指数为

［（1.1+2.2）÷2］×1 000=1 650

因此，白线在黄线之上时，表示当日大多是大盘股领涨，或是中小盘股带头下跌。反之，当黄线在上、白线在下时，表示当日主要是中小盘股上涨，或是大盘股

领跌。

7. 现手

在股票技术分析系统的屏幕上，我们通过仔细观察可以看出：在显示每一笔现时成交手数时，上一笔成交价比现时这一笔成交价高的话，则上一笔成交手数显示为红色，现时这一笔为绿色；反之，则上一笔成交手数显示为绿色，现时这一笔为红色。并不是红色代表买单、绿色代表卖单。但从红绿色也可以看得出买卖力量：如果出现绿色手数的次数较多且量大，而价格下跌，说明抛压比较大，卖方较强；反之，红色手数出现的次数多、量大，且价格上升，说明买入方力量较强。这也是判断买卖力量强弱的依据。

透过盘面识别短线机会①

很多投资者经常会碰到这样一个问题：虽然天天盯着盘面看，但不知道如何抓住机会。

一个交易日，同样是四个小时，高手看盘收获颇多，而水平一般的投资者只会东张西望，随机乱看一气。没有章法的看盘是在浪费时间，而且很可能会错失良机。

一般来讲，看盘方法有很多，比如：看技术指标、看基本面、看盘口买卖力度、看资金流向等。但这些方法没有好坏之分，只要适合自己的投资风格和能力范围即可。看盘最重要的就是千万不要忘了看盘的目的：为买卖决策服务。

下面介绍几种看盘的方法：

第一，看板块和热点轮动。比如开盘的涨停家数就是一个人气指标。如果热点板块天天有不少，而且都能持续一段时间，并轮番上攻，有龙头牛股，这就说明行情在短期内可能不会停止。

第二，训练盘感和捕捉市场机会的嗅觉。比如急跌大跌不要轻易抛股票，可以等技术反抽；了解板块之间的轮动节奏和相互关系……这些都是需要在看盘中不断训练的。当然，这种盘感的训练既需要投资者有识别基本面的功底，也需投资者对技术分析有一定积累。新手可以先打好基础后再在实战中锻炼。

第三，看强势龙头。看盘的一个重要工作就是要关注涨幅榜中靠前的股票。这些股票是引领市场走势的龙头。因为市场法则永远是遵循“马太效应”“强者恒强，弱者恒弱”的。当一波大行情到来的时候，看盘高手能在第一时间嗅到龙头板块和龙头股的味道，而且这个越早发现越好。同样，在弱市中可重点关注逆势飘红的股票。这些股票至少说明庄家控盘度高，或者做多意愿强。而且一旦大盘企稳，这些逆势股很有可能就一骑绝尘。

第四，看异常股。除了关注龙头股，看盘时也需要对走势怪异的股票给予关注。比如一些冷门股、问题股。也许这些股票的异常背后有不被市场大众知晓的东西，比如重组、业绩拐点、停牌等。中国股票市场经常会发生“乌鸡变凤凰”的奇迹。

① 本文是笔者自己的经验之谈，仅供参考，不构成任何交易建议。

散户在信息上可能不具备优势，但可以通过仔细的读盘看盘来获得蛛丝马迹。

总之，散户看盘方法有很多种，但高手看盘肯定会有共同特点。以上的几种方法也许会对投资者的看盘以及操作带来帮助。希望投资者能根据自身的情况，结合以上提到的方法，找到最适合自己的看盘方法。

内容提要

证券的范围很广，有价证券只是其中一部分。相应的，即使是股票、债券也并不构成有价证券的全部。认股权证、期货合同、期权、基金券等也构成现代证券投资的重要工具。

证券在一般意义上是指用以证明持有者有权按其所载取得相应收益的各类权益凭证，其包括三大类：证据证券、所有权证券和有价证券。

有价证券按其所表明的财产权利的性质的不同又可分为三类：商品证券、货币证券及资本证券。

从证券投资的角度来看，证券具有以下特性：①期限性；②收益性；③流动性；④风险性；⑤权利性。

证券的期限性对证券投资双方有着不同的含义。对证券的购买者而言，期限性主要指购买证券到归还本金的时间；对证券的发行者而言，期限性是指发行证券到支付本金之间的时间。这种差别决定了期限可以分为绝对期限与相对期限：从证券发行日开始计算的期限为绝对期限，以发行后某个时点开始计算的期限为相对期限。

证券的收益包括经常收入和资本收益两个部分。经常收入即投资人在债券到期或被赎回之前的时间内按期以利息形式获得的收益；资本收益是证券实际价格高于或低于面值所产生的增值或损益。普通股票的收益与其他证券一样，也包括股利收益（经常收入）和资本收益两个部分。

流动性是指资产转换为货币的能力。若某种资产一旦需要可随即转换为货币，且交易费用很低、不承担本金的损失，那么该资产就具有较强的流动性；反之，资产的流动性就较弱。证券的流动性受信用级别、证券期限、证券市场的发达程度影响。

证券的内在风险有来自经济的，有来自政治的，也有来自道德、法律等方面的，其中以经营风险和市场风险为主。市场风险来自证券价格的波动。对通货膨胀的预期、对企业盈利的预测，以及其他因素的变化都会引起证券价格的波动。在这种情况下，就存在着损失证券本金的可能性，这就是所谓的市场风险。经营风险则是由于发行人破产，或经营管理人员所做的经营决策造成投资者的收入或本金减少或损失的可能性。证券的风险与证券的收益有着直接的联系：风险越大，证券的收益率往往越高。

证券作为一种财产权凭证，可以赋予证券购买人（持有人）与证券类别相对应的权利。

证券的功能包括筹资功能、分散功能和告示功能。

证券的首要功能就是筹资功能。筹资人外源资金的来源主要有两个：一是向债权人借款，二是通过证券市场用发行证券的方式筹资。证券的分散功能一方面表现为分散筹资人的风险，另一方面表现为分散投资人的风险。在证券投资中，证券购买人在分享筹资人投资获得的一部分收益的同时，也有条件地分担了一部分筹资人所面临的投资风险。证券的告示功能表现在：证券数量、证券价格均和国民经济运行的状况密切相关，对经济动向有十分灵敏的反应；证券价格的变化往往是经济周期变动的先期指标。

股份制是企业的一种财产组织形式，是一种约定的制度。股票是股份公司为筹集资金而发给股东作为其投资入股的证书和索取股息的凭证，其实质是公司的产权证明书。

根据《公司法》的规定，按设立方式不同，股份有限公司可分为两种类型，即发起设立的股份有限公司和募集设立的股份有限公司。

电脑撮合交易按证券价格、时间排列，自开市起按“二优先”原则撮合成交。

集合竞价确定成交价的原则为：①可实现最大成交量的价格；②高于该价格的买入申报与低于该价格的卖出申报全部成交的价格；③与该价格相同的买方或卖方至少有一方全部成交的价格。

连续竞价的原理是这样的：确认连续竞价中每一盘的有效委托；根据一定时间间隔或一定委托数量二者优先成立的原则选取已报入系统的一盘买卖委托，其中对于一定的时间间隔和一定委托数量的参数设定由交易所视市场状况而定。换手率是某股票成交的股数与其上市流通的总股数之比。连续竞价时，成交价格的确定原则为：①最高买入申报与最低卖出申报价格相同，以该价格为成交价；②买入申报价格高于即时揭示的最低卖出申报价格时，以即时揭示的最低卖出申报价格为成交价；③卖出申报价格低于即时揭示的最高买入申报价格时，以即时揭示的最高买入申报价格为成交价。

股东回报包括现金股利和股票股利。

股票面值，就是印在股票票面上的那个价值；市值，就是前面曾讲过的市价；净值指账面价值，即股票所含的实际价值。

标的证券除权的，权证的行权价格、行权比例分别按下列公式进行调整：

$$新行权价格=原行权价格\times\frac{标的证券除权日参考价}{除权日前一日标的证券收盘价}$$

$$新行权比例=原行权比例\times\frac{除权日前一日标的证券收盘价}{标的证券除权日参考价}$$

标的证券除息的，行权比例不变，行权价格按下列公式进行调整：

$$新行权价格=原行权价格\times\frac{标的证券除息日参考价}{除息日前一日标的证券收盘价}$$

在上海证券交易所，证券交易的收盘价为当日该证券最后一笔交易前 1 分钟所有交易的成交量加权平均价（含最后一笔交易）：最后一分钟每笔成交价格×成交数量÷最后一分钟的总成交量=收盘价。当日无成交的，以前收盘价为当日收盘价。

在深圳证券交易所，证券交易的收盘价通过集合竞价的方式产生。收盘集合竞价不能产生收盘价的，以当日该证券最后一笔交易前1分钟所有交易的成交量加权平均价（含最后一笔交易）为收盘价。当日无成交的，以前收盘价为当日收盘价。

股票价格指数是指反映某股票的价格在不同时期变动的相对数。

市盈率是指某股票收市价与年度每股税后利润之比。市盈率=股价÷每股税后利润，市净率=股价÷每股净值。股票净值即资本公积金、资本公益金、法定公积金、任意公积金、未分配盈余等项目的合计，它代表全体股东共同享有的利益，也称净资产。净资产=总资产-总负债。

投资报酬率反映了投资者从投资中获得报酬的能力。

随着证券市场规模的不断扩大和机构投资者的成长，市场对规避股市单边巨幅涨跌风险的需求日益迫切。无论是投资者还是理论工作者，对推出股指期货以规避股市系统性风险的呼声都越来越高，决策层也对这一问题极为关注。同其他期货交易品种一样，股指期货也是为适应市场规避价格风险的需求而产生的。

基金是一种间接的证券投资方式。基金管理公司通过发行基金单位，集中投资者的资金，并将资金交给基金托管人（具有资格的银行）托管。基金管理人管理和运用资金，从事股票、债券等金融工具投资。

权证是基础证券发行人或其以外的第三人发行的，约定持有人在规定期间内或特定到期日，有权按约定价格向发行人购买或出售标的证券，或以现金结算方式收取差价的有价证券。权证本质上是一个期权合约，其基本要素主要包括标的资产、行权价格、行权比例、存续期限、行权期和结算方式等。标的资产是指权证发行所依附的基础资产，即权证持有人行权时所指向的可交易的资产。我国目前的权证产品均是以单一股票作为标的资产。行权价格又称执行价格，是发行人在发行权证时的价格，权证持有人在行权时以此价格向发行人买入或者出售标的股票。行权比例是指每持有1份权证可以买入或者出售正股的股数。存续期限是指权证存续的时间。跟股票不同，权证一般都有一定的存续期限，过期的权证没有任何价值。行权期即权证持有人可以行使权利的时间。权证到期的结算方式主要有两种：实物结算和现金结算。实物结算就是目前国内的证券给付方式。而现金结算更为简便，只需根据行权价格和结算价格收取差价即可。在成熟市场中，现金结算方式占主导地位。

关键术语

证券　证据证券　所有权证券　有价证券　商品证券　货币证券
资本证券　期限性　收益性　流动性　风险性　权利性　筹资功能
投资功能　分散功能　告示功能　股份制　1元面值股票和非1元面值股票
股票　股东有限责任　电脑撮合交易　竞价
集合竞价　连续竞价　换手率　分红派息　分红派息的方式　股权登记日

现金股利　股票股利　发起设立的股份有限公司　募集设立的股份有限公司
股票价值　票面价值　账面价值　内在价值　市场价值　开市价
收市价　最高价　最低价　多头　空头　买空　卖空　股票价格指数
股票价格指数“点”　投资　投资报酬率　股票投资报酬率　市盈率
市净率　涨跌停板　中小板报单不能偏离3%　累积投票制　权证
权证的种类　认沽权证的内在价值　权证的溢价率　权证的先行指标作用
参与权证买卖需防范的风险　权证的涨跌幅的计算　委比　内盘
外盘　均价　股票期货　股票指数期货

复习思考题

1. 证券的构成包括哪些？
2. 有价证券可以如何分类？
3. 从证券投资的角度来看，证券具有哪些特性？
4. 证券的功能包括哪些？
5. 《公司法》规定的股东有限责任是什么？它对公司制度的发展具有什么意义？
6. 竞价原则和方式各是什么？
7. 我国证券交易所采用的竞价方式有哪两种？
8. 开盘价和收盘价是如何产生的？
9. 试述股票除息和除权的处理过程？
10. 什么是“一手”？不足“一手”怎么处理？
11. 什么是 $T+0$ 回转交易办法？什么是 $T+1$ 交易办法？
12. 股份有限公司有哪几种类型？
13. 股票指数期货的特征是什么？
14. 股指期货与 ETF 的区别是什么？
15. 权证投资需注意的事项包括哪些？

第二章
技术分析和技术分析要素

一个成熟的投资者，不仅要善于进行证券投资分析，而且还要掌握进行分析的技术手段。证券市场投资分析的方法很多，但大致可以分为基本分析和技术分析两大类。基本分析又称基本面分析，是指证券投资分析人员根据经济学、金融学、财务管理学及投资学的基本原理，通过对决定证券价值及价格的基本要素，如宏观经济指标、经济政策走势、行业发展状况、产品市场状况、公司销售和财务状况等的分析，评估证券的投资价值，判断证券的合理价位，从而提出相应的投资建议的一种分析方法。它注重对宏观环境和微观上市公司的经营能力、获利能力、偿债能力以及发展前景等基本因素的分析。这种分析对长期投资者来说相当重要，但对短期交易的人来说其作用非常有限。而技术分析则对长期、短期投资者均有积极意义。

第一节　技术分析概论

一、技术分析及其历史

所谓技术分析就是抛开证券内在价值，只根据证券行情和供求关系，分析、判断证券价格变化趋势，从而决定证券投资时机的分析方法。技术分析偏重于对证券价格进行分析，并认为证券价格是由供求关系决定的。不过，技术分析并不研究影响证券供求关系的各种因素，它只是就供求情况而论证券价格，因而纯粹是对证券行情进行分析。

技术分析是以预测市场价格变动趋势为目的，通过一些技术指标量值及图表对市场行为进行研究的。

了解技术分析的历史有助于更准确地理解技术分析的本质。最早的技术分析图表大约出现在200年前的日本。当时，出现的技术分析方法是现在K线理论的前身。K线理论尽管出现得很早，但是它没有得到理论上的提升，只能认为是技术分析的早期萌芽。对当今技术分析方法影响最大的是美国人C. H. 道（C. H. Dow）。他对市场的基本观点和认识经过自己和其他人的总结形成了道氏理论。道氏理论出现在1890年前后，因而C. H. 道被普遍认为是技术分析的开山鼻祖。道氏理论的出现使得技术分析的理念和思维方式得到传播和推广。

在道氏理论之后，相继出现了多位对技术分析产生了重大影响的分析大师。

江恩（W. D. Gann，又译“甘氏”）、艾略特（R. N. Elliott）、爱德华和马吉（R. D. Edward & J. Magee）、怀尔德（J. W. Wilder）等，都是其中的佼佼者。他们的构思和对市场的独特观察方式，至今仍然引导着技术分析的主流。这些分析大师对相关技术分析方法的丰富和完善对于技术分析理论的传播与发展做出了不可低估的贡献。

1932 年，江恩在其书中，总结了技术分析中的时间循环分析方法，首次对周期问题进行了比较系统的说明。江恩正方形、时间隧道等都是其代表作。1938 年，艾略特在其书中提出了波浪理论的完整构思，勾画了价格波动所应该遵循的八浪结构。波浪理论是当今技术分析理论中一个重要的分支，其结论和分析方式使为数不少的投资者着迷。1948 年首次出版的由爱德华和马吉所著的《股票趋势的技术分析》（*Technical Analysis of Stock Trend*）中，对形态理论和支撑与压力理论做了系统的总结。这本书被多次再版，被称为华尔街投资的“宝典”。20 世纪 70 年代后，计算机技术的发展为技术指标的发展提供了基础。这个时期，群星灿烂，众多的分析人士相继设计了对市场有较大影响的技术指标。其中，怀尔德是最突出的一位。他在 1978 年出版的《技术型交易系统的新思路》（*New Concepts in Technical Trading Systems*）中，对多种技术指标的应用进行了更高层次的提炼。

我国技术分析的历史与证券市场的历史一样长。绝大部分的投资者进入市场，进入证券（股票）营业部，首先接触的是屏幕上分析软件中的技术图表。从 1994 年起，在我国市场上出现了很多证券（股票）分析软件。每种软件都有自己独特的功能。如果说中国人对于技术分析有什么贡献的话，那就应该是在这些软件中所出现的相当数量的技术指标。无论这些新的技术指标是否能被市场和投资者接受而被保留下来，其对市场某个方面的刻画都是应该肯定的。

二、技术分析的理论假设

技术分析的合理性与其理论依据密切相关，而这些依据离不开一些理论假设。这些理论假设包括：

（1）市场行为说明一切（Market action discounts everything）。这句话是由英文直译而来，似乎十分令人费解，但假如我们将其意译过来，则可理解为“供求关系决定价格的理论是一切市场行为的准则”。绝大多数人能理解这句话。

证券的市场价格由其供求关系决定。技术分析者认为，证券价格完全由市场供求决定，而影响供求的因素极其复杂，有些是理性的，有些是非理性的，但它基本上是由不同投资人的意见、感觉、推测等不同心理因素构造出来的。正因为如此，各种因素分析（包括基础分析）都不能完全描述供求的变化，还必须结合技术分析的方法。

所有的技术分析者在实际上都是利用价格与供求关系的互相关联来进行分析和预测的。如果需求超过供给，价格会上升；如果供给超过需求，价格会下降。这种关系是所有经济基本预测的基础。从这种必然的关系上，技术分析者逆推出这么一个结论：无论是什么原因，如果价格上涨，则需求必定超过供给，体现在证券市场上就是整个证券市场为多头市场；如果价格下跌，则供给必定超过需求，体现在证券市场上就是整个市场为空头市场。总之，供需关系决定市场走势。

作为一项法则，技术分析者并不关注价格上涨或下跌的原因，而只关注价格上涨或下跌本身所将带来的结果，即根据价格的上涨或下跌来预测市场的走势。同样，技术分析者在通过研究市场行为来预测市场价格变动的趋势时，也不关注该市场行为形成的原因，而只关注该市场行为会给价格带来怎样的影响。

（2）证券价格在一定期间按照某种趋势运动（Price move in trends）。趋势的概念对于技术分析来说是必需的。读者们必须接受这样一个前提，即市场确实有趋势可循，否则，技术分析的预测作用根本无从体现。这个基本前提的推论是：价格按照某种趋势移动，一项正在进行中的趋势可能持续，而非反转。这项推论可以说是牛顿惯性定律的适应性理论。根据这项推论，一个趋势在一般情况下将持续下去，除非出现一些外来力量使其停止甚至反转，也就是说跟随潮流的方法可在既有趋势上进行预测，直到它显示出反转的迹象为止。因此，投资者无须收集大量决定证券价值决定因素的资料，只需通过一定的技术方法便能找出过去证券价格的运动趋势或运动模式，并据以预测证券价格未来变化的趋势。

（3）相信历史往往重演（History repeats itself）。技术分析的大部分主体与市场行为的研究是与心理学和其他一些人文科学分不开的。例如图表在过去的100多年中即已被辨别、分类，来反映一些显示在价格和成交量上的市场心理状况。由于这些图表在过去都能较为准确地反映一些市场信息，我们就假设它在将来也一样能表现良好。这主要是基于心理学研究的一些成果。基于这样一个“历史往往重演”的假定，我们才能通过研究过去来了解未来，达到我们通过技术分析来预测市场走向的目的。

（4）证券价格的运动趋势固然是根据供求关系的变动而变动的，但这种变动可以用某种图表或数量指标表示出来。因而，人们可以通过观察这些图表和计算指标来判断证券价格变化的趋势。

三、技术分析的工具及方法

技术分析者认定证券价格是由证券市场上的供求关系决定的，而且这种供求关系并非都是理智的，因此，只注重证券价格、成交量等技术性变动，而不考虑其他经济现象。从这点出发，技术分析的基本方法就是对过去的证券价格、成交量等应用某种图表展示出来，或者利用某种技术指标描述出来，并进行分析的方法。技术分析者主要绘制证券价格和成交量变动的统计图表，通过图表中线条所展现的趋势和线条的形态来判断未来证券价格变动的趋势和方向。在绘制图表时，一般以纵轴表示证券价格，以横轴表示时间序列，有时在纵轴上还把成交量通过一定的方式表现出来。投资者通过制图表和利用技术指标来展示证券价格的变动及其交易量的变化。这样，投资者所积累的经验及根据经验所做出的判断就非常重要。因为，即使是同一个图和相同的技术指标，不同投资者对证券价格变动方向及幅度的判断也可能不同。

技术分析方法使用的工具五花八门，数不胜数。常用的工具有K线分析法、趋势线分析法、移动平均线分析法、点数图分析法、形态分析法、波浪分析法、相对强弱指标（RSI）、随机（KD）指标等。

综上所述，技术分析者要做好技术分析，必须收集一些必要的信息资料，如证券市场每天的开盘价、收盘价、最高价、最低价、成交量等。这些资料是绘制图表、计算各种动态指标和进行盘面分析的依据。

四、技术分析的五大功能[①]

证券投资技术分析是为证券投资服务的。要做好证券投资，必须下苦功进行技术分析。具体来说，证券投资的技术分析主要有五大功能。

（1）投资者通过技术分析能了解任何有关的市场力量。不论是基本经济因素，还是政治因素、心理因素等，各种因素最终都会反映在市场价格与成交量的变动上。凡是不能反映在市场价格与成交量上的变动因素都是无关的因素。而要了解各因素与价格和成交量变动的具体联系就必须通过技术分析。

（2）投资者通过技术分析能了解价格波动的状况。从事证券投资的人只要把有关的盘面、技术分析图表和技术指标一摊开，便能一目了然地看出当前价格的波动状况。

（3）投资者通过技术分析能预测价格的未来走向。

（4）技术分析帮助投资者掌握买卖的时机。由于盘面、图表和技术指标能反映和预测市场走向，若投资者能分析好盘面、图表、线和技术指标，便能有效地掌握买卖的时机。

（5）技术分析可协助投资者拟订交易计划、评估投资风险、预测投资利润。

五、技术分析与基本分析的区别

许多人都知道，证券市场中有两种主要的分析方法[②]，即技术分析与基本分析。这两种分析方法的目的是相同的：预测价格变动的方向。但这两种分析方法所采用的方法、研究的方向是大不相同的。

技术分析专门研究市场行为；而基本分析则集中研究在供给与需求的经济力量中，能够造成价格往上、往下移动或停留在原处的相关因素。基本分析的重点是对证券的“本质”进行分析，因而更注重证券的内在价值和未来的成长性。基本分析要回答的问题是，某个证券在将来的某个时间值多少钱。如果当前证券的市场价格低于其未来的价值，按照基本分析的思路，就可以选择该证券作为投资的对象。因此，基本分析注重时间相对长期的投资，从而预测该证券的价格走向。可以说，技

① 有人认为技术分析的功能主要是通过一定的技术手段对证券价格的变动情况做出描述，并根据描述进行分析和做出解释，以推测未来证券价格的走势。

② 目前，在国际市场上还有一些结合了基本分析和技术分析的第三类分析方法，暂时可以称之为“机械交易法”。从构造上看，这些方法更接近于技术分析方法。这种方法的提出者将基本分析中的定性资料定量化，并将其输入自己设计的数学模型中。模型将根据市场的价格、成交量等因素的变化，进行自动跟踪。如果满足了所设定的条件，模型将自动发出进行交易的信号。其像“神经网络”之类比较高新的科学分析技术，正越来越多地被应用于证券分析中。当然，我们知道，至少在目前，从道理上讲，计算机还不能代替人脑思维。这些方法应该还处在试用阶段。证券市场的因素众多，用模型解决问题还需要相当长的时间。

术分析研究市场价格移动和成交量变动的影响，而基本分析研究市场价格移动和成交量变动的因素。

技术分析重视量与价，以统计学作为基础来进行实际操作，比较客观。而基本分析重视信息，主要从主观上对掌握的各种材料加以判断。基本分析不仅分析整个经济形势、产业结构变化，更进一步研究个别企业的业绩、获利能力、管理能力、工作效率、财务结构变化、公司息利分配政策等，从而预测证券的价格变动。

总之，两种分析方法各有利弊，在实际的市场分析中要注意将这两种方法配合使用。基本分析主要告诉你投资的方向，而技术分析主要告诉你买卖的时机。

六、技术分析的基本操作原则

在技术分析者进行技术分析时，有一些操作原则可以遵循。根据美国股市专家克劳（Harvey A. Krow）博士的归纳，有如下 11 项基本原则：

（1）证券价格的涨跌呈一种不规则的变化，但整个走势存在明显的趋势。也就是说，虽然在图表上看不出第二天或下周的证券价格是涨是跌，但在长期的趋势上，仍有明显的轨迹可循。

（2）一种趋势一旦确立，即难以制止或转变。这个原则意指当一种证券呈现出明显的上涨或下跌趋势后，不会于短期内产生大转弯。但须注意，这个原则并不适用于重大利空或利多消息出现时。

（3）除非有肯定的技术确认指标出现，否则仍应认为原趋势会持续发展。

（4）未来的趋势可由线本身推论出来。基于这个原则，我们可在线路图上依整个头部或底部的延伸线明确画出往后行情可能的发展趋势。

（5）任何特定方向的主要趋势经常遭到反方向力量的阻挡而改变，但 1/3 或 2/3幅度的波动对整个延伸趋势的预测影响不会太大。也就是说，假设个别证券在一段上涨幅度为 3 元的行情中，回挡 1 元甚至 2 元时，仍不应认为上涨趋势已经结束。只要不超过 2/3 的幅度，仍应认为整个趋势处于上升中。

（6）证券价格横向发展数天甚至数周时，可能有效地抵消反方向的力量。这种持续横向整理的形态有可辨认的特性。

（7）趋势线的背离现象伴随线路的正式反转而产生，但这并不具有必然性。换句话说，这个原则具有相当的可靠性，但并非没有例外。

（8）依据道氏理论的推断，证券价格趋势产生关键性变化之前，必然有可以辨认的形态出现。例如，头肩顶出现时，行情可能反转；头肩底形成时，走势会向上突破。

（9）在线路产生变化的关键时刻，个别证券的成交量必定包含有特定意义。例如，线路向上骤升的最初一段时间，成交量必定配合扩增；线路反转时，成交量必定随着萎缩。

（10）市场上的强势证券有可能有持续的优良表现，而弱势证券的疲态也可能持续一段时间。我们不必从是否有主力介入的因素来探讨这个问题，只从最单纯的追涨心理即可印证此项原则。

（11）在个别证券的日线图或周线图中，可清楚分辨出支撑区及阻力区。这两种区域可用来确认趋势将持续发展或是完全反转。假设线路已向上突破阻力区，那么证券价格可能继续上扬；一旦向下突破支撑区，则证券价格可能再现低潮。

七、技术分析指标的运用

对技术分析的运用是最主要的，但经常会出现这样一种情况，即对相同的资料，运用不同的技术分析指标进行分析却显示出不同的结果。其原因主要就在于每个技术分析指标都有自己的特性，它们一般都不是普遍适用的，而只适用于某个范围，或者说，它们只有在某个特定的范围内才能取得最好的效果。为弥补技术分析指标的这个缺点，我们必须了解各种技术指标的特性，并根据其特性来运用。例如有的技术指标适合于分析市场大势走向，我们就在分析市场大势走向时才用该指标；有的技术指标适合于分析短期走势，我们就用它来分析短期走势；有的技术指标适合于分析中期走势，我们就用它来分析中期走势。这样，我们就可以得到相对精确的信号来作为买卖的参考。

除了上述的方法外，还有一些方法可以提高技术分析的准确度：

（1）对各种技术分析指标综合研判，在各种指标的信号一致时才确认市场走势。

（2）尽量使用简单的技术分析理论、画线方法和分析指标。越简单的理论、画线方法和指标，往往越实用。

（3）越熟悉的技术分析理论、画线方法和指标，越能得心应手。因此，投资者应尽量使用自己十分熟悉的理论和指标。

（4）技术分析新理论、新画线方法和新指标会不断出现，要不断地学习。

下面对技术分析指标的分类可以方便读者对各种指标的基本特性和适用范围有一个大体的了解。

（1）长期趋势指标包括以下指标：

①十年图、年线图、季线图、月线图、周线图；

②长期平均线；

③长期趋势线；

④异同移动平均线（MACD）、抛物线转向（SAR）、人气指标（AR）、意愿指标（BR）等指标；

⑤多空指标线。

（2）中期趋势指标包括以下指标：

①周线图、日线图；

②中期平均线；

③中期趋势线；

④RSI、KD、成交量比率（VR）、指数点成交值（TAPI）、威廉指标（W%R）、腾落指标（ADL）等指标；

⑤动量指标、Y 值、平均每笔张数、周转率、大势分析指标、心理线、涨跌比率、逆时针曲线。

(3) 短期趋势指标（日常波动指标）包括以下指标：

①当日分时指数图；

②短期平均线；

③短期趋势线。

(4) 人气指标包括以下指标：

①成交量；

②能量潮（OBV）、持仓量指标（OI）、ADL、贝塔（β）等指标。

第二节　技术分析的要素：价、量、时、空

在证券市场中，价格、成交量、时间和空间是进行分析的要素。搞清楚这几个因素的具体情况和相互关系是进行正确分析的基础。进行技术分析的时候，证券市场中证券价格的高低、价格变化幅度的大小、价格发生这些变化时所伴随的成交量的大小、价格完成这些变化所经过的时间的长短都是必须考虑的。

一、价和量是市场行为最基本的表现

市场行为最基本的表现就是成交价和成交量。过去和现在的成交价、成交量涵盖了过去和现在的市场行为。技术分析就是利用过去和现在的成交价、成交量资料，以图形分析、画线、指标分析工具和盘面变化来解释、预测未来的市场走势。这里，成交价、成交量就成为技术分析的要素。如果把时间、空间也考虑进去，技术分析其实就可简单地归结为对价、量、时间、空间四者关系的分析，在某一时点上的价和量反映的是买卖双方在这一时点上共同的市场行为，是双方的暂时均势点。随着时间的变化，均势会不断发生变化，这就是价量关系的变化。

一般来说，买卖双方对价格的认同程度通过成交量得到确认：认同程度高，成交量大；认同程度低，成交量小。双方的这种市场行为反映在价、量上就往往呈现出这样一种趋势规律：价升量增，价跌量减。根据这一趋势规律，当价格上升时，成交量不再增加，意味着价格得不到买方确认，价格的上升趋势将会改变；反之，当价格下跌时，成交量萎缩到一定程度就不再萎缩，意味着卖方不再认同价格继续往下降了，价格的下跌趋势就将会改变。成交价、成交量的这种规律关系是技术分析的合理性所在，因此，价、量是技术分析的基本要素，一切技术分析方法都少不了以价、量关系为研究对象，分析的目的就是分析、预测未来的价格趋势，为投资决策提供服务。

二、成交量与价格趋势的关系

在证券市场上，成交量与价格有着密切的关系。价格上涨或下跌的不同阶段，对成交量有不同的要求。成交量与价格的关系可以表述如下：

(1) 证券价格随着成交量的递增而上涨，为市场行情的正常特性。此种量增价

升关系，表示证券价格将继续上升。

（2）在一波涨势中，证券价格随着递增的成交量而上涨，突破前一波的高峰，创下新高，继续上涨。然而，此波段价格上涨的整个成交量却低于前一波段上涨的成交量，价格已创新高，成交量却没有创新高，则此波证券价格涨势令人怀疑；同时，也是证券价格趋势潜在的反转信号。

（3）有时，证券价格随着缓慢递增的成交量而逐渐上涨，但某一天，走势突然进入垂直上升的阶段，成交量急剧增加，价格跃升暴涨。紧随着此波走势而来的是成交量大幅度萎缩，同时，证券价格急速下跌。这种现象表示涨势已到末期，上升乏力，走势衰竭，显示出趋势反转的迹象。反转下跌幅度将视前一波价格上涨幅度及成交量扩增的程度而定。

（4）证券价格在一波长期下跌形成谷底后回升，成交量并没有因证券价格上涨而递增，价格上涨乏力，然后再度跌落至先前谷底附近，或高于谷底。当第二谷底的成交量低于第一谷底时，是价格上涨的信号。

（5）证券价格下跌，向下跌破价格的某条重要支撑线，同时出现大成交量。这是证券价格下跌的信号，强调趋势反转形成空头。

（6）证券价格已跌落一段相当长的时间，出现恐慌卖出。随着日益扩大的成交量，价格大幅度下跌，继恐慌卖出之后，预期价格可能上涨；同时，恐慌卖出所创出的低价，将不可能在极短时间内被跌破。在大量恐慌卖出之后，往往是（但并非总是）空头市场的结束。

（7）证券市场行情持续上涨已久，并出现急剧增加的成交量，而证券价格却上涨乏力，在高位盘旋，无法再向上大幅上涨。证券价格连续下跌之后，在低位出现大成交量，价格却没有进一步下跌，仅小幅变动，此时表示有主力进货。

（8）成交量作为价格形态的确认。在以后的形态学讲解中，如果没有成交量的确认，价格上的形态是虚的，其可靠性要差一些。

（9）成交量是证券价格的先行指标。关于价和量的趋势，一般来说，量是价的先行者。当量增时，价迟早会跟上来；当价升而量不增时，价迟早会掉下去。从这个意义上，我们往往说“价是虚假的，只有量才是真实的”。特别是在一个投机市场中，机构大户打压、拉抬证券价格，投资者不能仅从价上来看，而要从量上去把握庄家操纵的成本，如此才能摸清庄家的策略，并最终获利。

关于“当量增时，价迟早会跟上来”的例子，可以从宁波华翔（002048）2006年11月到2007年7月和新和成（002001）2006年3月到2007年8月的走势（分别见图2.1和图2.2）中得到验证。

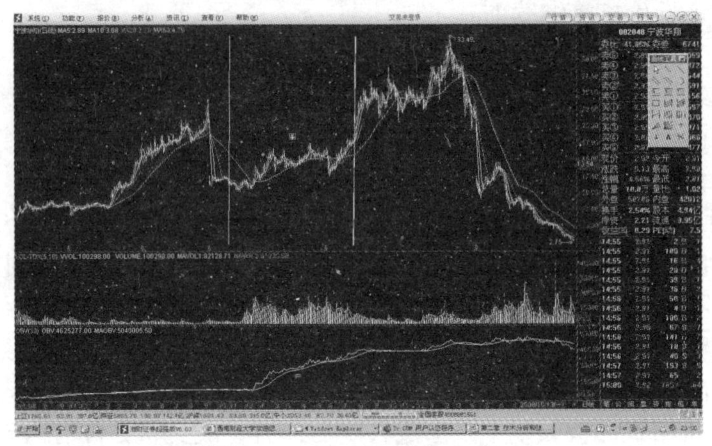

图 2.1　宁波华翔（002048）2006 年 11 月到 2007 年 7 月走势

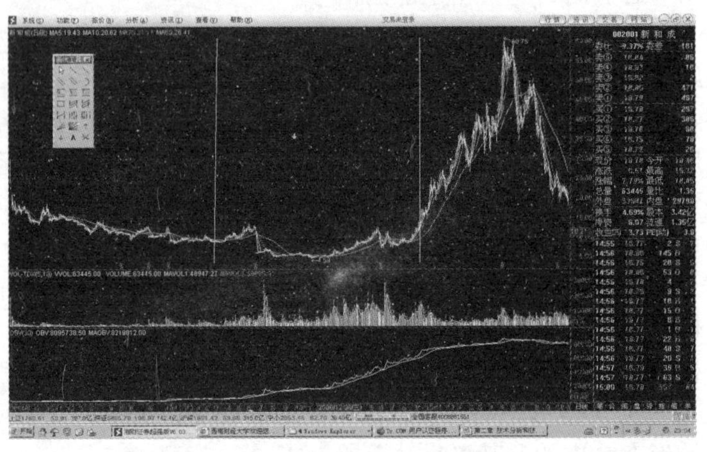

图 2.2　新和成（002001）2006 年 3 月到 2007 年 8 月走势

时间在行情判断中有着很重要的作用。一方面，一个已经形成的趋势在短时间内不会发生根本改变，中途出现的反方向波动，对原有趋势不会产生大的影响；另一方面，一个形成了的趋势又不可能永远不变，经过了一定时间又会有新的趋势出现。循环周期理论着重关心的就是时间因素，它强调了时间的重要性。

空间在某种意义上讲，可以认为是价格的一方面，指的是价格波动能够达到的空间上的极限。

内容提要

技术分析就是抛开证券内在价值，只根据证券行情和供求关系，分析、判断证券价格变化趋势，从而决定证券投资时机的分析方法。技术分析偏重于对证券价格进行分析，并认为证券价格由供求关系决定。

所有技术分析者在实际上都是利用价格与供求关系的互相关联来进行分析和预测的。如果需求超过供给，价格会上升；如果供给超过需求，价格会下降。这种关系是所有经济基本预测的基础。从这种必然的关系上，技术分析者逆推出这么一个结论：无论是什么原因，如果价格上涨，需求必定超过供给，体现在证券市场上就是整个证券市场为多头市场；如果价格下跌，则供给必定超过需求，体现在证券市场上就是整个证券市场为空头市场。总之，供需关系决定市场走势。作为一项法则，技术分析者并不关注价格上涨或下跌的原因，而只关注价格上涨或下跌本身所带来的结果。

技术分析假设市场行为说明一切；证券价格在一定期间按照某种趋势运动；相信历史往往重演；证券价格运动趋势固然是根据供求关系的变动而变动的，但这种变动可以用某种图表或数量指标表示出来。

技术分析认为：价格按照某种趋势移动，一种正在进行中的趋势较可能持续，而非反转。这项推论可以说是牛顿惯性定律的适应性理论。根据这项推论，一个趋势在一般情况下将持续下去，除非出现一些外来力量使该趋势停止甚至反转。也就是说跟随潮流的方法可在既有趋势上进行预测，直到它显示反转的迹象为止。因此，投资者无须收集大量决定证券价值因素的资料，只需通过一定的技术方法找出过去证券价格的运动趋势或运动模式，就可以据以预测未来证券价格变化的趋势。

技术分析方法使用的工具五花八门，数不胜数。常用的工具有 K 线分析法、趋势线分析法、移动平均线分析法、形态分析法、波浪分析法、RSI、KD 等。

技术分析专门研究市场行为，而基本分析则集中研究在供给与需求的经济力量中，能够造成价格往上、往下移动或停留在原处的相关因素。基本分析的重点是对证券的“本质”进行分析，因而更注重证券的内在价值和未来的成长性。

技术分析重视量与价，以统计学作为基础来进行实际操作，比较客观。而基本分析重视信息，主要从主观上对所掌握的各种材料加以判断。基本分析不仅分析整个经济形势、产业结构变化，更进一步研究个别企业的业绩、获利能力、管理能力、工作效率、财务结构变化、公司息利分配政策等，从而预测证券的价格。基本分析主要告诉你投资的方向，而技术分析主要告诉你买卖的时机。

在技术分析者进行技术分析时，有一些操作原则可以遵循。它们是：证券价格的涨跌呈一种不规则的变化，但整个走势存在明显的趋势；一种趋势一旦确立，即难以制止或转变；除非有肯定的技术确认指标出现，否则仍应认为原趋势会持续发展；未来的趋势可由线本身推论出来；任何特定方向的主要趋势经常遭反方向力量阻挡而改变，但 1/3 或 2/3 幅度的波动对整个延伸趋势的预测影响不会太大；证券价格横向发展数天甚至数周后，可能有效地抵消反方向的力量；趋势线的背离现象伴随线路的正式反转而产生，但这并不具有必然性；依据道氏理论的推断，证券价格趋势产生关键性变化之前，必然有可以辨认的形态出现；在线路产生变化的关键时刻，个别证券的成交量必定含有特定意义；市场上的强势证券有可能有持续的优良表现，而弱势证券的疲态也可能持续一段时间；在个别证券的日线图或周线图中，可清楚地分辨出支撑区及阻力区。

对相同的资料，运用不同的技术分析指标进行分析却显出不同的结果，其原因主要就在于每个技术分析指标都有自己的特性，它们一般都不是普遍适用的，而只适用于某个范围，或者说，它们只有在某个特定的范围内才能取得最好的效果。为弥补技术分析指标的这个缺点，我们必须了解各种技术指标的特性，根据其特性进行运用。

一些方法可以提高技术分析的准确度：对各种技术分析指标综合研判，在各种指标的信号一致时才确定市场走势；尽量使用简单的技术分析理论、画线方法和分析指标；越熟悉的技术分析理论、画线方法和指标，越能得心应手；技术分析新理论、新画线方法和新指标会不断出现，要不断地学习。

技术分析就是利用过去和现在的成交价、成交量资料，以图形分析、画线、指标分析工具和盘面来解释、预测未来的市场走势。这里，成交价、成交量就成为技术分析的要素。如果把时间、空间也考虑进去，技术分析其实就可简单地归结为对价格、成交量、时间、空间四者关系的分析。在某一时点上的价和量反映的是买卖双方在这一时点上共同的市场行为，是双方的暂时均衡点。随着时间的变化，均势会不断发生变化，这就是价量关系的变化。

一般来说，买卖双方对价格的认同程度通过成交量得到确认：认同程度高，成交量大；认同程度低，成交量小。双方的这种市场行为反映在价、量上往往呈现出这样一种趋势规律：价涨量增，价跌量减。根据这一趋势规律，当价格上升时，成交量不再增加，意味着价格得不到买方确认，价格的上升趋势将会改变；反之，当价格下跌时，成交量萎缩到一定程度就不再萎缩，意味着卖方不再认同价格继续往下降了，价格下跌趋势将会改变。

关键术语

技术分析　　基本分析

复习思考题

1. 简述技术分析及其历史。
2. 技术分析的理论依据是什么？
3. 技术分析的工具及方法有哪些？
4. 技术分析的功能是什么？
5. 简述技术分析与基本分析的区别。
6. 技术分析的基本操作原则有哪些？
7. 成交量与价格趋势的关系是什么？

第三章
K 线分析法

第一节　K 线的意义和功能

K 线，也叫阴阳线、日本线，其原型是日本江户时代堂岛米市中，由米商本间宗久发明的一种预测米价的技术分析方法，一直被米商采用，后来被用到了股票及期货市场上。由于其简便、精确，因而其在目前运用极为普遍。证券市场中的 K 线如图 3.1 所示。

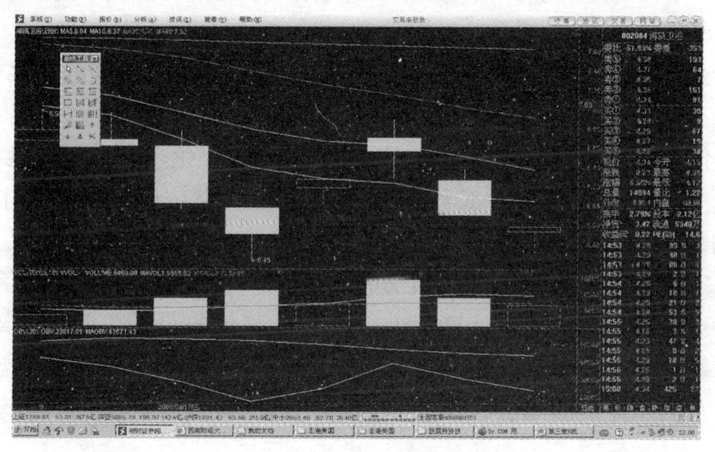

图 3.1　证券市场中的 K 线

所谓 K 线，就是记录每一日（周、月、季、年、十年）证券市场中的开盘价、收盘价、最高价及最低价，用实体或空白棒线表现出来的图形。K 线记录证券在一个交易单位时间内价格变动的情况，由于其形状像蜡烛，因此，K 线图又称蜡烛图。K 线的结构如图 3.2 所示。

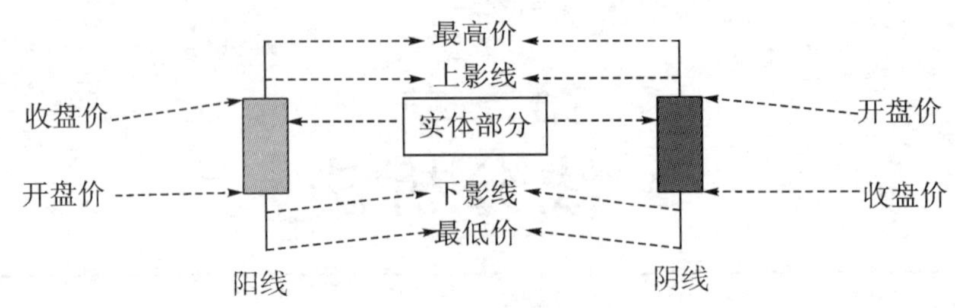

图 3.2　K 线的结构

制作 K 线图，首先需要明确几个概念：开盘价、收盘价、最高价、最低价。根据这些价位可以画出 K 线，其中代表 K 线最高价和最低价的两条线分别称为上影线（阳线的上影线为最高价与收盘价的距离，阴线的上影线为最高价与开盘价的距离）和下影线（阳线的下影线为最低价与开盘价的距离，阴线的下影线为最低价与收盘价的距离），中间部分称为实体。当某一 K 线的收盘价高于开盘价时，实体部分用白色或红色，实体的上端线表示收盘价，下端线表示开盘价，这种线称为红线或阳线。当某一 K 线的开盘价高于收盘价时，实体用黑色或绿色表示，实体的上端线表示开盘价，下端线表示收盘价，这种线称为黑线或阴线。

就单独一日的 K 线来说，白线、红线或阳线，表示低开高收，市势向好；黑线、绿线或阴线则表示高开低收，市势向跌。

上影线的最高点与下影线的最低点，分别表示了行情所达到的最高价与最低价。无论是实体部分的长度，还是上影线与下影线的长短，均对应相应的价位。

K 线可以使投资者非常明确地了解当时证券价格变化走势，并且多个 K 线连接之后可形成一个趋势。投资者对 K 线与成交量进行研究，还可明确地了解证券价格压力和支撑的位置，并将其作为投资决策的参考。

在欧美国家，有类似 K 线图的一种分析方法——直线图，其构造较 K 线图更为简单。直线图的直线部分，表示了计算期内行情的最高价与最低价间的波动幅度。在这条直线的左右各有一条横线，左侧横线代表开盘价，右侧横线则代表收盘价。在习惯上，常有省略左侧开盘价的画法，仅用最高价、最低价及收盘价加以表示。直线图如图 3.3 所示。

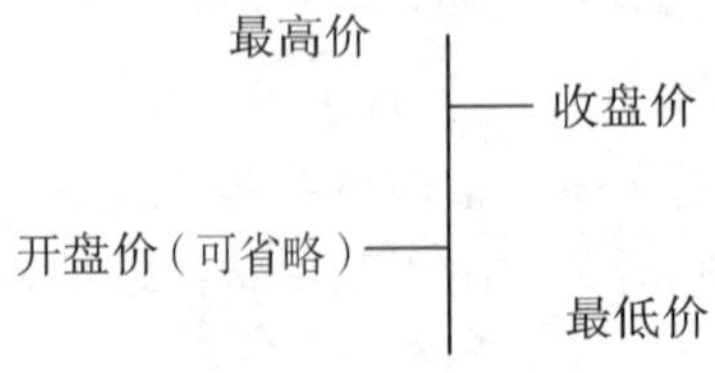

图 3.3　直线图

与直线图相比较，K 线图似乎较容易掌握短期内的价格波动，也易于判断多空双方（买方与卖方）的强弱态势。直线图的绘制则更偏重于对趋势的研究，而且在图形上的绘制简便迅速。事实上，两者之间并不存在很大差异，最重要的是投资者对个别投资对象价格波动规律的认识。

K 线图相当注重开盘价的意义。大致说来，当日的开盘价开高或开低，是买卖双方经过一天时间的充分考虑之后，对证券价格预期心理的反映。从前一天的收盘到当日的开盘，这当中随着时间上的变化，周围的环境事物或许也有某些方面的变化，如新的经济政策、经济条件变化、价格偏高或偏低等，这些均足以让投资者重新考虑自己的买卖选择。也可以说，开盘价是在某一天开始交易时多空双方的“楚河汉界”，双方的“兵马”在此摆开，准备“攻城略地”。

开盘价乍看起来似乎不太重要，然而开盘价在某些情况下可以为投资者提供两个相当重要的信息：一是“跳空”，二是“当日反转信号”。

跳空，意味着多空双方有一方极力撤守最后的防线，即买方只愿意接受非常低的价格来买进，或卖方只愿意以非常高的价格卖出。在战争中，两军对阵，如果其中一方撤守，则常常意味着该方一连串失败的开始；而另一方则可乘胜追击，甚至可以长驱直入。因此，在大多数情况下，跳空高开时，多头可以追高买进；跳空低开时，空头可以一路杀低卖出。在 1987 年 10 月 19 日纽约证券交易所的“黑色星期一”，由于标准普尔 500 种工业期货指数的跳空低开，多头在不堪忍受损失的情况下，忍痛杀出，从而形成多杀多的崩盘局面。不过，有涨跌停板的限制时，跳空的意义与力量需打些折扣。

开盘价可能提供的另外一种信息是市场逆转，即所谓的当日反转。当日反转是指当日跳空高开后，多头因后续力量不足，退回到开盘价以下，而空头则因保留实力等候高价卖出后再全力反击，市场出现由涨转跌的行情。或者相反，当日跳空低开后，空头力量不足以支撑，结果价格回到开盘价以上，并出现由跌转涨的市场行情。在 K 线图上，当日反转常形成极长的上影线或下影线。

收盘价的意义则是每当新的一天交易开始后，市场上看涨的多头不断地买进，甚至不计较价格以市价来买进，此时形成买力大于卖力，一路将价格向上推动，以至于收盘时价格比开盘价高，或收在最高价。相反，若当日在市场上看跌的空头不断卖出，甚至不计较价格，只求卖出，形成卖力大于买力，一路将价格杀低，以至于收盘时价格比开盘时低，或收于最低价。可以说，收盘价是在一天交易中多空双方交战的结果。研究线图理论的投资者可以从收盘价上研判多头与空头的力量。

对许多从事技术分析的专业人员来说，可以将最高价、最低价与收盘价三个价位之间的关系作为计算与研判的基础。而绝大多数利用数据作为计算基础的技术指标，也离不开这三个价位之间的相互关系。

K 线图除了日线图之外，还有周 K 线图、月 K 线图、季 K 线图、年 K 线图和十年 K 线图等。

第二节 K 线形态解说

K 线的形态多种多样，不同的 K 线形态的市场含义是不同的。

一、单 K 线解说

（1）长红线或称大阳线，表示强烈涨势：。

（2）长黑线或称大阴线，表示大跌：。

（3）多空交战，先跌后涨，多头势强：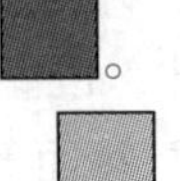。

（4）多空交战，空头略占优势，但跌后获得支撑，证券市场可能反弹：。

（5）多空交战，多头略胜一筹，但涨后遭遇压力，证券市场可能下跌：。

（6）多空交战，先涨后跌，空头势强：。

（7）反转信号，如在大涨后出现，证券市场可能下跌；如在大跌后出现，则股市可能反弹：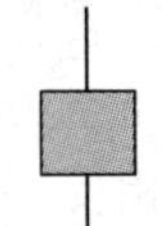。

（8）反转试探，如在大跌后出现，证券市场行情可能反弹；如在大涨后出现，则应保持冷静，密切注意市场变化：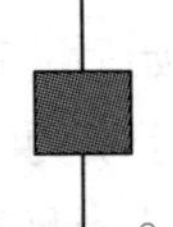。

（9）大十字，表示多空激烈交战，势均力敌，收盘价等于开盘价，证券市场往往要发生变化：。

（10）小十字，表示窄幅盘旋：。

（11）收盘价等于开盘价，但下影线略长，表示多头较强：。

（12）收盘价等于开盘价，但上影线略长，表示空头较盛：。

（13）T 字形，表示买盘极强：。

（14）反 T 字，表示卖盘极强：。

（15）“一”字形。此种形态常出现在证券价格涨停板或跌停板的时候，表示多方或空方绝对占优，被封至涨停或跌停的位置：——。

以上介绍了15种单K线的市场含义，内容较多，记忆起来比较困难。下面指明几点，以便在记忆和应用时简化我们的工作。

如果上影线相对于实体来说非常小，则可以等同于没有，也就是说，太短的上影线与秃头没有什么区别；同样，下影线如果相对于实体来说非常小，也可视为没有，即太短的下影线与光脚没有什么区别。总而言之，上下影线小到一定程度，我们就可以视之为没有。

指向一个方向的影线越长，越不利于证券价格今后向这个方向变动。阴线实体越长，越有利于下跌；阳线实体越长，越有利于上涨。实际分析中，从单独一根K线对多空双方优势进行衡量，主要依靠实体的阴阳长度和上下影线的长度：上影线越长、下影线越短、阴线实体越长，越有利于空方占优，不利于多方占优；上影线越短、下影线越长、阳线实体越长，越有利于多方占优，不利于空方占优；上影线长于下影线，利于空方；下影线长于上影线，利于多方。当然，根据K线所处位置不同，上面的说法会有变化。

二、两根K线的解说

两根K线的组合情况非常多，投资者需考虑两根K线的阴阳、高低、上下影线长短。在两根K线的组合中，有些组合的含义是可以通过别的组合的含义推测出来的。我们只需掌握几种特定的组合形态，然后举一反三，就可得知别的组合的含义。

无论是两根K线还是三根K线或多根K线，都是以两根K线的相对位置的高低和阴阳来推测行情的。我们先将前一天的K线画出，然后将这根K线按数字划分成五个区域（如图3.4所示），并可参考图3.2的结构。

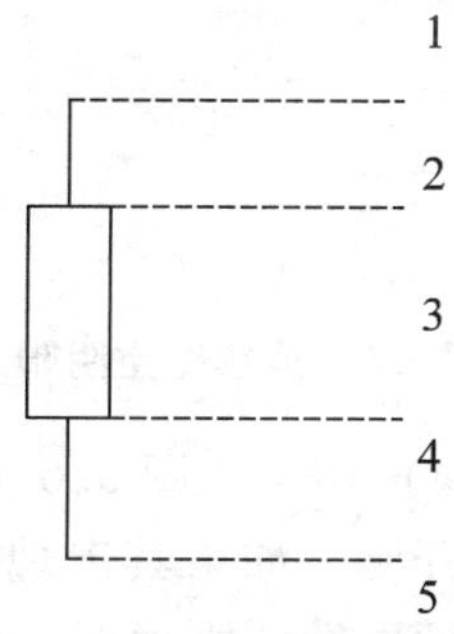

图3.4　K线区域的划分

第二天的K线是进行行情判断的关键。简单地说，第二天多空双方争斗的区域越高，越有利于上涨；越低，越有利于下跌。也就是说，从区域1到区域5是多方力量减少、空方力量增加的过程。以下是几种具有代表性的两根K线的组合情况，由它们的含义可以得知别的两根K线组合的含义。

（1）连续两阴阳如图3.5所示。图3.5表示多空双方的一方已经取得决定性胜利，牢牢地掌握了主动权，今后将以取胜的一方为主要运动方向。图 3.5（a）表示多方获胜，图 3.5（b）表示空方获胜。第二根 K 线实体越长，超出前一根 K 线越多，则取胜一方的优势就越大。

（a）　　　　（b）

图 3.5　连续两阴阳

（2）连续跳空阴阳线如图 3.6 所示。图 3.6（a）的一根阴线之后又有一根跳空阴线，表明空方全面进攻已经开始。如果其出现在高价附近，则下跌将开始，多方无力反抗；如果其出现在长期下跌行情的尾端，则说明这是最后一跌，是逐步建仓的时候了。第二根阴线的下影线越长，则多方反攻的信号越强烈。

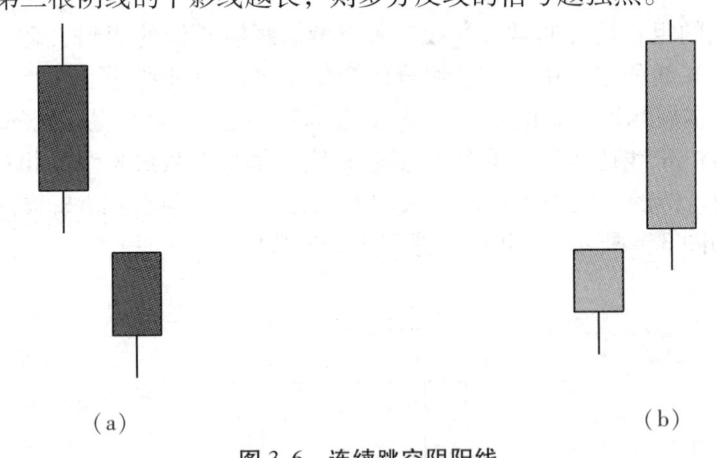

（a）　　　　（b）

图 3.6　连续跳空阴阳线

图 3.6（b）正好与图 3.6（a）相反。图 3.6（b）的一根阳线之后又有一根跳空阳线，表明多方全面进攻已经开始。如果其出现在低价附近，则一轮上涨可能开始；如果其出现在长期上涨行情的尾端，则说明这是最后一涨（缺口理论中把它叫作“竭尽缺口”）。第二根阳线的上影线越长，越是要跌了。

（3）跳空阴阳交替 K 线如图 3.7 所示。在图 3.7（a）中，一根阳线加上一根跳空的阴线，说明空方力量正在增强。若其出现在高价位，说明空方有能力阻止证券价格继续上升；若其出现在上涨途中，说明空方的力量还不够，多方将进一步创新高。图 3.7（b）与图 3.7（a）完全相反：多空双方中多方在低价位取得了一定优势，改变了前一天的空方优势的局面。

图 3.7　跳空阴阳交替 K 线

（4）两阳和两阴如图 3.8 所示。在图 3.8（a）中，连续有两根阳线，第二根的收盘不比第一根高，说明多方力量有限，空方出现暂时转机，证券价格回头向下的可能性大。图 3.8（b）图与图 3.8（a）正好相反：多方出现转机，证券价格将向上调整的可能性大。如前所述，两种情况中上下影线的长度直接反映了多空双方的力量。

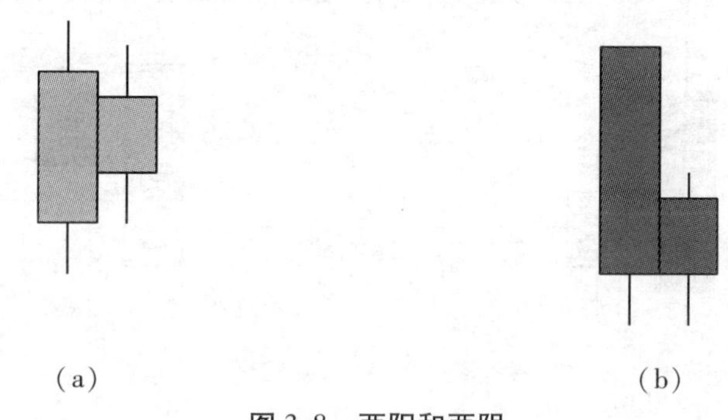

图 3.8　两阳和两阴

（5）阴吃阳和阳吃阴如图 3.9 所示。在图 3.9（a）中，一根阳线被一根阴线吞没，说明空方已经取得决定性胜利，多方将节节败退，寻找新的抵抗区域。图 3.9（b）与图 3.9（a）正好相反：多方掌握主动的局面，空方已经瓦解；阳线的下影线越长，多方优势越大。

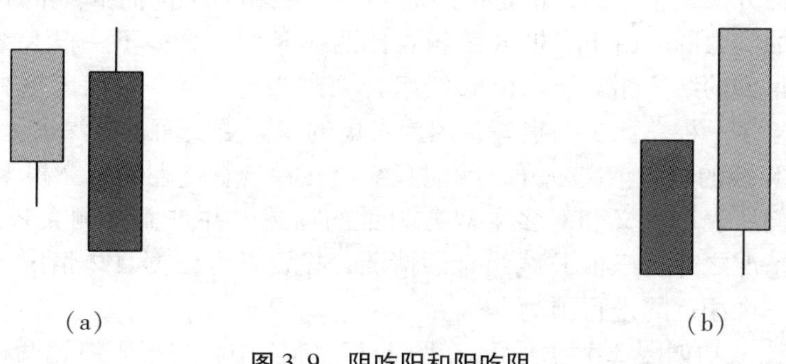

图 3.9　阴吃阳和阳吃阴

（6）第一种进攻失败情形如图 3. 10 所示。在图 3. 10（a）中，一根阴线吞没了一根阳线，空方显示了力量和决心，但收效不大，多方没有伤元气，可以随时发动进攻。图 3. 10（b）与图 3. 10（a）刚好相反：多方进攻了，但效果不好，空方还有相当实力。同样，第二根 K 线的上下影线的长度也是很重要的。

图 3. 10　第一种进攻失败情形

（7）第二种进攻失败情形如图 3. 11 所示。在图 3. 11（a）中，一根阴线后有一根小阳线，说明多方抵抗了，但力量相当弱，空方将发起新一轮攻势。图 3. 11（b）与图 3. 11（a）正好相反：空方弱，多方将发起进攻，有可能创出新高。

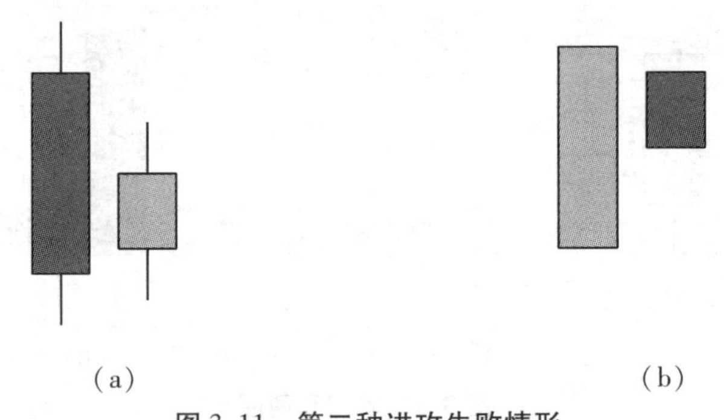

图 3. 11　第二种进攻失败情形

三、三根 K 线的解说

两根 K 线的组合形式较多，三根 K 线的组合形式就更多、更复杂了。但是，两者考虑问题的方式是相同的，都是由最后一根 K 线相对于前面 K 线的相对位置来判断多空双方的实力的。由于三根 K 线组合比两根 K 线组合多了一根 K 线，获得的信息就更多，得到的结论相对于两根 K 线组合来讲要更准确，可信度更高。这一点完全可以理解，多一根总比少一根好，因为考虑的东西更全面、更深远。

同两根 K 线的组合情况一样，我们只给出几种具有代表性的三根 K 线组合的情况，分析它们所表达意义和对多空双方力量的描述，并进而推测大势次日的走向。对于这几种情况之外的三根 K 线组合的情况，投资者可根据具体情况，从这几种代表组合中选一个相近的进行预测。

（1）反击成功如图 3. 12 所示。在图 3. 12（a）中，一根阳线比两根阴线长，表明多方充分刺激价格上涨，多方已经失败。结合两根 K 线组合中的第五种，即图

3.9，进行分析，我们会发现二者有相通的地方。图 3.12（b）与图 3.12（a）正好相反：空方一举改变局面，但因此而势头大减，同样与两根 K 线组合中的第五种有相似之处。

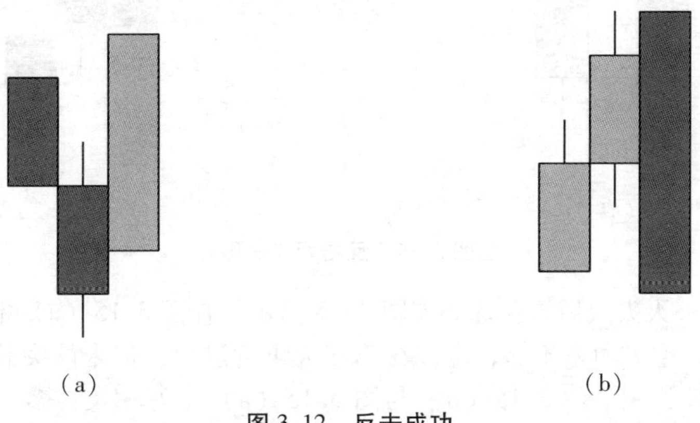

图 3.12　反击成功

（2）反击失败如图 3.13 所示。在图 3.13（a）中，在两根阴线之后出现一根短阳线，且其比第二根阴线低，说明买方力量不强，反击已经失败，下一步是卖方发动新一轮攻势。我们将图 3.13 与两根 K 线中的第七种（见图 3.11）相比，会发现一些相通的东西。图 3.13（b）与图 3.13（a）刚好相反：卖方力量不足，买方仍掌握主动权。

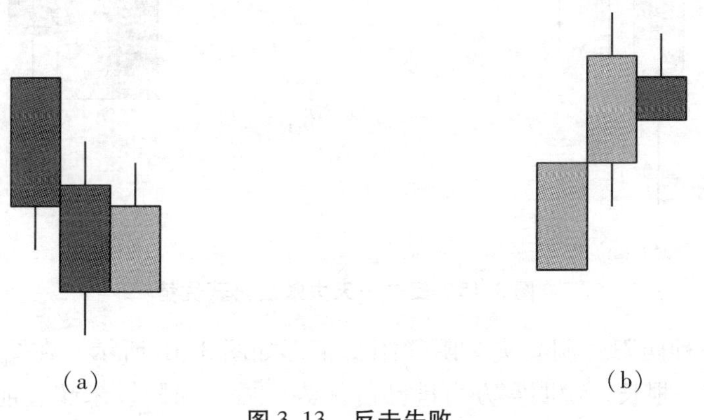

图 3.13　反击失败

（3）反击两天失败如图 3.14 所示。在图 3.14（a）中，有一长阴、两小阳，两小阳比一长阴短，说明多方虽顽强抵抗第一根 K 线的下跌形势，但收效甚微，下面即将来临的是空方的再次进攻。图 3.14（b）与图 3.14（a）相反：多方掌握主动权，空方力量已消耗过多，多方将等空方力尽再次展开反击。

图 3.14　反击两天失败

(4) 反击一天失败后再获优势如图 3.15 所示。在图 3.15 (a) 中，一根阴线没有一根阳线长，空方力量不够，多方在第三天再度进攻，但未能突破高档压力，此后将以空方进攻为主。图 3.15 (b) 与图 3.15 (a) 正好相反：多空双方反复拉锯之后，现在轮到多方向上抬，结果将如何，要看向上的力度。

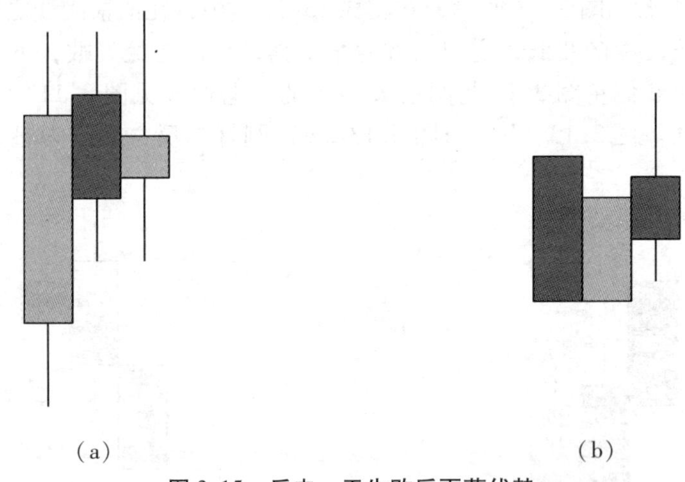

图 3.15　反击一天失败后再获优势

(5) 第一种两阳（阴）夹一阴（阳）情形如图 3.16 所示。在图 3.16 (a) 中，一根阴线比前一根长，说明空方力量已占优势；后一根阳线未超过前一根阴线，说明多方力量已经到头。此后，空方会作为主角，主宰局面。图 3.16 (b) 与图 3.16 (a) 正好相反：因为第三根阴线在第二根阳线的较高位置争夺，多方将掌握主动权。

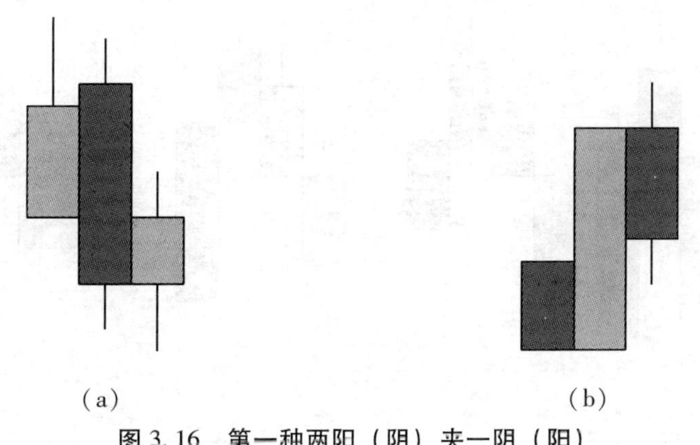

图 3.16　第一种两阳（阴）夹一阴（阳）

（6）第二种两阳（阴）夹一阴（阳）情形如图 3.17 所示。在图 3.17（a）中，两阴夹一阳，第二根阴线比阳线低，说明在下落途中多方只进行了小的抵抗，空方暂时收复了一些失地，但在第三天空方的强大打击下，多方溃不成军。图 3.17（b）与图 3.17（a）相反，说明多方占有优势。

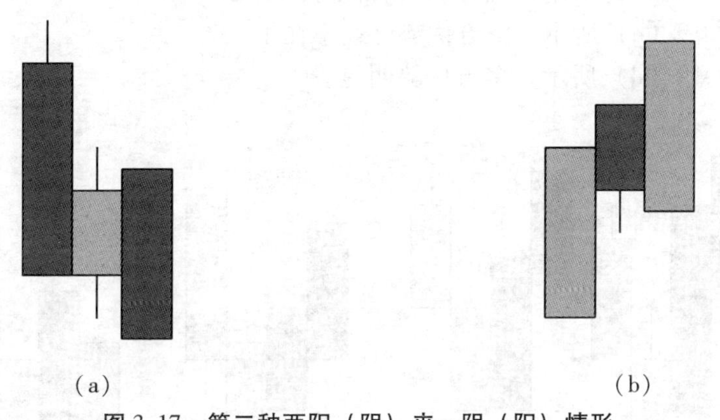

图 3.17　第二种两阳（阴）夹一阴（阳）情形

四、四根 K 线的解说

（1）两阴吃一阳如图 3.18 所示。在图 3.18（a）中，两阴吃掉第一天的一根阳线，说明空方的力量已经很强大，多方连续两天失利，并不能肯定其完全无望。此时，应结合这三根 K 线前一天的 K 线情况加以细分。大约可以分成三种情况：

①如图 3.18（a）所示，两阴比两阳短，说明多方优势还在，还握有主动权。

②如图 3.18（b）所示，两阴比两阳长，说明空方的优势已显现，下一步是掌握主动权。

③如图 3.18（c）所示，在四根 K 线中有三根阴线，说明空方处于进攻态势。另外，第四根 K 线只稍微向上拉了一下就向下直泻，表明多方的力量其实非常小，根本经不起空方的冲击。

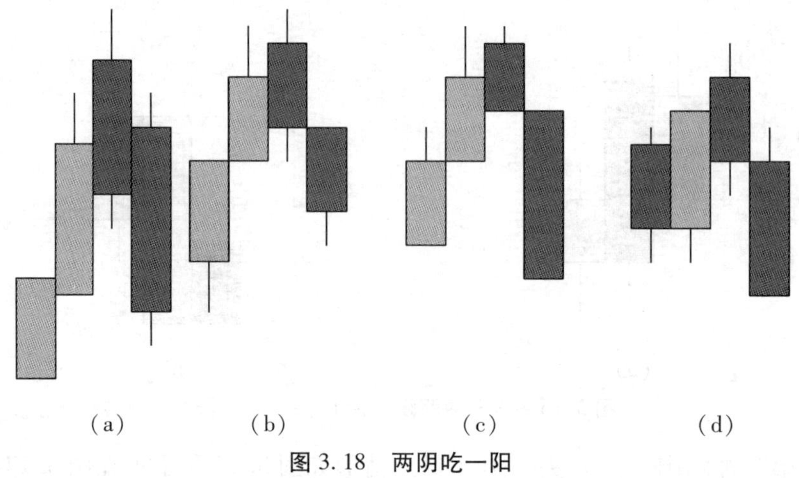

图 3.18　两阴吃一阳

（2）图 3.19（a）与图 3.18（a）刚好相反，只是多方和空方的地位调换了一下。简单地叙述如下：

①如图 3.19（b）所示，空方仍具有优势。

②如图 3.19（c）所示，空方优势已经不在了。

③如图 3.19（d）所示，多方优势明显。

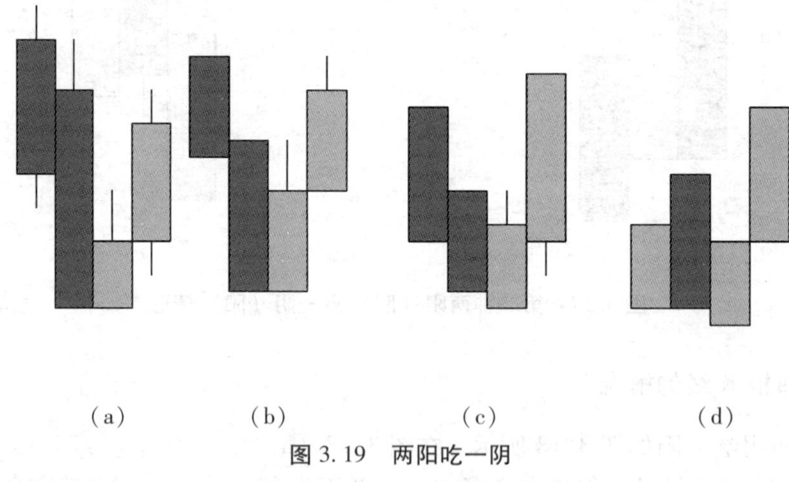

图 3.19　两阳吃一阴

第三节　星的基本形态

在 K 线形态中，星形的 K 线占有非常重要的位置。由于它们经常出现在证券价格走势的转折位置，因此，对研判走势有非常重要的意义。星的形态包括：十字星、早晨之星、黄昏之星、射击之星等。

一、十字星

十字星是指开盘价和收盘价相同，带有上影线和下影线的 K 线。常见的有底部十字星、顶部十字星。

（一）底部十字星

证券价格在连续下跌一段时间后，或经过了数浪下跌，已产生了较大的跌幅。此时，卖方做空的力量已经不足，下跌动力已显不足；而买方因连续下跌的影响，谨慎买入，但因超跌又有少量的买盘。这导致多空双方的力量在一个极小的范围内达到了某种平衡。此时，便会出现开盘价和收盘价相同，并带有一定上下影线的十字星。

当低位出现十字星时，投资者可得到如下信息：①因证券价格连续下跌，卖方力量已不足，其惜售情绪明显；②买方还处于观望阶段，但因价位较低，已有抄底盘少量介入；③买、卖双方力量达到暂时的平衡；④一旦多方力量增加，将可能出现变盘的情况。底部十字星如图 3. 20 所示。

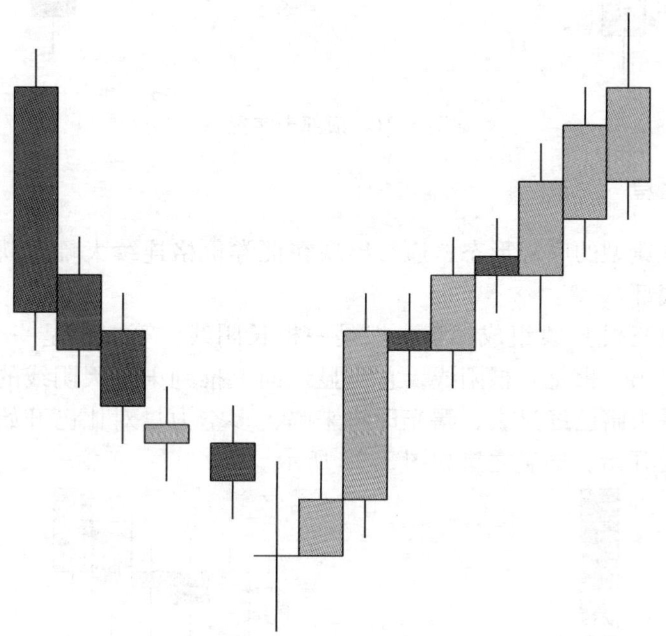

图 3. 20　底部十字星

（二）顶部十字星

证券价格连续上涨了一段时间，或经过数浪上涨，已产生了较大的涨幅。此时，买方做多的力量已经不足，后续买盘跟不上；卖方在证券价格连续上涨的情况下还希望卖个更高价格，因此并不急于大幅抛售证券。这导致多空双方的力量在一个不大的范围内达到了暂时的平衡。一旦空方发现证券价格不能继续上涨，将会加大抛压力度，所以在此出现的十字星将可能是一个顶部十字星。

当在一个较高的位置出现十字星时，投资者可以得到如下信息：①因证券价格连续上涨，买方力量已不足；②卖方还想卖出更高价，但已有逢高出货盘的卖家；

③不大的买量和不大的卖量使多空双方在高位暂时处于平衡；④因证券价格处于高位，一旦空方力量增强，将可能出现向下变盘。顶部十字星如图 3. 21 所示。

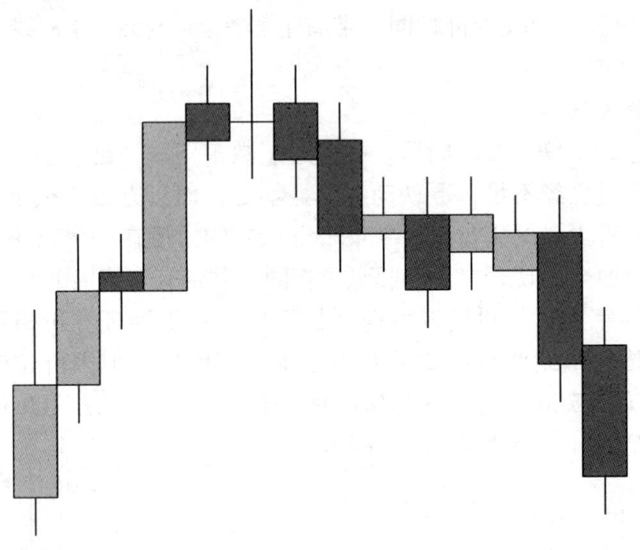

图 3. 21　顶部十字星

二、早晨之星

早晨之星是典型的底部形态，通常出现在证券价格连续大幅下跌和数浪下跌的中期底部或大底部。

早晨之星由三根 K 线组成：第一根是一根长阴线；第二根是一个小小的实体，可带上下影线；第三根是一根阳线，它明显地向上推到第一天阴线的实体之内。早晨之星的含义是黑暗已经过去，曙光即将来临，多空力量对比已开始发生转变，一轮上升行情将要开始。早晨之星如图 3. 22 所示。

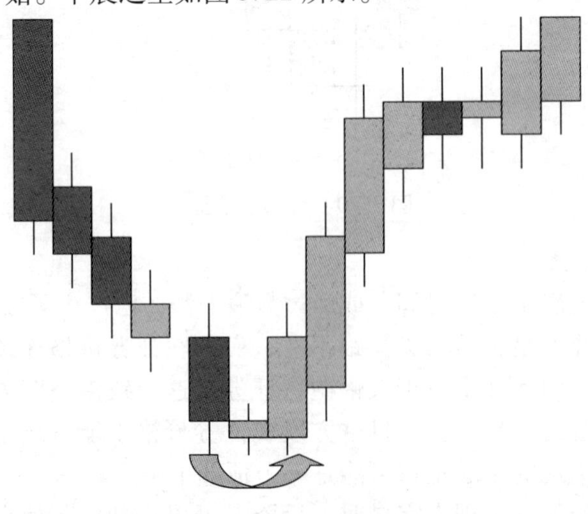

图 3. 22　早晨之星

三、黄昏之星

黄昏之星和早晨之星恰好相反，它通常出现在证券价格连续大幅上涨和数浪上涨的中期顶部和大顶部。它的出现预示着夜幕即将降临，一轮上涨行情已经结束。黄昏之星是反转形态，有很强的杀伤力。

黄昏之星也由三根 K 线组成：第一根 K 线是一根长阳线；第二根 K 线是一个可带上下影线的小实体（阴、阳均可）；第三根 K 线是一根阴线，它的实体插入第一天的长阳线的内部。当黄昏之星出现时，投资者应尽早离场。黄昏之星如图 3.23。

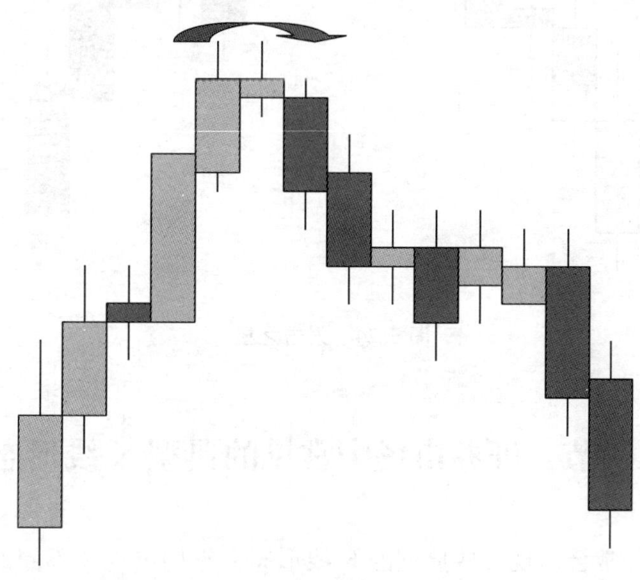

图 3.23　黄昏之星

四、射击之星

射击之星又被称为“倒转锤头”，是一个小实体，上面带有一根上影线。之所以叫作射击之星，是因为它的形状像枪。有人解释为是古人拉弓射箭的形状。射击之星常出现在连续上涨或连续下跌后，它的出现常预示着转折点将出现。射击之星在高位出现时，大市下跌的概率很大。射击之星如图 3.24 所示。

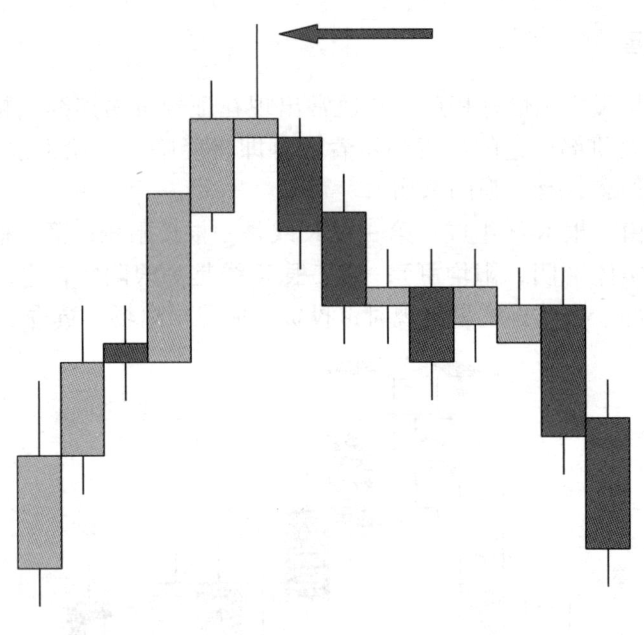

图 3.24　射击之星

第四节　证券市场中常见的典型 K 线形态

证券市场中经常会出现一些典型的 K 线形态，它们出现在不同的价位时往往寓意不同，这对我们研判市场极其有用。因此，我们预先学习一些典型 K 线形态，对我们正确分析市场是一个极好的帮助。

一、穿头破脚

穿头破脚 K 线形态指证券价格经过了较长时间的上升，当日 K 线高开低走，收一根长阴线。这根长阴线将前一日或两日阳线全部覆盖掉。穿头破脚包含的信息是市场主力已将证券价格推至极高处，并借买方市场情绪高昂拉高出货，通过高开制造假象，吸引跟风盘，随后大肆出货，将所有跟风盘全部套牢。此种 K 线形态属于杀伤力极强的顶部反转形态，随后的下跌空间极大。遇此 K 线形态，投资者应杀跌。穿头破脚如图 3.25。

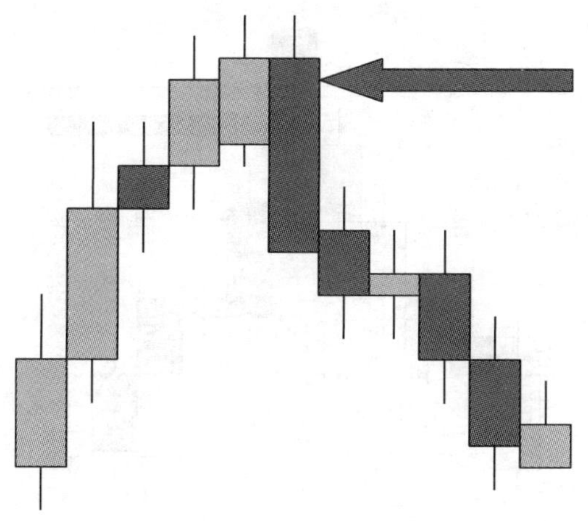

图 3. 25 穿头破脚

二、乌云盖顶

乌云盖顶也属于拉高出货的一种顶部反K线形态。乌云盖顶在高位出现，表示上升结束，跌势开始。此时，投资者应坚决离场。乌云盖顶的发生时间和情况与穿头破脚相似，只是在图形上乌云盖顶像黑云压城似的收出一根大阴线，但此根阴线的收盘切入前一根阳线的2/3处。乌云盖顶的杀伤力仅次于穿头破脚，属于杀伤力极强的顶部反转形态。遇此形态，投资者应坚决出货。乌云盖顶图 3. 26 所示。

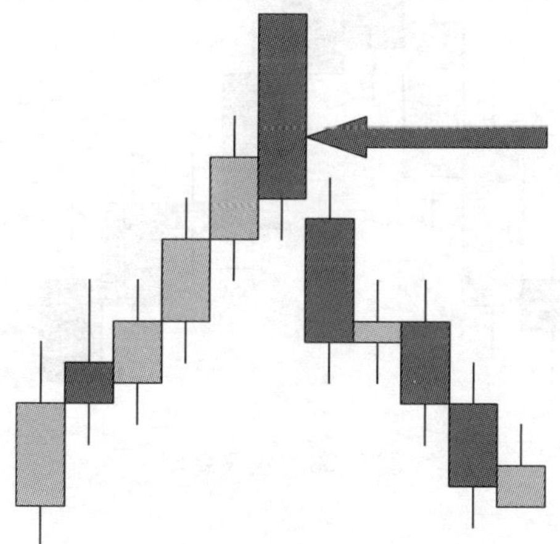

图 3. 26 乌云盖顶

三、吊颈

吊颈是指在高位出现的小阴实体，并带有长长的下影线的K线形态。吊颈在高位出现，常表示主力已开高出货，盘中出现长阴，但因为持仓量大，不能一次出清，主力在尾市将证券价格猛地拉起，形成长长的下影线，使投资者认为下档有强支撑而纷纷跟进。吊颈既有巨大的杀伤性，又有欺骗性。投资者应学会识别，以免入套。吊颈如图 3. 27 所示。

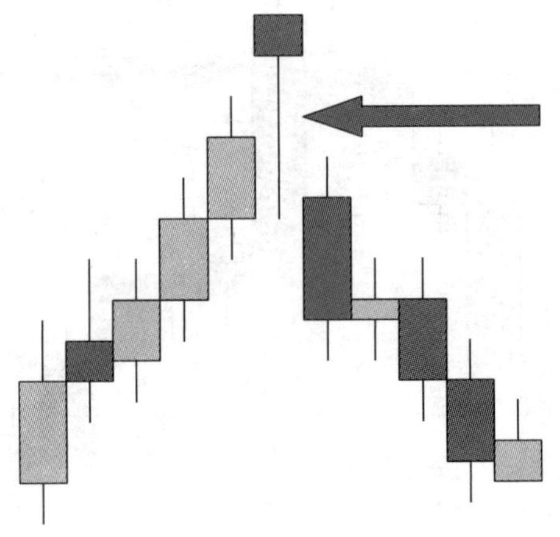

图 3.27　吊颈

四、双飞乌鸦

双飞乌鸦是指在证券价格连续大幅上升后，在高位出现两个并排的小阴实体的K线形态。其像树枝上落了两只乱叫乌鸦，预示着证券价格到了将大幅下跌的时刻。双飞乌鸦如图3.28所示。

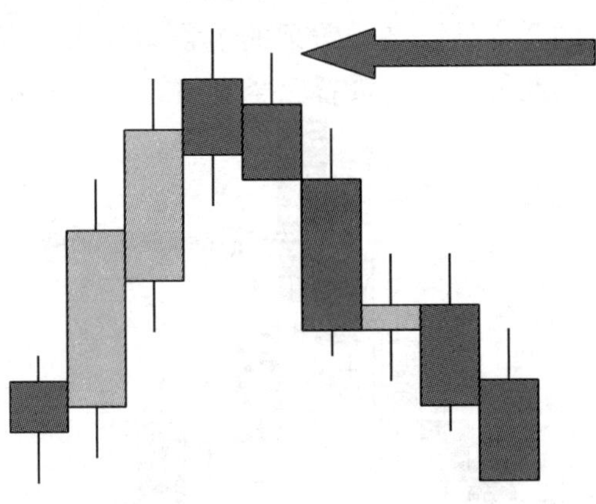

图 3.28　双飞乌鸦

五、锤头

锤头是指一个小实体下面带有一定长度下影线的K线形态。在长期的下跌趋势中，锤头的出现预示着下跌趋势即将结束，市场正在用锤子来夯实底部，是较可靠的底部形态。锤头如图3.29所示。

六、双针探底

双针探底K线形态在K线组合中出现的频率并不多，但一旦出现，可靠性较强。双针是指两根有一定间隔的K线，都带有较长的下影线，且下影线的位置非常

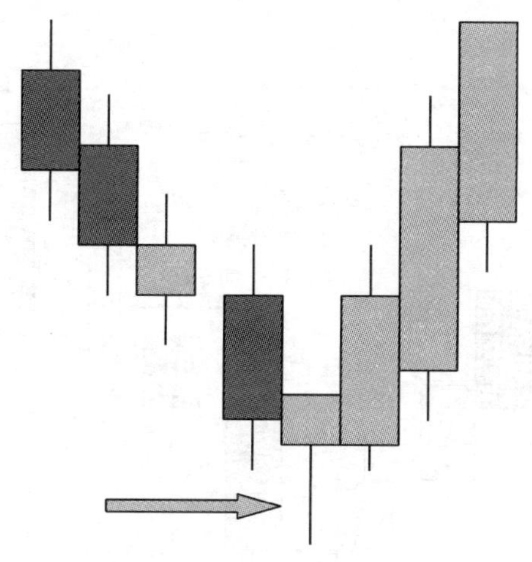

图 3.29　锤头

接近。在证券价格出现连续下跌走势后出现此种形态，表示证券价格已经过两次探底，下档有较强的支撑。因此，这个底部形态比较可靠。双针探底也可以由一个底部十字星和一个锤头组成。双针探底如图 3.30 所示。

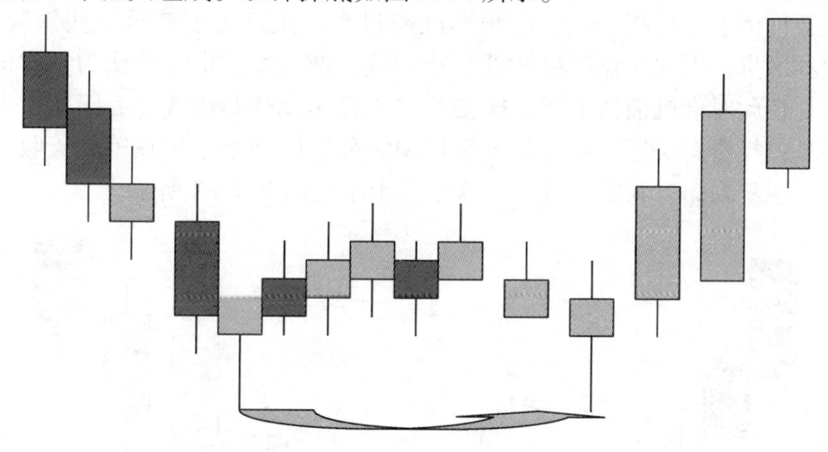

图 3.30　双针探底

七、上升中继十字星

证券价格在上升过程中，由于庄家要震仓洗盘，便常采用打压价格、上下震荡的做法，但庄家其实是假出货、真进货（在盘中显示的是阴线），令投资者不看好后市，在尾市把筹码收回来，这便形成了上升途中的中继十字星。上升中继十字星是继续形态。投资者应把它和顶部十字星相区分：顶部十字星在第二天收阴线，而上升中继十字星在第二天收阳线。上升中继十字星如图 3.31 所示。

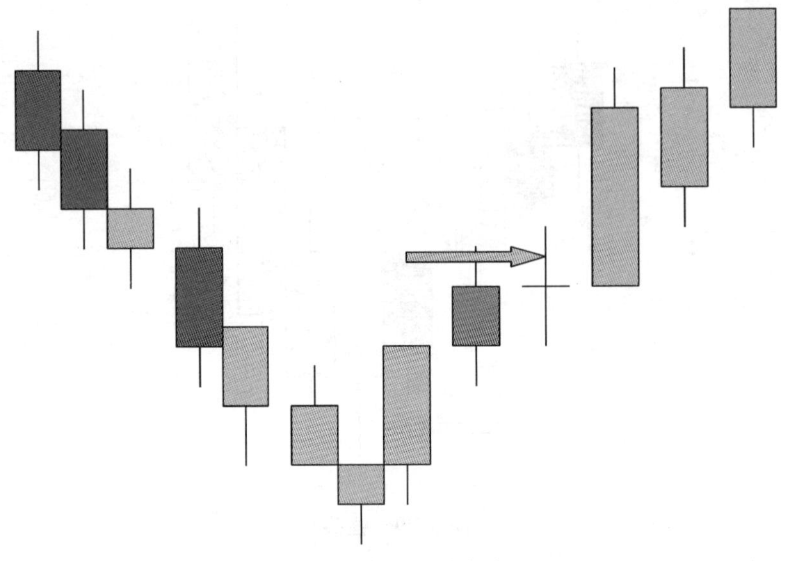

图 3.31　上升中继十字星

八、下跌中继十字星

在证券价格下跌过程中，由于短期跌幅过大，庄家为了欺骗一些短线客入场，以便于顺利出货，因此在盘中将 K 线拉成阳线，使一些投资者误认为反弹即将开始而介入，并在此时借机悄悄出货。这在 K 线上显示出先是阳线，后因尾市下跌而形成的十字星。投资者应把它和底部十字星相区分：底部十字星在第二天收阳线，而下跌中继十字星在第二天收阴线。下跌中继十字星如图 3.32 所示。

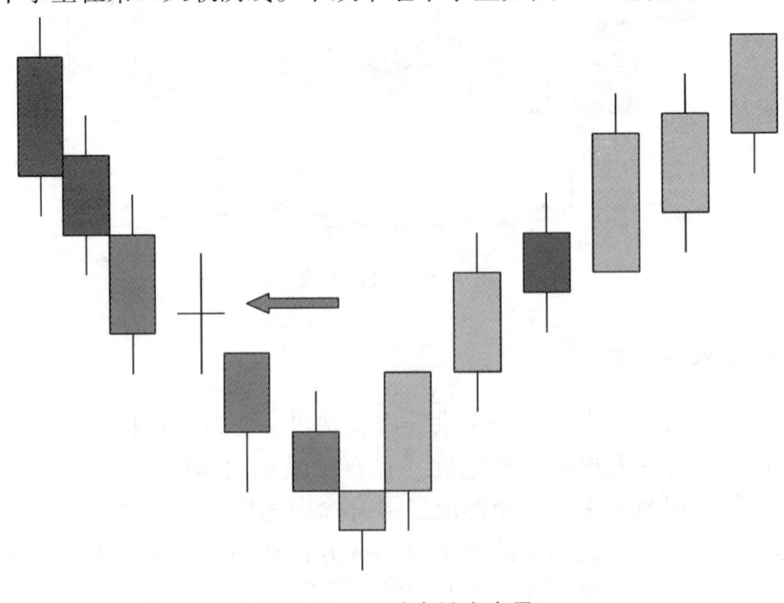

图 3.32　下跌中继十字星

第五节　应用K线组合应注意的问题

K线在表现市场行为上有很强的视觉效果。但是，我们也要注意，教材所列举的组合形态只是根据经验总结了一些典型的形态，这些形态是各种利益主体参与博弈而留下的信息，需要我们去粗取精，去伪存真。无论是一根K线，还是两根、三根K线或者多根K线，都是对多空双方的争夺做出的一个描述，由它们的组合得到的结论都是相对的，而不是绝对的。对具体进行证券买卖的投资者而言，结论只是起一种建议作用，并不是命令，也不是说今后要涨（跌）就一定涨（跌），而是指今后要涨（跌）的概率比较大。

投资者在应用时，有时候会发现运用不同种类的组合得到了不同的结论；有时应用一种组合得到明天会下跌的结论，但是实际没有下跌。这个时候的一个重要原则是结合盘面尽量使用根数多的K线组合的结论，将新的K线加进来重新进行分析判断。

在基本研判技巧方面，我们应该注意以下几点：

（1）对于K线的阳线、阴线，要观察其具体出现在行情的头部，还是底部或中段，再观察开盘价是在平均线之上或之下。一般情况下，在上属强势，在下属弱势。

（2）结合心理因素去研判K线图：

①长红会更红。强有力的大阳线暗示上升，可积极买入；反之，长黑会更黑，应积极卖出。

②底价上升，周线出现连续四条以上的阳线，说明证券价格大涨的可能性极大，可积极买入。

③周线、月线、季线、半年线和年线可提供重要原始趋势，不可忽视。

④K线可单独一根研究，也可二根、三根、多根研究。投资者也可结合盘面、画线、画图、形态分析、波浪理论、趋势线和技术指标等进行研究。投资者在多方面研究的基础上，再进行综合判断，得出的结论的可靠性更强些。

（3）最好能将K线与移动平均线及其他技术指标配合操作。在这三者配合形成的综合图表中，K线和移动平均线会告诉投资者何时买进，其他技术指标则为投资者提供最低抛售点。

内容提要

所谓K线，就是记录每一日（周、月、季、年、十年）证券市场中的开盘价、收盘价、最高价及最低价，用实体或空白棒线表现出来的图形。当某一K线的收盘价高于开盘价时，实体部分用白色或红色，实体的上端线表示收盘价，下端线表示开盘价，这种线称为红线或阳线。当某一K线的开盘价高于收盘价时，实体用黑色或绿色表示，实体的上端线表示开盘价，下端线表示收盘价，这种线称为黑线或阴线。

跳空，意味着多空双方有一方极力撤守最后防线，即买方只愿意接受非常低的价格来买进，或卖方只愿意以非常高的价格卖出。在大多数情况下，跳空高开时，多头可以追高买进；跳空低开时，空头可以一路杀低卖出。

开盘价可能提供的另外一种信息是市场逆转，即所谓的当日反转。当日反转是指当日跳空高开后，多头因后续力量不足，退回到开盘价以下，而空头则因保留实力等候高价卖出后再全力反击，市场出现由涨转跌的行情。或者相反，当日跳空低开后，空头力量不足以支撑，结果价格回到开盘价以上，并出现由跌转涨的市场行情。在K线图上，当日反转常形成极长的上影线或下影线。

收盘价的意义则是每当新的一天交易开始后，市场上看涨的多头不断地买进，甚至不计较价格而以市价来买进，此时形成买力大于卖力，一路将价格向上推动，以至于收盘时价格比开盘价高，或收在最高价。相反，若当日在市场上看跌的空头不断卖出，甚至不计较价格，只求卖出，形成卖力大于买力，一路将价格杀低，以至于收盘时价格比开盘时低，或收于最低价。可以说，收盘价是在一天交易中多空双方交战的结果。

如果上影线相对于实体来说非常小，则可以等同于没有，也就是说，太短的上影线与秃头没有什么区别；同样，下影线如果相对于实体来说非常小，也可视为没有，即太短的下影线与光脚没有什么区别。总而言之，上下影线小到一定程度，我们就可以视之为没有。指向一个方向的影线越长，越不利于证券价格今后向这个方向变动。阴线实体越长，越有利于下跌；阳线实体越长，越有利于上涨。

十字星是指开盘价和收盘价相同，带有上影线和下影线的K线。常见的有底部十字星、顶部十字星。

K线最好能与其他分析方法配合使用。K线要结合心理因素进行研判。根据某日K线图，投资者可以判断该日证券市场的行情。

关键术语

K线　直线图　十字星　底部十字星　顶部十字星　早晨之星
黄昏之星　射击之星　穿头破脚　乌云盖顶　吊颈　双飞乌鸦
锤头　双针探底　上升中继十字星　下跌中继十字星

复习思考题

1. K线的各种形态预示的市场含义是什么？
2. 平时结合实际，留心一下证券市场中常见的典型K线形态。
3. 应用K线组合时有哪些应注意的问题？

第四章
证券投资技术分析理论

在证券投资技术分析中，离不开理论的指导。我们翻开证券投资的历史可以看出，指导证券投资的理论数不胜数，各种理论从不同的方面为我们提供了理解市场的思路。本章主要介绍道氏理论、切线理论等重要技术分析理论。道氏理论是技术分析的基础，切线理论经常被证券分析人士用来分析证券市场。

第一节　道氏理论与切线理论分析

道氏理论是经典的技术分析理论，而切线理论是当今许多技术分析人士经常用来对大势和个别证券进行技术分析以判断行情的实用理论。因此，道氏理论与切线理论是每一个进行技术分析的投资者必须掌握和学会的。

一、道氏理论

（一）道氏理论的形成过程

道氏理论是技术分析的基础。该理论的创始人是美国人查尔斯·亨利·道。为了反映市场总体趋势，他与爱德华·琼斯创立了著名的道·琼斯平均指数。他们在《华尔街日报》上发表的有关证券市场的文章，经后人整理，成为我们今天看到的道氏理论。

（二）道氏理论的基本原则

道氏理论包含一系列的基本原则。它们是：

（1）市场价格指数可以解释和反映市场的大部分行为。这是道氏理论对证券市场的重大贡献。目前，世界上所有的证券交易所都采用一个本市场的价格指数，各种指数的计算方法大同小异，都是源于道氏理论。

（2）市场波动有三种趋势。道氏理论认为尽管价格的波动表现形式不同，但是我们最终可以将它们分为三种趋势，即主要趋势（primary trend）、次要趋势（secondary trend）和短暂趋势（near term trend）。三种趋势的划分为其后出现的波浪理论打下了基础。道氏理论定义的趋势：如果是一个上升趋势，必须要有一波比一波升高的尖峰和谷底形态；如果是一个下降趋势，必须要有一波比一波下降的尖峰和谷底形态。

道氏理论将这个趋势分成三个不同种类：主要运动、次级运动、微小运动。道氏理论认为主要运动通常是指可以持续超过 1 年，甚至持续几年的运动。汉密尔顿认为一个多头市场平均经历 25 个月、空头市场从开始到结束平均经历 17 个月才结束。所以，基本趋势能使投资者有足够的时间和机会获得利润。查尔斯·亨利·道将趋势的三种不同种类分别比作海水的潮流、波浪和波纹。主要运动颇似潮流，而次级运动或称中间运动颇似潮流上的波浪，微小运动则似波纹。潮流的方向可由波浪的运动确定。如果连续不断的波浪往内陆一直移动，每一个波浪比前一次波浪更往内陆移动，即形成涨潮；反之，当波浪开始倒退时，便反向移动，称为退潮。

次级运动大多为平坦形，通常持续 3 个星期到 3 个月时间。也就是说，在长期上升趋势或下降趋势中的回升段，约为前次基本趋势的 3/8。现在的学者认为，正常的技术调整，大约等于过去趋势的 1/3、1/2 或 2/3。次级运动如在强势市场，其回挡幅度约等于主要运动的 1/3；如在弱势市场则为 2/3。其成交量的变化，在上升趋势的下跌回挡中应渐减，而在下跌趋势的上升反弹应渐增。这些常常出现的次级运动，成为投资者追求的短线差价。主要趋势与次级运动如图 4.1 所示。

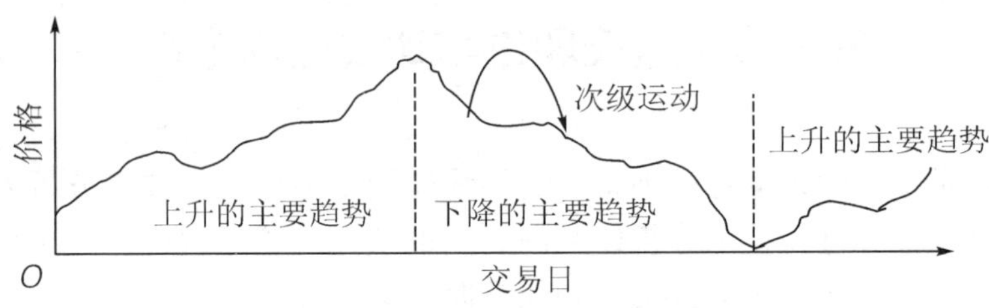

图 4.1　主要趋势与次级运动

微小运动是指证券价格的日常波动，其延续快则数小时，慢则数日，最多不超过 6 天，在整个趋势上较无重要性。

（3）主要趋势有三个阶段。长期趋势的上升通常包括三个阶段。第一个阶段称为累积阶段。在这个阶段，大众投资者虽然对企业业绩看好，但对证券市场仍存有戒心，仅选择投资报酬率较高的证券酌量买进；证券价格徐徐上升；交易量虽然不大，但已在慢慢增加中。在第二个阶段，公司业绩已显著好转，证券价格已纷纷上升，交易量也不断增加，投资公众信心不断增强。在第三个阶段，证券市场呈现一片沸腾景象，证券价格急速上升，成交量大增，公司财务报告也非常乐观；但不久后，证券价格接近高峰，冷门证券价格上升，绩优证券反而停滞不前，这是多头市场结束的预兆。

同样，长期趋势的下降通常也包括三个阶段。在第一个阶段，敏感的投资者见证券市场出现反常现象，同时，感觉到企业收益已达高峰，就纷纷卖出所持有的证券，遂使证券价格下跌；而一般投资公众以为回挡是买进机会，再加码买进，使证券价格反弹上升；交易虽然活跃，但交易量反而减少，同时，投资者所获利润大大减少。在第二个阶段，证券价格急速下跌，交易量大减，大众对证券信心动摇，呈现一片抛售景象。在第三个阶段，公司业绩恶化，公司财务报告很悲观，一流证券有人支撑，职业交易人进场补进；此后，证券价格下跌减缓，这是空头市场结束的先兆。

（4）平均值必须互相确认。这里主要是指工业平均值和铁路平均值的互相确认。道氏理论认为：除非多头市场和空头市场的平均值有相同的信号，否则证券市场上所发生的多头或空头信号就不能确定。当两个平均值均超过前一个次级高峰时，才开始另一个多头市场。如果仅是一个平均值超过前一个次级高峰，就没有所谓的多头市场。当出现这种情况时，先前的趋势仍然存在。两种平均值不能够用以预测主要运动与次要运动延续的期限有多长，不过这些平均值能够表示出什么时候已经开始一种新的运动。

新的主要运动或者次要运动的互证作用，以两种现象表示出来：第一种是两种平均值经过一段长时间扯皮状态的波动，同时出现突然的下降；第二种是两种平均值同时出现新的最高点或同时出现新的最低点。

市场活动可以完全根据平均值来预测，而不需考虑交易的数量及其他统计资料，也不需依赖图表分析。也就是说，道氏理论认为，平均数修正每一件事。这个理论说明每一个可能影响证券供应和需求的因素，必定会在市场平均值中得到反映，哪怕这些因素是地震以及其他各种自然灾害。这个平均值除了能如道·琼斯指数那样作为市场参考之外，也可以在个别市场中应用。

（5）必须确认成交量其的趋势。趋势的转转点是确定投资的关键。交易量所提供的信息有助于我们解释一些令人困惑的市场行为。道氏理论认为，成交量和证券价格具有一定的关系。简单地说，成交量应该是沿着主要趋势的方向扩展。假如主要的趋势上升，成交量应该增加；相反，证券价格下跌，成交量亦随之减少。然而，成交量只是一个次级运动的指标。

（6）收盘价是最重要的价格。道氏理论认为，在所有价格中，收盘价最重要。

（7）趋势将一直持续到明确的反转信号出现为止。只要铁路平均值与工业平均值能够彼此发生互证作用，主要趋势就将继续发展。寻找反转信号并不是一件很容易的事。一个趋势的转变需要数个有效的技术工具来发现，如支撑和阻力的研究、证券价格形态、趋势线以及移动平均值。

道氏理论的主要目的，是预测证券的主要趋势，但也可以用来预测次级运动。不过预测次级运动是不重要的。

（三）道氏理论的缺陷

事实上，投资者很少100%地照着道氏理论进行操作。这是因为这一理论有下述缺陷：

（1）道氏理论的可操作性较差。一方面，道氏理论的结论落后于价格变化，信号太迟；另一方面，理论本身存在不足，使得一技术分析人员在进行行情判断时，也会因得到一些不明确的信号而产生困惑。另外，道氏理论对于两种平均值互证的时间、何时产生新高峰或新低潮，并不能提供准确的答案。

（2）道氏理论太注重长期趋势，对投资频繁投资者而言帮助不大。实际上，投资者必须具有相当的勇气和耐心去等待数个月的萧条。

（3）道氏理论仅依赖两种平均值来观察市场变化。实际上影响市场变动的因素甚多，不能以少数证券代表整个市场波动的实际。

(4) 道氏理论对长期变化的判断也许有极高的准确度，对大形势的判断有较大的作用，但对中期变动不能提出任何警告，对于每日每时都在发生的小波动则显得有些无能为力。而投资者要想获得更多利益，正确地掌握中期和每日每时的变动也是很重要的。

(5) 道氏理论虽然为证券市场的长期变化指明了方向，但并不能为投资者指明购买何种证券。

道氏理论已经存在上百年了，对今天的投资者来说，相当部分的内容已经过时，不能照搬老方法。近几十年来，出现了很多新的技术，有相当部分是对道氏理论的延伸，这在一定程度上弥补了道氏理论的不足。

二、切线理论

证券市场有顺应潮流的问题。要顺势而为，不逆势而动，已经成为投资者的共识。所谓顺势交易，就是指在多头市场里，在价格回挡时买入；而在空头市场里，在价格反弹时卖出。

(一) 趋势分析

证券价格的变动有一定的趋势，在长期上涨或下跌的趋势中，会有短暂的盘旋或调整。投资者应把握长期趋势，不为暂时的回调和反弹所迷惑，同时，也应及时把握大势的反转。切线理论就是帮助投资者识别大势变动方向的较为实用的方法。

1. 趋势的定义

简单地说，趋势就是证券价格市场运动的方向。

若确定了一段上升或下降的趋势，则证券价格的波动必然朝着这个方向运动。在上升的行情里，虽然也时有下降，但不影响上升的大方向，不断出现的价格新高会使偶尔出现的下降黯然失色。在下降行情里，情况则相反，不断出现的价格新低会使投资者丧失信心。

技术分析的假设中就明确地说明了价格的变化是有趋势的。若没有特别的理由，价格将沿着这个趋势继续运动。这一点就说明趋势这个概念在技术分析中占有很重要的地位，是投资者应该注意的核心问题。

一般来说，市场变动不是朝一个方向直来直去，中间肯定要有曲折，从图形上看就是一条曲折蜿蜒的折线，每个折点处就形成一个峰或谷。由这些峰和谷的相对高度，我们可以看出趋势的方向。

2. 趋势的方向

趋势的方向有三个：上升方向、下降方向、水平方向。

如果图形中每个后面的峰和谷都高于前面的峰和谷，则趋势就是上升方向。如果图形中每个后面的峰和谷都低于前面的峰和谷，则趋势就是下降方向。如果图形中后面的峰和谷与前面的峰和谷相比，没有明显的高低之分，几乎呈水平延伸，这时的趋势就是水平方向。水平方向趋势是被大多数人忽视的一种方向，这种方向在市场上出现的机会是相当多的。就水平方向本身而言，也是极为重要的。大多数的技术分析方法，在对处于水平方向的市场进行分析时，都容易出错，或者说作用不大。这是因为这时的市场正处在供需平衡的状态，证券价格下一步朝哪个方向走是没有规律可循的，可以向上也可以向下。而对于这样的对象，去预测它朝何方运动是极为困难的，也是不明智的。图 4. 2 是趋势的三种方向的简单图形表示。

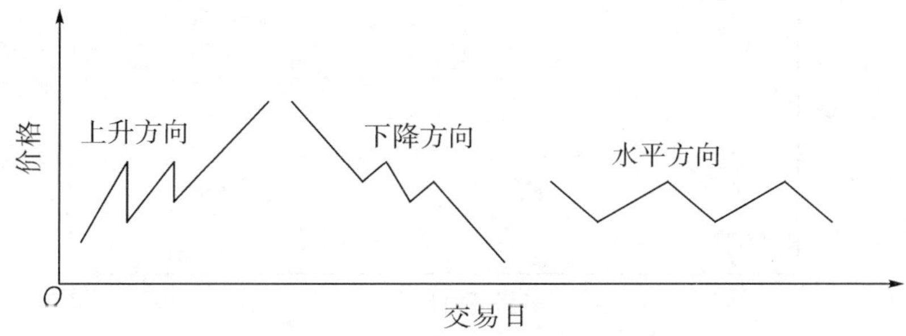

图 4. 2　趋势的三种方向的简单图形表示

上升趋势线又称支撑线，是经过两个以上的中期上升趋势后的回挡底部价位的直切线，它对以后的中期回挡有一定支撑作用。下降趋势线又称阻力线，是经过两个以上的中期反弹趋势的顶部价位的直切线，它对后续的下降趋势发展具有一定反压作用。相应地，支撑线下部的区域称为支撑区域；阻力线上部的区域称为压力区域。

一般来说，如果在某个固定的价格区域内发生大量的换手，即可称该区域为密集交易区。如果证券价格向上突破阻力线，那么整个密集交易区就形成了支撑区域；如果证券价格向下跌破支撑线，那么整个密集交易区就形成了阻力区域。

在两条平行的压力线与支撑线之间所形成的范围，可称为通道，其亦可分为上升通道与下降通道。当价位在图形上触及趋势线附近时，此时即交易者进行交易的良好时机；当价位向下跌破支撑线时，交易者应随即卖出，同时反向操作空头。同样地，当价位向上突破压力线时，交易者即应结束做空的部位，同时反向做多买进。几乎所有的图形分析与诠释的观念离不开上述这些趋势线的概念与原则。

3. 趋势的类型

按道氏理论的分类，趋势分为三个类型。

（1）主要趋势

主要趋势是指趋势的主要方向，是投资者极力要弄清楚的趋势。投资者只有了解了主要趋势才能做到顺势而为。主要趋势是证券价格波动的大方向，一般持续的时间比较长。

（2）次要趋势。

次要趋势是指在主要趋势中进行的调整。前文说了，趋势不会是直来直去的，总有个局部的调整和回撤，次要趋势正是要完成这一使命。

（3）短暂趋势。

短暂趋势是指在次要趋势中进行的调整。短暂趋势与次要趋势的关系就如同次要趋势与主要趋势的关系一样。

这三种类型的趋势最大的区别是时间的长短和波动幅度的大小。有时为了更细地划分，三种类型可能还不够用，不过这无关大局，只不过再对短暂趋势进行细分罢了。

大趋势中包含小趋势，如图 4.3 所示。

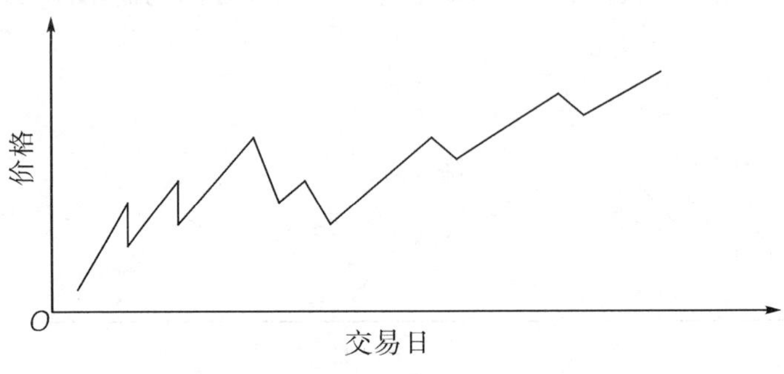

图 4.3　大趋势中包含小趋势

当然，趋势线并非一定是直线形的，图 4.4 所显示的两种趋势线就是非直线形趋势线。

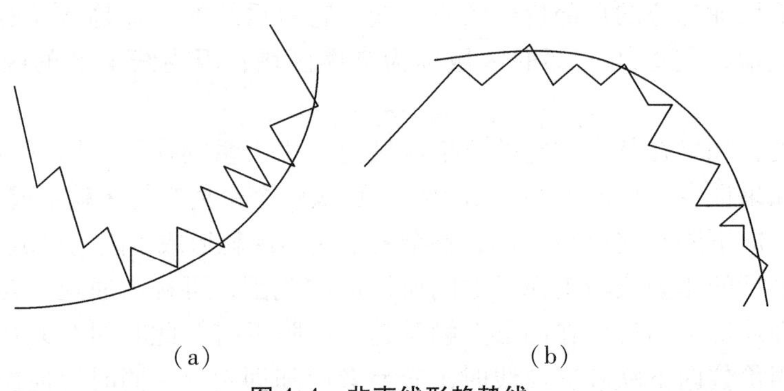

图 4.4　非直线形趋势线

4. 实务分析

趋势线在日线图、周线图或月线图中很容易画出。上升趋势线是连接一波波低价的直线，它在整个趋势中扮演一种支撑力量的角色。下降趋势线也就是连接一波波高价的直线，它在整个趋势中扮演一种压力的角色，下跌的证券价格反弹至该趋势线时即又回跌。

标准的趋势线必须是三个以上的低点的上升趋势线或连接三个以上的高点的下降趋势线。但有时一些图表分析家喜欢以收盘价为标准来画上升或下降趋势线，因为他们认为如此画出的趋势线更为准确。

真正有效的趋势线是价格波动一触及该线便回跌或反弹。然而，有时趋势线也会失灵，此时则需对其进行修正，也就是说重新再画一条正确的趋势线，该条趋势线被称为修正趋势线。在图 4.5 中，注明的线为原始趋势线，其他的虚线为修正趋势线。

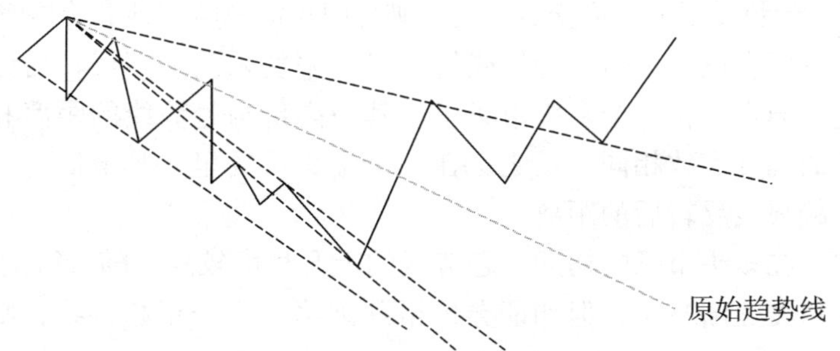

图 4.5　原始趋势线与修正趋势线

（1）判断上升趋势线的权威性及准确性时需注意的几点。

一般而言，判断一个中期以上上升趋势线的权威性及准确性有下列几点值得注意：

①趋势线触及的次数。证券价格触及趋势线的次数越多，则该趋势线越可靠。

②趋势线的长度及持续时间。通常，涨得越久、越凶，跌得也越久、越凶。如果跌破或穿过趋势线的时间维持得越长，则大势越可能反转。如果一条趋势线能够经过 4 个星期以上的时间考验，则我们可以确定其为正确而有效的趋势线。

③趋势线的斜率。在长时间的实践中，许多分析家都发现角度为 45°左右的趋势线最为可靠、准确。

④证券价格在突破趋势线时，必须有 3%以上的价差方可认定。

⑤证券价格在趋势线附近时的成交量越大，则该趋势线越具有可靠性。

（2）趋势线理论具体运用技巧的说明。

下面我们来说明一下趋势线理论的具体运用技巧。

①一般来说，如果上升趋势线维持的时间已经很长，证券价格突然跌至趋势线以下，则可能大势即将转坏，如与此同时价格形态也跌破，则更可以确定。反之，如果下跌趋势线已持续了较长一段时间，证券价格配合价格形态同时突破时，也可据以确定证券价格趋势即将反转，若再能配合成交量的大幅扩增，则更能确定。

②在突破趋势线时，如果将原有趋势线延长，当证券价格再次触及该趋势线时，常会发生反转现象。

③通常趋势线斜率越大、越陡峭，其以后的抵抗力也越弱，但证券价格跌破趋势线时，并非大势一定转坏。因为陡峭的趋势线常发生于多头市场初期，回跌后，有可能会再沿着较缓和的趋势线上升。此时应修正趋势线。

④趋势线理论的应用技巧的一个重要方面就是确定证券价格是否反转。它一般可以通过三个标准来判断。

第一，穿过的程度。一般而言，证券价格必须穿过趋势线，且收盘价与趋势线间有 3%的价差幅度时才可以认定证券市场即将反转。第二，成交量。在价格上升突破某种形态时，必须伴随着成交量的大幅增长；而价格下跌突破时则无须此条件，但需留意观察以后几天走势方可确定。第三，突破趋势线后回升的力量。如价格跌破上升趋势线，但其价差幅度小于 3%，成交量也没有大幅增长，在停留一两天后证券价格又回升，但只回升至趋势线下方，成交量未增，则此时可能意味着证券价格将下跌。

⑤我们也可以由证券价格与趋势线的价格差幅度来测量其反转后证券价格上涨或下跌的幅度。通常，在一个多头市场里，其最高价与趋势线的距离和趋势线由上升反转为下跌的幅度大致相同。反之，在一个空头市场里，其最低价与趋势线的距离也大致等于趋势线反转后的距离。

如前所述，在多头市场的初期，趋势线的上升角度较陡。随着行情的持续发展，趋势线上升的角度逐渐减缓，但如证券价格跌破第三个修正趋势线，则表示多头市场可能结束。

⑥如果证券价格趋势呈锯齿状上升或下跌（上下振荡），并配合成交量的大幅增加，证券价格突破原来趋势线，常显示多头或空头的力量趋于耗竭，证券价格可能反转。

总之，运用趋势线理论，最主要的是要学会顺势交易；再就是必须时时注意根据实际情况对趋势线进行修正；当然，在使用趋势线前必须先判断一下其准确性及权威性。

（二）支撑线和压力线

1. 支撑线和压力线的含义

支撑线（support line）又称抵抗线。当证券价格跌到某个价位附近时，证券价格停止下跌，甚至有可能回升，这是多方在此买入造成的。支撑线起阻止证券价格继续下跌的作用。这个起着阻止证券价格继续下跌的价格就是支撑线所在的位置。

压力线（resistance line）又称阻力线。当证券价格上涨到某价位附近时，证券价格会停止上涨，甚至回落，这是空方在此抛出造成的。压力线起阻止证券价格继续上升的作用。这个起着阻止证券价格继续上升作用的价格就是压力线所在的位置。

有些人往往会产生这样的误解，认为只有在下跌行情中才有支撑线，只有在上升行情中才有压力线。其实，在下跌行情中也有压力线，在上升行情中也有支撑线。但是在下跌行情中，人们最注重的是跌到什么地方，所以关心支撑线的就多一些；在上升行情中，人们更注重涨到什么地方，所以关心压力线的多一些。

每一条支撑线或压力线，可以用楼房中的地板或者天花板来形容。证券价格由下往上突破之后，就如有人从一楼走上了二楼，本来一楼的天花板此时成了二楼的地板，反而具有了支撑的作用；而假设在一楼的价位套住了较多的空头，一般而言，证券价格绝不会给一楼的空头解套的机会，此时二楼的支撑作用就具有相当重要的意义。

2. 支撑线和压力线的作用

如前所述，支撑线和压力线的作用是阻止或暂时阻止证券价格向一个方向继续运动。我们知道证券价格的变动是有趋势的，要维持这种趋势，保持原来的变动方向，就必须冲破阻止其继续向前的障碍。比如说，要维持下跌行情，就必须突破支撑线的阻力和干扰，创造出新的低点；要维持上升行情，就必须突破上升的压力线的阻力和干扰，创造出新的高点。由此可见，支撑线和压力线迟早会有被突破的可能，它们不足以长久地阻止证券价格保持原来的变动方向，只不过是使它暂时停顿

而已。支撑线和压力线的突破如图 4.6 所示。

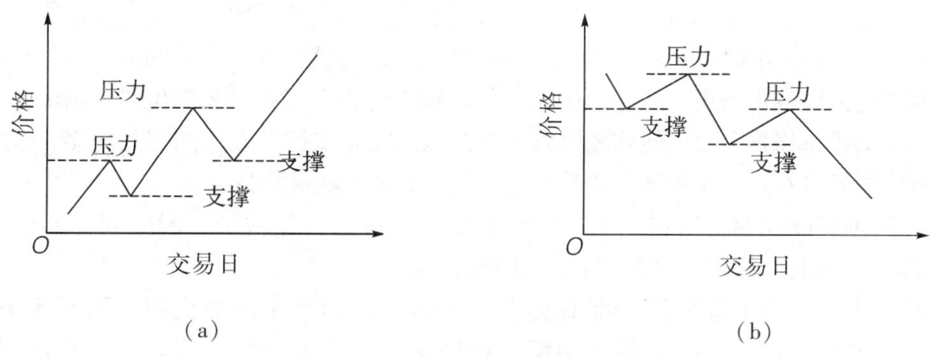

图 4.6　支撑线和压力线的突破

支撑线和压力线又有彻底阻止证券价格按原方向变动的可能。当一个趋势终结时，它就不可能创出新的低价和新的高价，这样，支撑线和压力线就显得异常重要。

在上升趋势中，如果下一次未创新高，即未突破压力线，这个上升趋势就已经处在很关键的位置了，如果再往后的证券价格又向下突破了这个上升趋势的支撑线，这就产生了一个趋势会变得很强烈的警告信号。通常这意味着，这一轮上升趋势已经结束，下一步的走向是下跌。

同样，在下降趋势中，如果下一次未创新低，即未突破支撑线，这个下降趋势就已经处于很关键的位置了，如果再往后的证券价格向上突破了这个下降趋势的压力线，这就发出了这个下降趋势将要结束的强烈信号，证券价格的下一步将是上升。支撑线和压力线未被突破的情况如图 4.7 所示。

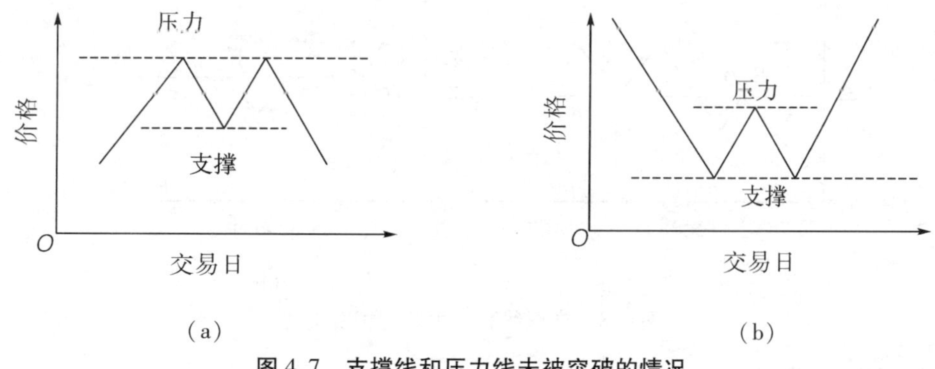

图 4.7　支撑线和压力线未被突破的情况

3. 支撑线和压力线的相互转化

支撑线和压力线之所以能起作用，很大程度是由于人们的心理因素。

一个市场里无外乎三种人：多头、空头和旁观者。旁观者又可分为持券（证券）的和持币（货币）的，所以也可以分为四种人。

假设证券价格在一个区域停留了一段时间后开始向上移动。在此区域买入证券的多头肯定认为自己对了，并对自己没有多买入证券而感到后悔。在该区域卖出证券的空头这时也认识到自己卖错了，他们希望证券价格再跌回他们卖出的区域时，将他们原来卖出的证券补回来。而旁观者中的持券者的心情和多头相似，持币者的心情同空头相似。

无论是这四种人中的哪一种，都有买入证券成为多头的愿望。正是由于这四种人决定要在下一个买入的时机买入，所以证券价格稍一回落就会受到大家的关心，他们会或早或晚地进入证券市场买入证券，这就使价格根本还未下降到原来的位置，新的买进大军自然又会把价格推上去，使该区域成为支撑区。在该支撑区发生的交易越多，说明越多的证券投资者在这个支撑区有切身利益，这个支撑区就越重要。

我们再假设证券价格在一个支撑位置获得支撑后，停留了一段时间开始向下移动，而不是像前面假设的那样是向上移动。

对于上升，由于每次回落都有更多的买入，因而产生新的支撑；而对于下降，跌破了该支撑区域，情况就截然相反。在该支撑区买入的多头都意识到自己错了，而没有买入或卖出的空头都意识到自己对了。买入证券的多头都有抛出证券逃离目前市场的想法，而卖空的空头则想进一步抛空，待证券价格下跌再伺机补回。一旦证券价格有些回升，尚未到达原来的支撑位，就会有一批证券抛压出来，再次将证券价格压低。这样，原来的支撑线就转化为压力线。

以上的分析过程对于压力线也同样适用，只不过结论正好相反。

这些分析的附带结果是支撑线和压力线地位的相互转化。如前所述，一条支撑线如果被跌破，那么这一条支撑线将成为压力线；同理，一条压力线如果被突破，那么这一条压力线将成为支撑线。这说明支撑线和压力线的地位不是一成不变的，而是可以改变的，条件是它被有效的足够强大的证券价格变动突破。支撑线和压力线的相互转化如图 4.8 所示。

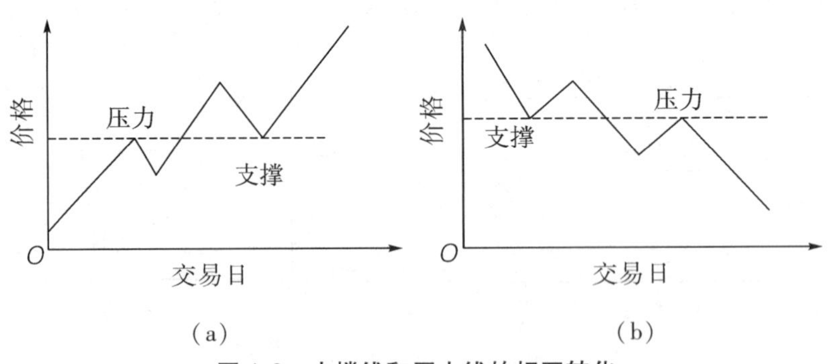

图 4.8　支撑线和压力线的相互转化

4. 支撑线和压力线的确认和修正

如前所述，每一条支撑线和压力线的确认都是人为进行的，主要是根据证券价格变动所画出的图表，这里面有很大的人为因素。

一般来说，一条支撑线或压力线对当前的影响的大小与以下三方面有关：一是证券价格在这个区域停留时间的长短；二是证券价格在这个区域伴随的成交量的大小；三是这个支撑区域或压力区域发生的时间距离当前这个时期的远近。很显然，证券价格停留的时间越长，伴随的成交量越大，离现在越近，则这个支撑或压力区域对当前的影响就越大，反之就越小。

有时，我们会发现原来确认的支撑线或压力线可能不真正具有支撑或压力的作用。比如说，不完全符合上面所述的三个条件。这时，就有一个对支撑线和压力线进行调整的问题，这就是支撑线和压力线的修正。

对支撑线和压力线的修正过程其实是对现有各个支撑线和压力线的重要性的确认。每条支撑线和压力线在人们心目中的地位是不同的。证券价格到了这个区域，投资者心里清楚：它很有可能被突破，而到另一个区域，它也有可能不容易被突破。

（三）趋势线和轨道线

1. 趋势线

趋势线是用以衡量价格波动方向的。投资者由趋势线的方向可以明确地看出证券价格的趋势。在上升趋势中，将两个低点连成一条直线，就得到上升趋势线；在下降趋势中，将两个高点连成一条直线，就得到下降趋势线。趋势线如图 4.9 所示。

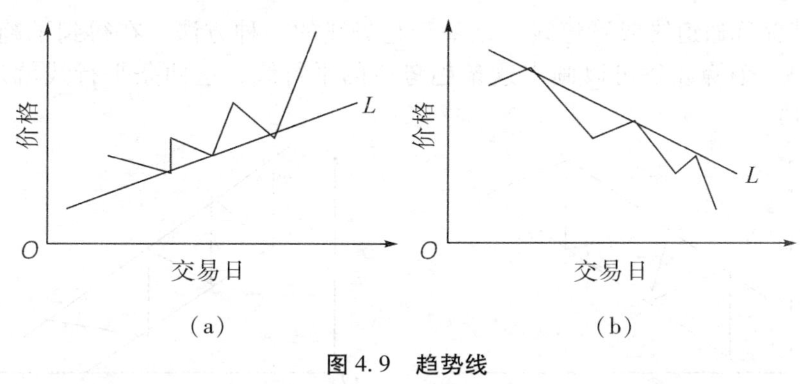

图 4.9 趋势线

在图 4.9 中，我们可看出上升趋势线起支撑作用，下降趋势线起压力作用，也就是说，上升趋势线是支撑线的一种，下降趋势线是压力线的一种。

虽然我们很容易画出趋势线，但这并不意味着趋势线已经被我们掌握了。我们画出一条直线后，有很多问题需要我们去回答。最迫切需要解决的问题是：我们画出的这条直线是否具有实用价值，以这条线作为我们今后预测证券市场的参考是否具有很高的准确性。解决这个问题的过程实际上就是对用各种方法画出的趋势线进行挑选和评判，最终保留一些确实有效的趋势线的过程。

要得到一条真正起作用的趋势线，就要经多方面的验证，不合条件的一般应删除。首先，必须确实有趋势存在。也就是说，在上升趋势中，必须确认两个依次上升的低点；在下降趋势中，必须确认两个依次下降的高点。连接两个点的直线才有可能成为趋势线。其次，画出直线后，还应得到第三个点的验证才能确认这条趋势线是有效的。一般来说，所画出的直线被触及的次数越多，其作为趋势线的有效性越被得到确认，用它进行预测越准确有效。另外，这条直线延续的时间越长，就越具有有效性。

一般来说，趋势线有两种作用：

（1）对价格今后的变动起约束作用，使价格总保持在这条趋势线的上方（上升趋势线）或下方（下降趋势线）。实际上，就是起支撑和压力作用。

（2）趋势线被突破后，说明证券价格下一步的走势将要反转。越重要、越有效的趋势线被突破，其转势的信号越强烈。被突破的趋势线原来所起的支撑和压力作用现在将相互交换角色（见图 4.10）。

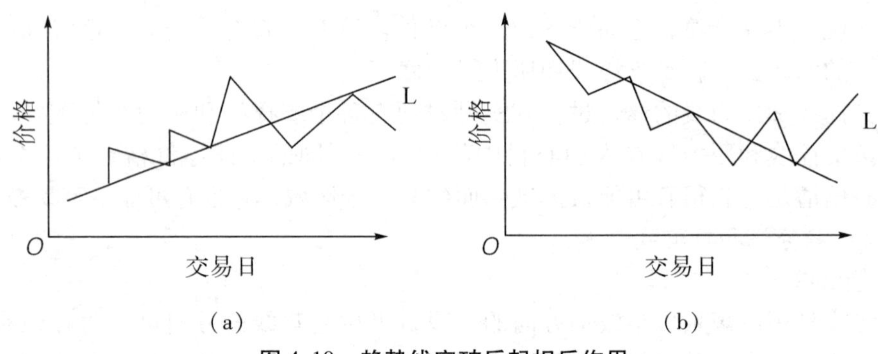

(a) (b)

图 4.10 趋势线突破后起相反作用

2. 轨道线

轨道线又称通道线或管道线，是基于趋势线的一种方法。在得到了趋势线后，我们通过第一个峰和谷可以画出这条趋势线的平行线，这两条平行线就是轨道线（见图 4.11）。

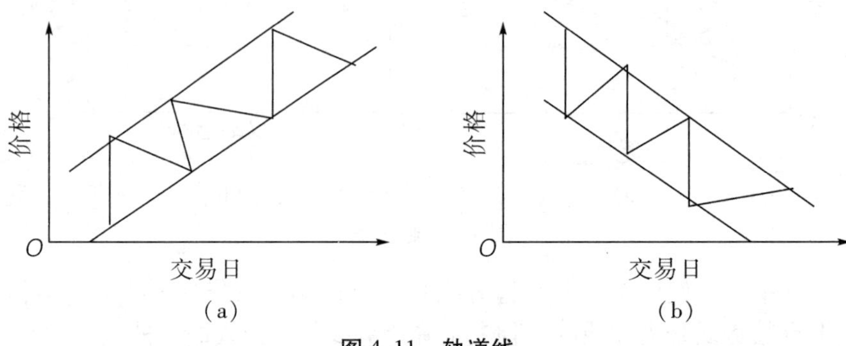

(a) (b)

图 4.11 轨道线

两条平行线组成一个轨道，这就是常说的上升轨道和下降轨道。轨道的作用是限制证券价格的变动范围，让它不变得太离谱。一个轨道一旦得到确认，那么价格将在这个通道里变动。

对上面的或下面的轨道直线的突破将意味着有一个大的变化。与突破趋势线不同，对轨道线的突破并不一定是趋势反向的开始，而可能是趋势加速的开始，即原来的趋势线的斜率将会增加，趋势线将会更加陡峭（见图 4.12）。

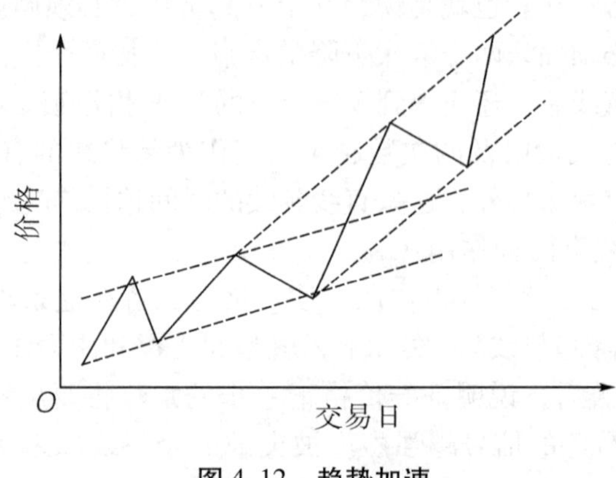

图 4.12 趋势加速

轨道线的另一个作用是提出趋势改变的警报。如果在一次波动中未触及轨道线，离得很远就开始掉头，这往往是趋势将要改变的信号。这说明，市场已经没有力量继续维持原有的上升或下降了。

轨道线和趋势线是相互合作的一对。很显然，先有趋势线，后有轨道线，趋势线比轨道线重要得多。趋势线可以独立存在，而轨道线则不能。

（四）黄金分割线和百分比线

这两种切线注重支撑线和压力线所在的价位，而对什么时间达到这个价位不过多关心。很显然，斜的支撑线和压力线随着时间向后移动，支撑位和压力位也要不断地变化。向上斜的切线价位会变高，向下斜的切线价位会变低。对水平切线来说，每个支撑位或压力位相对来说较为固定。为了弥补它们的不足，往往在画水平切线时多画几条，也就是说，同时提供好几条支撑线和压力线，并指望被提供的这几条中最终确有一条能起到支撑和压力的作用。为此，在应用水平切线的时候，应注意它们同别的切线的不同。水平切线中最终只有一条被确认为支撑线或压力线，这样，别的被提供的切线就不是支撑线和压力线，它们应当被自动取消，或者说在图形上消失，只保留那条被认可的切线。这条保留下来的切线就具有一般的支撑线或压力线所具有的全部特性和作用，对今后价格预测有一定的帮助。

1. 黄金分割线

黄金分割是一个古老的数学方法。对于它的各种神奇作用和魔力，数学上至今还没有明确的解释，只是发现它屡屡在实际中发挥着我们意想不到的作用。

（1）画黄金分割线的步骤。

画黄金分割线的第一步是记住若干个特殊的数字：

0.191　0.382　0.618　0.809　1.191　1.382　1.618　1.809　2　2.618　4.236　6.854

这些数字中，0.382、0.618、1.382、1.618、2.618 和 4.236 最为重要，证券价格极容易在由这几个数产生的黄金分割线处产生支撑和压力。需要说明的是，4.236 倍差不多是中国股票市场的“极限”，90%的股票的上升幅度都在 4.236 倍之内。从这个意义上讲，与国外股票市场相比，我国股票市场波动的范围其实是比较小的，用黄金分割线的成功率比较高。如果处在活跃程度很高的市场，使用这个方法容易出现错误。

第二步是找到一个点。这个点是上升行情结束、调头向下的最高点，或者是下降行情结束、调头向上的最低点。当然，我们知道这里的高点和低点都是指一定的范围，是局部的。只要我们能够确认一个趋势（无论是上升还是下降）已经结束或暂时结束，则这个趋势的转折点就可以作为进行黄金分割的点。只要这个点选定，我们就可以画出黄金分割线了。

第三步是画出黄金分割线的位置。在上升（下降）行情开始调头向下（上）时，我们极为关心这次下落（上涨）将在什么位置获得支撑（压力）。黄金分割提供的是如下几个价位，它们是由这次上涨（下降）的顶点（底部）价位分别乘以上面所列特殊数字中的几个，作为可能获得支撑（压力）的参考价位。算出这些价位后，可以之作为参考数据，再结合实际证券价格变动情况决定买卖的时机。

可见，黄金分割线所提供的买入和卖出位置是多样的。在实际中究竟应该在哪个位置开始行动，是一个令使用者头疼的问题。这就需要结合其他因素，因为单纯依靠黄金分割线并不知道应该在哪一条线采取行动。此时进行主观上的判断在所难免，甚至还有一些运气的成分。

（2）黄金分割线的适用条件。

从适用条件来看，黄金分割线所针对的是经过了长时间上升或下降趋势的波动现象。对于价格在某个方向波动的早期，单点黄金分割线是没有用处的。使用单点黄金分割线的时候，一定是“涨疯了”和“跌惨了”的时候。

黄金分割律的精髓就在于它提供的反压点：0.191、0.382、0.618、0.809、1等。必须注意，当证券价格上涨幅度超过一倍时，它的反压点也随之变为：1.191、1.382、1.618、1.809、2等。其余依此类推。

黄金分割律除了用于分析个别证券的价位变动完成点之外，也用于分析大势走向的价位变动完成点。而且近年来越来越倾向于用黄金分割律来分析大势。因为证券市场的分析家在长期操作实践中发现，黄金分割律用在大势研判上的准确度高于用在个别证券的研判上。这里的原因主要是个别证券的价格变动的原因多为一些具体的因素，一些偶然的、特殊的因素常常能极大地影响个别证券的价格。相比之下，大势的影响因素就较有规律可循，运用黄金分割律来研判的准确度也就较高。

总之，黄金分割律主要用于大势分析，确定价位变动的高低点。0.382与0.618是最重要的两个反压点，当上涨或下跌幅度接近或超过这两个数值时，行情常会出现反转。

2. 百分比线

百分比线考虑问题的出发点是人们的心理因素以及人们在心理上对整数分界点的重视。

（1）百分比线的画法。

下面以证券价格上升过程中的回落为例说明百分比线的画法。对于下降中的反弹，也可以进行类似的计算。

当证券价格持续向上涨到一定程度，肯定会遇到压力，遇到压力后，就要向下回撤，回撤的位置很重要。黄金分割提供了几个价位，百分比线也提供了几个价位。

以这次上涨开始的最低点和开始向下回撤的最高点两者之间的差，分别乘以几个特殊的百分比数，就可以得到未来支撑位可能出现的位置。

设低点是10元，高点是22元。这些百分比数一共有10个，它们是：1/8、1/4、3/8、1/2、5/8、3/4、7/8、11/3、2/3。

按上面所述方法我们将得到如下10个价位：

（1/8）×（22−10）+10=11.5（元）

（1/4）×（22−10）+10=13（元）

（3/8）×（22−10）+10=14.5（元）

（1/2）×（22−10）+10=16（元）

(5/8) ×（22-10）+10=17.5（元）

(3/4) ×（22-10）+10=19（元）

(7/8) ×（22-10）+10=20.5（元）

1×（22-10）+10=22（元）

(1/3) ×（22-10）+10=14（元）

(2/3) ×（22-10）+10=18（元）

在百分比线中，1/2、1/3、2/3 这三条线最为重要。在很大程度上，1/2、1/3、2/3 是人们的一种心理倾向。如果没有回落到 1/3 以下，就好像没有回落够似的；如果已经回落了 2/3，人们自然会认为已经回落够了，因为传统的定胜负的方法是三局两胜；1/2 就是常说的二分法。上面所列的 10 个特殊的数字都可以用百分比表示，之所以用上面的分数表示，是为了突出整数的习惯。

1/8×100%=12.5%　　1/4×100%=25%　　3/8×100%=37.5%

1/2×100%=50%　　5/8×100%=62.5%　　3/4×100%=75%

7/8×100%=87.5%　　1×100%=100%　　1/3×100%≈33.3%

2/3×100%≈66.67%

可以看出，这 10 个数字中有些很接近，如 1/3 和 3/8，2/3 和 5/8，在应用时，以 1/3 和 2/3 为主。

对于下降行情中的向上反弹，百分比线同样适用，其方法的使用与上升情况完全相同。

（2）百分比线的适用条件和对象。

百分比线所针对的是趋势中出现的反向运动，属于技术分析中计算开始回落和开始反弹的位置的方法。回落是指在上升了一段时间后的下降过程，反弹是指在下降了一段时间后的上升过程。英文中“回落”和“反弹”是同一个单词 retracement。在实际中，有时也把回落叫作“回荡”或“回撤”。

在使用百分比线之前，必须假设当前的市场波动是原来趋势的回落，而不是趋势的反转。如果趋势发生了反转，使用百分比线将使投资者在不合适的位置采取行动。

（3）百分比线的原理。

百分比线考虑问题的出发点是多空双方力量对比的转化，以及人们在心理上对整数分界点的重视。

以证券价格上升为例。在证券价格上升的初始阶段，证券价格的上升将促使更多的多方力量加入，价格上升了才引起重视，这是大众投资者天生固有的对证券的意识。但是当证券价格上升到能够为相当一部分人提供利润的时候，证券价格的上升将吸引更多的持有者卖出，这就使得空方的力量逐渐加强，从而引起价格的回落。同样，当价格从高处开始下降，下降到已经不能为相当一部分人提供利润的时候，此时下降的空方力量将减弱，上升的多方力量将再次加强。百分比线所寻求的就是多空双方力量强弱转化发生时的位置。在实际情况中，多空双方力量对比转化位置是多样的。百分比线设计了很多条未来可能成为多空力量转化的位置，让使用者根据具体情况做出选择。

3. 两点黄金分割线

从计算的观点看，如果将百分比数字取 61.8%、50%和 38.2%，且严格按照计算百分比线的方式进行，就能得到两点黄金分割线。这是另一种黄金分割线。在实际中，两点黄金分割线使用得很频繁，差不多已经取代了百分比线的地位。尽管如此，我们还是应该认识到，两点黄金分割线仅是百分比线的一种特殊情况。

4. 使用黄金分割线和百分比线中的主观因素

在支撑线与压力线的使用中，不可避免地受到使用者主观因素的影响，具体体现在下面三个选择上：第一，高点和低点的选择；第二，黄金分割数字和百分比数字的选择；第三，买卖行动中资金投入比例的选择。

（1）高点和低点的选择。在价格波动过程中，肯定会出现很多高点和低点。对单点黄金分割，应该选择成交密集区的低点，时间最好在 1 个月以上；高点须等到已经下降了相当程度之后才能确定，这样可以忽略很多的“小高点”，不要求高点在有密集成交的区域。

（2）黄金分割数字和百分比数字的选择。这其实是在多条支撑线与压力线中进行选择的问题，这是“世界性难题”。对此，我们不可能得到很确切的答案，因为不同证券的市场表现是多样的，应该结合其他方法处理这个问题。

（3）资金投入比例的选择。这实际上是第二个问题的延续。由于不知道应该选择哪一条线作为买卖行动的开始，而又必须有所行动，投资者可以采取每条线都行动的方法。具体做法是在每条线都使用一定比例的资金进行买卖，可以在“比较信任”的线使用比较大比例的资金，在“把握不大”的线使用比较小比例的资金。

（五）扇形线、速度线和甘氏线

这三种切线的共同特点是找到一点（通常是下降的低点和上升的高点），然后以此点为基础，向后画出很多条射线。这些射线就是未来可能成为支撑线和压力线的直线。

1. 扇形线

扇形线与趋势线有很紧密的联系，初看起来像趋势线的调整。扇形线丰富了趋势线的内容，明确给出了趋势反转（不是局部短暂的反弹和回落）的信号。

趋势要反转必须突破层层阻力。要反转向上，必须突破很多条压在头上的压力线；要反转向下，必须突破多条横在下面的支撑线。轻微的突破或短暂的突破都不能被认为是反转的开始，必须消除所有的阻止反转的力量，才能最终确认反转的来临。在技术分析的各种方法中，有很多关于如何判断反转的方法，扇形原理只是从一个特殊的角度来考虑反转的问题。在实际应用时，我们应结合多种方法来判断反转是否来临，单纯用一种方法肯定是不行的。

扇形原理是依据三次突破的原则进行分析的。在上升趋势中，先以两个低点画出上升趋势线后，如果价格向下回落，跌破了刚画的上升趋势线，则将新出现的低点与原来的第一个低点连接，画出第二条上升趋势线；再往下，如果第二条趋势线又被向下突破，则同前面一样，将新的低点与最初的低点连接，画出第三条上升趋势线。依次变得越来越平缓的这三条直线形如张开的扇子，扇形线由此而得名。对于下降趋势也可如法炮制，只是方向正好相反。扇形线如图 4. 13 所示。图中连续画出的三条直线一旦被突破，它们的支撑和压力角色就会相互交换，这一点是符合支撑线和压力线的普遍规律的。

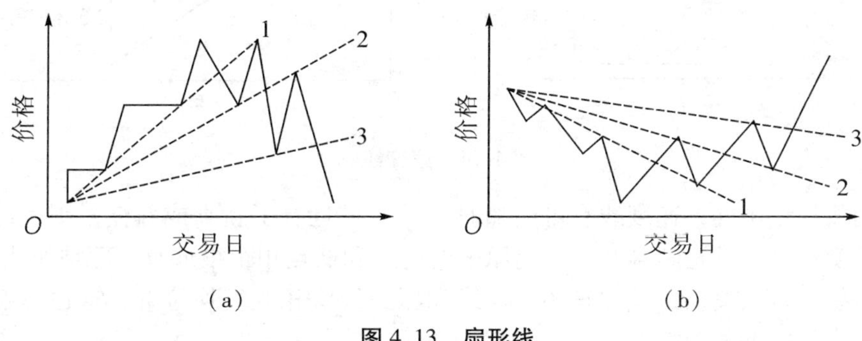

图 4. 13 扇形线

扇形原理可叙述如下：如上所画的三条趋势线一经突破，则趋势将反转。

在实际应用时，扇形线很不方便。一方面，画这些趋势线本身就比较麻烦；另一方面，画出三条趋势线后并不能保证趋势反转，因为所画出的趋势线是否合理还是个问题，通常要画多条趋势线才会出现反转。此外，等到第三次突破后，价格往往已经下降或上升了很多，不是最好的交易价格，甚至不是次好的价格，这给投资者的使用造成了麻烦。在对扇形线方法了解不够深入的情况下，我们建议不要使用扇形线。

2. 速度线

同扇形原理考虑的问题一样，速度线也用来判断趋势是否要反转。不过，速度线给出的是固定的直线，而扇形线是随着证券价格的变动而变动的。另外，速度线又具有一些百分比线的思想，它是将每个上升或下降的幅度分成三等分进行处理，所以，有时我们又把速度线称为“三分法”。

速度线的画法分为两个步骤：

第一步，找到一个上升或下降过程的最高点和最低点（这一点同百分比线相同），然后，将高点和低点的垂直距离分成三等分。

第二步，连接高点（在下降趋势中）与 1/3 分界点和 2/3 分界点，或连接低点（在上升趋势中）与 1/3 分界点和 2/3 分界点，得到两条直线。这两条直线就是速度线（见图 4. 14）。

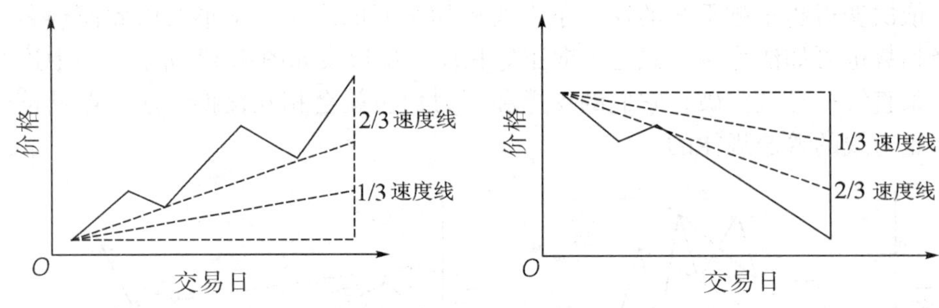

图 4.14　速度线

与别的切线不同，速度线有可能随时变动，一旦有了新高或新低，则速度线将随之发生变动，尤其是新高和新低离原来的高点和低点相距很远时，更是如此。

速度线一旦被突破，其原来的支撑线和压力线将相互变换位置，这也是符合支撑线和压力线的一般规律的。

速度线最为重要的功能是判断一个趋势是被暂时突破还是长久突破（转势）。其基本的原理叙述如下：

（1）在上升趋势的调整中，如果向下折返的程度突破了位于上方的 2/3 速度线，则证券价格将试探下方的 1/3 速度线。如果 1/3 速度线被突破，则证券价格将一泻而下，预示这一轮上升的结束，也就是转势。

（2）在下降趋势的调整中，如果向上反弹的程度突破了位于下方的 2/3 速度线，则证券价格将试探上方的 1/3 速度线。如果 1/3 速度线被突破，则证券价格将一路上行，标志着这一轮下降的结束，证券价格进入上升趋势。

同扇形线一样，速度线的使用也是高难度的，画起来比较麻烦，而且经常变动。此外，还可以想象，如果等到突破了 1/3 速度线才开始行动，那么一定不是进行交易的“好的地点和好的时机”。这是没有办法的事情，一方面需要结论的准确，另一方面又需要“好的地点”。实际中这样的“好事”可以说根本没有。如果不是专门研究速度线的投资者，我们建议不要使用这个方法。

3. 甘氏线

甘氏线分上升甘氏线和下降甘氏线两种，是由威廉·江恩（William D. Gann）创立的一套独特的方法。江恩是 20 世纪前半叶在股票及商品买卖上的一位传奇式交易员。在他五十几年的交易生涯中，他将几何与数学做了精确的配合，发展出一套独一无二的系统，并成功地用在他的股市交易上。他的经验被后人总结为甘氏理论。甘氏线是将百分比原理和几何角度原理结合起来的产物。甘氏线是从一个点出发，依一定的角度，向后画出的多条射线。所以，有些书上把甘氏线称为角度线。图 4.15 是一幅射线方向朝上的上升甘氏线各个角度的直线图，这个图形也叫江恩正方。此外，还有射线方向朝下的下降甘氏线。

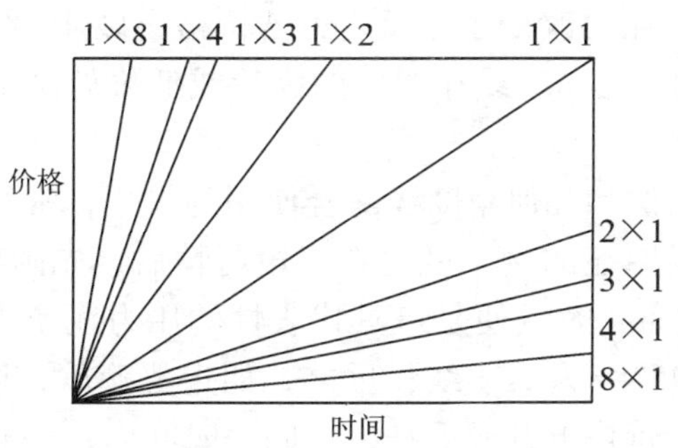

图 4. 15　江恩正方

图 4. 15 中的每条直线都有一定的角度，这些角度的得到都与百分比线中的那些数字有关。

几何角度线除了先前的表示方法外，也可以用不同的价格单位及时间的组合来表示。下面是时间×价格趋势线与几何角度趋势线的对应关系（注：1×2 线表示时间每变动一个单位，价格变动 2 个单位，因此，它比 1×1 线更陡）：

1×8 = 82. 5°	2×1 = 26. 25°	1×4 = 75°
3×1 = 18. 75°	1×3 = 71. 25°	4×1 = 15°
1×2 = 63. 75°	8×1 = 7. 5°	1×1 = 45°

每条射线都有支撑和压力的功能，但这里最重要的是 45°线、63. 75°线和 26. 25°线（有的说是 1×1、1×2、2×1）。这三条直线分别对应百分比线中的 50%线、62. 5%线和 37. 5%线。其余的角度虽然在证券价格的波动中也能起一些支撑和压力作用，但都很容易被突破。

画甘氏线的方法是首先找到一个点，然后以此点为中心按照图 4. 15 所画的各条直线直接画到图上即可。

被选择的点同大多数别的选点方法一样，一定是显著的高点和低点，如果刚被选中的点马上被新的高点或低点取代，则甘氏线的选择也随之变更。

如果被选到的点是高点，则应画下降甘氏线。这些线将在未来起支撑和压力作用。

如果被选到的点是低点，则应画上升甘氏线。这些线将在未来起压力和支撑作用。

甘氏的几何角度线的画法是利用明显的峰和谷，以一个特殊的角度沿峰或谷画切线，从而形成趋势线。这个角度一般由价位和时间二者的关系来决定，以 45°角为最重要。在涨势中，由左方的低价向右上方画切线；而在跌势中，则由左方的高价向右下方画切线。切线的理论依据，是单位时间和单位价格间一对一的关系。换句话说，不论是价格涨或跌，都会使每单位时间与单位价格的比率改变。

45°线之所以重要，是因为 45°线代表着甘氏理论中的主要涨跌趋势线。在强劲的多头市场中，价位通常都在趋势线之上；而在大空头市场中，价位则多在趋势线之下。如价格突破或跌落 45°线，则表示主要趋势即将反转，因此，45°线似乎是时间和价格的平衡线。在涨势中，若价格跌破 45°线，则说明价格与时间的平衡关系已产生动摇，趋势有可能要改变了。反之，若价格突破45°线，也说明下跌行情即将变为上涨行情。此外，以45°线在明显的高价或低价处画平行线，亦可形成平行带，用来分析基本走势。

通常在将百分比值法和几何角度线配合使用的人中，常会注意彼此之间对价格的验证性及一致性。最明显的例子就是在一段行情后，先画出45°线，再取其回挡或反弹一半的4/8，这条4/8线便是最具代表性的压力线或支撑线。如行情发展十分强劲，也不妨修正45°线为3/4线；反之，如走势疲软，则可以用37.5°线来代替。这种情况表明无论价格上升或下跌，在同一时间内，都有一个具有实质意义的角度和百分比在相互配合着。

甘氏的几何角度线应以明显的峰或谷来相连，因此，在图上一般可以同时切好上涨或下跌角度线。当从高价区画一条下跌的角度线，且其与另一条上涨的角度线正好相交呈90°时，对交点上的价位应给予更多的注意，假如这个交点又正好在一条水平百分比线上，那这个点就更重要了。

此外，虽然切线都是以峰或谷为准，甘氏仍认为从0°开始画45°线较好，因为以0°起画的角度线，在分析应用上更具有实质意义。所以，以峰或谷为基准画出的45°线最好同时配合0°底线起画的角度线来研判。

需要特别强调的是，甘氏线是比较早期的技术分析工具，在使用的时候会遇到两个问题。第一，受到技术图表使用的刻度的影响。选择不同的刻度将影响甘氏线的作用。只要不断地调整刻度，就可以使甘氏线的预测更准确。第二，甘氏线提供的不是一条或几条线，而是一个扇形区域，在实际应用中有相当的难度。对于那些不是专门研究甘氏理论的投资者而言，最好不要使用甘氏线。

（六）应用切线理论应注意的问题

切线（支撑线与压力线）为我们提供了很多价格移动可能存在转折的位置，这些支撑线和压力线对行情判断有很重要的作用。但是，在实际应用中会遇到下面的问题：

1. 支撑位或压力位是否会被突破

支撑位和压力位有突破和不突破两种可能性，在实际应用中会出现令人困惑的现象。以证券价格上升过程中的回落为例。当得到了某个支撑线后，在这个支撑线上我们能够做些什么事情呢？这就是个令人烦恼的问题，因为我们将面对是否会被突破的问题。如果支撑住了，就应该开始买入；如果向下突破，就不应该买入，甚至要“逃命”。这个问题总结起来就是支撑位或压力位是否会被突破。

在实际中，如果价格真的到了我们事先计算的支撑位置，即使有下降突破的可能，有时也是可以买入的。因为可以认为下面的下降空间已经不多了，冒一点风险也是值得的。如果继续等待而价格飞涨，投资者将失去机会，心态变坏。投资者心态的好坏对投资的成功与否有不可估量的作用。这样做也是没有办法的事情，因为没有人能很准确地找到最低点和最高点，只能去试探，在试探的过程中找到最后的高点和低点。其实，最高点和最低点不是事先确定的，需要根据当时具体的多空双方力量的对比去预测，在实际中只能确定大概的位置。

2. 支撑位或压力位的真突破和假突破

这个问题是上一个问题的另一种说法，是在判断是否会突破时一定要遇到的问题。虽然有一些方法可以供我们进行真假突破的判断，但效果都不能令人满意，因为市场是强大的，我们不可能战胜它。有时，往往要等到价格已经离开了很远的时候才能够肯定突破成功或真突破，而此时对投资行为的指导意义已经不大了。

3. 支撑线和压力线的多样性

用各种方法得到的直线都提供了支撑和压力可能出现的位置，在实际投资行为中，我们究竟应该相信其中的哪一条呢？这其实又回到了上面的第一个问题，即哪一条是不会被突破的。

当然，通过大量的实际观察和统计，我们可以得到一些有关的结论。比如，每种支撑线与压力线更适用的环境；支撑线与压力线被突破的概率问题；有些位置不容易被突破，有些位置被突破的可能性大。但是这些结论的可靠性是比较差的。

在结束本节之前，需要提醒读者的是，用本节介绍的方法得到的这些价格位置仅是可以参考的价格位置，不能把它们当成万能的工具而完全依赖。证券市场中影响价格波动的因素很多，支撑线和压力线仅是多方面因素中的一个，只有从多方面去考虑才能提高正确投资的概率。

第二节　其他主要技术分析理论简介

对证券市场价格波动的认识有两种：一种认为证券市场中价格的移动有规律；另一种认为证券市场中价格的移动没有规律。下面介绍几种技术分析理论。

一、随机漫步理论

随机漫步理论（random walk theory）认为，证券价格的波动是随机的，像一个大广场上行走的人一样，价格的下一步将走向哪里，是没有规律的。证券市场中，价格的走向受到多方面因素的影响，一个不起眼的小事也可能对市场产生巨大的影响。

该理论的针对目标是每个交易日之内的微小的波动。价格的波动走向受到多方面因素的影响。任何微不足道的小事都可能对市场产生巨大的影响。从价格走势图上比较短的时间区间看，价格上下起伏的机会差不多是均等的。有人用随机数的方法对价格进行了模拟，其结果同市场真实的价格波动很相似。从这个意义上讲，随机漫步理论有它合理的一面。

在期权定价理论中，把证券价格的波动分解成“漂移”和“波动”。这里的波动就是随机漫步。同时，还假设随机漫步是某个随机过程，服从某个概率分布。该假设是从建立数学模型的角度考虑的，因为，如果不这样假设，当今的数学工具就解决不了任何问题。

从现实的价格的波动看，证券价格的波动肯定不完全是随机的，在一定场合肯定是有规律可循的。例如，连续6个涨停板后的证券和仅上涨了5%的证券相比，前者出现回落的概率要大得多。此外，世界各国的证券市场价格指数总体都是向上的。这也说明价格的波动还是有一些规律的。在目前参与交易的投资者的交易差距比较大的情况下，假设价格波动是完全随机的还很难有说服力。当然，“随机”有个定义的问题。市场价格的波动是否完全是随机的有赖于“随机”的定义。需要指出的是，进行基本分析和技术分析的研究，都要假设价格的移动存在规律。

二、循环周期理论

历史总是这样不断轮回的，大多数投资者高买低卖，古今中外的证券市场莫不如此。这几年来中国股市给股民最大的教育是要保持耐心。什么经济下滑，什么通胀，好像都是表象，证券市场自有其发展规律。循环周期理论认为，事物的发展有一个从小到大和从大到小的过程。这种循环发展的规律在证券市场也存在。他们认为，无论什么样的价格活动，都不会向一个方向永远走下去，价格在波动过程中所形成的局部的高点和低点之间，在时间上存在规律性。价格的波动过程必然产生局部的高点和低点。这些高低点的出现，是我们进行证券投资时必须考虑的。我们可以选择低点出现的时间入市、高点出现的时间离市。

应该指出，循环周期理论的重点是时间因素，而且注重长线投资，对价格和成交量考虑得不够。在实际应用中，循环周期理论的关键是找出那些“被假定存在”的周期的时间长度，也就是一个周期的时间跨度。大多数周期是用等时间长度的方式计算得到的。被计算的周期包括高点与高点、低点与低点、高点与低点之间的时间跨度。从价格波动的历史图形中，可以发现众多的局部的高点和局部的低点，需要统计这些点之间的时间跨度。在实际应用中，循环周期理论涉及“时间之窗”的概念。

三、相反理论

从严格的意义上讲，相反理论还不能被称为理论，只能被称为一种交易方法，或交易理念。相反理论是人人似乎都明白却没有给予足够重视的理论。它的出发点是基于这样一个原则：证券市场本身并不创造新的价值，没有增值，甚至可以说是减值的。如果行动与大多数投资者的行动相同，那么一定不是获利最大的，因为，不可能多数人获利。因此，只有与大多数参与交易的投资者采取相反的行动才可能获得大的收益。因为市场中某些投资者的收益一定来自其他投资者的损失。如果大多数投资者都获利，那么利润的来源就成了问题。要获得大的利益，一定要同大多数人的行动不一致。

在市场内人员爆满的时候，首先想到的应该是不买入，其次应该想到的是退出市场；在市场内人员稀少的时候，首先想到的应该是不卖出，其次应该想到的是入场。这就是相反理论在具体的交易操作上的具体体现。有个在证券交易市场广为流传的故事。证券营业部门前有一位卖报纸的小贩。当出现了大行情的时候，每天去营业部的人很多，人人都愿意买一份报纸看看，报纸的销售量很大，这个小贩靠卖报纸挣了不少钱。这个时候，小贩就专心卖报纸。当行情低迷的时候，每天靠卖报纸已经不能满足生活需要了，此时小贩就进入“人烟稀少”的营业部买股票。没过多久，股票价格涨了，同样挣了不少钱。

这个故事就是对相反理论比较好的说明。相当一批人天天都在证券市场里“泡”。从这个故事中，这些人应该明白他们的做法未必是正确的。在证券市场中（特别是股票市场中），并不是花费的精力和时间越多，所得到的收益就越多。收益与对时机的把握的关系紧密。

相反理论认为，买卖的决策取决于大众的行为。无论在什么投资市场，投资者冲动的热情在多方面的“帮助”下空前高涨，正是行情暴跌的前兆。因为当所有的人都看涨而失去风险意识的时候，就意味着牛市已经到了顶而成为最危险的时候。相反，当所有的人都唉声叹气，对市场失去信心而认为天马上就要塌下来的时候，就是熊市接近尾声的时候。只要熬过黎明前的这一小段黑暗，曙光就将来临。

当然，在“与大多数人采取不同的行动”的时候，也有时机的把握问题。并不是人数稍微一少就入市。如果市场的熊市刚开始，广大投资者正在抛售证券，而现在就使用相反理论贸然入场，就会招致很大的失败。此外，对营业部里“人烟稀少”的判断也有定量的问题。究竟人数少到何种程度才能被称为“人烟稀少”，也需要统计和比较才能得出正确的结论。

事物的发展，绝非其表面所直接表现的那样。不断地打破常规是成功者应该具备的素质。要超越同辈“正常”的思维观念，才能取得不凡的成功。

四、博傻理论

证券市场中经常发生这样的情况：当市场价格已经涨得很高了，马上就可能下跌，甚至已经开始下跌了，但是仍然有市场参与者大胆买入，结果证券价格确实又上升了。这个时候有人就会提出疑问：什么人还敢买进证券？而当证券价格已经跌得很深了，马上就可能上升，甚至已经开始上升了，或是正在上升途中，但是仍然有人胆小怕事，急忙卖出证券。这个时候有人就会提出疑问：什么人还在卖出证券？

这两个疑问就是博傻理论的基础。博傻理论认为：运用理性的思维和理性的工具去判断证券价格的涨跌反而是不理性的。因为证券价格从 5 元上升到 10 元，升幅已经达到 100%，涨幅非常高，不应该再去追高了。但是证券市场中的非理性行为往往在一段时间里战胜理性行为。因为随着证券价格的上升，证券投资人就会失去理智，认为证券价格还会上涨。如果买入证券以后，证券价格确实上升了，买者必然要向其他踏空的人炫耀自己是多么英明伟大。而这些“其他踏空的投资者”此时也经不起诱惑，开始犯傻追高买入。假如这第一批“其他踏空的投资者”犯傻追高买入证券后，证券价格确实又上升了，这第一批“其他踏空的投资者”也必然要向其他没有买入证券的人炫耀他是多么英明伟大。如此反复，犯傻的证券投资者越来越多，证券价格由于买者增多，继续上升也就成了必然。这就是为什么证券价格已经很高而仍有大量的投资者大胆地买入证券的博傻原理。

反过来，如果证券价格从 20 元跌到 16 元，跌幅达 20%，这个时候就会有投资者开始割肉卖出证券，很可能卖出证券后，证券价格就跌到 12 元，这时卖者必然要向其他被套牢的投资者炫耀他多么果断，而这些“其他被套牢的投资者”此时也容易抵挡不住，而意志动摇，开始犯傻杀跌卖出证券。假如这第一批“其他被套牢的投资者”犯傻杀跌卖出证券后，证券价格确实又下跌了，这第一批“其他被套牢的投资者”也必然要向其他还未“割肉”的人炫耀自己是多么果断。如此反复，犯傻杀跌的证券投资者越来越多，证券价格由于卖者增多，继续下跌也就成了必然。这就是为什么证券价格已经很低而仍有大量的投资者胆小地卖出证券的博傻理论。

证券市场的博傻理论造就了一批又一批的博傻者纷纷追高或纷纷杀跌。证券价格总有上升（下跌）的终结，谁更傻，谁就会被套在高位或在底部杀跌卖出一个地板价。

除了上述几种理论之外，技术分析还有一些方法，在进行行情判断时，有很重要的作用。它们大部分是有关某一方面的具体结论，而不是对市场整体的结论。比如，在技术分析的发展历史上，出现了很多分析大师。后人用他们的名字对其相关的思想进行命名。如甘氏理论和亚当理论。亚当理论主要是一些理念性的内容，例如无招胜有招、十大戒律[①]等。这些内容是他们对投资实践的具体的经验总结，相当一部分内容是用血的教训换来的，对于投资者在投资活动中减少犯错误的机会是有帮助的。读者应该将其作为座右铭一样记住，并在实际中约束自己的投资行动。

内容提要

市场价格指数可以解释和反映市场的大部分行为。这是道氏理论对证券市场的重大贡献。道氏理论认为价格的波动尽管表现形式不同，但是我们最终可以将它们分为三种趋势，即主要趋势、次要趋势和短暂趋势。

道氏理论认为，除非多头市场和空头市场的平均值有相同的信号，否则证券市场上所发生的多头或空头信号就不能确定；当两个平均值均超过前一个次级高峰时，才开始另一个多头市场。如果仅是一个平均值超过前次高峰的信号，就没有所谓的多头市场。

新的主要运动或者次要运动的互证作用，以两种现象表示出来。第一种是两种平均值经过一段长时间扯皮状态的波动，同时出现突然的下降；第二种是两种平均值同时出现新的最高点或同时出现新的最低点。

道氏理论认为，成交量和证券价格具有一定的关系。简单地说，成交量应该是沿着主要趋势的方向增加。假如主要的趋势上升，成交量应该增加；相反，证券价格下跌，成交量亦随之减少。然而，成交量只是一个次级运动的指标。

① 亚当理论的十大戒律：第一，不可以加死码；第二，入市的时候应及时定好止损价；第三，止损不能随意改动，除非肯定改动对本身有利；第四，切忌积小错为大错；第五，每次损失不应该超过总资金的 10%；第六，不要试图找出顶部和底部；第七，顺势而为；第八，没有不出错的，出错了要认输；第九，做得不顺就暂停，不要试图马上捞回来；第十，知己知彼，百战百胜。

趋势将一直持续到明确的反转信号出现为止。

道氏理论的缺陷是：可操作性较差；太注重长期趋势，对投资频繁的投资者而言帮助不大；仅依赖两种平均值来观察市场变化；对长期变化的判断也许有极高的准确度，对大形势的判断有较大的作用，但对中期变动不能提出任何警告，对于每日每时都在发生的小波动则显得有些无能为力；虽然为证券市场的长期变化指明了方向，但并不能为投资者指明购买何种证券。

顺势交易，就是指在多头市场里，在价格回挡时买入；而在空头市场里，在价格反弹时卖出。

趋势就是证券价格市场运动的方向。趋势的方向有三个：上升方向、下降方向、水平方向。

上升趋势线又称支撑线，是经过两个以上的中期上升趋势后的回挡底部价位的直切线，它对以后的中期回挡有一定支撑作用。下降趋势线又称阻力线，是经过两个以上的中期反弹趋势的顶部价位的直切线，它对后续的下降趋势发展具有一定的反压作用。相应地，支撑线下部的区域称为支撑区域；阻力线上部的区域称为压力区域。

一般来说，如果在某个固定的价格区域内发生大量的换手，即可称该区域为密集交易区。如果证券价格向上突破阻力线，那么整个密集交易区就形成了支撑区域；如果证券价格向下跌破支撑线，那么整个密集交易区就形成了阻力区域。

在两条平行的压力线与支撑线之间所形成的范围，可称为通道。通道可分为上升通道与下降通道。当价位在图形上触及趋势线附近时，此时即交易者进行交易的良好时机；当价位向下跌破支撑线时，交易者应随即卖出，同时反向操作空头。同样地，当价位向上突破压力线时，交易者即应结束做空的部位，同时反向做多买进。

主要趋势是指证券价格波动的主要方向，一般持续的时间比较长；次要趋势是指在主要趋势中进行的调整；短暂趋势是指在次要趋势中进行的调整。这三种类型的趋势最大的区别是时间的长短和波动幅度的大小。

上升趋势线是连接一波波低价的直线，它在整个趋势中扮演一种支撑力量的角色；下降趋势线是连接一波波高价的直线，它在整个趋势中扮演一种压力的角色。标准的趋势线必须是连接三个以上的低点的上升趋势线或连接三个以上的高点的下降趋势线。真正有效的趋势线是价格波动一触及该线便回跌或反弹。然而，有时趋势线也会失灵，此时则需修正，也就是说重新再画一条正确的趋势线。

趋势线理论的具体运用技巧：

①一般来说，如果上升趋势线维持的时间已经很长，证券价格突然跌至趋势线以下，则可能大势即将转坏，如与此同时价格形态也跌破，则更可以确定。反之，如果下跌趋势线已持续了较长一段时间，证券价格配合价格形态同时突破时，也可据以确定证券价格趋势即将反转，若再能配合成交量的大幅扩增，则更能确定。②在突破趋势线时，如果将原有趋势线延长，当证券价格再次触及该趋势线时，常会发生反转现象。③通常趋势线斜率越大、越陡峭，其以后的抵抗力也越弱，但证券价格跌破趋势线时，并非大势一定转坏。因为陡峭的趋势线常发生于多头市场初期，回跌后，有可能会再沿着较缓和的趋势线上升，此时应修正趋势线。④由趋势

线穿过的程度、成交量、突破趋势线后回升的力量来判断证券价格是否反转。⑤由证券价格与趋势线的价格差幅度来测量其反转后证券价格上涨或下跌的幅度。通常，在一个多头市场里，其最高价与趋势线的距离和趋势线由上升反转为下跌的幅度大致相同。反之，在一个空头市场里，其最低价与趋势线的距离也大致等于趋势线反转后的距离。⑥如果证券价格趋势呈锯齿状上升或下跌（上下振荡），并配合成交量的大幅增加，证券价格突破原来趋势线，常显示多头或空头的力量趋于耗竭，证券价格可能反转。

支撑线又称抵抗线。当证券价格跌到某个价位附近时，证券价格停止下跌，甚至有可能回升，这是多方在此买入造成的。支撑线起阻止证券价格继续下跌的作用。这个起着阻止证券价格继续下跌作用的价格就是支撑线所在的位置。压力线又称阻力线。当证券价格上涨到某价位附近时，证券价格会停止上涨，甚至回落，这是空方在此抛出造成的。压力线起阻止证券价格继续上升的作用。

支撑线和压力线的作用是阻止或暂时阻止证券价格向一个方向继续运动。我们知道证券价格的变动是有趋势的，要维持这种趋势，保持原来的变动方向，就必须冲破阻止其继续向前的障碍。比如说，要维持下跌行情，就必须突破支撑线的阻力和干扰，创造出新的低点；要维持上升行情，就必须突破上升的压力线的阻力和干扰，创造出新的高点。由此可见，支撑线和压力线迟早会有被突破的可能，它们不足以长久地阻止证券价格保持原来的变动方向，只不过是使它暂时停顿而已。支撑线和压力线又有彻底阻止证券价格按原方向变动的可能。当一个趋势终结时，它就不可能创出新的低价和新的高价，这样，支撑线和压力线就显得异常重要。

在上升趋势中，如果下一次未创新高，即未突破压力线，这个上升趋势就已经处在很关键的位置了，如果再往后的证券价格又向下突破了这个上升趋势的支撑线，这就产生了一个趋势会变得很强烈的警告信号。同样，在下降趋势中，如果下一次未创新低，即未突破支撑线，这个下降趋势就已经处于很关键的位置了，如果再往后的证券价格向上突破了这次下降趋势的压力线，这就发出了这个下降趋势将要结束的强烈信号，证券价格的下一步将是上升。

一般来说，一条支撑线或压力线对当前的影响的大小与三个方面有关：一是证券价格在这个区域停留时间的长短；二是证券价格在这个区域伴随的成交量的大小；三是这个支撑区域或压力区域发生的时间距离当前这个时期的远近。很显然，证券价格停留的时间越长，伴随的成交量越大，离现在越近，则这个支撑或压力区域对当前的影响就越大，反之就越小。有时，我们会发现原来确认的支撑线或压力线可能不真正具有支撑或压力的作用。比如说，不完全符合上面所述的三个条件。这时，就有一个对支撑线和压力线进行调整的问题，这就是支撑线和压力线的修正。

趋势线是用以衡量价格波动方向的。投资者由趋势线的方向可以明确地看出证券价格的趋势。在上升趋势中，将两个低点连成一条直线，就得到上升趋势线；在下降趋势中，将两个高点连成一条直线，就得到下降趋势线。上升趋势线起支撑作用，下降趋势线起压力作用。

要得到一条真正起作用的趋势线，就要经多方面的验证，不合条件的一般应删除。

首先，必须确认有趋势存在。也就是说，在上升趋势中，必须确认两个依次上升的低点；在下降趋势中，必须确认两个依次下降的高点。连接两个点的直线才有可能成为趋势线。其次，画出直线后，还应得到第三个点的验证才能确认这条趋势线是有效的。一般来说，所画出的直线被触及的次数越多，其作为趋势线的有效性越被得到确认，用它进行预测越准确有效。另外，这条直线延续的时间越长，就越具有有效性。

两条平行线组成一个轨道，这就是常说的上升轨道和下降轨道。轨道的作用是限制证券价格的变动范围，让它不变得太离谱。一个轨道一旦得到确认，那么价格将在这个通道里变动。与突破趋势线不同，对轨道线的突破并不一定是趋势反向的开始，而可能是趋势加速的开始，即原来的趋势线的斜率将会增加，趋势线将会更加陡峭。轨道线的另一个作用是发出趋势改变的警报。如果在一次波动中未触及轨道线，离得很远就开始掉头，这往往是趋势将要改变的信号。这说明，市场已经没有力量继续维持原有的上升或下降了。

从适用条件来看，黄金分割线所针对的是经过了长时间上升或下降趋势的波动现象。对于价格在某个方向波动的早期，单点黄金分割线是没有用处的。使用单点黄金分割线的时候，一定是“涨疯了”和“跌惨了”的时候。

黄金分割律用在大势研判上的有效性高于用在个别证券研判上，这主要是由于个别证券的价格变动原因多为一些具体因素，常常一些偶然的、特殊的因素就能极大地影响个别证券的价格。

百分比线考虑问题的出发点是人们的心理因素以及人们在心理上对整数分界点的重视。

在很大程度上，1/2、1/3、2/3 是人们的一种心理倾向。如果没有回落到 1/3 以下，就好像没有回落够似的；如果已经回落了 2/3，人们自然会认为已经回落够了，因为传统的定胜负的方法是三局两胜、1/2 就是常说的二分法。

如果将百分比数字取为 61.8%、50% 和 38.2%，且严格按照计算百分比线的方式进行，就能得到两点黄金分割线。

支撑线与压力线的使用，不可避免地受到使用者主观因素的影响，具体体现在下面三个选择上：第一，高点和低点的选择；第二，黄金分割数字和百分比数字的选择；第三，买卖行动中资金投入比例的选择。

趋势要反转必须突破重重阻力。要反转向上，必须突破多条压在头上的压力线；要反转向下，必须突破多条横在下面的支撑线。轻微的突破或短暂的突破都不能被认为是反转的开始，必须消除所有的阻止反转的力量，才能最终确认反转的来临。

扇形原理是依据三次突破的原则进行分析的。在上升趋势中，先以两个低点画出上升趋势线后，如果价格向下回落，跌破了刚画的上升趋势线，则将新出现的低点与原来的第一个低点连接，画出第二条上升趋势线，再往下，如果第二条趋势线又被向下突破，则同前面一样，将新的低点与最初的低点连接，画出第三条上升趋势线。依次变得越来越平缓的这三条直线形如张开的扇子，扇形线由此而得名。对于下降趋势也可如法炮制，只是方向正好相反。

甘氏线是将百分比原理和几何角度原理结合起来的产物。甘氏线是从一个点出发，依一定的角度，向后画出的多条射线。所以，有些书上把甘氏线称为角度线。甘氏线是比较早期的技术分析工具，在使用的时候会遇到两个问题。第一，受到技术图表使用的刻度的影响。选择不同的刻度将影响甘氏线的作用。只要不断地调整刻度，就可以使甘氏线的预测更准确。第二，甘氏线提供的不是一条或几条线，而是一个扇形区域，在实际应用中有相当的难度。对于那些不是专门研究甘氏理论的投资者而言，最好不要使用甘氏线。

随机漫步理论认为，证券价格的波动是随机的，像一个大广场上行走的人一样，价格的下一步将走向哪里，是没有规律的。

循环周期理论认为，无论什么样的价格活动，都不会向一个方向永远走下去，价格在波动过程中所形成的局部的高点和低点之间，在时间上存在规律性。价格的波动过程必然产生局部的高点和低点，这些高低点的出现，是我们进行证券投资必须考虑的。我们可以选择低点出现的时间入市、高点出现的时间离市。

相反理论的出发点是基于这样一个原则：证券市场本身并不创造新的价值，没有增值，甚至可以说是减值的。如果行动与大多数投资者的行动相同，那么一定不是获利最大的，因为，不可能多数人获利。因此，只有与大多数参与交易的投资者采取相反的行动才可能获得大的收益。因为市场中某些投资者的收益一定来自其他投资者的损失。如果大多数投资者都获利，则利润的来源就成了问题。要获得大的利益，一定要同大多数人的行动不一致。

博傻理论认为，运用理性的思维和理性的工具去判断证券价格的涨跌反而是不理性的。证券市场的博傻原理造就了一批又一批的博傻者纷纷追高或纷纷杀跌。证券价格总有上升（下跌）的终结，谁更傻，谁就会被套在高位或在底部杀跌卖出一个地板价。

关键术语

道氏理论　主要运动　次级运动　微小运动　切线理论　顺势交易
趋势　上升方向　下降方向　水平方向　上升趋势线(支撑线)
下降趋势线（阻力线）　通道　上升通道　下降通道　主要趋势　次要趋势
短暂趋势　修正趋势线　多头　空头　旁观者　趋势线　轨道线
黄金分割线　百分比线　两点黄金分割　扇形线　速度线　甘氏线
随机漫步理论　循环周期理论　相反理论　博傻理论

复习思考题

1. 简述道氏理论的形成过程。
2. 道氏理论的基本原则是什么？

3. 主要趋势有哪三个阶段？
4. 道氏理论的缺陷是什么？
5. 按道氏理论的分类，趋势分为哪三个类型？
6. 判断上升趋势线的权威性及准确性时应注意什么？
7. 支撑线和压力线的作用是什么？
8. 趋势线有哪两种作用？
9. 画黄金分割线的步骤包括哪些？
10. 黄金分割线的适用条件是什么？
11. 百分比线的画法是什么？
12. 百分比线的适用条件和对象是什么？
13. 使用黄金分割线和百分比线会受到哪些主观因素的影响？
14. 速度线的画法包括哪些步骤？
15. 应用切线理论应注意哪些问题？
16. 简述其他主要技术分析理论。

第五章
技术形态分析

K线理论已经告诉了我们一些对今后证券价格运动方向进行判断的方法。不可否认，它有很好的指导意义。在实际的证券投资中，K线理论不仅能用于短期分析，而且还能用于长期分析。在长期分析中，我们分析由K线组成的一条条曲线，这些曲线就是证券价格在这段时间的移动轨迹，它比前面K线理论中的K线组合情况所包含的信息更多。

这些曲线的上下波动实际上是多空双方进行争斗的结果。不同时期多空双方力量的对比就决定了曲线是向上还是向下，这里的向上和向下所延续的时间要比K线理论中所说的向上和向下长得多。

技术形态分析正是通过研究证券价格移动的轨迹，分析和挖掘出多空双方力量的对比结果，进而指导我们的行动。

趋势的方向发生变化一般不是突然来到的，其变化都有一个发展的过程。形态理论通过研究证券价格曲线的各种形态，力求发现证券价格移动的方向。

第一节　证券价格变动的原因和两种形态

一、证券价格变动的原因

证券价格的变动有其内在原因。具体如下：

（一）价格的移动方向是由多空双方力量对比决定的

一个时期，多方处于优势，力量增强，证券价格将向上移动，这是众所周知的。同样，在一个时期内，如果空方处于优势，占据上风，则证券价格向下移动。这些事实，我们在介绍K线的时候已经进行了说明，这里所考虑的范围要比前面所叙述的广泛得多。

多空双方的一方占据优势的情况又是多种多样的。有的只是稍强一点，证券价格向上（下）走不了多远就会遇到阻力。有的强得多一些，可以把证券价格向上（下）抬（压）得多一些。有的优势是决定性的，这种优势完全占据主动，对方几乎没有什么力量与之抗衡，证券价格的向上（下）移动势如破竹，没有任何阻挡的力量。

如果一方的优势大，证券价格将向这一方移动。如果这种优势不足以摧毁另一方的抵抗，则证券价格不久还会回来。这是因为另一方只是暂时退却，随着这种优势不大的影响的消失，另一方还会站出来收复失地。再者，如果这种优势足够大，足以摧毁另一方的抵抗，甚至把另一方的力量转变成本方的力量，则此时的证券价格将沿着优势一方的方向移动很远的距离，短时间内肯定不会回来。这是因为此时的情况发生了质变，多空双方原来的平衡位置发生了变化，已经向优势一方移动了。上一种情况的多空双方的平衡位置并未改变，所以，证券价格将会很快回到原来的位置。

取得决定性优势的一方把证券价格推向自己时，并不是可以无限制地随意移动到什么位置。随着证券价格向自己一方的移动，原来属于本方的力量将逐渐跑到对方的行列中去。例如，多方取得绝对优势，证券价格一路上扬，买入者蜂拥而至。随着价格的升高，买入者心有顾虑；同时，原来在低位买入的获利者也会抛出证券。这两方面原因就会限制证券价格无休止地上扬。

（二）价格波动的过程是不断地寻找平衡和打破平衡的过程

根据多空双方力量对比可能发生的变化，我们可以知道证券价格的变动应该遵循这样的规律：①证券价格应在多空双方力量取得均衡的位置上下来回波动；②原有的平衡被打破后，证券价格将寻找新的平衡位置。

可以用下面的表示方法具体描述证券价格变动的规律：持续整理→保持平衡→打破平衡→新的平衡→再打破平衡→再寻找新的平衡→……

证券价格的变动就是按这一规律循环往复，不断进行的。证券市场中的胜利者往往是在原来的平衡快要打破之前或者是在打破的最初过程中采取正确行动而获得收益的。原平衡已经打破，新的平衡已经找到，这时才开始行动，就已经晚了。

二、证券价格变动的两种形态

价格的变动过程主要是保持平衡的持续整理和打破平衡的突破这两种过程。这样，我们把证券价格曲线的形态分成两个大的类型：①持续整理形态；②反转突破形态。前者保持平衡，后者打破平衡。平衡的概念是相对的、有范围的，证券价格只要在一个范围内变动，就属于保持了平衡。这样，这个范围的选择就成为判断平衡是否被打破的关键。

（一）持续整理形态

持续整理形态，简称为“持续形态”，其最主要的特点是：形态所在的平衡被打破以后，证券价格的波动方向与平衡之前的证券价格趋势方向相同。例如，之前是上升趋势，在经过了一段时间的整理之后，证券价格的波动趋势仍然是上升。

持续整理形态也要考虑平衡被打破的问题，不过这不是研究持续整理形态的重点。持续整理形态与反转突破形态相比，最大的区别就是它所需要花费的时间比后者少。持续整理形态仅是事先就有的价格变动趋势方向的暂时休止，时间一般不长。

（二）反转突破形态

反转突破形态，简称“反转形态”。其最主要的特点是，形态所在的平衡被打破以后，证券价格的波动方向与平衡之前的证券价格趋势方向相反。例如，之前是上升趋势，在经过了一段时间的平衡整理之后，证券价格的波动趋势是下降。

反转突破形态是形态理论研究的重点内容。判断反转形态的时候，要注意以下几点：

①证券价格原先必须确有趋势存在，才能谈得上趋势反转的问题。

②某一条重要的支撑线或压力线被突破，是反转形态突破的重要依据。

③某个形态形成的时间越长，规模越大，则反转后带来的市场波动也就越大。

④交易量是向上突破的重要参考因素；向下突破时，交易量的作用不大。

同支撑线、压力线被突破一样，平衡被打破也有是否被认可的问题。刚打破一点，不能算真正打破。反转突破形态存在种种假突破的情况，这是我们要时时刻刻牢记在心里的。假突破给我们造成的损失有时是很大的。

虽然本书对形态进行了分类，但是实际中的形态有些是不容易区分的，“这个形态究竟属于哪一类”经常是个问题。例如，一个局部的三重顶底形态，在一个更大的范围内有可能被认为是矩形形态的一部分；一个三角形形态有时也可以被当成反转突破形态，尽管多数时间我们都把它当成持续整理形态。其实，一个形态究竟叫什么名字并不重要，我们所关心的是这个形态之后证券价格将向何处去。

各个时期的证券投资者，在长期的实践中对各种证券价格曲线的形态进行了综合分析整理，总结出了十几种具有代表性的形态，每个形态都会告诉人们一些有用的信息。下面对这些形态做详细介绍。

第二节　反转突破形态

在经济大环境与个别公司运营发生大转变及其他非经济因素的影响下，证券价格逐渐改变其长期趋势，等待适当时机便向反方向变动，这就是反转。反转形态指证券价格趋势逆转所形成的图形。从“似是无常却有常”的证券价格变化可归纳和整理出一些形态，而识别这些反转形态将有助于投资者把握证券价格未来的走向。因此，反转突破形态是一类我们应该花大力气研究的重要的形态。在本节中，我们将分别介绍这些形态。

一、双重顶和双重底

双重顶和双重底（double tops and double bottoms pattern）就是市场上众所周知的 M 头和 W 底，这种形态在实际中出现得非常频繁，是利用形态进行判断不可缺少的基本形态。

（一）双重顶和双重底的基本图形

图 5.1 为双重顶的基本图形，图 5.2 为双重底的基本图形。从图 5.1 和图 5.2 中可以看出，双重顶或双重底总共出现两个顶和底，也就是两个相同高度的高点和低点。

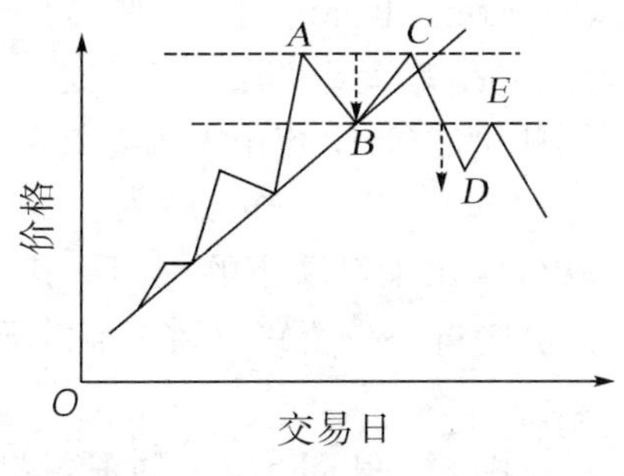

图 5.1　双重顶的基本图形

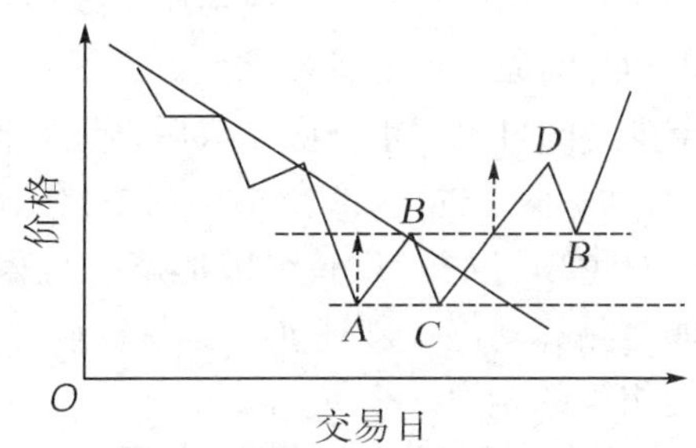

图 5.2　双重底的基本图形

（二）双重顶与双重底的形成过程

1. 双重顶的形成过程

证券价格快速上升至某一水平后遇阻力回落并在峰位留下大成交量，然后成交量随证券价格下跌而萎缩；当证券价格获支撑再度回升时，成交量虽有所增加，却达不到先前水准，上升动力不足以使证券价格冲破前次峰位，证券价格再次遇阻回落并突破颈线，形成下跌趋势。当证券价格向下突破颈线时，成交量不一定增加。

如图 5.1，在上升趋势的末期，证券价格在第一个高点 A 形成了新高点，之后进行回挡，因上升趋势线的支撑，这次回挡将在 B 点附近停止；往后就是继续上升，但是力量不够，上升高度不足，在 C 点（与 A 点等高）遇到压力，证券价格向下；这样就形成 A 和 C 两个顶的形状。

2. 双重底的形成过程

证券价格在高位回落，成交量随之下降，在跌破至某一水平后，部分投资人认为跌幅已深从而逢低吸纳，证券价格止跌回升，但反弹幅度有限，成交量温和上升；随后，证券价格再次滑落，成交量也随之进一步下降，当证券价格回至上次低点时重获支撑并回升，此时成交量迅速增加（这次回升时的成交量要大于前一次反弹时的成交量），强大的买气促使证券价格冲破颈线，形成上升趋势。

双重顶（底）形成以后，有两种可能：一是未突破 B 点的支撑（压力）位置，证券价格在 A、B、C 三点形成的狭窄范围内上下波动，演变成今后要介绍的矩形；二是突破 B 点的支撑（压力）位置，继续向下（上），这种情况才是真正出现了双重顶（底）反转突破形态。第一种情况只能说是出现了一个潜在的双重顶（底）反转突破形态。

（三）双重顶与双重底的颈线

经 B 点画平行于 A、C 连线的平行线（如图 5.1 和图 5.2 中的虚线所示），就得到一条非常重要的直线——颈线（neck line）。A、C 连线是趋势线，颈线是与这条趋势线对应的轨道线，这条轨道线在这里起的是支撑（压力）作用。前面已经说过，一个真正的双重顶底反转突破形态的出现，除了必要的两个相同高度的高低点以外，还应该向下（上）突破 B 点支撑（压力）。现在我们可以这样讲，是突破颈线而不仅是突破 B 点支撑（压力）。

突破颈线就是突破轨道线、突破支撑（压力）线，所以也有突破是否被认可的问题。前面介绍的有关支撑线与压力线被突破的确认原则在这里都适用。主要是百分比原则和时间原则：前者要求突破到一定的百分比数；后者要求突破后有多日成立，通常至少是两日。双重顶底完成后，证券价格突破颈线幅度超过3%以上方为有效突破。

（四）双重顶（底）形态的高度和测算功能

双重顶（底）反转突破形态一旦得到确认，就可以用于对后市的预测。其主要功能是测算功能，叙述如下：从突破点算起，证券价格将至少要跌（涨）到与形态高度相等的距离。

所谓的形态高度就是从 A 或 C 到 B（这三个点见图 5.1 和图 5.2）的垂直距离，亦即从顶点（底点）到颈线的垂直距离。图 5.1 和图 5.2 中右边箭头所指是证券价格至少要跌（涨）到的位置。换句话说，证券价格必须在这条线之下（上）才能找到像样的支撑（或压力），这之前的支撑（或压力）都不足取。

（五）反扑

颈线被突破后，证券价格不是一直不回头地移动下去（上去），证券价格往往会有一个返回的过程，并且在颈线处被阻止。这个现象叫“反扑”（如图 5.1 和图 5.2 中的 E 点）。颈线在这里起着支撑和压力作用，也就是说这种返回将受到颈线的阻挡。对于双重顶（底）来说，最重要的是在反扑的时候“出逃（买进）”，因为只有在这个时候我们才确切地知道应该怎么办。图 5.1 和图 5.2 中的 E 点将是最好和最安全的行动位置。

按照理论上的观点，在整个双重顶（底）的过程中，投资者只有在反扑的时候才知道应该做什么。在这个时候，投资者应该采取行动，俗称“逃命”。对于双重顶，是多方“逃命”；对于双重底，是空方“逃命”。应该提醒的是，如果在离开颈线很远后开始反扑，可以结合支撑与压力理论的有关方法选择采取行动的地点。

（六）对双重顶（底）形态的补充说明

（1）要求双重顶（底）的两个顶点或底点完全相同是很困难的，在绝大多数情况下它们不相等，允许有一些差异。第 2 峰（谷）若稍高于（低于）第 1 峰（谷），并不能认为是向上（下）突破，原有的上升（下降）趋势恢复了。此时，会遇到如何判断两个顶点（底点）的差异是否处在所允许的差别范围内的问题，这显然涉及主观因素的判断。

（2）两个顶点（底点）可能是由多个小顶点（底点）组成的复合形状。在形成顶点（底点）时，证券价格有时并不是刚一接触到这个价位就立即调头反向，而有可能经过多次小的波动冲击这个顶点（底点），不成功之后才调头，这样就有可能形成一个顶点（底点）复杂多样的情况。

（3）在成交量方面，双重顶和双重底有细微的不同。双重顶的两个顶点的位置的成交量都很大，但第 2 个顶点一定比第 1 个顶点的成交量小。双重底的第 1 个底点的成交量最大，触底上升时成交量也不少，但第 2 个底点的成交量显著下降。除此之外，双重底向上突破颈线时，一定要有大的成交量配合。而双重顶向下突破颈线时，则没有成交量配合的要求。

（4）如果两个顶点（底点）出现的时间非常近，则只代表一个次级下跌（上升)，大多属整理形态，之后证券价格将朝原方向运动；相反，两个顶点（底点）产生时相距甚远，则反转的可能性很大。两个顶点（底点）之间相距的距离越远，也就是形成双重顶（双重底）的时间越长，则将来双重顶（底）反转的潜力越大，波动越剧烈。时间长短体现的是形态的规模的大小。小规模的双重顶（底）的两个顶点（底点）之间相距 2 周到 3 周，大规模的双重顶点（底点）之间相距数年。

（5）双重顶（底）的形态高度与形态形成之前的上升（下降）趋势的波动幅度相比，不能过低也不能过高。过低容易将其当成波动过程中的小干扰而忽略掉，过高则形态中的波折本身就可以被看成一次新的上升或下降的趋势，而与原来的趋势不属于同一层次。

（七）双重顶（底）的实例

双重顶的实例如图 5.3 所示。图 5.3 显示了中国船舶（600150）2007 年 1 月到 2008 年 11 月的 K 线，其中 2007 年 8 月到 2008 年 3 月就是典型的双重顶。

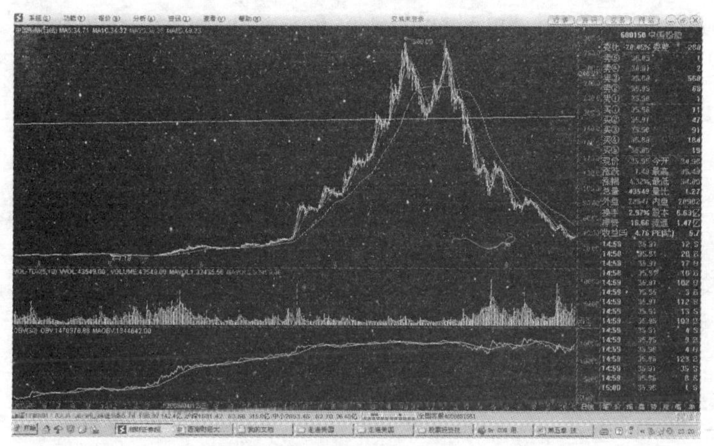

图 5.3　双重顶的实例

双重底的实例如图 5.4 所示。图 5.4 显示了兰太实业（600328）2003 年 4 月到 2008 年 1 月的周 K 线，其中 2004 年 6 月到 2007 年 3 月就是典型的双重底。

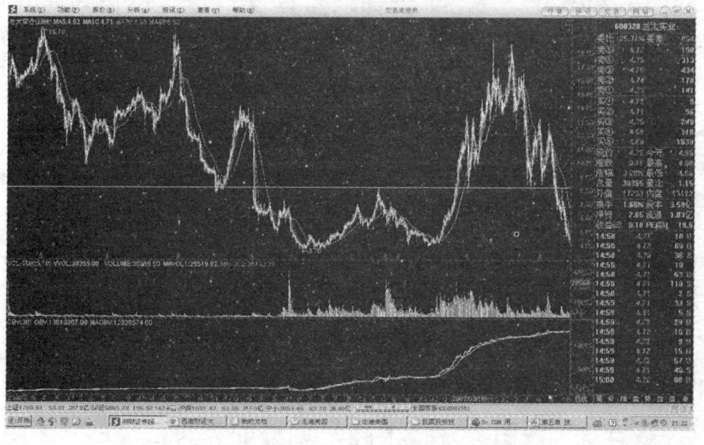

图 5.4　双重底的实例

（八）操作建议

（1）证券价格有效突破颈线后，若是双重顶，投资者宜出清自己所持有的证券；若是双重底，投资者应继续买进。

（2）证券价格无法突破右峰顶点且成交量明显较左峰少时，说明上升乏力，投资者宜减少自己所持有的证券。证券价格在左底点时，投资者不宜马上抢反弹；但当证券价格自右底点回升且量价配合良好时，投资者可酌情买进。

（3）当证券价格有效突破颈线后，纵然小幅反弹（回落）至颈线附近，投资者也应坚持原有立场。

三重顶（底）从某种意义上可以看成双重顶（底）的一般形态，其市场意义、形态都和双重顶（底）相似，只是多了一个峰顶（谷底）而已。

二、头肩顶和头肩底

头肩顶和头肩底（head and shoulders & tops and bottoms pattern）是实际证券价格形态中出现得最多的形态，是最著名和最可靠的反转突破形态。图 5.5 是头肩顶的基本图形，图 5.6 是头肩底的基本图形。

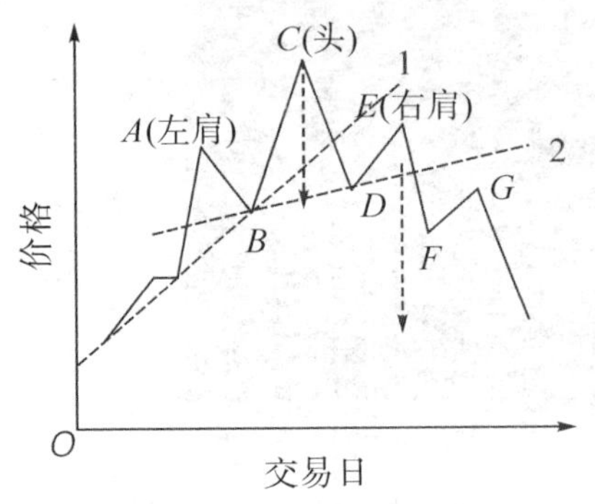

图 5.5　头肩顶的基本图形

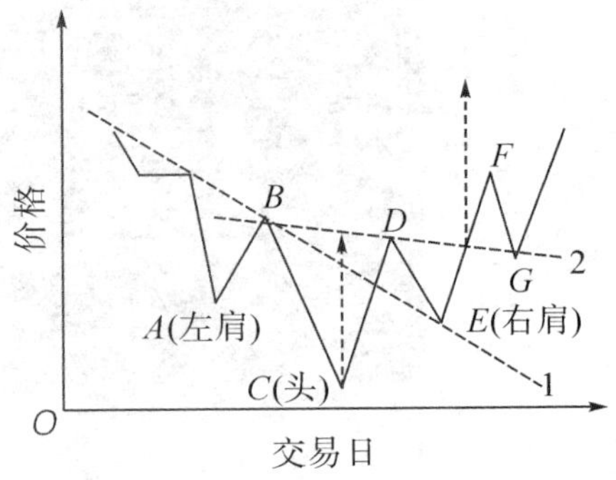

图 5.6　头肩底的基本图形

（一）头肩形的形成过程

从图 5.5 和图 5.6 中可以看出，这种形态一共出现三个顶和底，也就是要出现三个局部的高点和局部低点。中间的高点（低点）比另外两个都高（低），称为头；左右两个相对较低（高）的两个高点（低点）称为肩。这就是头肩形名称的由来。

以头肩顶为例，在上升趋势中，不断升高的各个局部的高点和低点保持着上升的趋势，然后在某一个地方，趋势的上升势头将放慢。图 5.5 中的 A 和 B 点还没有放慢的迹象，但在 C 和 D 点已经有了势头受阻的信号，这说明这一轮上涨趋势可能已经出了问题。最后，证券价格走到了 E 和 F 点，这时反转向下的趋势已势不可挡。

头肩顶（底）反转向下（上）的道理与上一章介绍的支撑线和压力线的内容有密切关系。图 5.5（图 5.6）中的直线 1 和直线 2 是两条明显的支撑（压力）线：在 C 点和 D 点突破直线 1 说明上升（下降）趋势的势头已经遇到了阻力；E 点和 F 点之间的突破则是趋势的转向；E 点的反弹（回落）高度没有超过 C 点，D 点的回落（反弹）高度已经低于（高于）A 点，都是上升（回落）趋势出了问题的信号。头肩顶（底）形态走到了 E 点并调头向下（上），只能说是原有的上升（下降）趋势已经转化成横向延伸，还不能说已经反转向下（上）了。只有当趋势走到 F 点，即证券价格向下（上）突破了颈线，才能说头肩顶（底）反转形态已经形成。

1. 头肩顶

从头肩顶的形成过程可以看出多空双方的拉锯情况，具体可以划分为以下不同的部分：

（1）左肩形成阶段。在证券价格经过一段时间上升后，升幅已经很大，并配有相当大的成交量，前段时间买进的人皆有利可图，有些投资者开始获利回吐，导致证券价格出现短期的回落，成交量锐减。从成交量的图形看，左肩是高成交区。

（2）头部形成阶段。在证券价格经过短期的回落后，新一轮上升走势开始，成交量亦随之增加但小于左肩，说明买方跟进者减少，证券价格超过上次的高点后，在获利盘抛压下重新回到左肩的低点附近，成交量在这次回落期间亦同样减少。

（3）右肩形成阶段。证券价格下跌到接近上次的回落低点又再获得支持回升，但市场投资者的投资热情显著减弱，成交量较左肩和头部明显减少，证券价格没法抵达头部的高点，只升至左肩附近便告回落，于是形成右肩部分。

（4）突破颈线。从右肩顶下跌穿破由左肩底和头部底连接而成的底部颈线，其突破颈线的幅度要超过市价的3%以上。

简单来说，头肩顶的形状呈现3个明显的高峰，其中位于中间的一个高峰较其他两个高峰的高点略高。至于成交量方面，则出现梯形的下降。

在研判头肩顶形态时，要注意以下几点：

（1）头部高点比左右肩高点高，左肩和右肩的高点大致相等。部分头肩顶的右肩较左肩略低或略高。但如果右肩的高点较头部还要高，形态便不能成立。

（2）在成交量方面，大致是左肩最大，头部次之，而右肩最少。

（3）证券价格跌破颈线后，头肩顶形态才宣告成立。证券价格在跌破颈线后可能会出现暂时性的回升，这种情形通常会在低成交量的跌破时出现。不过回升不应超越颈线水平，否则头肩顶不成立。

（4）当跌破颈线时，不论成交量增加与否，投资者都要坚定信念。倘若成交量在跌破颈线时激增，显示市场的抛售力量十分庞大，证券价格会在成交量增加的情形下加速下跌。

（5）头肩顶是一个杀伤力很强的反转形态，其最小跌幅可以这样确定：从头部的最高点画一条垂直线到颈线，然后从右肩突破颈线的一点开始，向下量出同样的长度，由此量出的数字就是该证券价格将下跌的最小幅度。

（6）跌破颈线后的回升往往是最后一次逃命机会，投资者要趁机出清持仓。

（7）头肩顶是一个长期性趋势的转向形态，通常会在牛市的尽头出现。若在低价区出现，则可能是空头陷阱。

2. 头肩底

头肩底是将头肩顶倒过来，又称倒头肩式，是空翻多的可靠反转。

（1）左肩形成阶段。证券价格下跌，成交量增加，接着是一次成交量较小的次级上升。

（2）头部形成阶段。证券价格再次下跌且跌破上次的最低点，成交量再次随着下跌而增加，较左肩反弹阶段时的交投更多，形成头部；从头部最低点回升时，成交量有可能增加。

（3）右肩形成阶段。当证券价格回升到上次的反弹高点时，出现第三次回落，这时的成交量明显少于左肩和头部，证券价格在跌至左肩的水平便稳定下来，形成右肩。

（4）突破颈线。证券价格正式策动一次升势，且伴随成交量增加；当其中破颈线阻力时，成交量再次显著上升，整个形态便告成立。

在研判头肩底形态时，要注意以下几点：

（1）头肩底和头肩顶的形状差不多，主要的区别在于成交量方面。

（2）当跌破颈线时，就是一个可靠的买入信号。其最少升幅的量度方法是从头部的最低点画一条垂直线相交于颈线，然后从右肩突破颈线的一点开始，向上量出同样的高度，由此出的数字就是该证券价格将会上升的最小幅度。

（3）当突破颈线阻力时，必须要有成交量激增的配合，否则可能是多头陷阱。

（4）一般来说，头肩底形态较为平坦、波动幅度较小，因此，需要较长的时间来完成。

（5）在升破颈线后，常会出现暂时性的回跌，但回跌不应低于颈线。

（6）在头肩底的形态内，反抽可能会出现。

（二）头肩形的颈线

图 5.5（图 5.6）中的直线 2 其实就是头肩顶（底）形态中极为重要的直线——颈线。在头肩顶（底）形态中，它是支撑（压力）线，起支撑（压力）作用。与双重顶（底）不同，头肩顶（底）颈线的实用性比较差。在实际中，画准颈线比较不容易，因为两个“低谷（高峰）”的情况复杂，要确定两个“低谷（高峰）”比较困难。头肩顶（底）的颈线有可能是倾斜的，倾斜程度对今后的影响很大。头肩顶（底）的颈线只是在理论上存在，实际中使用很不方便。

同大多数的突破一样，这里颈线的突破也有一个是否被认可的问题。百分比原则和时间原则在这里都适用。

（三）头肩形的形态高度与测算功能

在突破颈线、确认反转后，我们就知道证券价格下一步的变动方向是下跌或上涨而不是横盘。至于下跌（上涨）的程度，我们可以借助头肩顶（底）形态的测算功能来预测。

从突破点算起，证券价格将至少要跌（涨）到与形态高度相等的距离。

形态高度的测算方法是这样的：量出从顶点（底点）到颈线的距离［图 5.5（图 5.6）中从 C 点向下（上）的箭头长度］，这个长度就是头肩形态的形态高度。上述原则是证券价格下落（上涨）的最起码的深度（高度），是最近的目标。证券价格的实际下落（上涨）的位置要根据很多别的因素来确定。上述原则只是给出了一个范围，只对我们有一定的指导作用。预计证券价格今后将要跌到什么位置能止住或将要涨到什么位置而调头，永远是进行证券（特别是股票）买卖的人最关心的问题，也是最不易回答的问题。

对头肩底而言，除了在成交量方面与头肩顶有所区别外，其余可以说与头肩顶一样，只是方向正好相反。例如，上升改成下降，高点改成低点，支撑改成压力。

值得注意的是，在头肩顶形态完成后、向下突破颈线时，成交量不一定增加，但日后继续下跌时，成交量会增加。在头肩底向上突破颈线时，若没有较大的成交量出现，可靠性将降低，或者会再跌回底部整理一段时间，积蓄买方力量后上升。

（四）对头肩形的补充说明

（1）头肩形的两个肩的高度可以不一样高，图 5.5（图 5.6）中 A 点和 E 点可以不一样高。其实绝大多数情况下两者都是不一样高的，一样高只是偶然现象。同样，肩与头之间的两个低点或高点也通常是不相等的。这就是说，颈线多数情况下不是水平的，而是倾斜的直线。

（2）头肩形有很多的变形体，即复合头肩形。这种形态的肩和头有可能是两个高点或低点，局部形状很像双重顶和双重底。对头肩形适用的规律同样适用于复合头肩形。此外，如果头和肩的起伏不大，复合头肩形有时可能与后文所提及的圆弧形相似。

（3）在成交量方面，头肩顶和头肩底有区别。从头肩顶来看，从左肩、右肩和头这三者相比来看，右肩的成交量一定是最少的，左肩与头的成交量的多少不固定，但是一般倾向于认为左肩的成交量大于头部的成交量。另外，突破颈线后，头肩底要求有较大的成交量，头肩顶则没有这个要求。

（4）头肩形的形成所花费的时间越长，价格在此过程中的起伏越大，将来突破颈线后，价格反转的潜在力量就越大，对头肩形适用的规律越可信。这属于形态的规模的问题，时间一般以 1 个月为准。大的头肩形可能需要花几年的时间才能完全形成。

（5）颈线被突破后，价格可能不是一直朝突破的方向走下去，而是有一定的回头，这也叫反扑。但是，这种反扑会遭到颈线的控制。反扑到颈线是“逃命”的时机。突破颈线之后的反扑更容易发生在头肩底形态中。由于头肩形中的颈线不容易确定，利用反扑就没有双重顶（底）那样方便。只有在比较特殊的情况下，对头肩形才能使用反扑技术。

（6）头肩形有时可能是持续整理形态，而不是反转突破形态。如果头肩形是持续整理形态，那么头肩形的形成时间一般比较短，主要发生在三种情况下：①下降趋势中出现头肩顶，并且颈线向上倾斜；②上升趋势中出现头肩底，并且颈线向下倾斜；③与头肩形成之前的价格波动的幅度相比，头肩形形成中的价格的波动较小。

前两种情况与后面要介绍的旗形很相似，最后一种情况需要投资者的主观判断。

上文对头肩顶（底）形态进行了介绍。头肩底，除了在成交量方面与头肩顶有所区别外，其余可以说与头肩顶一样，只是方向正好相反。

（五）头肩形实例

图 5.7 的是兴业银行（601166）2007 年 2 月至 2008 年 11 月的日线图。从图

5.7 中可以看到，在价格从 70.50 元开始下降形成下降趋势后，2007 年 8 月至 2008 年 1 月形成了一个下降过程中的头肩顶；期间 2007 年 12 月出现了一次反扑，之后价格继续下降。

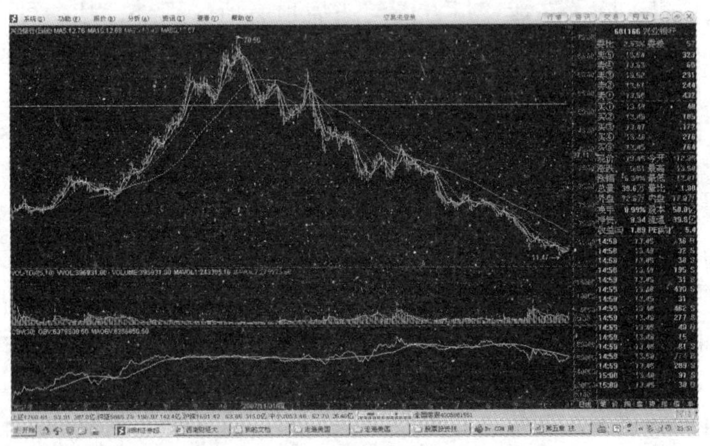

图 5.7　兴业银行（601166）2007 年 2 月至 2008 年 11 月的日线图

图 5.8 是力合股份（000532）2007 年 1 月至 2008 年 11 月的日线图。从图 5.8 中可以看到，在价格从 29.28 元开始下降形成下降趋势后，2007 年 9 月至 2008 年 6 月形成了一个下降过程中的头肩顶；2008 年 6 月出现了一次反扑，之后价格继续下降。

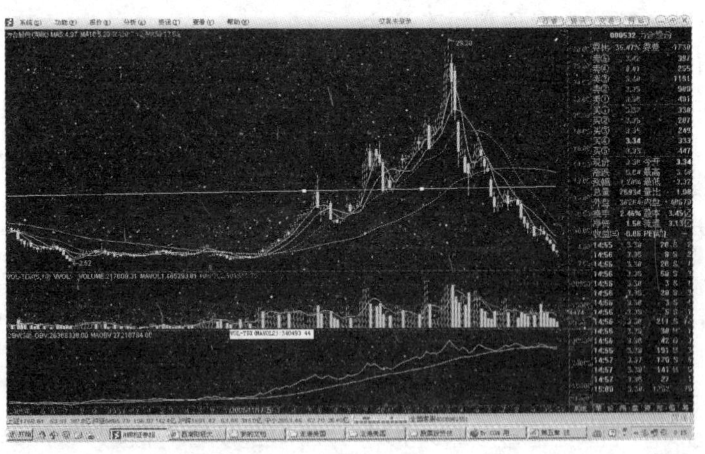

图 5.8　力合股份（000532）2007 年 1 月至 2008 年 11 月的日线图

图 5.9 是招商银行（600036）2006 年 8 月中旬至 2008 年 11 月的日线图。从图 5.9 中可以看到，2007 年 8 月到 2008 年 2 月形成了一个头肩顶；2008 年 2 月、3 月、4 月出现了反扑，其后价格下降得很快。

图 5.10 是中金岭南（000060）2005 年 3 月中至 2008 年 11 月的日线图。从图 5.10 中可以看到，2007 年 8 月到 2008 年 1 月形成了一个头肩顶；2007 年 11 月、12 月和 2008 年 1 月出现过反扑，其后价格下降很多。

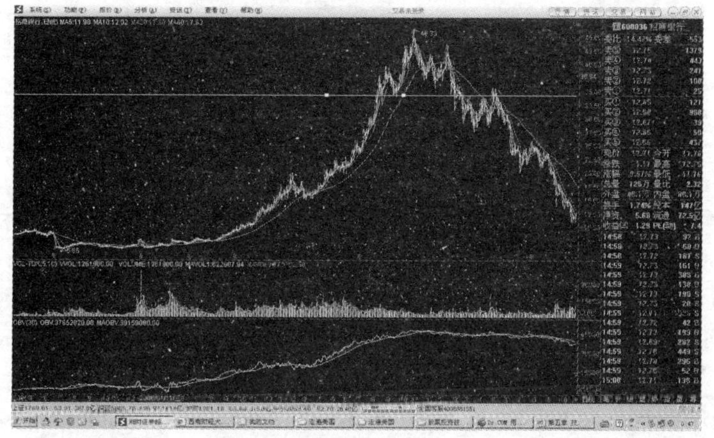

图 5.9 招商银行（600036）2006 年 8 月中旬至 2008 年 11 月的日线图

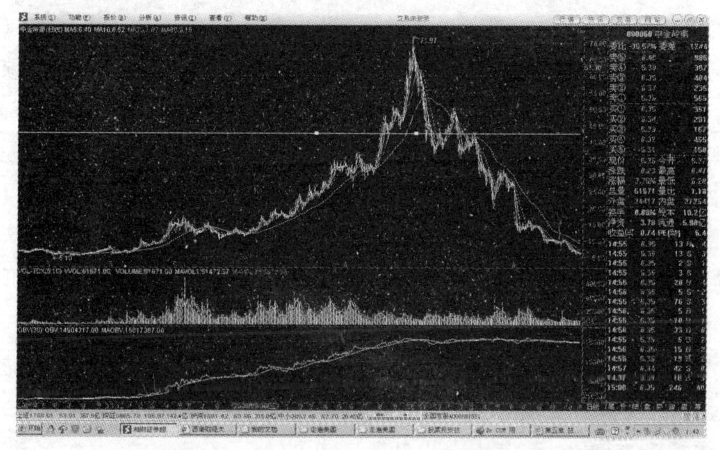

图 5.10 中金岭南（000060）2005 年 3 月中旬至 2008 年 11 月的日线图

三、三重顶和三重底

三重顶和三重底（triple tops and bottoms patterns）是头肩形的一种变体，它由三个一样高或一样低的顶或底组成。它与头肩形的区别是头的价位回缩到与肩差不多相等的位置，有时甚至低于或高于肩部一点。从这个意义上讲，三重顶（底）与双重顶（底）也有相似的地方，前者比后者多“折腾”了一次。

图 5.11 和图 5.12 分别是三重顶和三重底的基本图形。三重顶（底）的颈线差不多是水平的，三个顶和底的高度也是差不多相等的。

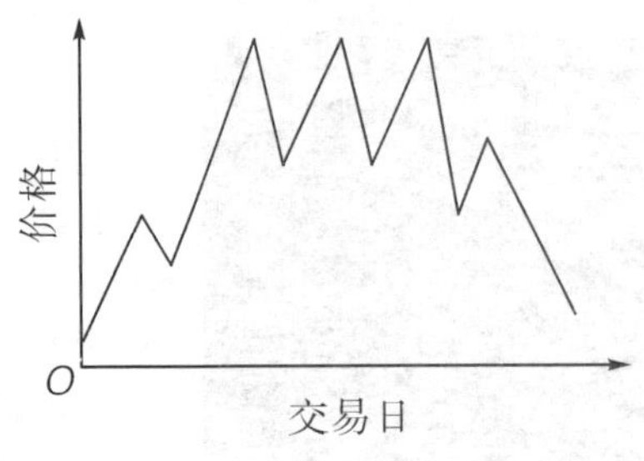

图 5.11　三重顶的基本图形

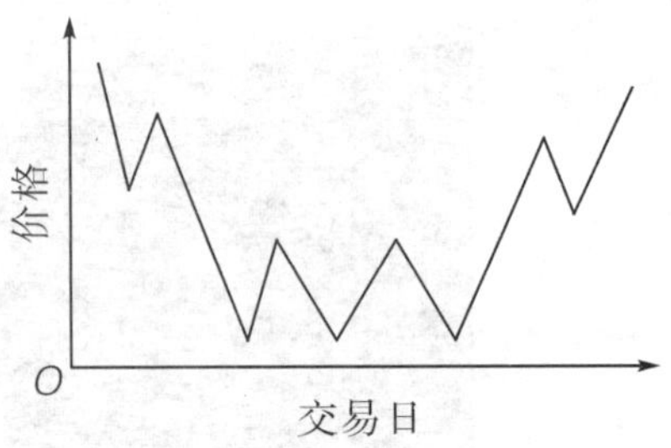

图 5.12　三重底的基本图形

（一）三重顶和三重底的应用和识别

头肩形适用的理论三重顶（底）都适用，这是因为三重顶（底）从本质上说就是头肩形。有些文献上甚至不把三重顶（底）单独看成一类形态，而直接纳入头肩形。

与一般头肩形最大的区别是，三重顶（底）的颈线和顶部（底部）的连线是水平的，这就使得三重顶（底）具有矩形的特征。比起头肩形，三重顶（底）更容易演变成持续形态，而不是反转形态。另外，如果三重顶（底）的三个顶（底）的高度依次从左到右是下降（上升）的，则三重顶（底）就具有了直角三角形的形态。这些都是我们在应用三重顶（底）时应该注意的地方。

严格意义上的三重顶（底）形态在实际中较少，因为要求三个顶（底）相同或相近是比较困难的。这里介绍一种与三重顶（底）有一定关系的形态，姑且把它叫作斜三峰或斜三谷。当三个顶（底）是依次上升（下降）的时候就会形成这样的形态，这种形态属于三重顶（底）的变种。在实际中更容易看到的是斜三峰，而不是斜三谷。对于斜三峰，必须要求在三个从左到右高度依次是上升的峰之前，出现一次“疯狂”上升的过程。这是使用斜三峰应该注意的地方。

（二）三重顶和三重底的实例

图 5.13 是山东高速（600350）2006 年 8 月至 2008 年 11 月的周线图。从图 5.13 可以看到，在 2007 年 4 月至 2008 年 4 月形成了一个三重顶，在 2008 年 4 月出现了一次反扑。

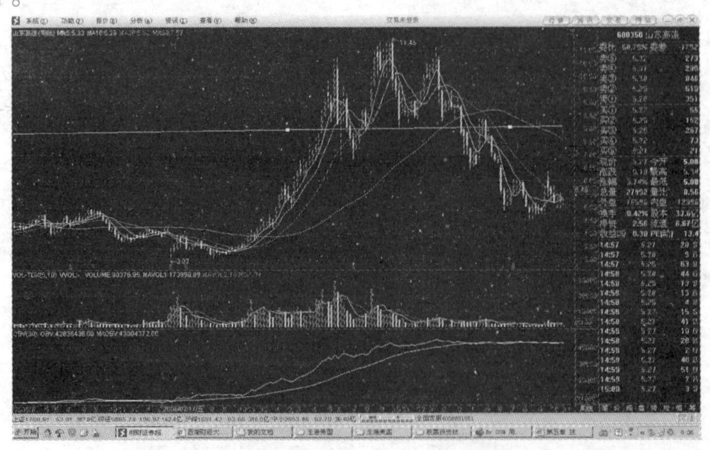

图 5.13　山东高速（600350）2006 年 8 月至 2008 年 11 月的周线图

图 5. 14 是乐凯胶片（600135）2006 年 12 月至 2008 年 8 月的日线图。从图 5. 14 中可以看到，2007 年 3 月至 2008 年 3 月形成了三个峰，之后价格出现了大幅下降。

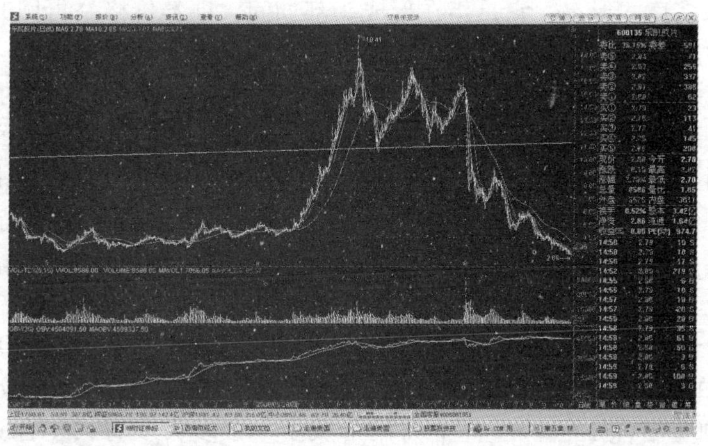

图 5. 14　乐凯胶片（600135）2006 年 12 月至 2008 年 8 月的日线图

图 5. 15 是长城开发（000662）2006 年 12 月至 2008 年 11 月的周线图。从图 5. 15 中可以看到，2007 年 4 月到 2008 年 3 月形成了三个峰，随后是瀑布式的下降。

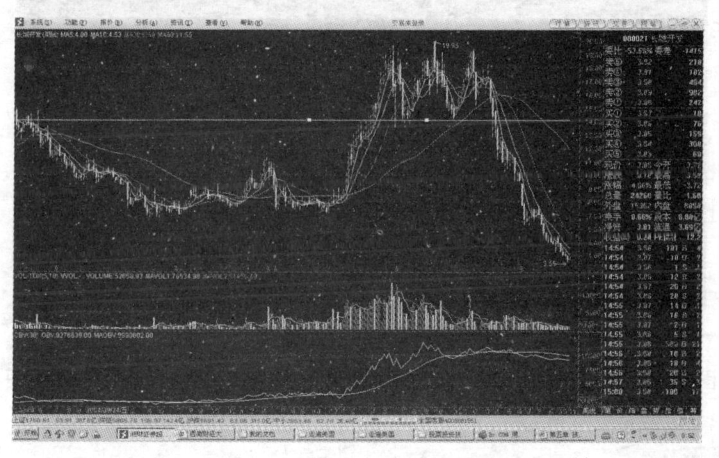

图 5. 15　长城开发（000662）2006 年 12 月至 2008 年 11 月的周线图

四、复合头肩形

复合头肩形和头肩形十分相似，只是头部和肩部出现的次数不止一次而已。复合头肩形大致可划分为以下几大类：

（1）一头双肩式形态。它是指由一个头部和两个基本相同的左肩或右肩构成复合头肩形。其中，出现次数更多的是一头双右肩，也就是证券价格在形成第一个右肩时，并不马上跌破颈线，受颈线支持反而掉头回升，不过回升止于右肩高点之下，再次形成一个右肩，然后再跌破颈线。

(2) 一头多肩式形态。它通常有左右肩各两个，以符合证券价格运动对称的倾向。一般的头肩形都有对称的倾向，因此，当两个左肩形成后，很有可能也会形成两个右肩。除了成交量之外，图形的左右半边几乎相同。

(3) 多头多肩式形态。它是指在形成头部期间，证券价格一再回升，而且回升至上次同样的高点水平才向下回落，形成明显的两个头部。该形态也可称作两头两肩式。有一点必须留意：在第二个头处的成交量往往会较第一个头处的成交量减少。

复合头肩形的颈线很难画出来，因为每一个肩和头的回落部分或回升部分并不会全都落在同一条线上。因此，要采用最高最低原则：在复合头肩顶中，找肩部中最明显的两个低点连成颈线；在复合头肩底中，找反弹最明显的两个高点连成颈线。复合头肩形突破颈线后，最小量度升跌幅与头肩形一样，但最终升跌幅不如头肩形大，也就是说其杀伤力较头肩形小，尽管它容易被高估。

复合头肩形的例子见图 5.16。图 5.16 是美克股份（600337）2006 年 3 月至 2008 年 11 月的日线图。从图 5.16 中可以看到，在价格从 30.99 元开始下降形成下降趋势后，2007 年 5 月至 2008 年 3 月间形成了一个多头多肩式复合头肩顶；2007 年 12 月和 2008 年 2 月出现了两次反扑，之后价格继续下降。

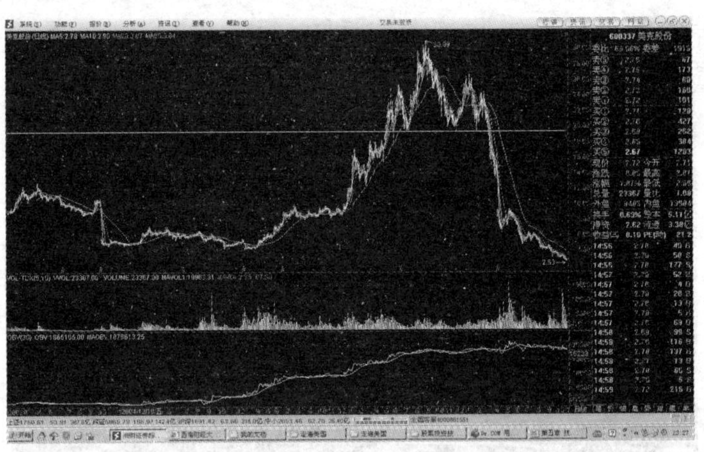

图 5.16　美克股份（600337）2006 年 3 月至 2008 年 11 月的日线图

五、圆弧形

证券价格由升势转为跌势或者由跌势转为升势的转换过程，有时非常迅速，如 1994 年 9 月末、1995 年 5 月和 2001 年 6 月深沪两地股市急转直下，呈崩盘式下跌；但有时也会缓慢波动，逐步形成上升（圆弧底）或下跌（圆弧顶）的形态。圆弧形态对于我们捕捉买卖时机很有帮助，由于形成整个形态需有一个过程，因而我们可根据形态的运行过程从容考虑买进或卖出。

将证券价格在一段时间的高点用曲线连起来，且每一个局部的高点都考虑到，有时可能得到一条类似于圆弧的弧线，盖在证券价格之上（见图 5.17）；将每个局部的低点连在一起也能得到一条弧线，托在证券价格之下（见图 5.18）。它与其他反转形态在运动过程中多空双方争斗激烈现象不同，它的价格变动较为和缓，一般呈弧形。

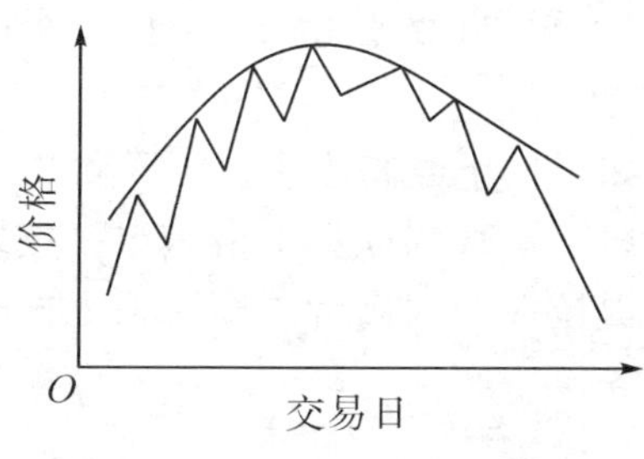

图 5.17　圆弧顶的基本图形

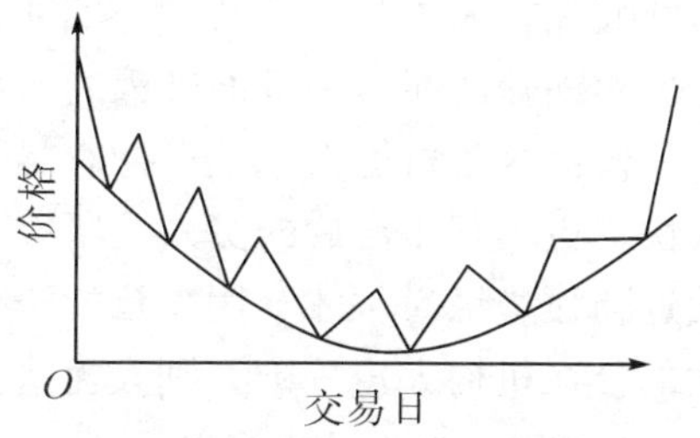

图 5.18　圆弧底的基本图形

圆弧形包括圆弧顶和圆弧底（rounding top and bottom patterns），又称碟形、圆形、碗形等，这些称呼都很形象。不过应该提醒大家的是，图中的曲线不是数学意义上的圆，也不是抛物线，而仅仅是一条曲线。虽然人们已经习惯于使用直线，但是在遇到图 5.17 和图 5.18 中这样的顶和底时，用直线显然就不够了，因为顶和底的变化太频繁，一条直线应付不过来。当价格在平衡位置波动的幅度比较小，而没有形成前面几种反转形态那样的大的起伏，就有可能出现圆弧形。

（一）圆弧形的形成过程

圆弧形在实际中出现较少，但是一旦出现则是绝好的机会。它的反转深度和高度是不可测的，这一点同前面几种形态有一定区别。

圆弧的形成过程与头肩形中的复合头肩形有相似的地方，只是圆弧形的各种顶或底没有明显的头肩的感觉。这些顶部和底部没有明显的主次区分。这种局面的形成在很大程度上是一些机构大户市场炒作的产物。

1. 圆弧顶的形成过程

证券价格在开始时从低档持续上扬，成交量也明显增加；在一轮大升势后，获利回吐形成的卖压日益沉重，证券价格上升速度趋缓，成交量也不再增加，市况进入胶着状态，每日的波幅很小；先呈逐日向上小步移动，当证券价格缓缓上推到顶点后，多头力不从心，证券价格渐渐转为逐日向下小幅移动并开始由慢到快下落，在 K 线图上恰好构成一条圆弧线。圆弧顶向下突破时出现量的变化即价跌量增，只要突破形成，跌势可以确认。

分析：这时机构大户手里有足够的证券，如股票等筹码，如果一下抛出太多，证券价格下落太快，手里的股票等证券可能无法全部出手，所以只能一点一点地往外抛，形成众多的来回拉锯，直到手中证券接近抛完时，才会大幅度打压，一举使证券价格下降到很深的位置。

2. 圆弧底的形成过程

证券价格在一轮大跌势之后，市场卖压逐渐减轻，成交量随之减少，当证券价格缓慢下跌到底部时，交投异常冷清，成交量极度萎缩，证券价格的升跌幅度不大；经过一段时间的窄幅盘整后，买方力量逐渐增加，推动证券价格缓缓上扬，成交量也逐渐扩大；随着空头回补和新多头的加入，证券价格开始在成交量大幅扩增下快速上扬，从而形成向上圆弧状。

圆弧底在K线图上，先呈逐日下降之势，然后再缓慢小幅上涨，形成一个圆弧线，也称锅盖底线。一旦冲破锅的口部，上升空间可观。

分析：这时机构大户手里持有足够的资金，如果一下吃得太多，证券价格上升得太快，也不利于今后的买入，所以会一口一口地吃，直到证券价格一点一点地往上接近圆弧边缘时，才会用少量的资金一举往上提拉一个很高的高度。因为这时证券大部分在机构大户手中，别人无法打压证券价格。

（二）圆弧形中的成交量和成交时间

无论是圆弧顶还是圆弧底，在它们的形成过程中，成交量都是两头多、中间少：越靠近顶或底，成交量越少；到达顶或底时，成交量达到最少。在突破顶或底后的一段时间，都有相当大的成交量。

圆弧的形成所花的时间越长，今后反转的力度就越大，越值得我们去相信这个圆弧形。一般来说，圆弧形成的时间与一个头肩形形成的时间相当。

（三）圆弧形的突破

圆弧形被突破的判断是极为困难的，它不像头肩形还有颈线可以利用。由于价格走过的形状是曲线，所以，没有近期的支撑线、压力线等很有帮助作用的线供我们使用，只有长期趋势线和原来的支撑线和压力线可供使用。下面是几种供参考的判断方法：

（1）在圆弧最后的边缘，往往要形成平台，这个平台被突破可作为判断圆弧被突破的标志之一。

（2）圆弧的顶部（底部）有一个向下回落（向上反弹）的低点（高点），这个低点（高点）的价位被突破也可作为判断圆弧被突破的标志之一。这实际上是前期的低点或高点的应用。

（3）圆弧最初形成时的价位被突破也可作为圆弧被突破的标志之一。但是，这个开始时的价位一般难以确定。

（4）突破后巨大的成交量也是圆弧被突破的标志之一。圆弧一旦被突破，其上升（下降）的空间是无法估量的，上升（下降）的过程往往是垂直式，人们根本无法想象。突破后，价格也会有所反扑，但幅度不会像头肩形和双重顶（底）那样大，根本回不到原来的圆弧边缘的价位。所以，对于突破后的反扑，我们在操作上应采取与前面介绍的不同的策略。

（四）研判要点

在研判圆弧形时，要注意以下几点：

（1）出现圆弧顶之前，证券价格一般已有较大涨幅；而证券价格到达顶峰附近后，成交量明显减少，证券价格在短期移动平均线附近小幅波动，最终缓步下跌。

（2）圆弧顶（底）的最终形成要经过较长时间，特别是在顶部（底部）的横向盘整，投资者要仔细观察，不可贸然进出。但一旦圆弧顶（底）形成，投资者应立即果断出货（吸纳）。

（3）圆弧底部形成后，证券价格有时并不会马上上涨，而是在走出圆弧底时形成一个来回窄幅拉锯的平台，也称锅柄。这个平台可谓“进货平台”，随后会出现较强力度的上涨市况。

（4）证券价格在底部整理完成后开始上涨，在上涨初期成交量并不马上明显增大，因为此时许多投资者仍未确认其形状；但当证券价格加速上升时，成交量随即迅速激增，显示一个巨大的升市即将来临。

（5）圆弧顶（底）属缓慢形成的转市信号，这种转向造成的上升（下跌）幅度，通常要根据圆弧的跨度来定：跨度越大，升跌的空间也越大。

（五）圆弧形实例

图 5.19 是中卫国脉（600640）2001 年 4 月至 2007 年 5 月的日线图。从图 5.19 中可以看到，价格在经历了从 25.55 元下降到 2.91 元的过程后，形成了一个巨大的圆弧底，之后的上升是巨大的。

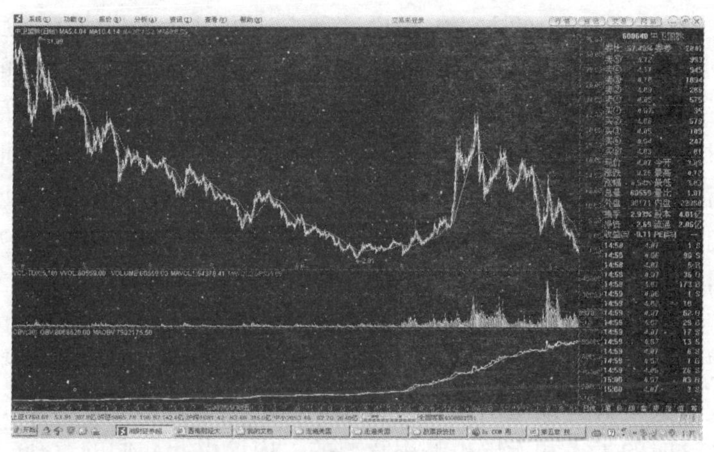

图 5.19 中卫国脉（600640）2001 年 4 月至 2007 年 5 月的日线图

图 5.20 是深圳华强（000062）2001 年 2 月至 2008 年 1 月的日线图。从图 5.20 中可以看到，从 2001 年 3 月至 2005 年 7 月，价格在经历了从 17.29 元下降到 3.65 元的过程后，形成了一个巨大的圆弧底，之后的上升是巨大的。

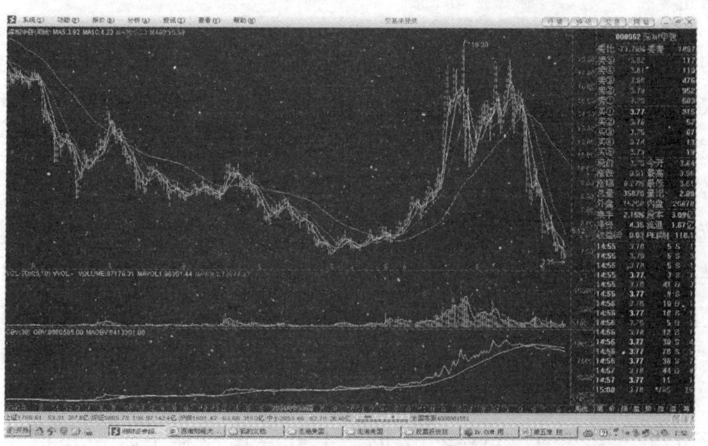

图 5.20 深圳华强（000062）2001 年 2 月至 2008 年 1 月的日线图

六、反转突破形态中的操作策略

反转形态的共同点是，只有形成了突破才能谈得上形态的完成，一系列的测算功能才能用得上。但是，如果真的到了能够确信反转成立的时候，往往价格已经变得很高或很低了，此时行动所获得的利益就会很小。如果不等反转被确认就采取行动，又有可能遭遇假突破或形态失败等不利情况，从而遭受巨大的损失。这个矛盾和难题是每个技术分析使用者永远不可能完美地避免的。证券市场中有句老话：你不可能击败市场（You can't beat the market）。

在反转突破形态正在形成的过程中，未经突破时有些人为了不错过机会就采取行动。我们当然不能说这个行动一定是错误的，但可以说这个行动带有很强的冒险性，前途如何还难以预料。采取这种冒险行为的人，应该清楚自己行为的性质。

有人曾推荐过一种折中的方法。据说这种方法可以让人投资者在反转突破之前就采取行动，而且把握比较大，只是要注意一点，采取行动时所使用的资金量不能过大。投入大投资量的行动还是在反转突破被确认以后进行。在完成反转形态的末期，如头肩形的右肩、双重顶（底）的第二顶（底），往往不是简单地朝一个方向直线行动，而是有些局部的曲折，这样，我们就可以得到一些短期的压力线或支撑线。这些短期的支撑线或压力线的突破，可能就是我们采取行动的开始。另外，在颈线被突破前，我们能从更早期的价格图形中可以得到百分比线、黄金分割线等一批在支撑与压力理论中介绍的支撑线和压力线。这些直线被突破，也可能是采取行动的信号。得到这些早期的支撑线和压力线与当前这些反转形态的形成过程无关。

突破颈线后大量买进或抛出是人所共知的了。突破颈线后的反扑，以及到达颈线遭到阻挡，这时的买入和卖出也是很重要的，应该引起我们的重视。

第三节　三角形和矩形

一、三角形

在通常的情况下，三角形形态属于持续整理形态。所谓整理是指证券价格经过一段时间的快速变动后，不再前进而在一定区域内上下窄幅变动，等时机成熟后再继续以往的走势。证券市场多空对阵，当证券价格持续、快速上涨或下跌后，动力暂时不足，必会在某加油站——某价格区域停留休整、补充能量，再重新发动继续行驶，此价位区域称为整理区域。

有的时候，也可以把三角形划分为反转形态。具体应该属于哪一种类型，应该根据三角形所处的位置，以及三角形自身“折腾”幅度的大小来确定。一般来说，三角形态的位置越高或越低，自身“折腾”的幅度越大，越倾向于属于反转形态。本节在讨论的时候，三角形主要当成持续形态来对待。根据三角形在“折腾”过程中的具体表现，三角形可以分为三种：对称三角形、上升三角形和下降三角形。第一种有时也称正三角形，后两种合称直角三角形。以下我们分别对这三种形态进行介绍。

（一）对称三角形

1. 对称三角形的基本图形

对称三角形（symmetrical triangles pattern）情况大多发生在一个大趋势进行的途中，它表示原有的趋势暂时处于休整阶段，之后还要随着原趋势的方向继续行动。

图5.21是对称三角形的基本图形，这里的原有趋势是上升，所以，三角形形态形成以后，价格还是突破向上的。从图5.21中可以看出，对称三角形有两条聚拢的直线：上面的向下倾斜，起压力作用；下面的向上倾斜，起支撑作用。两直线的交点称为顶点。另外，对称三角形要求至少应有四个转折点，图中的1、2、3、4、5、6都是转折点。四个转折点的要求是必然的，因为每条直线的确定需要两个点，上下两条直线就至少要求有四个转折点。正如趋势线的确认要求第三点验证一样，对称二角形一般应有六个转折点，这样，上下两条直线的支撑与压力作用才能得到验证。

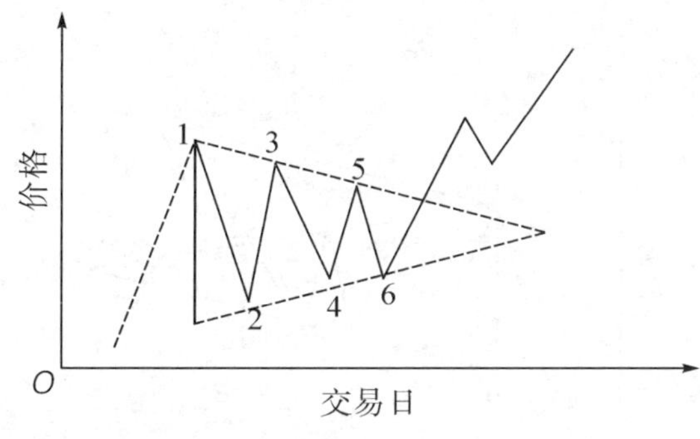

图5.21　对称三角形的基本图形

2. 对称三角形的形成过程

在证券价格进入整理阶段后，证券价格波幅逐渐缩小，即高点越来越低，低点则越来越高，证券价格变动轨道形成一个由左自右下斜的上界线和由左自右上斜的下界线组成的对称界线，成交量也随之减少，短线进出的获利空间越来越小，多空双方力量渐趋平衡。这种情形渐渐地在证券价格图形上形成一种倾斜的、收敛的价格区域。随着证券价格逐渐接近三角形顶部，多空双方的力量将发生变化，证券价格也将突破三角形区而结束整理。

对称三角形只是原有趋势运动的途中休整阶段，所以持续的时间不会太长。持续的时间太长了，保持原有趋势的能力就会下降。一般来说，突破上下两条直线的包围，继续沿原有既定的方向行进的时间要尽量早些，越靠近三角形的顶点，三角形的各种功能就越不明显，对我们进行买卖操作的指导意义就越不强。根据多年的经验，突破的位置一般应在三角形的横向宽度的1/2到3/4的某个地点。三角形的横向宽度指的是图5.21中顶点到三角形底边的垂线距离。

3. 对称三角形的测算功能和其突破

由对称三角形的特殊性，我们实际上可以预测证券价格向上或向下突破的时间区域，只要得到了上下两条直线就可以完成工作。我们可在图上根据两条直线找到顶点，然后，计算出三角形的横向宽度，标出1/2和3/4的位置。这样，这个区域就是证券价格未来可能要突破并保持原来趋势的位置，这对于我们进行买卖是很有指导意义的。不过这有个大前提，必须认定证券价格一定要突破这个三角形。前面已经说过了，如果证券价格不在预定的位置突破三角形，那么这个对称三角形形态可能转化成别的形态。

突破是真还是假？这个老问题现在又遇到了，不过我们可以沿用以往的对策：按各自的喜好，采用百分比原则、日数原则或收盘原则均可。

对称三角形被突破后，也有测算功能。这里介绍两种测算价位的方法。以原有的趋势为上升为例。

方法一：如图 5.22 所示，从 C 点向上的带箭头的直线的高度，是未来证券价格至少要达到的高度。箭头直线长度与 AB 连线长度相等。AB 连线的长度称为对称三角形形态的高度。从突破点算起，证券价格至少要运动到与三角形形态的高度相等的距离。

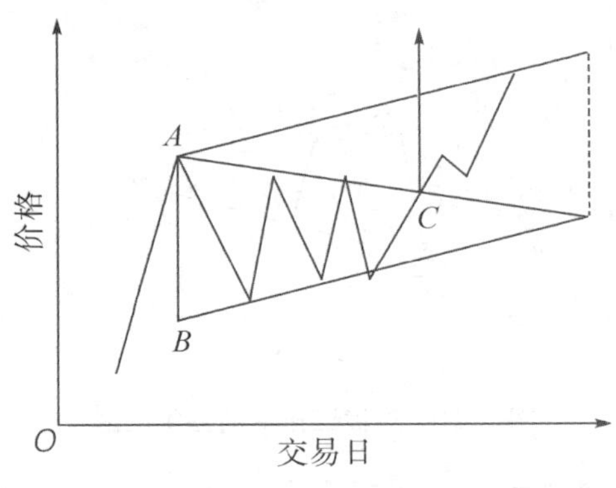

图 5.22　三角形的测算功能的示例

方法二：如图 5.22 所示。过 A 点画平行于下边直线的平行线。图 5.22 中的虚线是证券价格今后至少要达到的位置。

从几何学上可以证明，用这两种方法得到的两个价位在绝大多数情况下是不相等的。前者给出的是个固定的数字，后者给出的是个不断变动的数字，达到虚线的时间越迟，价位就越高。这条虚线实际上是一条轨道线。方法一较为简单，易于操作和使用。方法二更多的是从轨道线去考虑。

4. 对称三角形的研判要点

在研判对称三角形时，要注意以下几点：

（1）证券价格越接近上界线，向上突破的力量与希望越小，如果紧靠上界线突破而成交量又无显著增加，则通常是假突破；同样，证券价格越接近下界线，向下突破的力量与希望亦越小，即使突破也可能是假突破。

（2）若证券价格在三角形顶端才向上突破，表示买气不足，上升将较为乏力。

（3）若证券价格在三角形 1/2、3/4 之内的区间突破，且向上突破时有大成交量配合，则最小量度升（跌）幅为对称三角形上下界线的量度距离。

（4）突破对称三角形后，证券价格有时会出现反抽，向上突破的反抽止于上界线的延伸，向下突破的反抽应止于下界线的延伸，不然的话，则可能是假突破。

5. 对称三角形的实例

图 5. 23 是深圳华强（000062）2007 年 11 月 21 日至 2008 年 11 月 21 日的日线图。从图 5. 23 中可以看到，从 2008 年 4 月 22 日至 2008 年 5 月 23 日的日线图形成了一个大的对称三角形。约在 3/4 的位置突破三角形，其后保持了原来的下降趋势。

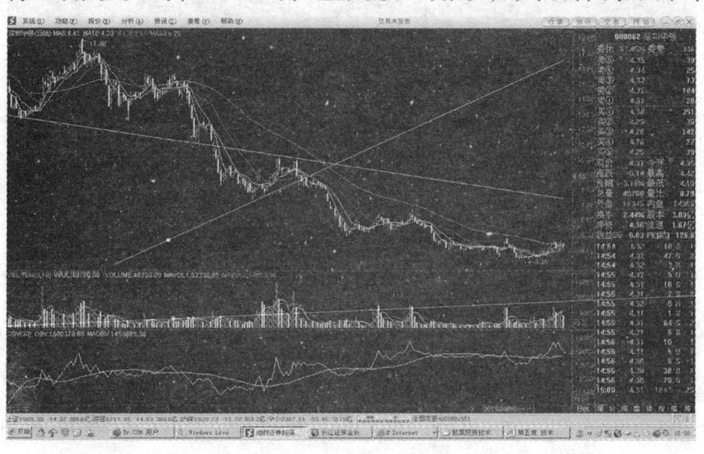

图 5. 23 深圳华强（000062）2007 年 11 月 21 日至 2008 年 11 月 21 日的日线图

图 5. 24 是广聚能源（000096）2007 年 6 月 1 日至 2008 年 11 月 21 日的日线图。从图 5. 24 可以看到，在 2008 年 4 月 22 日至 2008 年 6 月 9 日的日线图中，该股在下降趋势中形成了一个大的对称三角形，并在此后保持了原来的下降趋势。

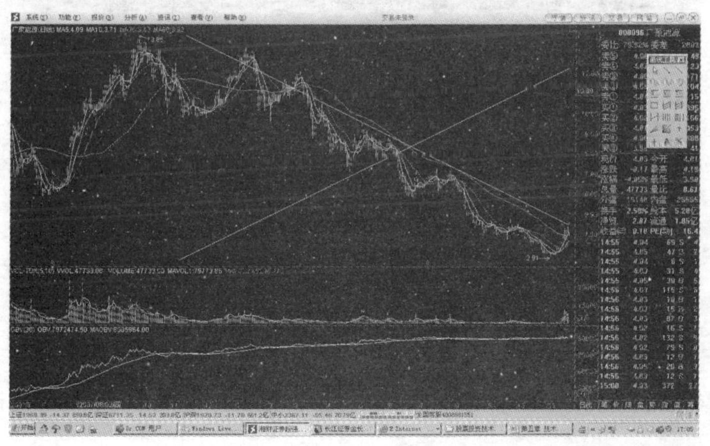

图 5. 24 广聚能源（000096）2007 年 6 月 1 日至 2008 年 11 月 21 日的日线图

图 5. 25 是丽珠集团（000513）2005 年 11 月 1 日至 2008 年 11 月 21 日的日线图。从图 5. 25 中可以看到，在 2007 年 5 月 11 日至 2007 年 7 月 18 日的日线图中，该股在上升趋势中形成了一个大的对称三角形，并在此后保持了原来的上升趋势。

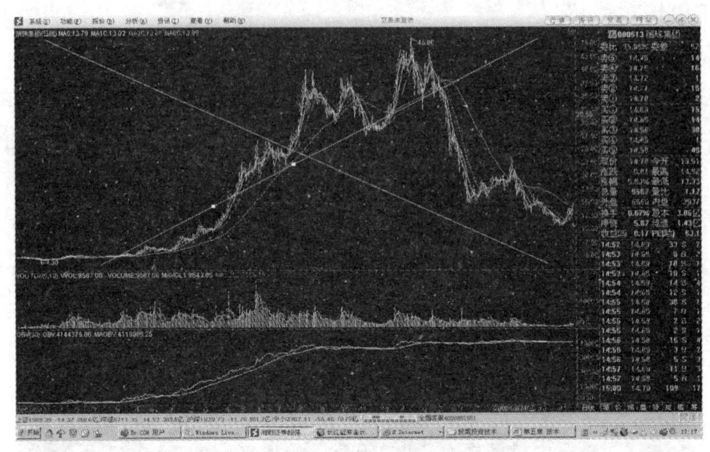

图 5.25　丽珠集团（000513）2005 年 11 月 1 日至 2008 年 11 月 21 日的日线图

图 5.26 是武钢股份（600005）2005 年 4 月 19 日至 2008 年 11 月 21 日的日线图。从图 5.26 中可以看到，在 2006 年 12 月 26 日至 2007 年 4 月 3 日的日线图中，该股在上升趋势中形成了一个对称三角形，并在此后保持了原来的上升趋势；在 2008 年 6 月 23 日至 2008 年 8 月 1 日的日线图中，该股在下降趋势中形成了一个对称三角形，并在此后保持了原来的下降趋势。

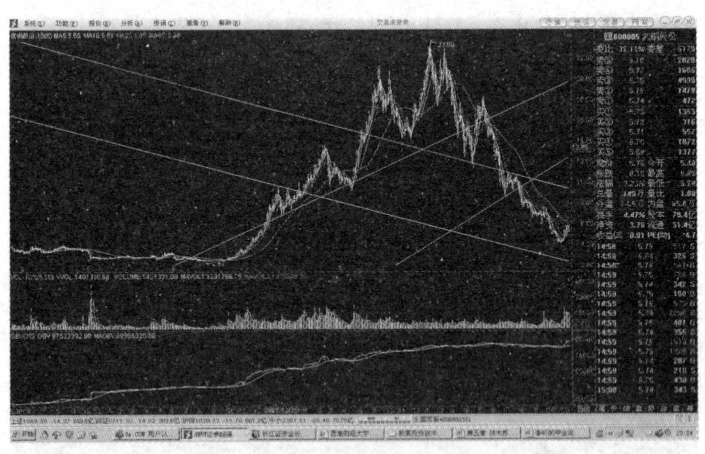

图 5.26　武钢股份（600005）2005 年 4 月 19 日至 2008 年 11 月 21 日的日线图

（二）上升三角形

1. 上升三角形的基本图形和形成过程

上升三角形（ascending triangles pattern）是对称三角形的变形体。对称三角形有上下两条直线，将上面的直线逐渐由向下倾斜变成近乎水平方向就得到上升三角形。除了上面的直线是水平的以外，上升三角形同对称三角形在形状上没有什么区别。证券价格上升至某水平时，遇强大卖压回落，多方逢低吸纳后证券价格再次回升至上次高点并再次回落，但由于下方买盘强大，证券价格未能回落至上次低点即回升，如此反复直至突破，从而形成一个由一条近乎水平的阻力线和上倾的下界线组成的上升三角形。

在上升三角形的形成中，由于每一次的价格波动都比上一次小，其中上升或顶部的证券价格几乎处于同一水平线，将它们的顶部相连可画出一条近乎水平的直线，而每个短期变动的下跌停在比前一个底部要高的地方，在证券价格图形上形成一种倾斜向上收敛的连线。这样，图形上就会出现一条上面几乎水平的直线、而下面为一条向上斜的直线，连接起来的三角形我们称之为上升三角形。上升三角形的基本图形如图 5.27 所示。

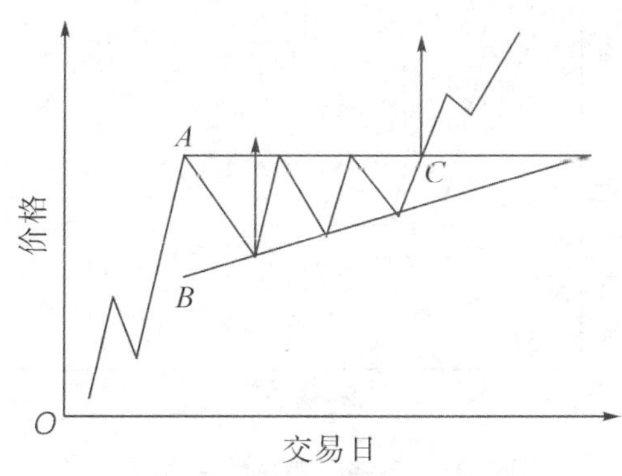

图 5.27　上升三角形的基本图形

2. 上升三角形的压力、支撑和运动方向

上升三角形上边的直线起压力作用，下面的直线起支撑作用。在对称三角形中，压力和支撑都是逐步加强的，一方是越压越低，另一方是越撑越高，看不出谁强谁弱。在上升三角形中就不同了，压力是水平的，始终一样，没有变化，而支撑是越撑越高。由此可见，与对称三角形相比，上丌三角形有更强烈的上升意识，多方比空方更为积极，通常以三角形的向上突破作为这个持续过程终止的标志。

如果证券价格原有的趋势是向上，则很显然，遇到上升三角形后，证券价格今后突破上升水平压力，继续向上运动的可能性大。

如果原有的趋势是下降，则出现上升三角形后，前后证券价格的趋势判断起来有些难度。一方要继续下降，保持原有的趋势，另一方要上涨，两方必然发生争斗。如果在下降趋势处于末期时（下降趋势持续了相当一段时间），出现上升三角形，还是以看涨为主。这样，上升三角形就成了反转形态的底部。

注意：上升三角形是证券价格将会上升的整理形态，价量关系和对称三角形差不多。很多有关技术分析的理论书籍通常认为上升三角形的突破必然是向上，但在中国的股票市场中则未必这样。很多人机械地运用，往往刚刚出现上升三角形的形态便贸然买进，结果损失较大，因为证券价格最后向相反的方向运行了。

3. 上升三角形的形态高度与测算

上升三角形被突破后，也有测算的功能，测算的方法同对称三角形类似。

（三）下降三角形

下降三角形（descending triangles pattern）同上升三角形正好反向。证券价格在发展的进程中形成一条几乎水平的低点连线和一条向下倾斜的高点连线。即证券价格下降至某水平时遇强大买盘，反弹至一定高点后遇抛压回落至某水平时再次反弹，但由于抛压强，证券价格未能升至上次高点即又回落，如此反复直至突破，从而形成一个由一条向下倾斜的上界线和一条近乎水平支撑线组成的下降三角形。

但是，也要注意：下降三角形单从字面理解似乎就是这样的，但在实践中未必如此。在这里我们不过多地花笔墨去叙述，从图 5. 28 读者可以很清晰地看出下降三角形所包含的内容。

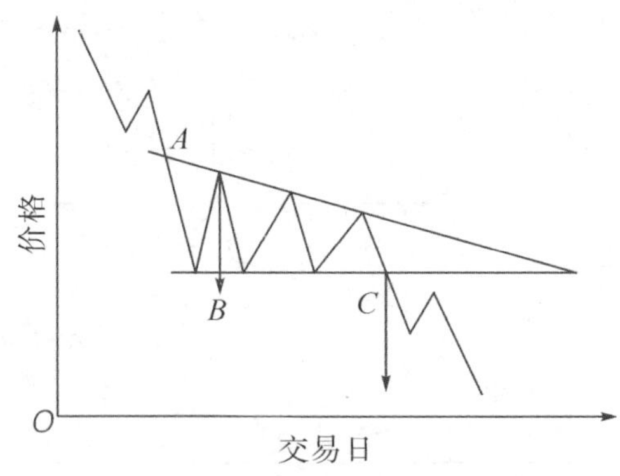

图 5. 28　下降三角形的基本图形

（四）对三角形的补充说明

按三角形形态的一般原理，有以下几个要点需说明：

（1）三角形形态更适用于日线图。

（2）一般情况下，上升三角形表明证券价格会上升，下降三角形显示证券价格会下跌，对称三角形则趋向不明，最终的突破方向将决定大势走向。

（3）持续时间过短的三角形可能是别的形态，例如后面要介绍的楔形等。

（4）任何种类的三角形突破只有在从起点至终点的 1/2 至 3/4 处发生突破，方可视为有效或具有相应的突破能力，证券价格一直波动至顶端出现的突破被视为无效或缺乏力度。

（5）在三角形形成的过程中，成交量逐渐减少。在上升和下降三角形的形成过程中，成交量随之减少。在向上突破时，要求成交量配合放大；而向下突破时，则不要求成交量配合放大。

（6）对称三角形上下两条边的倾斜程度可能不一样。直角三角形的水平直线可能不是水平的，允许有一点倾斜。换句话说，对称三角形和直角三角形都不是数学几何学中严格的几何图形。

（7）在直角三角形中，一旦水平线被突破，之后的证券价格可能有反扑的情况。这时，这条水平线就会起阻止回头的作用。上升三角形向上突破后的反抽不能跌破水平支撑线，下降三角形向下突破后的反抽不能突破水平阻力线，否则可能是假突破。

在实战操作中，我们会发现：三角形的突破往往取决于证券价格的升跌幅度。在上升过程中，若总体升幅不是很大，出现盘局并呈三角波动（不管是哪一种三角形），通常上升即向上突破的概率较大；反之，在下跌过程中出现三角形的盘整，继续向下突破的可能性较大。三角形形态很少在大行情的顶部或底部出现，大多为上升（下跌）趋势中的停顿。所以，投资者可先根据升跌幅度判断所形成的三角形的突破方向，然后在三角形的形成过程中不断调整好投资比例。这里难度较大的是对升跌幅度的把握，投资者可结合其他技术指标综合判断。当然，最终还是要以三角形的突破方向作为买卖决策的根据。

至于三角形突破后的波幅，我们按"最小潜能"原则推测：在向上突破的趋势中，在证券价格图上，从左上角形态开始的第一个上升顶点画一条和底部平行的线——形态的测量线，且让该线条以形态开始之前的同样角度和速率上升，这样，大致能测出时间和波动幅度。

三角形形态在中国证券市场中经常出现，实用性很强。三角形形态分析方法也和其他技术分析方法一样，不可机械呆板地运用。

（五）作为反转形态的三角形

需要指出的是，三角形也可能成为反转形态。如果价格上升或下降了很长时间，三角形最初的两次波动的幅度比较大，并且两次波动的高点或低点相差不大，那么，这样的三角形就有双重顶（底）的特征。在中国证券市场中，这样的形状比较常见，有人把它们称为"大三角形"。其实，可以把这样的形态当成双重顶或双重底来对待。

（六）上升三角形、下降三角形和顶底三角形的实例

图 5.29 是海马股份（000572）2006 年 7 月 25 日至 2008 年 11 月 21 日的日线图。从图 5.29 中可以看到，在 2007 年 2 月 1 日至 2007 年 4 月 6 日的日线图中，该股在上升趋势中形成了一个上升三角形和其他三角形形态，并在此后保持了原来的上升趋势。

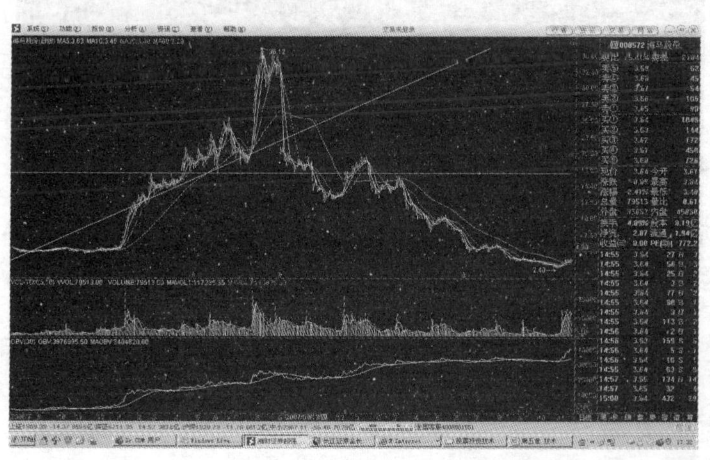

图 5.29　海马股份（000572）2006 年 7 月 25 日至 2008 年 11 月 21 日的日线图

图 5.30 是凯迪电力（000939）2006 年 9 月 29 日至 2008 年 11 月 21 日的日线图。从图 5.30 中可以看到，在 2008 年 1 月 16 日至 2008 年 3 月 12 日的日线图和 2008 年 6 月 11 日至 2008 年 8 月 1 日的日线图中，该股在下降趋势中形成了两个下

降三角形，并在此后保持了原来的下降趋势。

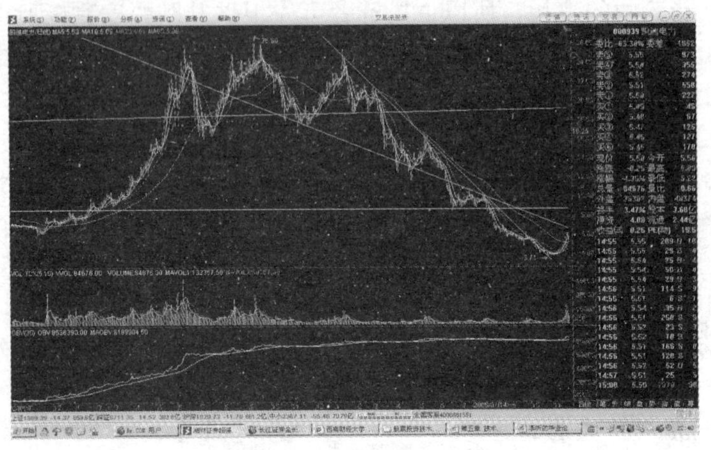

图 5.30 凯迪电力（000939）2006 年 9 月 29 日至 2008 年 11 月 21 日的日线图

图 5.31 是中国重汽（000951）2006 年 8 月 1 日至 2008 年 12 月 21 日的日线图。从图 5.31 中可以看到，在 2007 年 8 月 17 日至 2007 年 11 月 1 日，该股形成了一个大的对称三角形，这个三角形最后成为顶部。考虑到价格从 11 元左右上升到 87.60 元，这个价格成为顶部反转形态也是必然的。

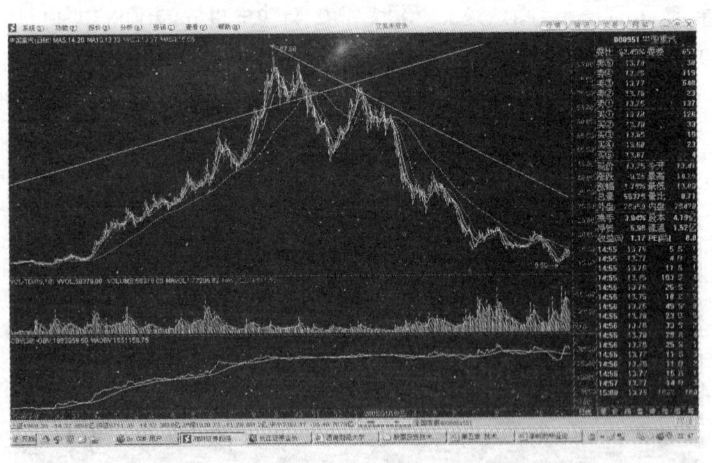

图 5.31 中国重汽（000951）2006 年 8 月 1 日至 2008 年 12 月 21 日的日线图

二、矩形

（一）矩形的基本图形和形成过程

矩形（rectangle formation）又叫箱形，也是一种典型的持续整理形态。矩形是由证券价格在两条水平的上下界线之间变动而成的形态。这时，证券价格在两条横着的水平直线之间上下波动，上不去，也下不来，长时间没有突破，一直做横向延伸的运动。图 5.32 是矩形的基本图形。

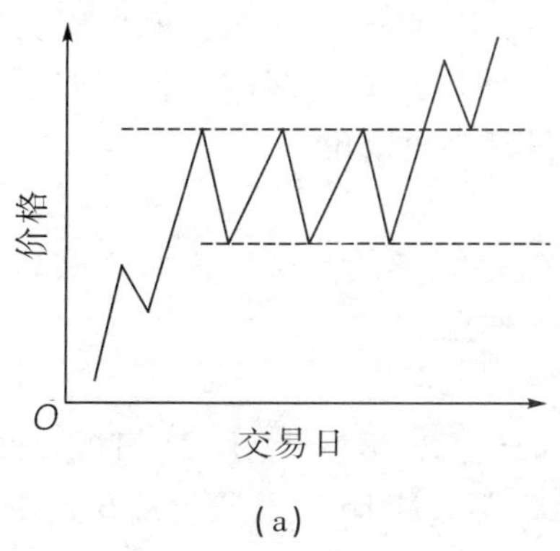

(a)

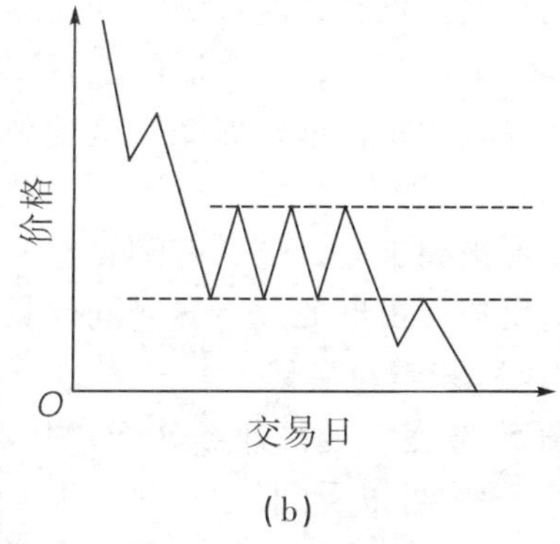

(b)

图 5.32　矩形的基本图形

在矩形形成之初，多空双方全力投入，各不相让；在主力机构掌控下，双方坚守各自阵地，空方在价格涨到某个位置时就抛出，多方在证券价格下跌到某个价位时就买入。具体来说，就是证券价格上升到某水平时遇上阻力掉头回落，但很快地便获得支持而回升，可是回升到上次同一高点时再一次受阻，而下挫到上次低点时则再次得到支撑。时间一长，这些短期高点和低点分别以直线连接起来，就形成两条明显的上下界线，并且可以绘出一条通道，这通道既非上倾，亦非下斜，而是平行发展，这就是矩形形态。随着时间的推移，双方的战斗热情会逐步减弱，市场趋于平淡，多空双方的力量也渐趋明朗，证券价格便向上或向下突破界线。

在证券价格随矩形走势波动时，成交量逐渐减少。当价格向上突破时，成交量必须放大，而且距上界线不能太近，否则有效性就会减弱；而当向下突破时，成交量不一定放大，突破的位置也不宜离下界线太近。

一般来说，矩形是整理形态，在升市和跌市中都可能出现。长而窄且成交量小的矩形在原始底部比较常出现。突破上下界线后有买入和卖出的信号，涨跌幅度通常等于矩形本身宽度。

另外，我们还必须注意经常发生在低价圈的箱形形态。当价格在箱形区域盘整多时，构筑了相当厚实的底部，所以价格向上突破压力线时，一般情况下会有相当大的涨幅。在这里，箱形整理的时间和突破时的成交量配合，均具有较重要的意义。

（二）矩形的突破方向和短线交易机会

如果原来的趋势是上升，那么经过一段矩形整理后，一般会继续原来的趋势；多方会占据优势并采取主动，使证券价格向上突破矩形的上界线。如果原来是下降趋势，则空方会采取行动，突破矩形的下界线。

从图 5.32 中可以看出，矩形在其形成的过程中极可能演变成三重顶（底）形态，这是我们应该注意的。正是由于矩形的判断有这么一个容易出错的可能性，在面对矩形和三重顶（底）进行操作时，一定要等到突破之后才能采取行动，因为这两个形态今后的走势方向完全相反：一个是反转突破形态，要改变原来的趋势；一个是持续整理形态，要维持原来的趋势。

与别的大部分形态不同，矩形为我们提供了一些短线炒作的机会。如果在矩形形成的早期，投资者能够预计到证券价格将按矩形进行调整，那么，就可以在矩形的下界线附近买入，在矩形的上界线附近抛出，来回做几次短线的进出。如果矩形的上下界线相距较远，那么，这种短线的收益也是相当可观的。

（三）矩形的测算功能

矩形被突破后，也具有测算意义。形态高度就是矩形的高度。面对突破后证券价格的反扑，矩形的上下界线同样具有阻止反扑的作用。

（四）矩形的实例

图 5.33 是皖通高速（600012）2003 年 1 月 8 日至 2008 年 11 月 21 日的日线图。从图 5.33 中可以看到，在 2003 年 1 月 8 日至 2005 年 1 月 16 日，股价从 5 元左右上升到 6 元后，又来回上下 7 次，形成了一个矩形；之后，价格继续上升到 8.26 元。

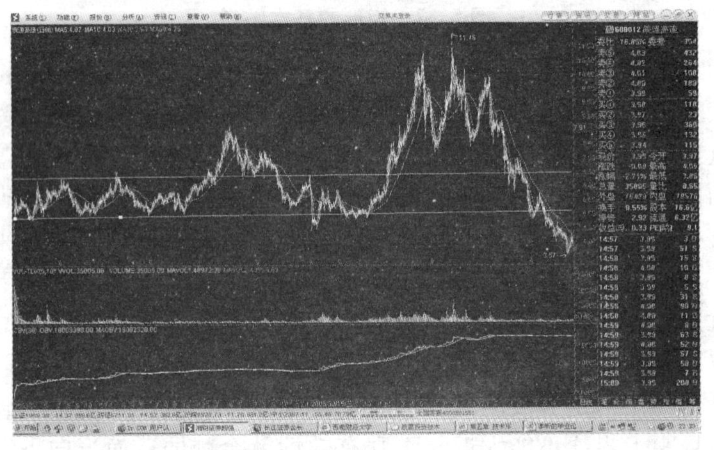

图 5.33　皖通高速（600012）2003 年 1 月 8 日至 2008 年 11 月 21 日的日线图

第四节　喇叭形、菱形、旗形和楔形等

一、喇叭形和菱形

这两种形态是三角形的变形体，在实际中出现的次数不多，但是一旦出现，则对我们有较强的指导作用。

这两种形态的共同之处是，大多出现在顶部，而且两者都是看跌。从这个意义上说，喇叭形（broadening formation）和菱形（diamond formation）又可以作为顶部反转突破的形态。更为可贵的是喇叭形和菱形在形态完成后，几乎总是下跌，所以就没有突破是否成立的问题，在形态形成的末期就可以行动了。

（一）喇叭形

1. 喇叭形的基本图形、形成过程以及操作策略

喇叭形的正确名称应该是扩大形或增大形，因为这种形态酷似喇叭而得名。这种形态其实也可以看成一个对称三角形倒转过来的结果，所以我们把它看作三角形

的一个变形体。

喇叭形是一种极不稳定的图形，是投资者无理性投资冲动的情绪造成的。证券价格经过一段时间的上升后，出现技术性的小幅回挡，稍做整理后再度回升，并突破前一波行情高点，随后再次回落到比前一低点更低处。此时，投资者以为底部已到，买盘涌入，于是证券价格又一次攀升，但无法突破前两次高点所连接而成的上界线，上冲受挫后证券价格重新回落，并突破下界线直线而下。整个形态以狭窄的波动开始，然后从上下两方扩大，如果我们把上下的高点和低点分别连接起来，就可以画出一个镜中反照的三角形，这便是喇叭形。在成交量方面，喇叭形在整个形态形成的过程中，保持着高且不规则的成交。喇叭形分为上升形和下降形，其含义一样。图 5. 34 是喇叭形的基本图形。

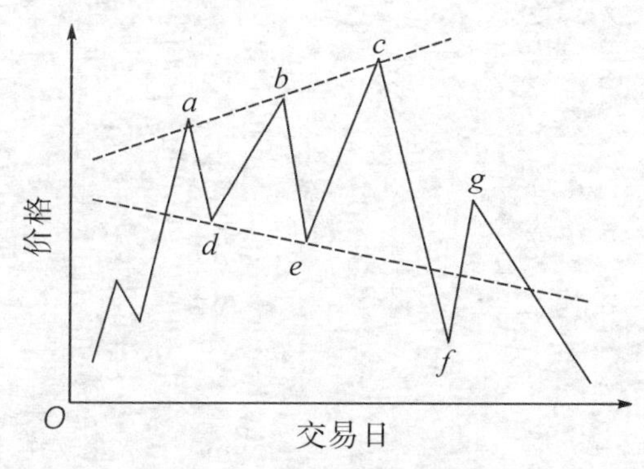

图 5. 34　喇叭形的基本图形

从图 5. 34 中可以看出，证券价格波动的幅度越来越大，形成了越来越高的三个高点，以及越来越低的两个低点。这说明当时的交易异常活跃，成交量日益扩大，市场已失去控制，完全由参与交易的公众的情绪决定。在目前这个混乱的时候进入证券市场是很危险的，进行交易也十分困难。在经过了剧烈的动荡之后，人们的热情会渐渐平静，远离这个市场，证券价格将逐步地往下运行。

三个高点和两个低点是喇叭形已经完成的标志。证券投资者应该在第三峰（图 5. 34 中的 c 点）调头向下时就抛出手中的证券，这在大多数情况下是正确的。如果证券价格进一步跌破了第二个谷（图 5. 34 中的 d 点），则喇叭形完成得到确认，抛出证券更成为必然。

证券价格在喇叭形之后的下调过程中，肯定会遇到反扑，而且反扑的力度会相当大，这是喇叭形的特殊性。但是，只要反扑高度不超过下跌高度的一半（图 5. 34 中的 g 点），证券价格下跌的势头还是被保留的。

2. 喇叭形的研判要点

在研判喇叭形时，要注意以下几点：

（1）一个标准的喇叭形应该有 3 个高点、2 个低点。这 3 个高点一个比一个高，中间的 2 个低点则一个较一个低。

（2）该形态没有最低跌幅来估计其未来跌势，但一般来说跌幅会很大。

（3）该形态一般出现在牛市后期，但并未显示出牛市结束的具体时间；只有当下界线被跌破时，此形态方可确立。

（4）喇叭形通常出现在顶部，出现在底部的概率很小。

3. 喇叭形的实例

图 5.35 是莲花味精（600186）2006 年 4 月 10 日至 2007 年 7 月 27 日的日线图。从图 5.35 中可以看到，当价格从 2.42 元上升到 9.25 元后，于 2007 年 4 月 20 日到 2007 年 6 月 1 日形成了一个喇叭形。这个喇叭形属于比较大的喇叭形。一般的喇叭形只出现 3 个高点，而这个喇叭形出现了 5 个高点，分别是 7.93 元、8.05 元、8.60 元、9.18 元和 9.25 元。在实际交易中，一般在第 4 个高点即 9.18 元附近，投资者须警惕，密切关注市场的动向，时刻准备卖出。

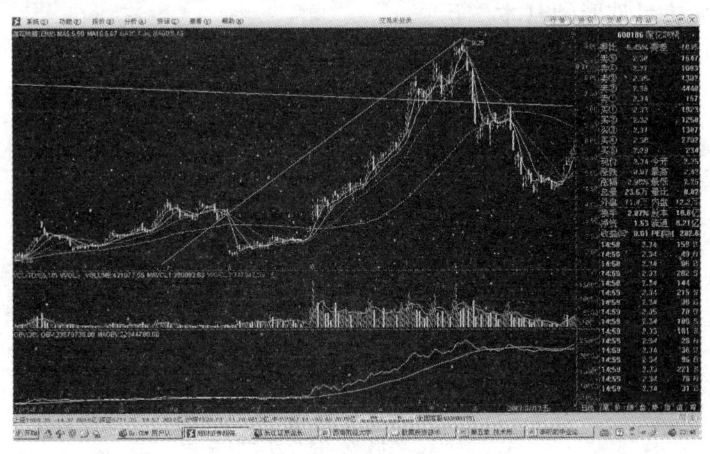

图 5.35　莲花味精（600186）2006 年 4 月 10 日至 2007 年 7 月 27 日的日线图

（二）菱形

1. 菱形的基本图形、形成过程以及操作策略

菱形的另一个名称叫“钻石形”，是一种出现在顶部的看跌的形态，比起上面的喇叭形来说，更有向下的愿望。它的前半部分类似于喇叭形，后半部分类似于对称三角形。所以，菱形有对称三角形保持原有趋势的特性。前半部分的喇叭形之后，趋势应该是下跌，后半部分的对称三角形使这一下跌暂时推迟，但终究没能摆脱下跌的命运。图 5.36 是菱形的基本图形。

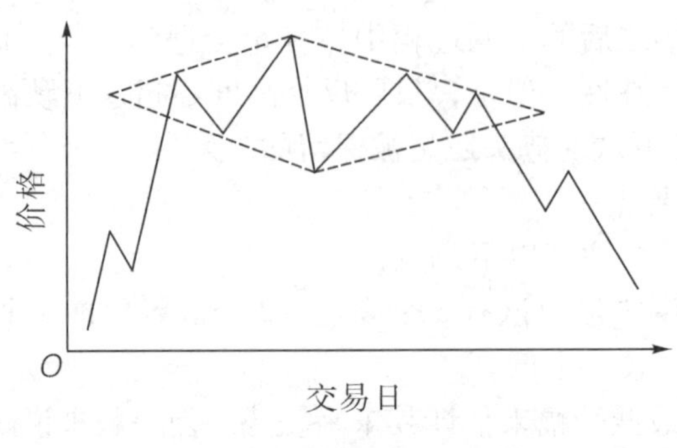

图 5.36　菱形的基本图形

由图 5. 36 可知，菱形实际是喇叭形和对称三角形的结合。其左半部和喇叭形一样，第二个上升高点较前一个高，回落低点亦较前一个更低。当第三次回升时，高点却不能超越第二个高点水平，接着的下跌回落点却又较上一个更高，证券价格的波动从不断地向外扩散转为向内收敛，右半部的变化类似于对称三角形。证券价格在第四次回升仍不能创新高点，跌破 V 形颈线，从而确立了菱形反转。

在菱形的形成需要极其活跃而冲动的市场气氛，因而这类形态常出现在证券价格的顶部，而且是成交量极大的顶部，这通常意味着长期顶部的出现。

菱形很少为底部反转，通常它在中级下跌前的顶部或大量成交的顶点出现，是个转向形态。当菱形右下方支持跌破后，就是一个沽出信号；但如果证券价格向上突破右方阻力，而且成交量激增时，那就是一个买入信号。

在菱形的形成过程中，成交量是随价格的变化而变化的：开始是越来越大，通常呈不规则状；其后则趋于萎缩，同对称三角形的成交量一样。

由于对称三角形的存在，菱形还具有测算证券价格下跌深度的功能。菱形的测算功能是以菱形的最宽处的高度为形态高度的。今后下跌的深度从突破点算起，至少下跌一个形态高度，这同大多数的测算方式是相同的。即“其最小跌幅的量度方法是从证券价格向下跌破菱形右下界线开始，量度出形态内最高点和最低点的垂直距离，这距离就是未来证券价格将会下跌的最小幅度”。

2. 菱形的研判要点

在研判菱形时，要注意以下几点：

（1）菱形有时也作为持续形态，不出现在顶部，而出现在下降趋势的中途。这时，它还是要保持原来的趋势方向，换句话说，这个菱形之后的走向仍是下降。

（2）菱形上面两条直线的交点有可能并非正好是一个高点。左、右两边的直线由各自找的两个点画出，两条直线在什么位置相交就不要求了。同理，菱形下面两条直线也有与上面两条直线相似的可能。

（3）技术分析中，形态理论中的菱形不是严格的几何意义上的菱形。这一点同别的形态是一样的。

3. 菱形的实例

图 5. 37 是广州控股（600098）1999 年 10 月 20 日到 2002 年 4 月 18 日的日线图。从图 5. 37 中可以看到，2001 年 4 月 12 日到 2001 年 5 月 30 日形成了一个喇叭形；股价在之后缓慢波动，在 2001 年 7 月 25 日完成菱形所需要的对称三角形。

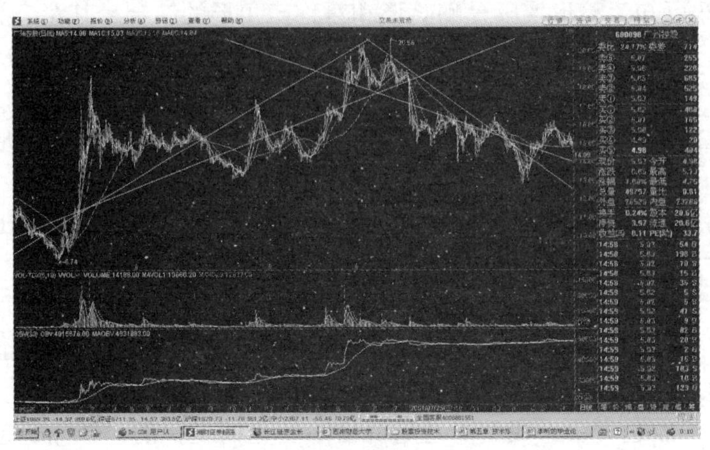

图 5.37 广州控股（600098）1999 年 10 月 20 日到 2002 年 4 月 18 日的日线图

二、旗形和楔形

旗形（flag formation）和楔形（wedge formation）也是最为常见的两个持续整理形态。在证券价格的曲线图上，这两种形态出现的频率最高。在一段上升或下跌行情的中途，可能出现好几次这样的图形。它们都是一个趋势的中途休整过程，休整之后，还要保持原来的趋势方向。这两个形态的特殊之处在于，它们都有明确的形态方向，如向上或向下，并且形态方向与原有的趋势方向相反。例如，如果原有的趋势方向是上升，则这两种形态的方向就是下降。

从本质上讲，旗形和楔形没有本质区别，在实际的画图过程中，有时候很难区别。

（一）旗形

1. 旗形的基本图形、形成过程

从几何学的观点看旗形应该叫平行四边形，它的形状是一个上倾或下倾的平行四边形。旗形的基本图形如图 5.38 所示。

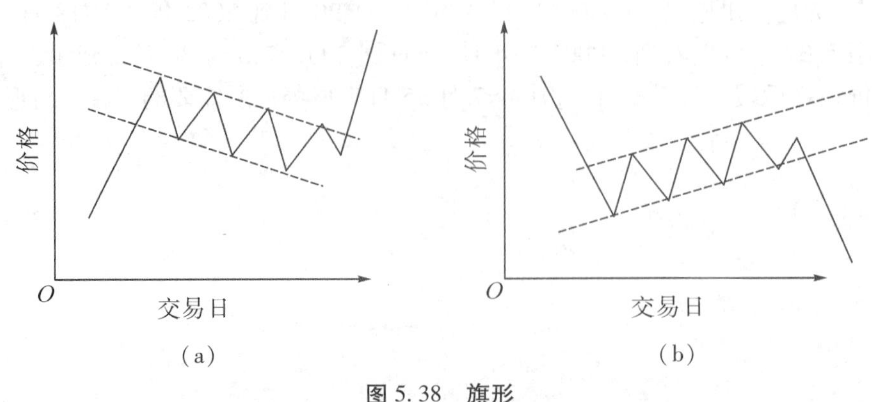

图 5.38 旗形

从形态上看，旗形走势就像一面挂在旗杆顶上的旗帜。旗形大多发生在急速而又大幅的市场波动中，这时市场极度活跃，证券价格的运动是剧烈的，近乎直线上升或下降。这种剧烈运动的结果是产生旗形的条件。由于上升、下降得过于迅速，市场必然会有所休整，旗形就是完成这一休整过程的主要形式之一。证券价格经过一连串紧密的短期波动后，形成一个稍微与原来趋势呈相反方向倾斜的长方形，这就是旗形走势。

旗形走势又可分为上升旗形和下降旗形。下降旗形的形成过程是：证券价格经过陡峭的飙升后，接着形成一个紧密、狭窄和稍微向下倾斜的价格密集区域，把这密集区域的高点和低点分别连接起来，就可以画出两条平行而又下倾的直线，这就是下降旗形。上升旗形则刚刚相反，当证券价格出现急速或近乎垂直的下跌后，接着形成一个狭窄而又紧密、稍微上倾的价格密集区域，若将其高点和低点分别连接起来，就形成了一条上升通道，这就是上升旗形。

成交量在旗形形成过程中是显著地递减的。

2. 旗形的突破与测算

旗形的上下两条平行线起着支撑和压力作用，这一点有些像轨道线。这两条平行线的某一条被突破是旗形完成的标志。

旗形也有测算功能。旗形的形态高度是平行四边形左右两条边的长度。旗形被突破后，证券价格将至少走过形态高度的距离。大多数情况是走过旗杆高度的距离。

应用旗形时，有几点要注意：

（1）旗形出现之前，一般应有一个“旗杆”，也就是价格有一个近乎直线上升或直线下降的运动过程，这在行情火暴时经常能够看到。

（2）旗形持续的时间不能太长。时间一长，旗形保持原来趋势的能力将下降。经验告诉我们，通常应该短于 3 周。

（3）旗形形成之前和被突破之后，成交量都很大。在旗形的形成过程中，成交量从左向右逐渐减少。

3. 旗形的实例

图 5. 39 是国金证券（600109）2004 年 12 月 17 日到 2008 年 11 月 21 日的日线图。从图 5. 39 中可以看到，2006 年 12 月 22 日到 2007 年 8 月 9 日的日线图形成了两个旗形形态。

（二）楔形

1. 楔形的基本图形

楔形和旗形是两个极为相似的形态，楔形有时也被称为第二旗形。如果将旗形中上倾或下倾的平行四边形变成上倾和下倾的三角形，我们就会得到楔形。楔形的基本图形如图 5. 40 所示。

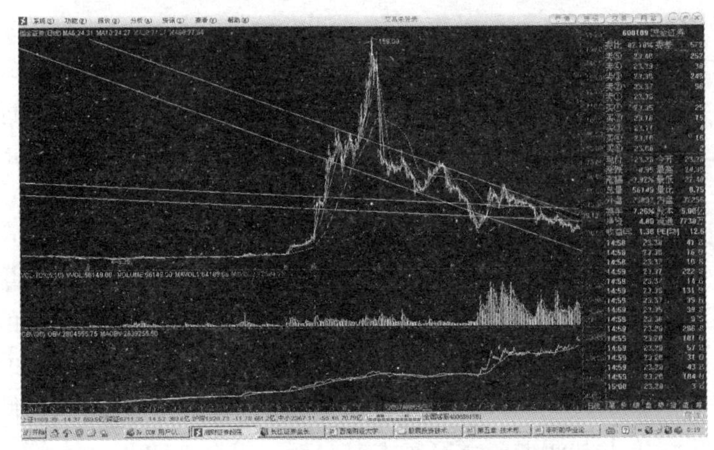

图 5.39　国金证券（600109）2004 年 12 月 17 日到 2008 年 11 月 21 日的日线图

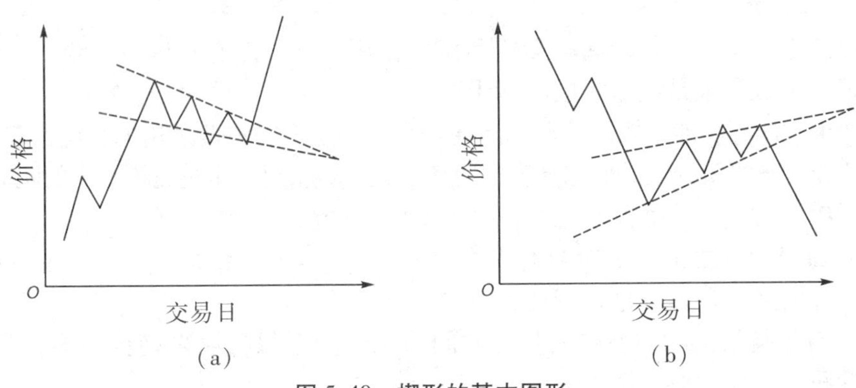

图 5.40　楔形的基本图形

楔形的证券价格在两条收敛的直线中变动，与三角形不同之处在于它的两条界线是同时上倾或下斜的。楔形又分为上升楔形和下降楔形。上升楔形指证券价格经过一次下跌后有强烈技术性反弹，升至一定水平又掉头下落，但回落点较前次更高，又上升至新高点比上次反弹点高，又回落形成一浪高一浪之势，把短期高点相连及短期低点相连则形成两条同时向上倾斜的直线，它往往是熊市中的反弹整理形态。下降楔形则相反，高点一个比一个低，低点亦一个比一个低，形成两条同时下倾的斜线，它通常是牛市中的回挡整理形态。

2. 楔形与三角形和旗形的区别

从图 5.40 中可以看出楔形的上下两条边都是朝着同一个方向倾斜的。这与前面介绍的三角形不同，有明显的倾向。

同旗形和三角形一样，楔形也有保持原有趋势方向的功能。一个持续趋势的途中有时会遇到这种形态。

与旗形和三角形稍微不同的地方是，楔形偶尔也可能出现在顶部或底部而作为反转形态。这种情况一定是发生在一个趋势经过了很长时间快接近尾声的时候。我们可以借助很多别的技术分析方法，从时间上来判断趋势是否接近尾声。尽管如此，当我们看到一个楔形后，首先还是把它当成价格的持续形态。

在形成楔形的过程中，成交量是逐渐减少的，即成交量变化和三角形一样向顶端递减。形成之前和突破之后，成交量都很大。

与旗形的另一个区别是，楔形形成所花的时间要长一些。

注意：楔形上下两条直线必须明显收敛于一点，否则，其形成的可能性就将受到怀疑。同时，上升楔形跌破下界线时常会出现急跌，而下降楔形突破上界线时需有大成交量配合。

3. 楔形实例

图 5.41 的是广州控股（600098）2006 年 8 月 1 日至 2008 年 11 月 21 日的日线图。从图 5.41 中可以看到，2007 年 1 月 26 日至 2007 年 4 月 9 日形成了一个上升楔形；2008 年 4 月 1 日至 2008 年 6 月 10 日形成了一个下降楔形。

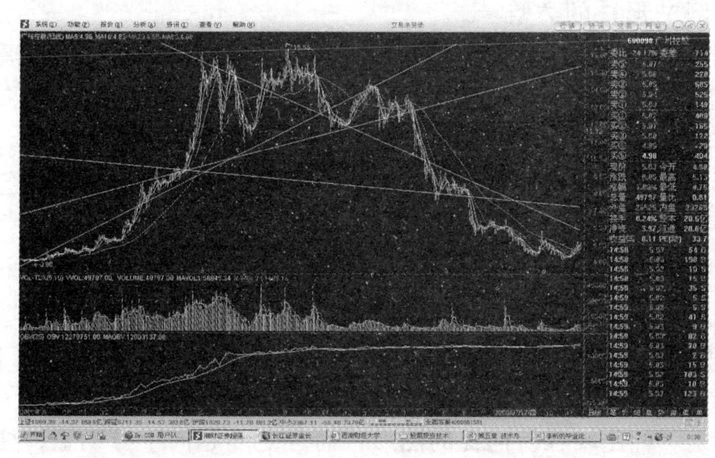

图 5.41 广州控股（600098）2006 年 8 月 1 日至 2008 年 11 月 21 日的日线图

三、其他形态

（一）V 形（倒 V 形）

1. V 形（倒 V 形）的基本图形和形成原因

V 形（V-shape reversal）（倒 V 形）是一种反转形态。它出现在剧烈的市场动荡之中，底和顶只出现一次。V 形没有试探顶和底的过程，而是迅速地到顶或底，又迅速地反转，由于形态酷似英文字母 V，所以叫 V 形（倒 V 形）。图 5.42 是 V 形的基本图形，图 5.43 是倒 V 形的基本图形。

V 形（倒 V 形）的反转事先没有征兆。在上海和深圳股票市场中，V 形基本上是由某些消息引起的，这些消息我们是不可能提前知道的。从技术的角度看，我们只能利用其他技术分析方法得到 V 形可能会出现的信号，如可以用技术指标寻找到 V 形的低点。

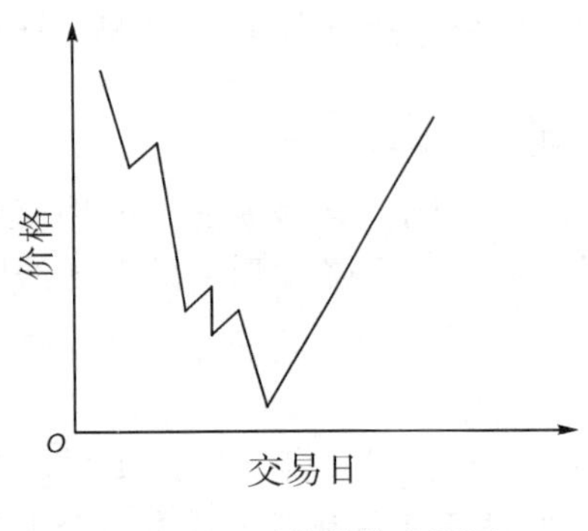

图 5.42　V 形的基本图形

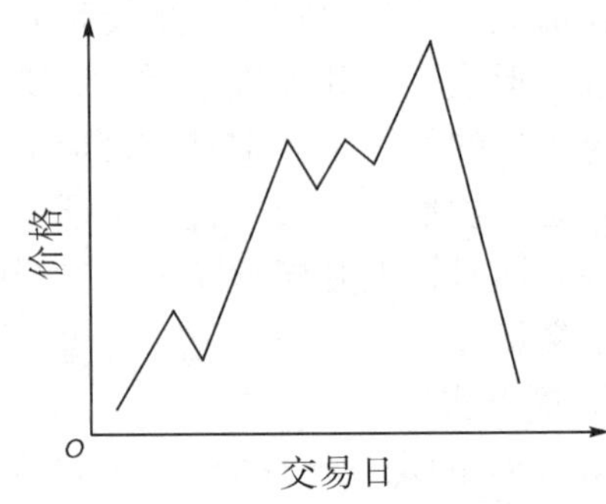

图 5.43　倒 V 形的基本图形

2. V 形（倒 V 形）的类型

V 形（倒 V 形）是反转形态中一种速度最快、力度极强、升降幅度较大的形态。投资者如果把握及时，可获得可观利润。V 形（倒 V 形）走势转向形态，大致可分为以下三种类型：

（1）V 形，是指走势连连下跌，跌到一个相对低的价位后，突然急速回升，在图表上出现一个像英文字母 V 字的形态。

（2）倒 V 形，是指与 V 形走势相反的运动形态，当走势一路上升，到达某一相对高位后，突然掉头急速下跌，在图表上形成一个倒置的 V 字形态。

（3）延伸 V 形，是指 V 形或者倒 V 形走势形成之后，横向波动一段时间，然后再继续其 V 形走势的形态。

V 形走势是一种比较容易捕捉的图形，而且变动趋向十分明显，往往是上升之后下跌或者急跌之后上升。V 形一经出现，一般可以确认。

3. V 形（倒 V 形）的形成过程

市场中卖方的力量很大，令证券价格稳定而又持续地下滑，此时市场也许又传出某种利空消息，导致恐慌性抛盘涌出，证券价格再度急速下跌。此时，证券价格已跌得很低，抛压大为减弱，市场上已空仓或在前面抛出证券的投资者建仓和补货意愿增强，买卖双方力量在此发生逆转。买方迅速控制整个市场，使得证券价格出现戏剧性回升，几乎以下跌时同样的速度收复所有失地，成交量亦相应扩大，在图表上，证券价格的运行形成一个像 V 字般的移动轨迹，从而形成 V 字形。

倒 V 形与 V 形走势刚好相反：市场看好的情绪使证券价格连续上升，持券的投资者获利极为丰厚。随着证券价格上升，买方力量渐渐衰竭，而获利了结的情绪在市场逐步占据上风，这时也许还会突如其来地出现一些坏消息，这样证券价格就会急速反转。这种形态通常是一些消息灵通的投资者所不能预见的因素造成的。

4. V 形（倒 V 形）的研判要点

在研判 V 形（倒 V 形）时，要注意以下几点：

（1）V 形（倒 V 形）走势发生前会出现一个明显的跌势（升势），并且走势线的倾斜度不断增加。这是由于多空双方力量对比悬殊。

（2）在 V 形（倒 V 形）形成中，证券价格在反转点（谷底或顶峰）停留的时间很短，一般只有两三个交易日。该种走势的末段一般会出现一个明显的单日或双日转向形态。

（3）成交量在转折点会明显增大，有时甚至出现激增，因为在V形中，往往是在恐慌抛售日反转。

（4）出现反转后，多方（空方）几乎是以同样快的速度收复原有的失地。

（5）在某种情况下，由于部分投资者缺乏信心，在上升（下跌）阶段有一段时期出现横向盘整状态，此乃延伸V形（倒V形）。延伸V形在突破徘徊底部时，成交量不一定增加。延伸V形是证券价格上升或下跌过程中出现的一些小波动，不像简单V形那么直接，只是整体趋势符合V形特征。

（6）在抢V形回升之反弹时，如未能在底部买进，则必须仔细检讨当前证券价格的合埋性及其后市走势，不可贸然进场。

（7）一些短期的V形走势，大多出现在一些投机性较强的证券中。这些证券价格波动较大，受市场传闻影响：利好传出时，证券价格急速上升；利空出现时，又狂泻急跌。其在图表上反复形成V形或倒V形。

（8）V形的出现意味着市场的转变。因此，价量关系对判断V形极为重要：当大势由跌转升，上升时通常成交量明显增大；下跌时成交量的配合则不一定明显。大势升至最高峰或跌至最低谷的一刹那，这一两日的成交量会比平常更大，尤其是跌后转势时，转向过程的前后一两个交易日的成交量往往非常大，这实际上是最后一批抛盘涌出和刚进场买盘接货造成的。在倒V形出现前一两个交易日，成交量往往暴增，证券价格也跳得比以前更快，但这实际上意味着买方力量已趋穷尽，大势已至强弩之末，买方后继乏力，证券价格便大幅回落。

（9）V形走势的潜能相当惊人，对于投资者在实际操作中把握买卖时机具有重要的参考意义。

总结：投资者根据V形走势把握买卖时机，首先应根据升跌幅度判断形态，升跌幅度越大，出现V形走势后可确认性也越强；其次则看价量关系；最后，必须具备超人的勇气和胆识。很多投资者虽然也懂得转势特点，但当V形在底部出现时，由于大势已经“熊”了很长时间，投资者的思维和心态还未扭转过来，往往不敢果断进场而错失良机。还有的人因大势一段时间一直向好，思维和心态偏“牛”，当倒V形出现时，总想着大势还会好，可能这次的V形下跌为失败型，故不愿抛券套现，最终惨遭套牢，亏损累累。所以，单单学会根据图表形态选择买卖时机还不够，V形走势的快速突变性还需投资者反应敏锐、有果断决策的气魄。只有几个方面结合起来，投资者才能很好地利用V形走势把握买卖时机。没有消息影响，大盘急转直上，果断跟进盈利；当大势冲高急速回落，出现倒V形立即平仓，避免急跌带来的风险。

5. 倒V形的实例

图5.44是上证指数2000年8月31日到2008年11月21日的日线图。从图5.44中可以看到，2006年11月30日到2008年11月21日的日线图形成了一个倒V形的反转顶。

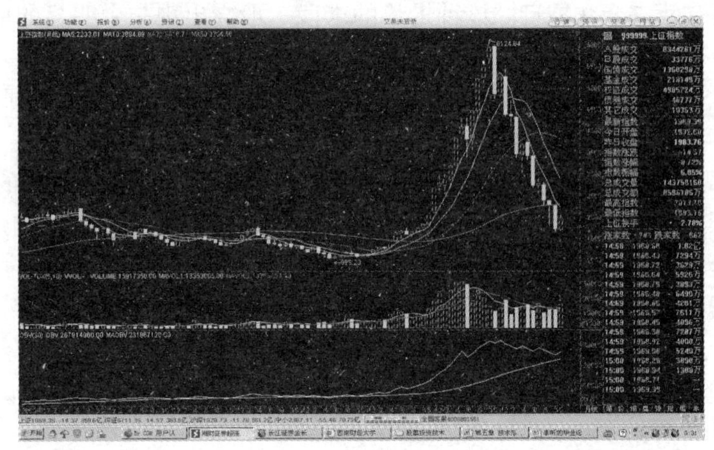

图 5.44　上证指数 2000 年 8 月 31 日到 2008 年 11 月 21 日的日线图

（二）单日（双日）反转形态

单日（双日）反转形态在成熟证券市场中出现的可能性不太大，但在一个新兴的投机性较强的证券市场中则时有出现。

1. 单日（双日）反转形态的形成过程

当证券价格持续上升一段时间，看起来似乎已经到了上升行情末期时，在某个交易日证券价格呈现出跳空量减的飙涨，到某一高点后遭受到强大的抛售压力，急泻直下，迅速跌回到起涨点甚至更低，并且以当日最低价，或接近最低价收市，从而确定了顶部单日反转；底部单日反转则是指证券价格跳空而下至某一点后又迅速回升至起跌点甚至更高。

双日反转就是这两种形态的变形。在上升（下跌）的过程中，在某交易日该证券价格大幅上升（下跌），并以全日的最高（低）价收市。但第二天证券价格以昨天的收市价开盘后，全日证券价格持续下跌（上升），把昨日的升（跌）幅完全跌去（补上），而且可能是以昨日的最低（高）价收市，这走势的表现就称为顶（底）部双日反转。

2. 单日（双日）反转形态的研判要点

在研判单日（双日）反转形态时，需注意以下几点：

（1）单日反转要求成交量猛增和证券价格的大幅波动，否则不能确认。

（2）双日反转的成交量和价位的两天波幅相当大。

（3）一般在临收市前 15 分钟，交投突然大增，价格迅速朝相反方向移动。

（三）潜伏底

在证券价格经过长时间的缓慢盘跌之后，投资者信心严重受挫，但由于证券价位已极低，空头也不再杀跌，于是多空双方陷入长时间僵持状态，证券价格在一个极狭窄的范围内横向移动，每日的高低波幅极小，成交量也十分小。经过长时间的沉寂和僵持后，证券价格和成交量同时摆脱沉寂不动的闷局，即证券价格大幅上扬，成交量随之大增，从而走出潜伏底。这种走势在图表上形成一条横线般的形状，如图 5.45 所示。潜伏底，乃是休眠底部，通常出现在长期的大熊市末期。而且，市场冬眠通常需要有“惊蛰”——实质性的利好消息才能打破。

通常，潜伏底时间较长，投资者必须在长期性底部出现明显突破时方可跟进。突破的特征是成交量激增。

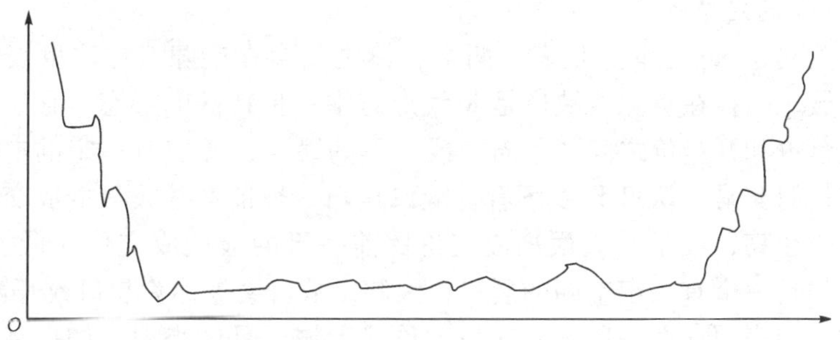

图 5.45 潜伏底

从广济药业（000952）2003 年 9 月 3 日至 2007 年 3 月 8 日的日线图（见图 5.46）中，我们可以看到，该股潜伏时间长达 3 年半。该股突破时，成交量激增。在突破后的上升途中，该股也继续维持高成交量，价格也从 2.64 元上升到 51.58 元，上涨的幅度巨大。

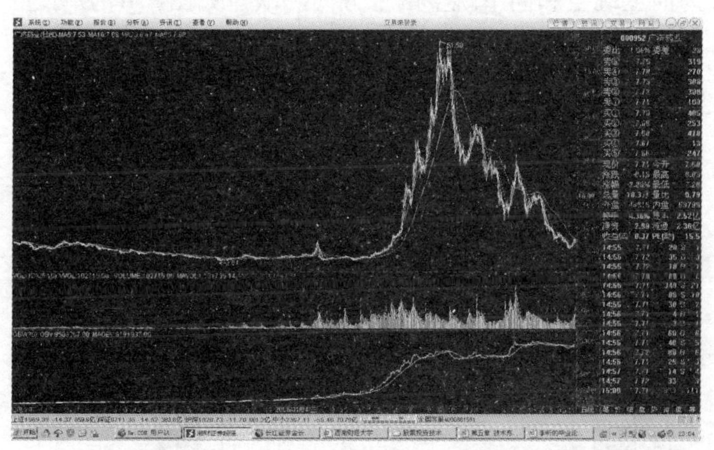

图 5.46 广济药业（000952）2003 年 9 月 3 日至 2007 年 3 月 8 日的日线图

理论上的形态还有多种，我们在这里仅选择了一些在我国上海、深圳证券市场中“出镜率”较高的几种形态，其他形态就不再介绍了。

第五节 缺口分析

K 线理论的一些组合形态会涉及缺口的概念，比如射击之星。与缺口相关的一个概念是跳空和岛形反转。在岛形的两边都出现了缺口，使得其与图形的整体脱离。在实际的图表分析中，缺口的作用是比较大的，有时可以单独放在一章进行介绍。

本书在此只进行一些简单介绍。

一、缺口的定义和回补

（一）缺口的定义

缺口的英文是 gap，本意是表示两个物体之间存在空隙，在这里表示两个交易日的交易区域之间存在空隙。缺口是 K 线形态中一种特殊的形态，它是指开盘价和收盘价或收盘价和开盘价之间产生向上或向下的跳空，并留有一定的空间，在这个空间内没有任何交易。从日 K 线图看，缺口是当一种证券某天最低成交价比前一天的最高成交价还高，或是某天最高成交价比前一天的最低成交价还低。在图形上，缺口显示出的是一个有一定空间的裂口，因此，缺口又被称为裂口或开窗。

缺口的出现表明存在一段没有交易的价格区域。具体来说，如果某个交易日证券交易的最低价高于前一个交易日的最高价，就形成向上的缺口；如果某个交易日证券交易的最高价低于前一个交易日的最低价，就形成向下的缺口。

在高低线中，因为记录每天交易情况的是从最高到最低的范围，所以很容易从高低图上看到是否有缺口存在。从 K 线图上看，如果两个连续的交易日的 K 线的上影线和下影线之间不重合，就会出现缺口。在市场分析的术语中，把这个现象称为跳空。跳空分为向上跳空和向下跳空两个方向。缺口如图 5.47 所示。

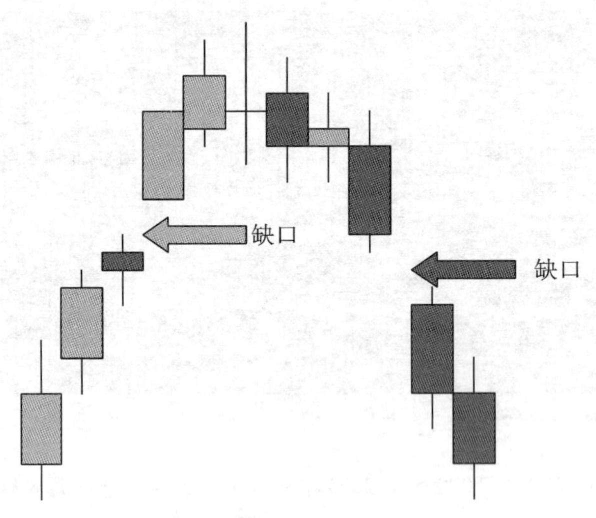

图 5.47　缺口

缺口本来只有一个定义，就是上面所指的定义。不过在实际中，尤其是在使用了 K 线理论后，有人认为如果严格按照上面所指的缺口定义，将限制缺口的使用范围。因此，他们把上面所指的缺口定义称为狭义的缺口定义，自己则提出了缺口的另一个定义——广义的缺口定义，即将狭义缺口定义中的“上影线和下影线之间不重合”用“K 线实体之间不重合”代替，就得到广义的缺口定义。只有在使用了 K 线理论后，才可能有广义缺口的概念。

这些人认为：在多数情况下，K 线图中如果出现向上跳空，则后一根 K 线的下影线将会非常短；如果出现向下跳空，则后一根K线的上影线将会非常短。因此，广义和狭义的缺口定义在实际中的差别不大。在K线理论中，如果将缺口放宽成广义的定义，将会扩大K线理论的使用范围，而且，对实际的研判效果影响不大。在实际中如果不加说明，所说的缺口都是指狭义的定义。

很显然，在周K线中缺口的数量肯定比在日K线中缺口少。实际中，如果使用月线，则几乎没有缺口，除非正好碰到价格在月末跳空。另外，每日交易过程中，亦会发生某些价位没有成交的情形，K线图中却没有显现出来，我们只能解释是一种暂时的供需不平衡。虽然它们时常比隔天的缺口更具有“多空已分出胜负”的意义，但在技术分析上它只供短线操作者参考，从而被多数人忽略。

（二）缺口的回补

假设在某一天价格形成了缺口，如果后期的价格波动回转，并重新经过该缺口所留下的价格区域，那么该缺口就被回补。回补有可能使得缺口完全被关闭，也可能部分被关闭。

许多技术分析者认为任何缺口都必须封闭；措辞稍微缓和的则认为假使一个缺口在三天内不封闭，则将在三个星期内封闭；另有些人则认为三天内若不封闭缺口，则此缺口绝对有意义，短期内将不会“补空”。事实上，这些争执并不重要，重要的是注意与了解封闭前与封闭后证券价格走势的动向。一般而言，缺口若不被下一个次级移动封闭，那就有可能由一个中级移动封闭。时间延长看，缺口将被一个相反移动原始上升或原始下跌移动封闭，极可能一年或几年才会被封闭。

缺口被封闭后的走势是投资人所关心的。短期内，缺口即被封闭，表示多空双方开战，原先取得优势的一方后继乏力，未能继续向前推进，而由进攻改为防守，处境自然不利。长期存在的缺口若被封闭，表示证券价格趋势已反转，原先主动的一方已成为被动，原先被动的一方则转而控制大局。

探讨有意义的缺口前，先介绍在图形里时常会发生却没有实际趋势意义的缺口。它并不是由交易行为产生的，而是由法令规定将证券实际交易价格硬性地从某一交易日降低，降低的程度则由该证券比如股票所含的股息与股权多寡来决定，比如除息或除权就是如此。以股票为例，股票的除息报价是以除息前一日收盘价减去今年配发的现金股利，因此，任何股票现金股利配发越多，所形成的缺口越大，而除权报价是以除权前一日的收盘价除以所含的权值。所谓权值包括股票股利、资本公积金配股与现金认股三部分，因此缺口更大。每年业绩良好、价位高与股票股利占多数的股票以及现金增资颇重的股票权值都非常大，因此，除权后的报价极可能与前一日收盘价格相差20%甚至更多。这些缺口若被封闭，则称为填权或填息。

有些技术操作者为弥补除权后所形成的无意义的缺口，就以开盘后的除权报价为准，将权值自行加于图形纸上，使图形继续连贯下去。如此一来，证券如果填权，在图形上则有双重的标示：一为现行证券价格，二为现行证券价格加上权值。

从实际的价格波动图形中可以看到，有些缺口将会在短时间内很快被回补，而有些缺口将会在很长时间之后被回补，有些甚至永远不被回补。所以，缺口是否被回补的问题，是不容易回答的。

二、缺口的种类

依据不同的标准，我们可以把缺口分为不同的类别。从是否有分析意义的角度进行划分，缺口可以分为两大类：有分析意义的缺口和无分析意义的缺口。

无分析意义的缺口是指对进行市场分析的指导作用不大的缺口。这样的缺口包括跳空幅度小、出现频率大的缺口，此外还有除权除息缺口。前者的跳空幅度过小，在图表中的表现不引人注意，而除权除息缺口从根本上讲就不是缺口。由除权除息所造成的缺口，指的是“图表上的缺口”，不是这里所定义的缺口。如果将除权除息前后的价格按照除权方案进行调整，就不会有缺口了。

有分析意义的缺口是对进行市场分析有指导意义的缺口。按照经典的缺口划分方法，这样的缺口一共分为四类，它们是：普通缺口、突破缺口、度量缺口、竭尽缺口。

“有分析作用”具体体现在分析价格的升降幅度、估计价格波动的支撑与压力区域、对是否反转进行判断等方面。

（一）普通缺口（common gap）

这类缺口由于它容易出现在一个交易区域或价格持续形态之内而得名。持续形态的特点之一是成交量逐渐减少。投资者的交易行为容易选择在形态的顶部或底部的位置，中间区域“无人问津”。在图形中，普通缺口经常出现在一个交易频繁的整理或反转区域中，然而它出现在整理形态中的机会较反转形态大，因此，若发展中的矩形与对称三角形出现缺口时，就能确定此形态为整理形态。普通缺口的特征便是出现跳空现象，但并未导致证券价格脱离形态上升或下降，短期内走势仍是盘局，缺口亦被填补。短线操作者如果预测到这一发展迹象，就可以在这个价格区域内高出低进，赚取差价。

由于普通缺口很容易在短时间内被封闭，因此，在多空争斗里亦不代表任何一方取得主动，其短期技术意义近乎为零，但是对于较长期技术分析有很大的帮助。因为一个密集形态正逐渐形成，多空双方终究要决出胜负。例外的情况是，在持续形态接近突破的时候，价格最后一次在该持续形态的“地盘”里波动。此时的缺口具有突破缺口的特征，在长时间内不被回补，也没有理由认为该缺口应该被回补。

普通缺口没有度量的意义。它的作用在于帮助识别一个正在形成的持续形态。例如，价格上升到 22 元，回落到 19 元，又上升到 22 元，而且第二次到 22 元的时候出现了缺口，那么投资者可以认为，一个波动范围在 19 元到 22 元的持续整理过程正在形成。

（二）突破缺口（breakout gap）

证券价格运行到一定的时点后，多空双方终于决出胜负。这时，证券价格以一个大小不一的缺口跳空上升或下降远离原来的形态，在 K 线图上形成一个强有力的跳空长阳线或长阴线，这就是突破缺口。此缺口表示真正的突破已经形成，行情将顺着证券价格趋势进行下去。也就是说，证券价格向形态上端突破，整理区域便成为支撑区，将有一段上升行情出现；证券价格向形态下端突破，整理区域就成为阻力区，将有一段下跌行情出现。

通常，导致突破缺口的K线是强有力的长阴线或长阳线，显示一方的力量得以延伸，另一方则败退；同时缺口亦显示突破的有效性，突破缺口愈大，表示未来变动愈强烈。成交量的配合则扮演重要的角色。如果发生缺口前成交量大，突破后成交量未增加或随价位波动而相应减少，表示突破后并没有大换手，行情变动一段后由于获利者回吐承接力量不强，便回头填补缺口；突破缺口发生后，成交量不但没减少，反而增加，则此缺口意义重大，近期内将不会回补。与突破形态一样，下跌突破缺口并不一定出现较大成交量，但仍有效。

突破缺口对是否反转有预测的功能。首先，它强调了突破的事实。当价格脱离某个持续形态并伴随明显的缺口的时候，预示一次真正的突破已经出现。其次，有缺口的买方（卖方）上升（下降）力量比没有缺口的上升（下降）力量大，尽管在两种情况下都是买方（卖方）占优势。

突破缺口是否回补？这个问题比较容易回答。在大多数情况下，突破缺口是不被回补的。例外的情况是，如果在离开缺口的价格波动过程中，成交量逐步减少，此时大约有一半的机会在未来的局部回落中价格会回到缺口的位置。如果在远离缺口的一边成交量增大，而在离开缺口的时候又伴随有比较大的成交量，那么近期回补缺口的机会很小，价格的局部回落过程将在缺口处停止。此时，缺口起支撑或压力的作用。

（三）度量缺口（measurement gap）

度量缺口出现的次数比前两种缺口要少。度量缺口的产生与持续形态无关，它产生于猛烈的直线式的上升或下降之中，通常当证券价格突破形态上升或下跌后远离原有形态而至下一个整理或反转形态的中途出现。

度量缺口出现的机会比较小，但是其技术预测的价值比较大。当一个剧烈的价格波动从聚集区开始的时候，为了后面更长时间的加速运动，价格的上升（下降）速度很小，就如同大江大河在源头聚集小溪流一样。以上升为例，当价格上升的趋势带来的盈利越来越大的时候，卖方将会增加，并使得价格移动的速度减慢。之后，当价格移动的速度减到最低的时候，成交量将再次增大并形成猛烈的回转。回转的过程将可能形成缺口，此时的缺口就是度量缺口。当缺口发生在较高位置的时候，容易形成比较宽的缺口，这时，伴随着成交量的变动价格加速变动。因为这种缺口发生在上升（下降）过程的中途，并且价格在中途的回落（上升）说明有一些投资者在卖出（买进）证券而“逃命”（跟进），所以，度量缺口又被称为逃逸缺口或持续缺口。

度量缺口可以为价格的波动界线提供大致的预测位置，这也是该缺口被称为度量缺口的原因。预测度量的含义是，价格移动在未来距离度量缺口的垂直距离将等于从此次运动的起点到度量缺口的垂直距离。旗形中旗杆的度量功能与此很相像。如果行情中出现两个缺口，证券价格变动的中间点就有可能在两个缺口之间，所以就可以计算出此段证券价格波动的终点的大概价位。应该指出，在价格波动的过程中，有可能出现多个度量缺口。这是因为度量缺口是价格波动的第二次飞跃，而实际的价格波动可能有第三次、第四次飞跃。此时，有关度量缺口的技术预测的功能也应该在这些多个度量缺口的中间点中寻找，用中间点作为价格技术预测的基准。如果跳空现象连续出现，表示距变动的终点位置越来越近，股市名言“股价跳三空，气数便已尽”即此意。

这里有两种距离的概念：相对距离和绝对距离。前者是指价格的百分比距离，后者是指价格的绝对距离。在多数情况下，两者的区别不大，但在实际使用中，可能以百分比距离为好。从图表的观点看，就是使用对数刻度。

（四）竭尽缺口（exhausted gap）

突破缺口标志着运动的开始，度量缺口表示运动在中途附近，竭尽缺口则表明原来的运动行将结束。竭尽缺口与迅速而猛烈的大规模的价格上升或下降有密切关系，它通常出现在长期上涨或长期下跌行情的末端，预示着多头或空头已进入强弩之末阶段。任何一种热门证券的价格的上升或下跌行情出现竭尽缺口以前，绝大部分均已先出现其他类似的缺口，然而并不是所有证券在行情结束前都会出现竭尽缺口现象。

以上升行情为例，在趋势发展过程中，没有像度量缺口那样遇到逐渐增加的阻力，而是动力不减少地加速上升，做最后的冲刺，直到某一天，碰到一堵由卖方建筑成的“铜墙铁壁”。在有大成交量的情况下，原来的上升运动在短暂的“爆炸声”中突然结束，在类似上面所描述的运动过程中，通常在倒数的几个交易日会出现一个比较宽的缺口。缺口发生的交易日或次日成交量若比过去交易日交易量大很多，而预期将来一段时间内不可能出现比这个更大的成交量或维持这个成交量，极可能就是竭尽缺口。如果缺口出现后的隔一天行情有当日反转情形而收盘价停在缺口边缘，就更加可以肯定是竭尽缺口。

同理，当证券价格经过较长时间的下跌，尤其是到了后期产生加速的下跌，很可能这时还会出现消息面的利空，产生恐慌性抛盘。空方一致做空，产生向下跳空缺口，但随后该卖的大都已卖，成交量已极度萎缩，再也没有多少卖盘卖出。这就是下跌行情结束前出现的向下跳空K线，此缺口也是竭尽缺口。

竭尽缺口是多头市场或空头市场即将结束的信号。证券价格在短期内，将发生反转行情。在多头市场出现此类缺口，表示长期上升行情即将结束；空头市场出现此类缺口，暗示跌势接近尾声，将进入整理或反转阶段。

判断竭尽缺口时应注意三点：①价格趋势出现，是直线型的上升或下降。②关注成交量。如果上升缺口形成后的成交量异常大，而缺口之前的成交量没有与价格的上升相配合，那么该缺口为竭尽缺口的可能性就很大。③关注缺口的位置。如果缺口的位置已经达到由某个技术预测的方法所指出的预测位置的时候，或者是某个重要的支撑与压力位置，也使得该缺口成为竭尽缺口的概率加大。

在多数情况下，竭尽缺口之后是另一个方向运动的开始，也就是趋势的反转。但是，竭尽缺口并不一定就是反转的开始。竭尽缺口所表示的肯定的意义是原来运动的停止，并不是反方向运动的开始。竭尽缺口之后，有可能出现的是长时间的持续整理形态。

(五) 缺口的研判要点

缺口现象在K线图形中并不罕见，而且缺口的种类不同，后市变化就大相径庭，因此，缺口的研判对后市的预测具有重要的作用。那么，我们究竟应如何从各类缺口的特征去预测未来走势呢?

(1) 普通缺口与竭尽缺口都会在几天之内被封闭，由缺口所在位置极易分辨这两种缺口。

(2) 普通缺口与突破缺口都发生在密集成交区附近。普通缺口在形态内发生，没有脱离形态；而突破缺口则在证券价格变动要超越形态时发生；度量缺口没有密集形态伴随，而是在证券价格急速变动也就是在行情的中途出现。

(3) 突破缺口表明一种证券价格移动的开始，度量缺口是快速移动或接近中间点的信号，竭尽缺口则表示已到终点。前面两种缺口借着它们的位置和前一个价格形态可以辨认，而最后一种则不能立刻确认分辨出来。

(4) 竭尽缺口像度量缺口一样发生在快速的价格上升或下跌过程中。要想分辨这两种缺口，看缺口发生的当天或隔一天的成交量是否非常大，从而预测短期内是否不容易维持或再扩大成交量。如果是这样，就可能是竭尽缺口，而非度量缺口。

(5) 度量缺口与突破缺口一般在一段长期间内不会被封闭，可从时间上区分。普通缺口较竭尽缺口更易被封闭，突破缺口则较度量缺口更不易被封闭。

(六) 缺口的应用

缺口的应用也是非常重要的一环。

(1) 证券价格以大成交量向上突破，留下缺口，这就是多头行情的征兆。在价格继续上涨时，投资者应持有证券。不论是否在下一个次级行情顶点卖出，你都需承认日后仍将有高价出现；在回跌时可以加码买进。

急速上升过程中如果又出现一个缺口，此时需判断这是度量缺口，还是竭尽缺口。若推断此缺口是度量缺口，则可继续持有证券，在预估价位来临时，开始限价抛出，减少手中额度，当反转出现时，就卖出所有证券保持战果；如果确定此缺口是竭尽缺口，则应立刻不限价抛出证券并可酌量使用融券以保护自己。

(2) 空头市场中，倘若投资者使用这些规则做反方向的操作，那么可以在遇到突破缺口时卖出所有证券，而判断是竭尽缺口时，可以限价买进，开始做多头。值得注意的是，下跌突破缺口不像上升突破缺口那样需成交量增加来印证。

(3) 证券价格若在某一形态内变动，突然发生反转，朝相反方向突破，产生缺口，此时不论做多或做空，必须了结此操作，甚至做相反方向的委托；也就是原来若是空头，此时应补回即抛空证券后，再加码买进；原来是多头，此时应卖出手中证券，可适量融券抛空。

(4) 缺口若出现在多空间僵持不下的盘局尾声，无疑可使投资人轻松而肯定地抓住未来一段时间内证券价格的波动方向：证券价格向盘档上端突破，可以考虑买进，赚笔多头钱；证券价格向盘档下端突破时，可以考虑抛出证券，减少损失。

(5) 缺口出现在不同的证券中也有不同的意义。缺口若出现在多空长期争战的证券里，其意义又较肯定。热门证券往往因能激发强烈的买气与卖意，使投资者从缺口的出现观察与判断证券价格变动的方向。而冷门证券较少出现多空对峙，走势往往出现一面倒，完全由机构投资者控制，因此，缺口意义虽不可忽视，但较难作为判断证券价格趋势的指标。

（七）对缺口的补充说明

（1）涨跌停板情况下的缺口。我国主板市场目前实行10%的涨跌停板制度。这个数字比较小，容易使得价格出现连续几天开盘后直接达到涨跌停板的现象。从缺口的角度看，图中将连续出现多个缺口。因此，针对这种情况，在进行缺口判断的时候，要将这些连续缺口的数量省略一些，也就是少数几个。

（2）综合指数的缺口。综合指数的缺口显然应该比个别证券缺口的规模小，无论是缺口的宽度还是缺口出现的频率，都是如此。例如，度量缺口要求价格的波动是剧烈的和猛烈的，而综合指数达到这个要求的机会明显没有个别证券大。影响综合指数的是全体挂牌交易的证券，而不只是部分证券。从实际的市场波动中我们也可以体会到，综合指数上升或下降5%的机会是很低的，而个别证券达到这个幅度几乎是每天会发生的事情。

三、岛形反转

前面在K线理论的组合形态中，讲到了缺口的概念，与缺口相关的另一个概念是岛形反转（islands reversal）。当K线图在同一价位区出现两个缺口，也就是在上升与下跌行情里产生竭尽缺口或突破缺口后，证券价格继续朝相同方向移动，经过一段时间的变动，开始朝反方向移动，在先前竭尽缺口或突破缺口价位处又跳空，反转下跌或上升，形成突破缺口或竭尽缺口。由于两个缺口大约在同一价位发生，而整个盘档密集区在图形上看起就像是孤立的小岛，因此称之为岛形反转。这种现象极少出现。

岛形反转是一紧密的交易区域。以岛形顶部为例，从图5.48上看，在它的左边，一个竭尽缺口使其与之前的上升趋势隔离；同时，在它的右边，一个突破缺口使其与下降趋势隔离。岛形所持续的时间可长可短，可以是1个交易日，也可以是几个星期，但是其间的成交量是比较大的。

岛形反转自身不能构成本章所介绍的反转形态，而只能作为反转形态的一部分。例如，作为双重顶中的某个顶，或头肩顶中的头。

只有在个别情况下，岛形反转右边的突破缺口才有可能在几天内被一次短暂的反弹或回落回补，但通常是不被回补的。岛形反转将使价格完全回到竭尽缺口之前的小幅度运动的出发点。

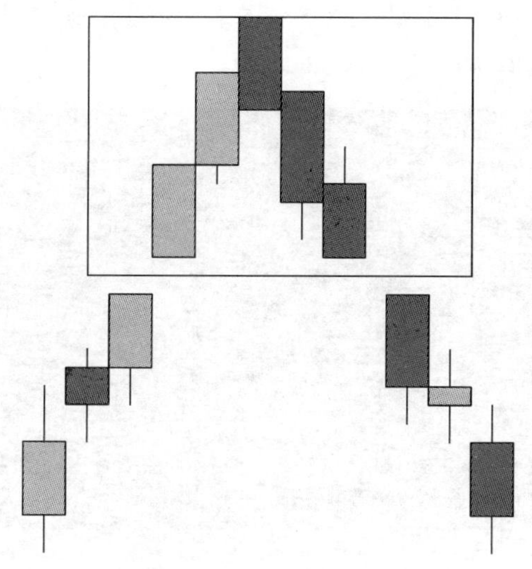

图 5.48　岛形反转

图 5.49 是缺口和岛形反转的完整示意图。

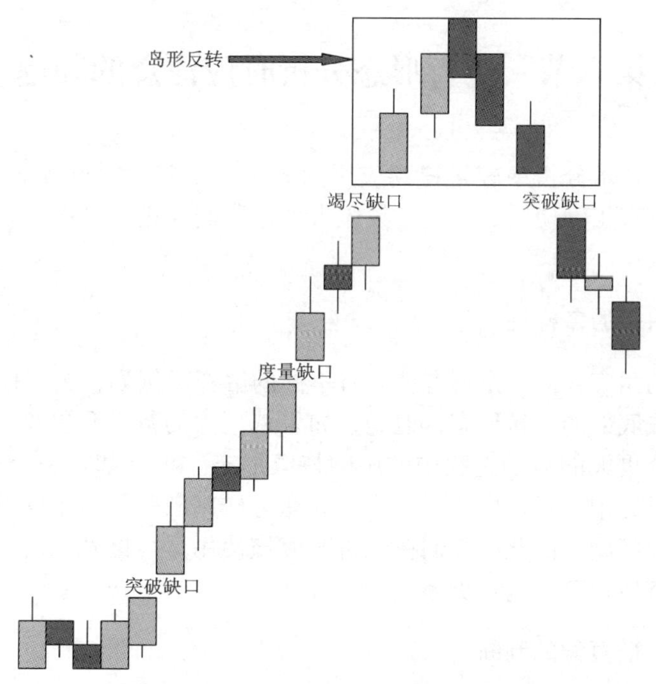

图 5.49　缺口和岛形反转的完整示意图

四、缺口和岛形反转的实例

图 5.50 是 ST 兴业（600603）2006 年 12 月 5 日至 2007 年 10 月 25 日的日线图。该股价在 2007 年 2 月 13 日出现第一个缺口（突破缺口），在 2007 年 4 月 17 日形成度量缺口，在 2007 年 5 月 23 日出现最后一个缺口（竭尽缺口），在 2007 年 5 月 30

日出现了向下的突破缺口，同时与2007年5月23日出现的缺口组合形成了一个岛形反转，从此以后该股有大幅度下跌。

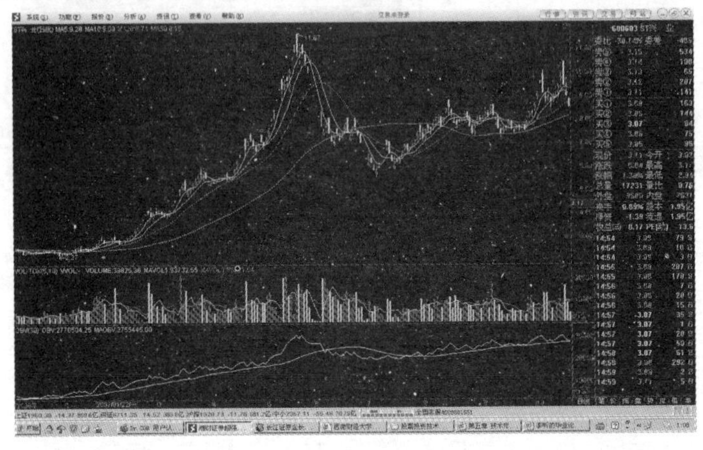

图5.50　ST兴业（600603）2006年12月5日至2007年10月25日的日线图

第六节　进行形态分析时应注意的问题

形态分析是技术分析中较早得到应用的方法，相对来说比较成熟。尽管如此，在实际应用时也有正确使用的问题。具体来说，我们在进行形态分析的时候，还必须注意以下几点：

一、形态识别的多样性

站在不同的角度，同一个形态可以有不同的解释。例如，头肩顶（底）形态是被公认的顶部或底部的反转形态，但是，如果从更大的范围和更长的时间来看，它有可能只是一个更大的波动过程中的中间持续形态。再比如，一个三角形或楔形。在实际的投资行为中，对这样的形态我们究竟怎样判断呢？这个问题其实是对波动趋势层次的判断问题。因此，我们在分析时应该使用尽可能宽的时间区间，因为宽时间区间的形态所包含的信息更多。

二、形态突破真假的判断

在进行实际操作的时候，形态理论要等到形态已经完全明朗后才行动。形态的明朗必然涉及支撑线与压力线的突破问题。这个问题在支撑与压力理论中已经提到了，这里不再重复。

三、形态信号"慢半拍"，获利不充分

在进行实际操作的时候，形态理论要等到形态已经完全明朗后才行动，得到的利益往往不充分，从某种意义上讲，有损失机会之嫌。在我国更是如此，因为我国

证券市场趋势的持续性比较弱、时间短、幅度小。如果等到突破后才行动，有时带来的损失是不可估量的。甚至可以说，此时利用形态分析已经失去意义。

四、形态规模会影响预测结果

形态规模是指价格波动所留下的轨迹在时间和空间上的覆盖区域。形态规模大，表明在形态完成的过程中，价格的上下波动所覆盖的区域大，在技术图上所表现出来的就是价格的起伏大，从开始到结束所经过的时间跨度长。相反，小规模的形态所覆盖的价格区域小，时间长度也短。对形态的规模，可以用几何学中“相似”的概念来解释。规模大的形态是规模小的形态的放大。当然，对大小的判断会涉及主观的因素。

从实际应用的角度讲，规模大的形态和规模小的形态都对行情判断有作用，不能用简单的一句话说清楚两者的区别。在实践中，一些投资者认为，规模越大的形态作依据所得出的结论越具有战略性，规模越小的形态作依据所得出的结论越具有战术性。从形态的度量功能看，规模越大的形态，其形态高度就越高，越有利于对未来进行预测。因此，一般认为在实际中应尽量使用规模大的形态。

在结束本章之前，需要提醒读者的是，同所有的分析方法一样，本章介绍的对价格形态的识别方法只是进行实际投资行为的参考方法。它的结论只是某一方面的建议，我们应该辩证地看待它们的作用，不能把它们当成万能的工具而完全依赖，因为绝对真理是不存在的，况且我们还不能忘记：证券市场是一个众多投资者博弈的场所。

内容提要

形态理论这门重要的技术分析学问通过研究证券价格所走过的轨迹，分析和挖掘出曲线告诉我们的一些多空双方力量的对比结果，进而指导我们的行动。趋势的方向发生变化一般不是突然到来的，变化都有一个发展的过程。形态理论通过研究证券价格曲线的各种形态，发现证券价格正在进行的运动方向。

价格移动的规律是完全按照多空双方力量对比和所占优势而运动的。一方的优势大，证券价格将向这一方移动。如果这种优势不足以摧毁另一方的抵抗，则证券价格不久还会回来。这是因为另一方只是暂时退却，随着这种优势不大的影响的消失，另一方还会站出来收复失地。如果这种优势足够大，足以摧毁另一方的抵抗，甚至把另一方的力量转变成本方的力量，则此时的证券价格将沿着优势一方的方向移动很远的距离，短时间内肯定不会回来，甚至于永远也不会回来。这是因为此时的情况发生了质变，多空双方原来的平衡位置发生了变化，已经向优势一方移动了。而上一种情况的多空双方的平衡位置并未改变，所以，证券价格将会很快回到原来的位置。

取得决定性优势的一方把证券价格推向自己方向时，并不是可以无限制地随意移动到什么位置。随着证券价格向自己一方移动，原来属于本方的力量将逐渐跑到对方的行列中。例如，多方取得绝对优势（如有一个绝好的利多消息），证券价格一路上扬，买入者蜂拥而至。随着价格的不断升高，尚未买入者会心存顾虑；同时，原来在低位买入的获利者也会抛出证券。这两方面原因就会限制证券价格无休止上扬。

根据多空双方力量对比可能发生的变化，我们可以知道证券价格的移动应该遵循这样的规律：①证券价格应在多空双方力量取得平衡的位置上下来回波动；②原有的平衡被打破后，证券价格将寻找新的平衡位置。

证券价格移动的规律是：持续整理→保持平衡→打破平衡→新的平衡→再打破平衡→再寻找新的平衡→……价格的移动就是按这一规律循环往复，不断地进行的。证券市场中的胜利者往往是在原来的平衡快要被打破之前或者是在打破的最初过程中采取正确行动而获得收益的。原平衡已经打破，新的平衡已经找到，这时才开始行动，就已经晚了。

价格的变动过程主要是保持平衡的持续整理和打破平衡的突破这两种过程。这样，我们把证券价格曲线的形态分成两个大的类型：①持续整理形态；②反转突破形态。

持续整理形态，简称“持续形态”，其最主要的特点是，形态所在的平衡被打破以后，证券价格的波动方向与平衡之前的证券价格趋势方向相同。反转突破形态，简称“反转形态”，其最主要的特点是，形态所在的平衡被打破以后，证券价格的波动方向与平衡之前的证券价格趋势方向相反。

判断反转形态的时候，要注意以下几点：①证券价格原先必须确有趋势存在，才能谈得上趋势反转的问题。②某一条重要的支撑线或压力线被突破，是反转形态突破的重要依据。③某个形态形成的时间越长，规模越大，则反转后带来的市场波动也就越大。④交易量是向上突破的重要参考因素；向下突破时，交易量可能作用不大。

在经济大环境与个别公司运营发生大转变及其他非经济因素的影响下，证券价格逐渐改变其长期趋势，等待适当时机便向反方向变动，这就是反转。反转形态指证券价格趋势逆转所形成的图形。

头肩顶和头肩底是实际证券价格形态中出现得最多的形态，是最著名和最可靠的反转突破形态。三重顶（底）形态是头肩形态的一种小小的变体，它由三个一样高或一样低的顶和底组成。与一般头肩形的最大区别是，三重顶（底）的颈线和顶部（底部）连线是水平的，这就使得三重顶（底）具有矩形的特征。比起头肩形来说，三重顶（底）更容易演变成持续形态，而不是反转形态。

复合头肩形和头肩形十分相似，只是头部和肩部出现的次数不止一次而已，复合头肩形大致可划分为以下几大类：一头双肩式形态、一头多肩式形态、多头多肩式形态。

反转形态的共同点是，只有形成了突破才能谈得上形态的完成，一系列的测算功能才能用得上。但是，如果真的到了能够确认反转成立的时候，证券价格往往已经变得很高或很低了，此时行动所获得的收益就会很小。如果不等反转被确认就采取行动，又有可能遭遇假突破或形态失败等不利情况，从而遭受巨大的损失。

整理是指证券价格经过一段时间的快速变动后，即不再前进而在一定区域内上下窄幅变动，等时机成熟后再继续以往的走势。

矩形又叫箱形，也是一种典型的持续整理形态。矩形是证券价格由一连串在两条水平的上下界线之间变动而成的形态。这时，证券价格在两条横着的水平直线之间上下波动，上不去，也下不来，长时间没有突破，一直作横向延伸的运动。证券价格随矩形走势波动时，成交量渐次萎缩，这种情况反映在技术图表上就是从左到右成交量逐渐减少。当向上突破时，成交量必须增大，而且距上界线不能太近，否则有效性就会减弱；而向下突破时，成交量不一定增大，突破的位置也不宜离下界线太近。一般来说，矩形是整理形态，在升市和跌市中都可能出现。长而窄且成交量小的矩形在原始底部比较常见。突破上下界线后有买入和卖出的信号，涨跌幅度通常等于矩形本身的宽度。

旗形和楔形也是最为常见的两个持续整理形态。从形态上看，旗形走势就像一面挂在旗杆顶上的旗帜。旗形大多发生在急速而又大幅的市场波动中，这时市场极度活跃，证券价格的运动是剧烈的，近乎直线上升或下降。这种剧烈运动是产生旗形的条件。由于上升、下降得过于迅速，市场必然会有所休整，旗形就是完成这一休整过程的主要形式之一。证券价格经过一连串紧密的短期波动后，形成一个稍微与原来趋势呈相反方向倾斜的长方形，这就是旗形走势。旗形走势又可分为上升旗形和下降旗形。下降旗形的形成过程是：证券价格经过陡峭的飙升后，接着形成一个紧密、狭窄和稍微向下倾斜的价格密集区域，把这密集区域的高点和低点分别连接起来，就可以画出两条平行而又下倾的直线，这就是下降旗形。上升旗形则刚刚相反：当证券价格出现急速或近乎垂直的下跌后，接着形成一个狭窄而又紧密、稍微上倾的价格密集区域，若将其高点和低点分别连接起来，就形成了一条上升通道，这就是上升旗形。成交量在旗形形成过程中是显著地递减的。

楔形和旗形是两个极为相似的形态，楔形有时也被称为第二旗形。如果将旗形中上倾或下倾的平行四边形变成上倾和下倾的三角形，我们就会得到楔形。楔形又分为上升楔形和下降楔形。上升楔形指证券价格经过一次下跌后有强烈技术性反弹，升至一定水平又掉头下落，但回落点较前次更高，又上升至新高点比上次反弹点高，又回落形成一浪高一浪之势，把短期高点相连及短期低点相连则形成两条同时向上倾斜的直线，它往往是熊市中的反弹整理形态。下降楔形则相反，高点一个比一个低，低点亦一个比一个低，形成两条同时下倾的斜线，它通常是牛市中的回挡整理形态。

V 形（倒 V 形）是反转形态中一种速度最快、力度极强、升降幅度较大的形态。投资者如果把握及时，可获得可观利润。V 形（倒 V 形）走势转向形态，大致可分为三种类型：①V 形，是指走势连连下跌，跌到一个相对低的价位后，突然急速回升，在图形上出现一个像英文字母 V 字的形态；②倒 V 形，是指与 V 形走势相反的运动形态，当走势一路上升，到达某一相对高位后，突然掉头急速下跌，在图表上形成一个倒置的V形；③延伸V形，是指V形或者倒V形走势形成之后，横向波动一段时间，然后再继续其V形走势的形态。V形走势是一种比较容易捕捉的图形，而且变动趋向十分明显，往往是上升之后下跌或者急跌之后上升。V形一经出现，一般可以确认。

在证券价格经过长时间的缓慢盘跌之后，投资者信心严重受挫。但由于证券价位已极低，空头也不再杀跌，于是多空双方陷入长时间僵持状态，证券价格在一个极狭窄的范围内横向移动，每日的高低波幅极小，成交也十分稀疏，成交量极度萎缩，形成潜伏底。经过长时间的沉寂和僵持后，证券价格和成交量同时摆脱沉寂不动的闷局。证券价格大幅上扬，成交量也随之大增，从而走出潜伏底。

缺口是K线形态中一种特殊的形态。它是指开盘价和收盘价或收盘价和开盘价之间产生向上或向下的跳空，并留有一定的空间，在这个空间内没有任何交易。从日K线图看，缺口是当一种证券某天最低成交价比前一天的最高成交价还高，或是某天最高成交价比前一天的最低成交价还低，在图形上显示出的是一个有一定空间的裂口，因此，缺口又被称为"裂口"或"开窗"。缺口的出现表明存在一段没有交易的价格区域。具体来说，如果某个交易日证券交易的最低价高于前一个交易日的最高价，就形成向上的缺口；如果某个交易日证券交易的最高价低于前一个交易日的最低价，就形成向下的缺口。

将狭义缺口定义中的"上影线和下影线之间不重合"用"K线实体之间不重合"代替，就得到广义的缺口定义。短期内缺口即被封闭，表示多空双方开战，原先取得优势的一方后继乏力，未能继续向前推进，而由进攻改为防守，处境自然不利。长期存在的缺口若被封闭，表示证券价格趋势已反转，原先主动的一方已成为被动，原先被动的一方则转而控制大局。

当K线图在同一价位区出现两个缺口，也就是在上升与下跌行情里产生竭尽缺口后，证券价格继续朝相同方向移动，经过一段时间的变动，开始朝反方向移动，在先前竭尽缺口价位处又跳空，反转下跌或上升，形成突破缺口。由于两个缺口大约在同一价位发生，而整个盘档密集区在图形上看起就像是孤立的小岛，因此称之为岛形反转。

关键术语

持续整理形态　反转突破形态（反转形态）　反转　双重顶　双重底　头肩顶　头肩底　三重顶（底）形态　复合头肩形　一头双肩式形态　一头多肩式形态　多头多肩式形态　圆弧形态　三角形形态　矩形形态　整理　整理区域　对称三角形　上升三角形　下降三角形　作为反转形态的三角形　矩形　喇叭形　菱形　旗形　楔形　上升旗形　下降旗形　上升楔形　下降楔形　V形（倒V形）　单日（双日）反转形态　潜伏底　缺口　向上的缺口　向下的缺口

跳空　　向上跳空　　向下跳空　　狭义的缺口　　广义的缺口
有分析意义的缺口　　无分析意义的缺口　　普通缺口或区域缺口
突破缺口　　持续缺口或度量缺口　　竭尽缺口　　岛形反转

复习思考题

1. 证券价格变动的原因和过程各是什么？
2. 证券价格变动的两种形态类型各是什么？
3. 判断反转形态的时候要注意哪几点？
4. 双重顶和双重底各是怎样形成的？
5. 双重顶和双重底的操作建议是什么？
6. 简述头肩形的形成过程。
7. 简述头肩顶的形成过程。
8. 研判头肩顶形态时要注意哪几点？
9. 简述头肩底的形成过程。
10. 研判头肩底形态时要注意哪几点？
11. 头肩形的颈线在哪里？
12. 头肩形的形态高度与测算功能各是什么？
13. 圆弧顶的形成过程是什么？
14. 圆弧底的形成过程是什么？
15. 圆弧形中的成交量和成交时间有什么要求？
16. 如何判断圆弧形的突破？
17. 圆弧形的研判要点是什么？
18. 反转突破形态中的操作策略是什么？
19. 三角形包括哪三种形态？
20. 简述对称三角形的形成过程。
21. 运用对称三角形研判时要注意哪几点？
22. 上升三角形的基本图形和形成过程各是怎样的？
23. 喇叭形的基本图形、形成过程以及操作策略各是什么？
24. 菱形的基本图形、形成过程以及操作策略各是什么？
25. 识别菱形时应该注意哪几点？
26. 旗形的基本图形、形成过程各是什么？
27. 应用旗形时要注意哪几点？
28. 楔形与三角形和旗形的区别是什么？
29. 请简述V形（倒V形）反转形态的形成过程。
30. 请简述V形（倒V形）反转形态的研判要点。
31. 单日（双日）反转形态是怎样形成的？

32. 缺口包括哪些种类?

33. 缺口的研判对后市的预测具有重要的作用，在实际操作中我们究竟应该如何从各类缺口的特征去推敲未来的走势呢?

34. 如何运用缺口作为操作时的依据?

35. 进行形态分析时应注意哪些问题?

第六章
波浪理论

在所有技术分析方法中，波浪理论是最为神奇的方法。用波浪理论得出的一些结论和预测，在开始时总是被认为很荒唐，但过后大都不可思议地被事实证实。从技术的角度讲，波浪理论不容易掌握，敢于说自己能很熟练地应用波浪理论的人目前还不多。但是，波浪理论的神奇性使得它的流行范围很广，每个投资者都希望自己是掌握这把神奇钥匙的人。本章将从最基本的内容开始，逐步介绍目前已经被认可的波浪理论，希望对有志于在波浪理论的研究和应用中有所建树的投资者或读者有所帮助。

第一节　波浪理论的形成及其基本思想

一、波浪理论的形成

波浪理论的全称应该是艾略特波浪理论（Elliott wave theory），是以美国人 R. N. Elliott 的名字命名的一种技术分析理论。

波浪理论的形成经历了一个较为复杂的过程，由艾略特首先发现并应用于证券市场。他的全部想法被汇集在他所写的《自然法则——宇宙的奥秘》（*Nature's Law—The Secret of the Universe*）中。但是艾略特的这些研究成果没有形成完整的体系，在他在世时没有得到社会的广泛承认。

在艾略特之后，对波浪理论的发展做出突出贡献的有柯林斯（J. Collins）和波顿（Hamilton Bolton）。20 世纪 70 年代，柯林斯的专著《波浪理论》（*Wave Theory*）出版后，使波浪理论正式以技术分析的面孔登上证券市场的技术分析舞台。20 世纪 80 年代前后，普莱切特和费罗斯特对波浪理论做了更深入的研究，他们还在美国设立了波浪理论国际公司。

当然，这中间也有很多的研究人员为波浪理论的建立做出了突出贡献。他们正是在总结了艾略特等人研究成果的基础上，逐步完善和发展了波浪理论。可见，波浪理论的形成经历了一个较长的过程。

二、波浪理论的基本思想

艾略特最初提出波浪理论是受到证券价格（特别是股价）上涨下跌现象的启

示。众所周知，社会经济的大环境有一个经济周期的问题，证券价格的上涨和下跌也应该遵循这一周期发展的规律。不过，证券价格波动的周期规律同经济发展的循环周期是不一样的，要复杂得多。

艾略特最初的波浪理论是以周期为基础的。他把周期分成时间长短不同的各种周期，并指出在一个大周期之中可能存在小的周期，而小的周期又可以再细分成更小的周期。每个周期无论时间长与短，都是以一种模式进行。这个模式就是本章要介绍的 8 个过程，即每个周期都是由上升或下降的 5 个过程和下降或上升的 3 个过程组成。这 8 个过程完结以后，我们才能说这个周期已经结束，将进入另一个周期。新的周期仍然遵循上述的模式。以上是艾略特波浪理论的最核心内容，也是艾略特作为波浪理论的奠基人所做出的最为突出的贡献。

三、与波浪理论相关的理论

与波浪理论密切相关的除了经济周期以外，还有道氏理论和菲波纳奇（Fibonacci）数列。

在前面有关趋势的介绍中，我们曾经涉及一些道氏理论的内容。道氏理论的主要思想是：任何一种证券价格的移动都包括三种形式的移动——原始移动、次级移动和日常移动。这三种移动构成了所有形式的证券价格移动。在艾略特的波浪理论中，大部分内容是与道氏理论相吻合的。不过，艾略特不仅找到了这些移动，而且还找到了这些移动发生的时间和位置。这是波浪理论相较于道氏理论更优越的地方。道氏理论必须等到新的趋势确立以后才能发出行动的信号，而波浪理论可以明确地知道目前是处在上升（下降）的尽头，还是处在上升（下降）的中途，可以更明确地指导操作。

艾略特的波浪理论中所用到的数字都来自菲波纳奇数列。菲波纳奇数列是以 13 世纪意大利数学家菲波纳奇（Leonardo Fibonacci）的名字命名的数列。从数学上讲，菲波纳奇数列是一个由递推关系确定的数列，其数学公式如下：

$$A_{n+2}=A_{n+1}+A_n$$

$$n=1，2，3，\cdots$$

$$A_1=A_2=1$$

从上式中可以看出，数列中某一位置的数字等于在这个位置前两个位置上的数字相加。如果我们知道了处于较前位置上的数字，用上述公式就可以求出任何位置上的数字。菲波纳奇数列排在前面的十几个数字是：1，2，3，5，8，13，21，34，55，89，144，……

这个数列是数学上很著名的数列，它的特殊性质目前还没有得到数学上的严格解释，但是，它的使用已经相当广泛了。在波浪理论中也用到了以上这些数字，特别是在对证券价格上升或下降的周期和发生转折的时间进行预测时，菲波纳奇数列具有很高的实用性。一般习惯上将这些数字称为神奇数字，因为人们发现证券价格波动过程的天数进行到这些数列中某个数的时候，证券价格发生重大波动的可能性较大。例如，连续上升了 3 天、5 天和 8 天等都是价格极可能出现回落的时间。当然，并不是说到了这一天必然会发生什么大事，只是说在这一天发生变化的可能性比在别的时候要大一些。我们在观察价格变动时，在这样的天数中尤其要细心地进行观察，不能大意。

用非波纳奇数列可以产生黄金分割数。黄金分割数主要是用于寻找回落或反弹的支撑线或压力线。在波浪理论中，黄金分割数的主要用途是计算一个调整浪回头调整的高度和深度。

第二节　波浪理论的主要原理

波浪理论的主要原理涉及的内容较多，本章主要介绍波浪理论考虑的因素、波浪理论价格走势的基本形态、波浪理论的层次、主浪和调整浪及其变化。

一、波浪理论考虑的因素

波浪理论考虑的因素主要有三个方面：①证券价格走势所形成的形态；②证券价格走势图中各个高点和低点所处的相对位置；③完成某个形态所经历的时间。在三个方面中，证券价格的走势形态是最重要的，它是指波浪的形状和构造，是波浪理论赖以生存的基础。当初，艾略特或许就是从证券价格走势的形态中得到启发才提出了波浪理论的。各个高点和低点所处的相对位置是波浪理论中各个浪的开始和结束位置。通过计算这些位置，我们可以弄清楚各个波浪之间的相互关系，确定证券价格的回落点和将来证券价格可能到达的位置。完成某个形态的时间可以让我们预先知道某个大趋势即将来临。波浪理论中各个波浪之间在时间上是相互联系的，用时间可以验证某个波浪形态是否已经形成。

以上三个方面可以简单地概括为形态、比例和时间。这三个方面是波浪理论首先应考虑的，其中，以形态最为重要。有些使用波浪理论的技术分析人员只注重形态和比例，而对时间不予考虑，因为他们认为时间关系在进行证券市场（特别是股市）走势预测时是不可靠的。

二、波浪理论价格走势的基本形态

艾略特认为证券市场应该遵循一定的周期周而复始地向前发展。证券价格的上下波动也是按照某种规律进行的。通过多年的实践，艾略特发现每一个周期（无论是上升还是下降）可以分成 8 个小的过程，这 8 个小过程一结束，一次大的行动就结束了，紧接着是另一次大的行动。以下以上升为例说明一下这 8 个小过程。图 6.1 是一个上升阶段的 8 个浪的全过程。图 6.1 中 0~1 是第一浪，1~2 是第二浪，2~3是第三浪，3~4 是第四浪，4~5 是第五浪。这 5 浪中，第一、第三和第五浪称为上升主浪，而第二和第四浪称为对第一和第三浪的调整浪。上述 5 浪完成后，紧接着会出现一个 3 浪的向下调整，这三浪是：从 5 到 a 的（a）浪、从 a 到 b 的（b）浪和从 b 到 c 的（c）浪。

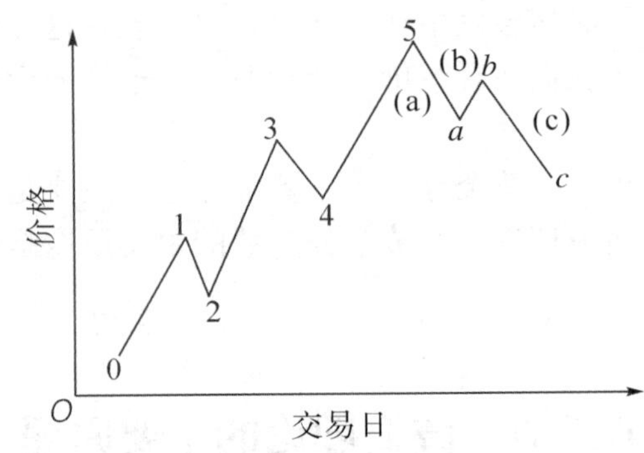

图 6.1　一个上升阶段 8 个浪的全过程

考虑波浪理论必须弄清一个完整周期的规模，因为趋势是有层次的，每个层次的不同取法，可能会导致我们在使用波浪理论时产生混乱。但是，我们应该记住，无论我们所研究的趋势是何种规模，是原始主要趋势还是日常小趋势，8 浪的基本形态结构是不会变化的。

在图 6.1 中，从 0 到 5 我们可以认为是一个大的上升趋势，而从 5 到 c 我们可以认为是一个大的下降趋势。如果我们认为这是 2 浪的话，那么 c 之后一定还会有上升的过程，只不过时间可能要等很久。这里的 2 浪只不过是一个大的 8 浪结构中的一部分。

三、波浪理论的层次：浪的合并和细分

波浪理论认为波浪是有层次的，并且可以按照一定的原则合并和细分。

（一）大浪套小浪，浪中有浪

波浪理论认为证券价格趋势所形成的形态的时间和空间跨度是随意而不受限制的。大到可以覆盖从有证券以来的全部时间跨度，小到可以只涉及数小时、数分钟的证券价格走势。

正是由于时间和空间跨度的不同，所以在数八浪时，必然会涉及将一个大浪分成很多小浪和将很多小浪合并成一个大浪的问题，这就是每一个浪所处的层次的问题。处于层次较低的几个小浪可以合并成一个层次较高的大浪，而处于层次较高的一个大浪又可以细分成几个层次较低的小浪。当然，层次的高低和大浪、小浪的地位是相对的。

下面以上升牛市为例，说明一下波浪的细分和合并，具体如图 6.2 所示。

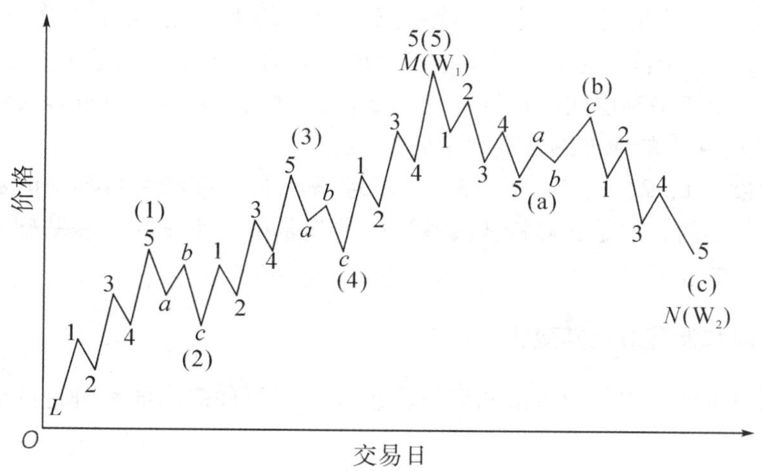

图 6.2　波浪的合并与细分

从图 6.2 中可以看出，规模最大的是处于第一层次的两个大浪，从起点 L 到顶点 M 是第一大浪 W_1，从顶点 M 到末点 N 是第二大浪 W_2，W_2 是第一大浪 W_1 的调整浪。第一大浪和第二大浪又可以细分成 5 浪和 3 浪，共 8 浪。

第一大浪可以分成（1）（2）（3）（4）（5）共 5 浪，而第二大浪可以分成（a）（b）（c）3 个浪，这 8 浪是规模处于第二层次的大浪。

第二层次的大浪又可以细分成第三层次的小浪，这就是图中的各个 1、2、3、4、5 以及 a、b、c。数一下可知这样的小浪一共有 34 个。

（二）合并和细分的原则

在细分波浪时，我们会遇到这样的问题：是将一个较大的浪分成 5 个较小的浪，还是分成 3 个较小的浪呢？这个问题要看这个较大的浪是处在上升趋势中还是下降趋势中；同时还要看比这个较大的浪高一层次的波浪是在上升趋势中还是在下降趋势中。以上两个因素将决定这个较大的浪的细分是 3 浪还是 5 浪。

（1）本大浪是上升的，上 层的大浪也是上丌的，则分成 5 浪；

（2）本大浪是上升的，上一层的大浪是下降的，则分成 3 浪；

（3）本大浪是下降的，上一层的大浪是上升的，则分成 3 浪；

（4）本大浪是下降的，上一层的大浪也是下降的，则分成 5 浪。

换句话说，如果这一浪的上升和下降方向与它上一层次的浪的上升和下降方向相同，则分成 5 浪；如果不相同，则分成 3 浪。例如，图中的（2）浪，本身是下降，而（2）浪的上一层浪即第一大浪则是上升，所以（2）浪分成 3 浪。（a）浪本身是下降，（a）浪的上一层浪第二大浪 W_2 也是下降，所以（a）浪分成 5 浪结构。按照这一原则可以对任何一个浪进行细分。同样，不管是什么样的证券市场，按照这样的原则不断地合并下去，最终，整个过程就会被合并成 1 个浪或 2 个浪。

（三）菲波纳奇数列与波浪的数目

用波浪理论进行数浪时，菲波纳奇数列有不可忽视的作用。从图 6.2 中我们可以看到，第一大浪 W_1 由 5 个浪组成，同时这 5 个浪又由更小的 21 个浪组成，而第

二大浪 W_2 由 3 个浪组成，同时这 3 个浪又由更小的 13 个浪组成。第一大浪 W_1 和第二大浪 W_2 为 2 个浪，由 8 个较大的浪组成，同时这 8 个较大的浪又由 34 个更小的浪组成。如果将最高层次的浪增加，例如增加第三、第四、第五等大浪，则我们还可以看到比 34 大的菲波纳奇数列中的数字。

这里的数字 1、2、3、5、8、13、21、34 等都是菲波纳奇数列中的数字。它们的出现不是偶然的，这是艾略特波浪理论的数学基础。正是在这一基础上，才有了波浪理论往后的发展。

四、主浪和调整浪及其变化

波浪理论中的波浪是由主浪和调整浪组成的，两种浪在波浪理论的研究中起着重要的作用。

（一）主浪的定义及特性

如果一个波浪的趋势方向和比它高一层次的波浪的趋势方向相同，那么这一波浪就称为主浪。由于与高层次的浪方向相同，主浪起了一个推动趋势发展的作用，所以，主浪又称为推动浪（impulse waves）。

主浪的地位是相对的，它可能处在一个更大的主浪之中，也可能处在一个更大的调整浪之中。主浪有一个特点，即不管是上升还是下降，对主浪的细分必然是分成 5 个小浪。

例如在图 6.2 中，（1）（3）（5）（a）（c）浪都与它们上一层次的浪 W_1 或 W_2 的趋势方向相同，所以它们都是主浪。因为（2）（4）与 W_1 及（b）与 W_2 方向相反，所以不是主浪，而是调整浪。

主浪是第 1、3、5、6、8 浪。由于所处的位置不同，主浪的特性也会有所区别。下面以上升趋势为例进行叙述。

（1）第 1 浪。第 1 浪是整个上升趋势过程的开始，所以它一般处于市场的底部位置。在底部形态的形成中，第 1 浪的上扬往往被认为是不起眼的有限反弹，一般将首先遭到空方的打压。所以，第 1 浪一般持续的时间很短，上升的高度也不高。当然，如果底部形态已经完全形成，这时第 1 浪向上的高度可能会高一些。

（2）第 3 浪。第 1 浪和第 2 浪已经完成了筑底的过程，而且又由于此时的底部已经比第 1 浪出现时要坚实得多，而使得第 3 浪是上冲的最为强烈的一浪，持续时间最长，上升高度最高。第 3 浪中将发生各种各样的信号，第 3 浪的出现表示传统意义上的突破已经被确认。在第 3 浪中，所有顺势而为的忠实执行者由于得到了向上趋势已经形成的“通知”，都纷纷挤进当前这一牛市。成交量的迅猛增大和价格不可思议的攀升，在第 3 浪中是很常见的。同样，上述成交量的增大和价格的上升也是我们判断一个浪是不是第 3 浪的标准之一。如果某一浪的成交量和价格没有显著地增加，那么，这一浪极有可能不是第 3 浪。

在图形上，第 3 浪所表现出来的是价格位置发生了本质性的改变，因此大多数证券的价格在经过了第 3 浪的上升之后，就“再也回不去了”，价格将保持在比起始价格高很多的位置。

（3）第 5 浪。经历前 4 个浪的两次上升和回落之后，第 5 浪往往要比第 3 浪温和得多。第 3 浪出现的强势和疯狂，在第 5 浪会得到充分控制。在第 5 浪完成的末期，各种技术指标差不多都会发出背离的信号，预示着顶部的形成和向下趋势的开始。第 5 浪持续的时间可能很长，也可能较短，没有一定的规律。

（4）a 浪。a 浪与第 1 浪有类似的特性，它也容易被误认为是暂时的回落。但是，由于前面第 5 浪的末期出现的技术指标背离，持券的获利者会将手中的证券大量抛出。这就是说，a 浪下落的深度可能很深，而且大的成交量可能同时出现，形成价跌量增的局面。

（5）c 浪。c 浪的出现是调整浪进入尾声的开始，这个时候极易出现各种行动的信号。下跌杀伤力的强弱将体现在 c 浪的具体表现中。

对于主浪的介绍主要是针对第 1、3、5 浪，对于 a 浪和 c 浪一般没有给予过多的注意。

（二）主浪的延伸

主浪有时会延伸，这里我们来分析一下主浪延伸所产生的 9 浪结构、主浪延伸中的规律和第 5 浪延伸的特殊性。

1. 主浪延伸所产生的 9 浪结构

3 个主浪中的任何一个有时可能不是单纯的向上过程，而是可以细分成 5 个小浪，这种现象叫主浪的延伸或延长。换句话说，第 1、3、5 浪中的某一个有可能以 5 个小浪的形式出现在整个波浪形态中。第 1、3、5 浪中最容易出现延伸的是第 3 浪，这是第 3 浪的特殊性造成的。第 1 浪持续的时间短，不容易出现延伸现象。第 5 浪的延伸比第 1 浪多，但比第 3 浪少，处在两者中间的地位。

图 6.3 是主浪延伸后的九浪结构图。左图是牛市的延伸，右图是熊市的延伸。第一排是第 1 浪延伸，第二排是第 3 浪延伸，第三排是第 5 浪延伸，第四排是无界线延伸，呈现的是 9 浪结构。

一个牛市上升趋势的 5 浪结构会因为其中一个主浪的延伸而变成 9 浪结构，9 浪结构中的 5 个主浪都占据着相差无几的长度。9 浪结构与 5 浪结构具有相同的意义，它不过是 5 浪结构的变形，这个变形是由于主浪的延伸而出现的。

2. 主浪延伸中的规律

关于延伸有一条非常重要的规律：3 个主浪中只能有 1 个主浪产生延伸。如果某一个主浪产生了延伸，则另外 2 个主浪一定不会产生延伸，而且这 2 个未出现延伸的主浪在时间长短和波动幅度上应该大致相同。这一特性是我们对延伸进行判断的依据之一。

如果第 1 浪或第 3 浪出现延伸，整个波浪的形态不会有大的变动。但是如果第 5 浪出现延伸，则情况会有所变化，相对来说要复杂一些。

3. 第 5 浪延伸的特殊性

如果第 1 浪、第 3 浪出现 5 浪的延伸，在 5 浪的后面不会紧跟一个调整的 3 浪结构。如果延伸发生在第 5 浪，则后面必然会紧跟一个调整的 3 浪结构。因为上升 5 浪的全过程已经结束，紧跟一个调整 3 浪是必然的。

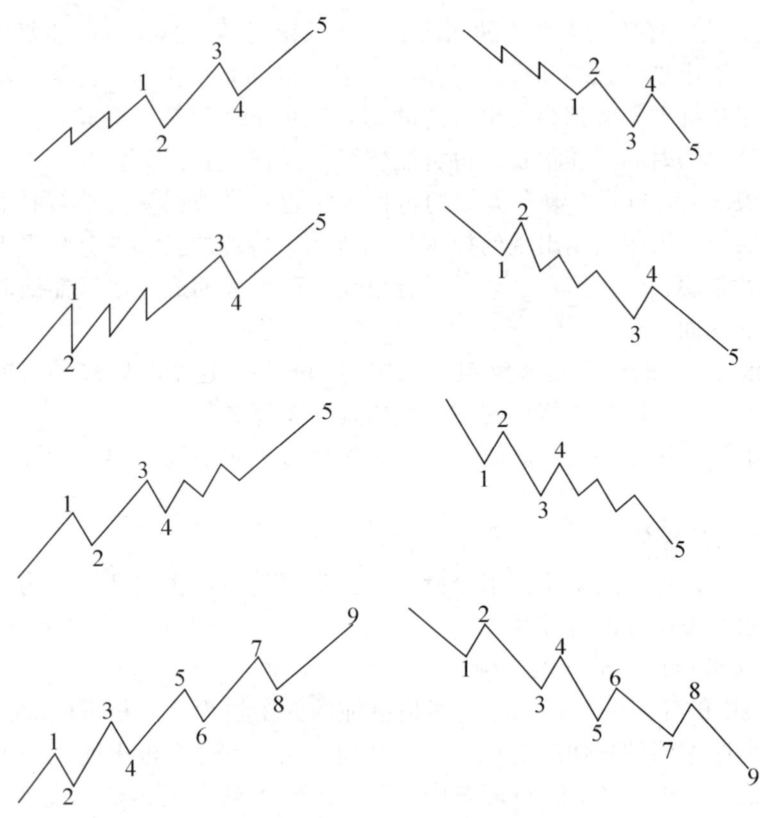

图 6.3　主浪延伸后的 9 浪结构图

这个紧跟着的 3 浪结构是价格的第一次回落（retracement），回落的位置大约是延伸浪的起点，也就是延伸 5 浪中标着（2）的那个低点（见图 6.4）。

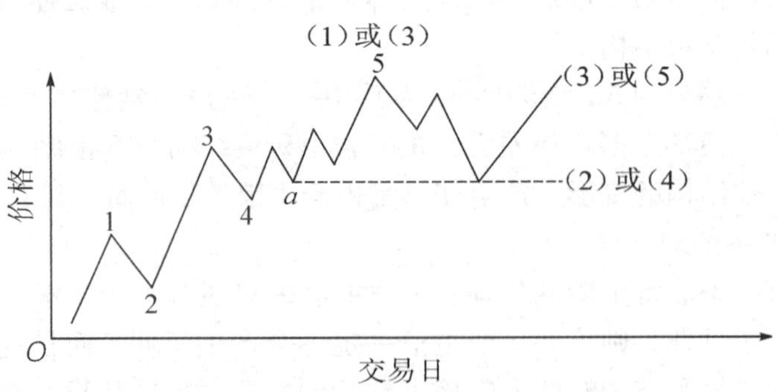

图 6.4　二次回落图（1）

这个紧跟着的 3 浪结构的地位在不同情况下是不同的。如果原来的上升 5 浪（在延伸情况下是 9 浪）是比它更高一层次的第（1）浪或第（3）浪，那么这个紧跟着的 3 浪结构就是高一层次波浪的第（2）浪或第（4）浪。不论是哪种情况，下一步将进行第二次回落，价格从低点调头向上，去运行第（3）浪或第（5）浪，从而恢复原来的上升趋势（具体如图 6.4 所示）。

如图 6.5 所示，如果上升 5 浪是高一层次的波浪的第 5 浪，那么这个 3 浪结构就是高一层次的（a）浪。之后将是价格的第二次回落。不过，这一次价格将运行的是（b）浪，从而预示原来上升趋势的结束，新的下降趋势的开始。

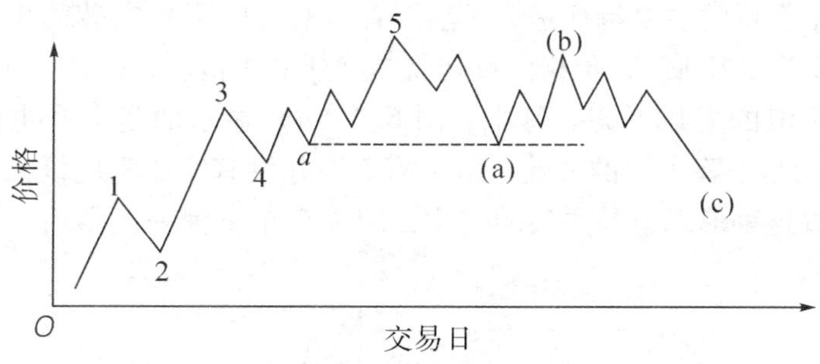

图 6.5　二次回落图（2）

以上是第 5 浪出现延伸时的两次回落现象。上两图是这一现象的图形表示。第一次回落从 5 到（a）和从 5 到（2）或（4），回落深度是延伸浪的起点。第二次回落是从（a）到（b）和从（2）或（4）开始的第（3）或第（5）浪。

（三）主浪的斜三角形（diagonal triangle）和主浪的失败形态（failure swing）

1. 主浪的斜三角形

除了可以分成 5 浪组合而成为延伸这种变化之外，主浪的另一种变化是变成更为复杂的斜三角形。

图 6. 6 是主浪的斜三角形的图形说明。图 6. 6（a）出现在牛市中，图 6. 6（b）出现在熊市中。

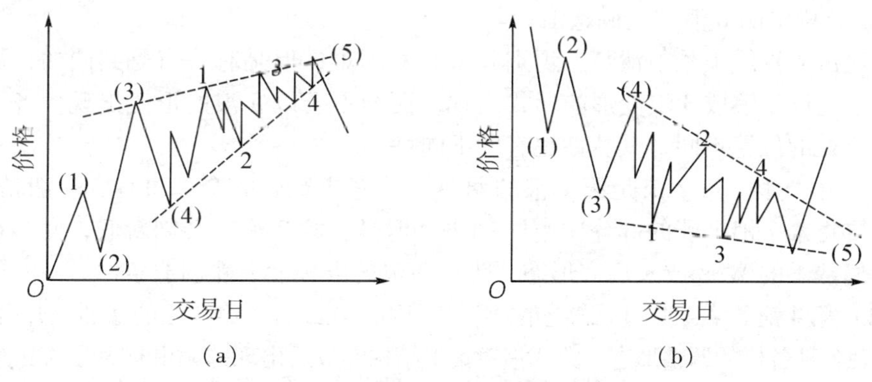

图 6. 6　主浪的斜三角形的图形说明

这种斜三角形一般都发生在第 5 浪的身上。从图 6. 6 中可以看出，这里的所谓斜三角形在形态理论中被称为上升或下降楔形。由形态理论的知识我们知道，楔形属持续整理形态，上升楔形看跌，下降楔形看涨。所以，在第 5 浪出现斜三角形时，将有一个大的回落。从波浪理论的角度看，完成了 5 浪结构后，将有一个 3 浪结构的调整浪，这也预示着一次回落的开始。在这个问题上，波浪理论与形态学达成了共识。

斜三角形的结构同样是由 5 个浪组成。与延伸不同的是，这 5 个浪的每一个又分成 3 个小浪。每个浪都细分成 3 浪，这与波浪理论最基本的上升 5 浪、下降 3 浪的 8 浪结论不同，应该注意这一点。

2. 主浪的失败形态

主浪出现失败的形态说明价格沿一个趋势的运动已经精疲力竭，接近尾声了。这个时候，价格图形的主要特征是第 5 浪没有向上（向下）突破第 3 浪的高点（低点），而形成 M 头（W 底），价格的反转将是必然的事情。

图 6.7 是主浪的失败形态。其中，图 6.7（a）显示的是上升主浪的失败，图 6.7（b）显示的是下降主浪的失败。由于第 5 浪并没有完成它应该去完成的上升或下降趋势，所以这种形态也是主浪的变化，因为 3 个主浪一般是后一浪比前一浪更高或更低。

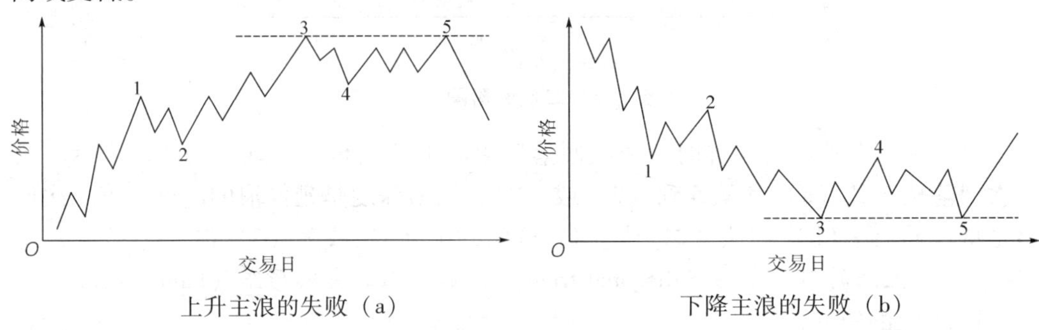

图 6.7　主浪的失败形态

（四）调整浪的定义及特性

调整浪（corrective wave）是指运行方向同它的上一层次的波浪的方向不同的波浪。调整浪是主浪的补充。一个浪不是主浪就是调整浪，5 浪结构中的第 2 浪和第 4 浪、3 浪结构中的 b 浪都是调整浪。

调整浪的界线不是很清楚，识别起来有些困难，但是有一点是共同的，那就是调整浪一定以 3 浪或 3 浪变形的形式出现，而绝不会以 5 浪的形式出现。各个调整浪由于所处的位置不同，其特性也有所不同：

（1）第 2 浪。第 2 浪是第 1 浪的回落，并完成筑底的全部过程。一般情况下，第 2 浪要将第 1 浪上涨的部分“吃”回去，但是，第 2 浪不会创新低，而会在底部形成我们熟悉的 W 底或头肩底形态，为第 3 浪的大幅度上涨创造条件。

（2）第 4 浪。第 4 浪的形态是最复杂多变的。在经过了第 3 浪的猛烈上升后，第 4 浪会出现各种各样的调整形态。第 4 浪对 5 浪结构完成后出现的熊市有很强的支撑作用，也就是说，第 4 浪的最低点是未来第 5 浪之后 3 浪调整结构的重要支撑位置。

（3）b 浪。b 浪也是复杂多变的形态。在经过了 a 浪的调整后，b 浪会试图将 a 浪的回落拉回去，但通常是失败的。从图形上看，b 浪更多的是横向运动，多次上升不成功后，为后面的 c 浪下跌积累力量。

（五）调整浪的四种主要类型

调整浪对主浪的波动行为进行调整和修正。主浪的上升或下降有可能太过于激烈，调整浪在某种程度上可以慢慢地平息这种过于火爆的过程，使投资者能够重新聚集力量，进行适当休整，有利于下一步新一轮上冲或下降。

平息过分激烈波动的方式有很多，在技术图形上呈现出来的价格形态也是多种多样的。简单地划分，调整浪可以分为 4 种类型：锯齿形、平台形、三角形、双三型和三三型。

1. 锯齿形

锯齿形调整浪是最简单的调整浪，识别起来比较容易。它的 3 浪结构的走势图形就像一个英文字母 N 一样曲折，或者像字母 Z 一样曲折。下降锯齿形调整浪和上升锯齿形调整浪分别如图 6.8、图 6.9 所示。

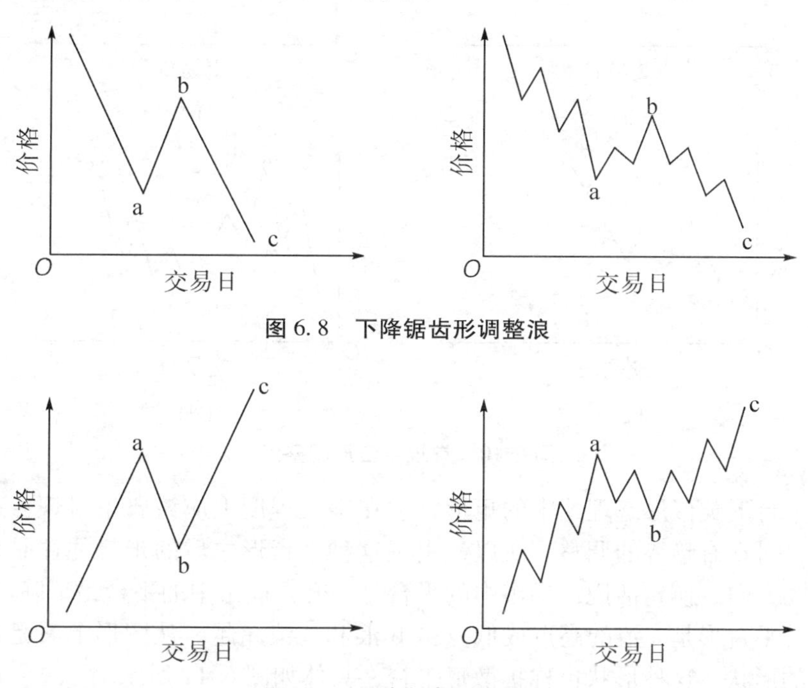

图 6.8　下降锯齿形调整浪

图 6.9　上升锯齿形调整浪

由于大浪可以细分成小浪，所以，a 浪、c 浪可以分成 5 浪，b 浪可以分成 3 浪，这样，锯齿形调整浪有时是以“5—3—5”的波浪序列出现的，这是 13 浪的结构。

无论是 3 浪结构的调整还是 13 浪结构，中间一浪 b 的高点（低点）远远未触及 a 浪的起点，而 c 浪的低点（高点）却远远地低于（高于）a 浪的低点（高点）。正因为如此，才构成曲折向下（上）的酷似字母 N 的锯齿形。

2. 平台形

平台形调整浪的价格趋势是横向波动，没有明显的向上或向下趋势。平台形在形态结构上与锯齿形很相似，区别主要在两个方面：①平台形的 3 浪结构调整可以被细分，但是细分的结果是“3—3—5”的波浪序列，而锯齿形是“5—3—5”的波浪序列。也就是说，a 浪被细分成 3 浪而不是 5 浪。在第 5 浪出现延伸的两次回落时，投资者就会遇到这个形态。②a、b、c 这个 3 浪的顶点的相对高度，不像锯齿形规定得那么死板，可以有各种相对位置。a、b、c 这 3 个浪的顶点和底点的相对位置的不同，导致了平台形调整浪的不同类型。

平台形调整浪主要分为两种形态，即常规的平台形和它的变形体。变形体有两个，所以平台形一共可以分为 3 种形态。

第一种是常规的平台形。它的特点是 a、b、c 这 3 浪的高点和低点都相同或近似相同，这样，从图形上看就是不倾斜的一个平台的形状，具体如图 6.10 所示。

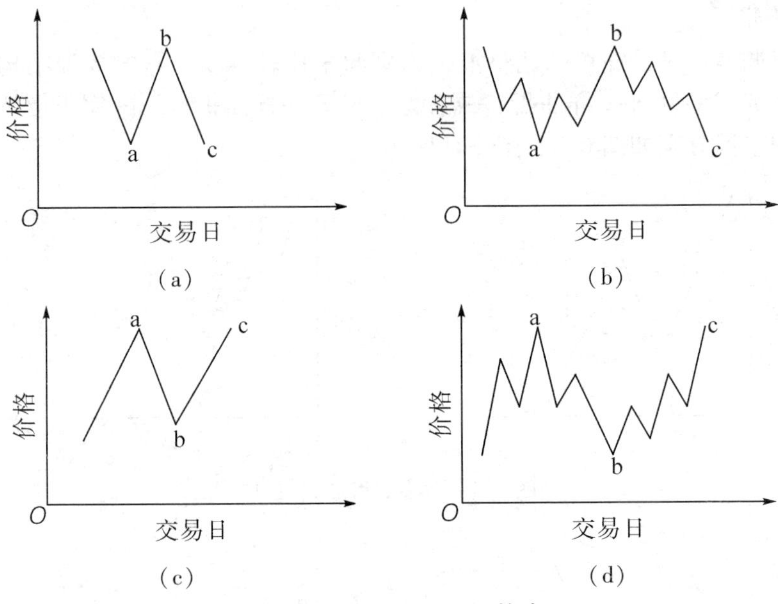

图 6.10 常规平台形调整浪

这种平台形类似形态理论中的矩形，它在很大程度上应该属于对现有趋势的巩固，而不是对现有趋势的调整。所以，出现这种平台形之后的走势往往是保持原来趋势的运动方向。换句话说，牛市中的平台是上升，熊市中的平台是下降。

第二种平台形是 a 浪的高点或低点被 b 浪和 c 浪超越。从图形上看是各种波动幅度变大的形状。这种形状也称扩散形平台，具体如图 6.11 所示。

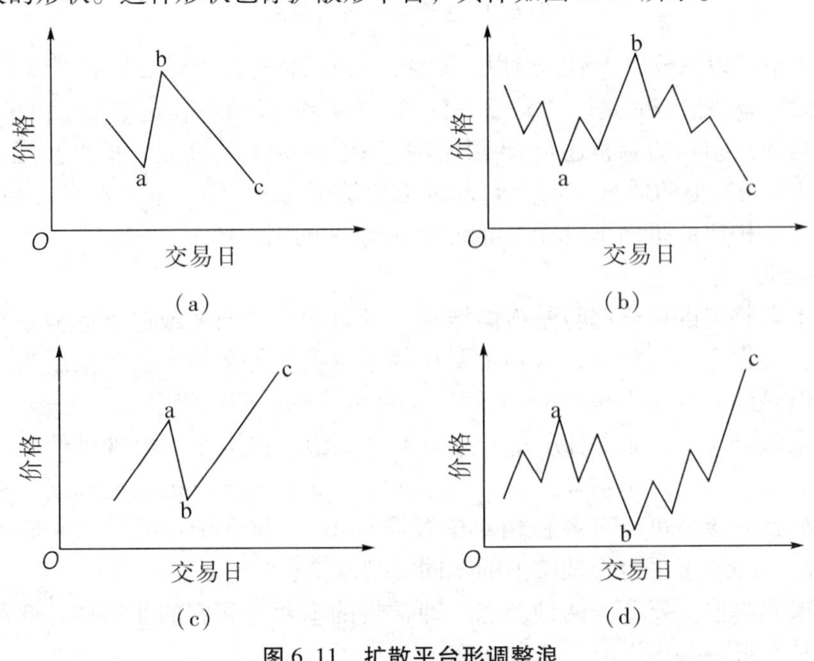

图 6.11 扩散平台形调整浪

第三种平台形是 a 浪的高点或低点被 b 浪达到，但是 c 浪未超越 a 浪的高点或低点，具体如图 6.12 所示。从图形上看，价格的波动幅度正在变小。这种形状也被称为收缩形平台。从形态理论的观点看，属于对称三角形形态。

从本质上讲，不管是哪种类型的平台形调整浪，都是对现有趋势的巩固和加强，只是程度上有些不同。从形状上讲，又多是形态学中的持续整理形态。所以，从这两方面讲，平台形之后的走势应该是保持原来的趋势方向。

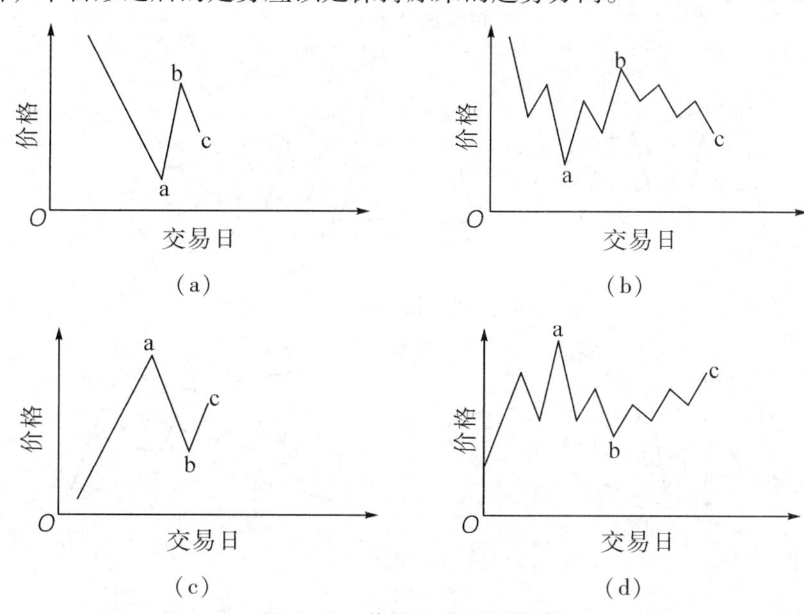

图 6.12　收缩平台形调整浪

3. 三角形

三角形多出现在 5 浪结构中的第 4 浪，有时也可出现在 3 浪结构中的 b 浪，但是以第 4 浪的情况居多。

三角形的形状本身是由 5 浪组成的，这 5 个浪的每一个浪又可以细分成 3 个小浪。这个形状同主浪的第 5 浪中的斜二角形的形状相同。两者的区别在于：这里的三角形中的三角形以横向发展为主，没有明显的倾斜；而斜三角形中的三角形是倾斜的，也就是楔形的样子。三角形调整浪如图 6.13 所示。

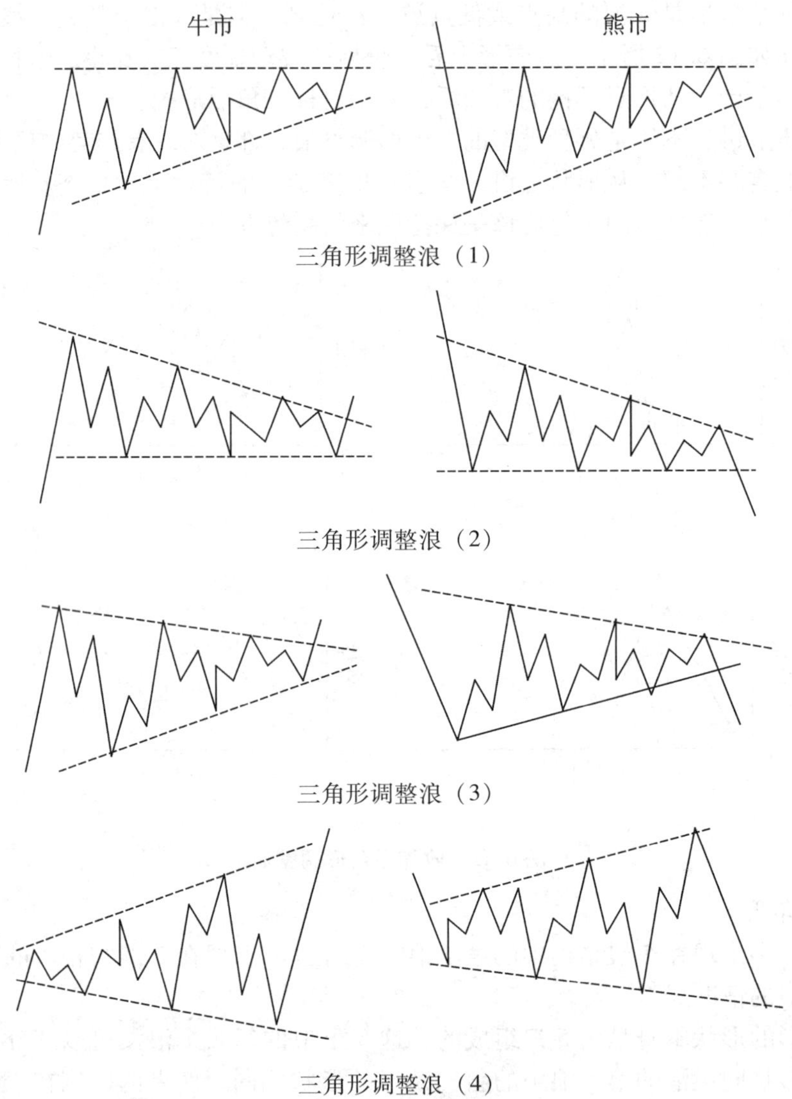

三角形调整浪（1）

三角形调整浪（2）

三角形调整浪（3）

三角形调整浪（4）

图 6.13　三角形调整浪

第 4 浪的三角形通常是横向的巩固的形态，包括上升三角形、下降三角形、对称三角形和喇叭形（扩大三角形），这些都是形态学中的内容。这些三角形对今后价格走势的预测结果在波浪理论中也用得上，并且还颇为吻合。

以牛市为例，如果在上升趋势中看到了三角形（第 4 浪），那么，牛市可能看涨也可能看跌。看跌的原因是市场目前已经经过了第 3 浪的大涨，尽管还有第 5 浪的上升，但这个上升可能是有限的。此外，第 5 浪还可能是失败的形态，第 3 浪完成后，价格就已经到顶了。

三角形完成后，最后的第 5 浪将以较快的速度完成。另外，第 5 浪的上升或下降的高度，除了可以使用比率分析中的结论之外，还可以沿用形态学中三角形形态的测量功能。

4. 双三型和三三型

这是较为常见的调整浪的复杂形态。双三型如图 6.14 所示，三三型如图 6.15 所示。

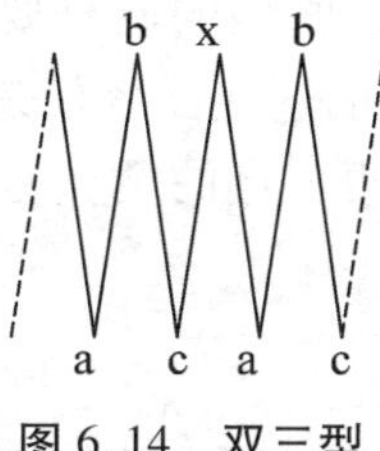

图 6.14　双三型

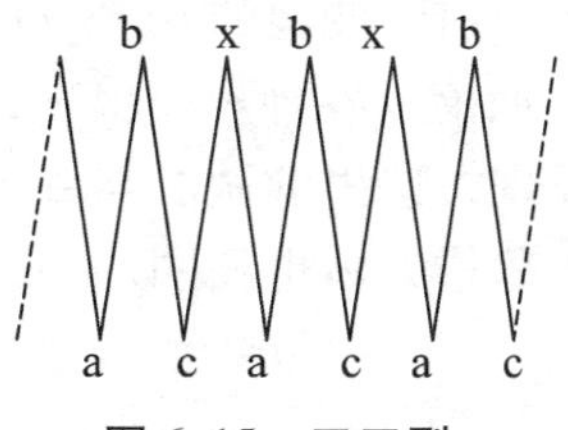

图 6.15　三三型

双三型是两组 3 浪结构合并在一起，形成 7 浪。三三型是三组 3 浪结构合并在一起，形成 11 浪。双三型和三三型都酷似形态理论中的矩形，形态理论中关于矩形的结论都可以用到这里。

双三型中的浪和三三型中的浪，又可以细分成 5 浪结构和 3 浪结构。这样一来，一个双三型和三三型又成了复合的结构，里面可能含有锯齿形，也可能含有平台形。这种情况比较复杂，有兴趣的读者可以阅读一些有关波浪理论的专门著作。

第三节　波浪理论的比率分析、时间周期分析和规则

波浪理论考虑的内容包括三个方面，即价格、比率和时间，其分析包括价格形态分析、比率分析和时间周期分析。前面重点介绍了价格形态方面的内容，本节将介绍有关波浪理论中比率分析和时间周期分析的内容。

一、比率分析

比率分析是波浪理论中一个浪与另一个浪在价格波动幅度上的比例关系。计算支撑与压力的黄金分割法在证券市场中已经广泛使用，谁都可以预见，在任何一个完整的证券价格上升过程的回落中，确定回落调整幅度是前面上涨幅度的某个黄金分割数字的比率。这种情况下的计算虽然很简单，但是使用起来很复杂。然而，与黄金分割关系相适应的市场基本趋势总是存在的，它有助于我们对每一个浪产生正确的认识。

波浪理论一些比例分析结果的实际效果可以说令人瞠目结舌，某些波浪理论的使用者对比例分析简直着了魔。他们相信，每一个浪的幅度都可以按非波纳奇数字中的某个比率与相邻波浪的长度计算得到。

（一）两类比率关系

比率分析已经揭示了一个在波浪中经常出现的反映精确价格关系的数字，主要有两类比率关系：回落或反弹关系和倍数关系。

1. 回落或反弹关系

与回落相关的内容在有关支撑与压力的黄金分割线中已经有所介绍，这里是从

波浪理论的角度来看待这个问题。在计算回落幅度时要考虑浪的位置，这对于高低点的确定有一定的指导作用。

通常，一个调整的回落幅度是前面波浪的菲波纳奇百分比。如图6.16所示，一般的调整经常回落至前面波浪的61.8%以下的位置，剧烈的调整要回落到前面主浪的38.2%的位置。回落以各种规模出现，图6.16中的这些比率仅是一种倾向。如果稍加留意就可以发现，这里的做法与百分比线中的两个点的黄金分割线的做法是基本一致的。反弹的分析大体也相同。

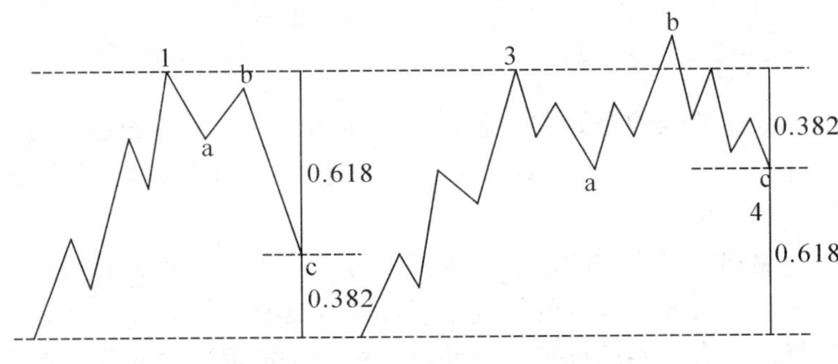

图6.16 回落比率

2. 倍数关系

波浪理论中的主浪长度倍数关系呈现出以下的特点：

（1）第1浪与第5浪长度的倍数关系。如果第3浪是延伸浪，那么第1浪和第5浪就趋向于等长或成0.618的倍率关系。实际上，无论是等长（1倍），还是1.618倍、2.618倍、0.618倍、0.382倍，所有3个主浪都与菲波纳奇数列有关，这些主浪的长度通常呈百分比关系。当然，在低层次的波浪中，算术刻度和百分比刻度实际上能得出同样的结果，此时每个主浪的点数揭示了同样的倍数。

（2）第5浪长度与第1浪至第3浪长度的倍数关系。第5浪的长度与第1浪至第3浪的长度成菲波纳奇比率关系。如果第5浪是延伸浪，那么这一比率关系可能是1.618。当第5浪不延伸的时候，这样的倍数关系可能是0.382或0.618。

（3）第5浪长度在整体长度中的比例。如果第5浪不延伸，那么第5浪的长度是整个5浪结构波动幅度的0.382倍。如果第5浪延伸，那么第5浪的长度是整个5浪结构波动幅度的0.618倍。

（二）调整浪长度之间的比率关系

波浪理论中调整浪长度之间的比率关系呈现出3个特点。①锯齿形调整浪。c浪的长度与a浪长度之间有三种可能的倍数关系：等长（1倍）、1.618倍和0.618倍。②平台形调整浪。在最规则的常规平台形中，a浪和c浪的长度相等。在扩散平台形中，c浪的长度通常是a浪的1.618倍，在少数情况下会出现2.618倍的情况。③三角形调整浪。在进行三角形调整时，各浪之间的关系也涉及黄金数字。如果三角形最宽处的第一次调整的高度是 x，那么，其后的相反方向的第二次调整的高度应该是 $0.618x$。应该注意，确定三角形每次调整的起点和终点是很困难的。正是由于这个原因，三角形各调整浪之间的长度比率的实用性受到了很大的影响。

④第4 浪与第 2 浪的价格波动范围相等，或成黄金数字的关系。

二、时间周期分析

这个问题实际上涉及循环周期理论。在波浪理论中，对时间因素的考虑体现在每个浪所运行的时间上，如完成某个浪所要经过的交易日或交易周。就目前而言，在中国还没有得到广泛认可的结论。初步的结论是，完成某个浪所要经过的时间，一般是非波纳奇数列中的某个数字。从对 1994 年以前的上证指数的具体研究中可以发现，局部低点和高点之间的时间以 21 周、13 周居多。

三、波浪理论的规则

波浪理论的原始结果相当简单，就是 8 浪结构。但是，这 8 浪的具体表现形式可以多种多样，这就给我们应用波浪理论带来了很多麻烦。这里给出几个波浪理论中铁定不变的规则，它们对识别波浪很有帮助。这些内容都是我们应该牢记的。

波浪理论的 4 个规则如下：

（1）第 3 浪一定不是最短的浪。5 浪结构中的第 3 浪，其长度通常是最长的，而且肯定不是第 1、3、5 浪中最短的。数浪时，容易犯的错误就是按顺序 1、2、3……数下去，而不考虑某部分是否能成为第 3 浪。这个原则就为我们提供了一种方法，当发现我们认为的第 3 浪是最短的浪的时候，就应该明白自己数错了。其实，在发现我们认为的第 3 浪不是最长的浪的时候就应该有所警觉。

（2）第 1 浪、第 4 浪不重合。5 浪结构中的第 4 浪，除非是在斜三角形内，否则，第 4 浪的底部应该比第 1 浪的顶部高，或者第 4 浪的顶部应该比第 1 浪的底部更低。前者是针对上升的情况，后者是针对下降的情况。同上面一样，这一条能帮助我们识别第 4 浪，避免犯很多明显的错误。

在介绍第 3 浪特性的时候，我们曾经指出，第 3 浪是发生根本性改变的一次价格波动。也就是说，发生了第 3 浪后，价格已经上升到一个新的高度，远远离开了起始价格区域，再也回不去了。从这个意义上讲，如果第 1 浪和第 4 浪重合了，也就是第 4 浪在下降的过程中接触到第 1 浪的波动区域，那么将“有损于”第 3 浪所产生的“从根本上改变价格位置”的作用，因此，在通常的情况下，我们都认为第 1 浪和第 4 浪是不会发生重合现象的。

（3）交替原则。波浪的形态几乎是交替地轮番出现。这个原则其实对很多别的技术分析方法也适用，尤其是形态理论。

上一次顶部或底部出现某种形态，紧接着的下一顶部或底部就可能是另一种形态。换句话说，通常我们不知道下一个是什么形态，但是我们知道下一个不是什么形态。具体到波浪理论上，以调整浪满足这个原则最为明显。例如，第 2 浪是简单形态，那么第 4 浪是简单形态的可能性就不大，而应该是复杂的形态，如三角形、双三型、三三型。如果第 2 浪已经是复杂形态了，那么第 4 浪多半是简单形态。

我们还要记住波顿（H. Bolton）说过的一句话，以免误用交替原则。他是这么说的：交替原则并非必然出现，但在大量的实例中显示出这个规则的存在性。

（4）高层次第4浪高（低）于第3浪中的低层次第4浪。对出现在第4浪之前并与其同层次的第3浪来说，如果可以分成5浪结构，就会出现一个低层次的第4浪，这就是在前一段波浪中衍生出来的低一层次的第4浪。在大第4浪的回落中，其低点常常在这个较低层次的小第4浪的范围内完成。换句话说，高一层次的第4浪低点，应该比第3浪中低一层次的第4浪的低点高。对于下降的熊市的叙述正好相反，是低于而不是高于。

这个规则实际上为我们提供了解决行情回落时支撑位在何处的问题。人们都想知道暂时的顶点和底点，这个原则能大致告诉我们这个答案。当然，大前提是正确地数浪。

以上4个规则，前两个是比较肯定的，后两个则是不很肯定的，也就是说，发生意外的可能性大些。

以下将波浪理论的基本内容一一列举如下，以便读者查阅：

（1）完整的周期由8浪构成，即主浪5浪、调整浪3浪；

（2）任何一浪都可以分成更小的浪，更小的浪也可以合并成更大的浪；

（3）调整浪始终以3浪结构或其变形结构的形式出现；

（4）最简单的调整浪是锯齿形和平台形；

（5）三角形多发生在第4浪；

（6）主浪可以延伸，也可以失败；

（7）只能有1个主浪延伸，另外2个主浪的时间和幅度相当；

（8）菲波纳奇数列在波浪理论中很重要；

（9）交替原则；

（10）第4浪与第1浪不重合；

（11）第3浪非最短原则；

（12）主浪的长度之间有黄金数字的倍数关系；

（13）调整浪的长度之间有黄金数字的倍数关系；

（14）波浪理论由形态、比例和时间三个支柱支撑。

第四节　波浪理论的应用及其不足

熟悉了波浪理论以后，我们就可以运用波浪理论对证券市场进行分析。同时，我们也应该清楚波浪理论并不是完美无缺的，它同样存在着许多不足。

一、波浪理论的应用

我们知道了一个大的周期的运行全过程，就可以很方便地对大势进行预测。我们要明确当前所处的位置，具体地说就是明确我们当前所在的8浪结构的层次及其相应层次的位置，按波浪理论所指明的各种浪的数目就会很方便地知道下一步该干什么。

要弄清我们目前所处的位置，最重要的就是要认真准确地识别3浪结构和5浪结构。这两种结构具有不同的预测作用。一组趋势向上（向下）的5浪结构，通常可能是更高层次的波浪的1浪，好戏还在后头，中途若遇调整，我们就知道这一调整肯定不会以5浪的结构而只会以3浪的结构进行。一旦调整完成3浪结构，我们绝不会再继续等下去，而是会立即采取行动，买入或抛出。

如果我们发现了一个5浪结构，而且目前处在这个5浪结构的末尾，那么我们就清楚地知道，一个3浪的回头调整浪正等着我们，应该立即采取行动。如果这一个5浪结构同时又是更上一层次波浪的末尾，那么我们就知道一个更深的更大规模的3浪结构将会出现，这时采取行动是非常必要的。

上升5浪、下降3浪的原理也可以用到熊市中，这时结论变成下降5浪、上升3浪。不过，就股票市场而言，全世界股票市场的指数和股票价格在通常情况下都是不断上升的，从基期时的100点，逐步上升到上千点、上万点，这样一来，把股票市场处于牛市看成股票市场的主流，把熊市看成股票市场的调整就成为一种习惯。正是由于这个原因，在大多数的书籍中，在介绍波浪理论时，都以牛市为例。上升5浪、下降3浪成了波浪理论的最核心的内容。读者们应注意避免出现错误，认为只有上升5浪、下降3浪而忘记了还有下降5浪、上升3浪。

二、波浪理论的不足

以上介绍了波浪理论的主要内容，从表面上看波浪理论会给我们带来利益，但是从波浪理论自身的构造上，我们会发现它的众多的不足。如果使用者过分机械、过分教条地应用波浪理论，肯定会招致失败。这一节将波浪理论的几个不足的方面向读者提出来，以免在应用时出大错。

1. 学习和掌握波浪理论的难度大

波浪理论最大的不足是应用上的困难，也就是学习和掌握的难度大。波浪理论从理论上讲是8浪结构完成一个完整的过程。单纯的8浪结构当然是简单的，但是，主浪的变形和调整浪的变形会产生复杂多变的形态，波浪所处的层次又会产生大浪套小浪、浪中还有浪的多层次形态，这些都会给使用者在具体数浪时提供发生偏差的机会。波浪层次的确定和每个浪的起始点的确认是应用波浪理论的两大难点。

2. 波浪理论的结论具有多样性和易变性

波浪理论的第二个不足是面对同一个具体形态，不同的分析人员会产生不同的数法，而且，都有道理，谁也不能说服谁。我们知道，不同的数浪法产生的结果有可能相差很大。例如，一个下跌的浪可以被当成第2浪，也可能被当成a浪。如果是第2浪，那么，紧接而来的第3浪将是很诱人的。如果是a浪，那么，这之后的下跌可能是很深的。

产生多样性现象的原因主要是由两方面因素引起的：

（1）价格曲线的形态通常很少按5浪和3浪的8浪简单结构进行。对于不是这种规范结构的形态，不同的人有不同的处理方式，主观性很强。对某些小波动，有些人可能不计入浪，有些人可能又计入浪。由于有延伸浪，5浪可能成为9浪。波浪在什么条件下可以延伸、在什么条件下不可以延伸，没有明确的标准，用起来随心所欲，仁者见仁，智者见智，不好统一。

（2）波浪理论中的大浪、小浪是可以无限延伸的，长的可以好多年，短的可以只有几天。上升可以无限地上升，下跌也可以无限地下跌，因为总是可以认为目前的情况不是最后的浪。

此外，即使数清楚了当前的浪，也还有本浪的层次等方面的问题。随着时间的推移，刚刚得到的结论可能很快就会变化，对具体的投资活动的帮助还是不大。例如，如果发现了一个上升的5浪结构，而且第5浪已经“有形”了，似乎原来的过程将接近尾声，但是从大的范围看，有可能目前仅是上升过程中的一次小调整，更大的上升还在后面。

3. 波浪理论忽视了成交量

波浪理论只考虑了价格形态上的因素，而忽视了成交量方面的影响，这给人为制造形状提供了机会。正如在形态学中的假突破一样，波浪理论中也可能造成一些形态让人上当。当然，这个不足是很多技术分析方法都有的。

4. 波浪理论更适用于事后验证

在应用波浪理论时，我们会发现，当事情过去以后，回过头来观测已经走过的图形，用波浪理论的方法是可以很完美地将其划分出来的。但是，在形态形成的途中，对其进行波浪的划分却是一件很困难的事情。

波浪理论从根本上说是一种主观的分析工具，这给我们增加了应用上的困难。因此，在我们对波浪理论的了解不够深入之前，最好只把它当成一种参考工具，而主要以别的技术分析方法为主。

说到这里，读者切不可以认为波浪理论是一种不可能掌握的技术工具。波浪理论已经存在了很长时间而未被淘汰，说明它总是具有一些能给我们带来利益的优点。相信读者不懈地学习钻研波浪理论，通过实践和应用，最后就可以正确地数浪，从波浪理论中获得收益。

内容提要

在所有技术分析方法中，波浪理论是最为神奇的方法。用波浪理论得出的一些结论和预测，在开始时总是被认为很荒唐，但过后大都不可思议地被事实证实了。波浪理论由艾略特首先发现并应用于证券市场。在艾略特之后，对波浪理论的发展做出突出贡献的有柯林斯和波顿。20世纪80年代前后，普莱切特和费罗斯特对波浪理论做了更深入的研究。

艾略特最初提出波浪理论是受到证券价格（特别是股价）上涨下跌现象的启示。他以周期为基础，把周期分成时间长短不同的各种周期，指出在一个大周期之中可能存在小的周期，而小的周期又可以再细分成更小的周期。每个周期无论时间长与短，都是以一种模式进行。这个模式就是本章所介绍的8个过程，即每个周期都是由上升（下降）的 5 个过程和下降（上升）的 3 个过程组成的。这 8 个过程完结以后，我们才能说这个周期已经结束，将进入另一个周期。新的周期仍然遵循上述的模式。

与波浪理论密切相关的除了经济周期以外，还有道氏理论和菲波纳奇数列。

道氏理论的主要思想是：任何一种证券价格的移动都包括三种形式的移动——原始移动、次级移动和日常移动。这三种移动构成了所有形式的证券价格移动。在艾略特的波浪理论中，大部分内容是与道氏理论相吻合的。不过，艾略特不仅找到了这些移动，而且还找到了这些移动发生的时间和位置。这是波浪理论相较于道氏理论更优越的地方。道氏理论必须等到新的趋势确立以后才能发出行动的信号，而波浪理论可以明确地知道目前是处在上升（下降）的尽头，还是处在上升（下降）的中途，可以更明确地指导操作。

艾略特波浪理论中所用到的数字都来自菲波纳奇数列。菲波纳奇数列是一个由递推关系确定的数列，其数学公式如下：

$$A_{n+2} = A_{n+1} + A_n$$

$$n = 1，2，3，\cdots$$

$$A_1 = A_2 = 1$$

菲波纳奇数列具有很强的实用性。一般习惯上将这些数字称为神奇数字，因为人们发现当证券价格波动过程的天数进行到这些数列中某个数的时候，价格发生重大波动的可能性较大。例如，连续上升了 3 天、5 天和 8 天等都是价格极可能出现回落的时间。当然，并不是说到了这一天必然会发生什么大事，只是说在这一天发生变化的可能性比在别的时候要大一些。我们在观察价格变动时，在这样的天数中尤其要细心地进行观察，不能大意。

用菲波纳奇数列可以产生黄金分割数。黄金分割数主要是用于寻找回落或反弹的支撑线或压力线。在波浪理论中，黄金分割数的主要用途是计算一个调整浪回头调整的高度和深度。

波浪理论考虑的因素主要是三个方面：①证券价格走势所形成的形态；②证券价格走势图中各个高点和低点所处的相对位置；③完成某个形态所经历的时间。在三个方面中，证券价格的走势形态是最重要的，它是指波浪的形状和构造，是波浪理论赖以生存的基础。当初，艾略特或许就是从证券价格走势的形态中得到启发才提出了波浪理论的。各个高点和低点所处的相对位置是波浪理论中各个浪的开始和结束位置。通过计算这些位置，我们可以弄清楚各个波浪之间的相互关系，确定证券价格的回落点和将来证券价格可能到达的位置。完成某个形态的时间可以让我们预先知道某个大趋势即将来临。波浪理论中各个波浪之间在时间上是相互联系的，用时间可以验证某个波浪形态是否已经形成。以上三个方面可以简单地概括为形态、比例和时间。这三个方面是波浪理论首先应考虑的，其中，以形态最为重要。有些使用波浪理论的技术分析人员只注重形态和比例，而对时间不予考虑，因为他们认为时间关系在进行证券市场（特别是股市）走势预测时是不可靠的。

正是由于时间和空间跨度的不同，所以在数 8 浪时，必然会涉及将一个大浪分成很多小浪和将很多小浪合并成一个大浪的问题，这就是每一个浪所处的层次的问题。处于层次较低的几个小浪可以合并成一个层次较高的大浪，而处于层次较高的一个大浪又可以细分成几个层次较低的小浪。当然，层次的高低和大浪、小浪的地位是相对的。对其他层次高的浪来说，某个浪是小浪，而对层次比它低的浪来说，它又是大浪。

在细分波浪时，我们会遇到这样的问题：是将一个较大的浪分成5个较小的浪，还是分成3个较小的浪呢？这个问题要看这个较大的浪是处在上升趋势中还是下降趋势中；同时还要看比这个较大的浪高一层次的波浪是在上升趋势中还是在下降趋势中。以上两个因素决定了这个较大的浪的细分是3浪还是5浪。

（1）本大浪是上升的，上一层的大浪也是上升的，则分成5浪；

（2）本大浪是上升的，上一层的大浪是下降的，则分成3浪；

（3）本大浪是下降的，上一层的大浪是上升的，则分成3浪；

（4）本大浪是下降的，上一层的大浪也是下降的，则分成5浪。

换句话说，如果这一浪的上升和下降方向与它上一层次的浪的上升和下降方向相同，则分成5浪；如果不相同，则分成3浪。

波浪理论中的波浪是由主浪和调整浪组成的，两种浪在波浪理论的研究中起着重要的作用。

如果一个波浪的趋势方向和比它高一层次的波浪的趋势方向相同，那么这一波浪就称为主浪。由于与高层次的浪方向相同，主浪起了一个推动趋势发展的作用，所以，主浪又称为推动浪。主浪的地位是相对的，它可能处在一个更大的主浪之中，也可能处在一个更大的调整浪之中。主浪有一个特点，即不管是上升还是下降，对主浪的细分必然是分成5个小浪。

主浪延伸产生9浪结构。3个主浪中的任何一个有时可能不是单纯的向上过程，而是可以细分成5个小浪，这种现象叫主浪的延伸或延长。换句话说，第1、3、5浪中的某一个有可能以5个小浪的形式出现在整个波浪形态中。第1、3、5浪中最容易出现延伸的是第3浪，这是第3浪的特殊性造成的。第1浪持续的时间短，不容易出现延伸现象。第5浪的延伸比第1浪多，但比第3浪少，处在两者中间。

关于延伸有一条非常重要的规律：3个主浪中只能有1个主浪产生延伸，如果某一个主浪产生了延伸，则另外2个主浪一定不会产生延伸现象，而且这2个未出现延伸的主浪在时间长短和波动幅度上应该大致相同。

如果第1浪、第3浪出现5浪的延伸，在5浪的后面不会紧跟一个调整的3浪结构。如果延伸发生在第5浪，则后面必然会紧跟一个调整的3浪结构。因为上升5浪的全过程已经结束，紧跟一个调整3浪是必然的。

主浪出现失败的形态说明价格沿一个趋势的运动已经精疲力竭，接近尾声了。这个时候，价格图形的主要特征是第5浪没有向上（向下）突破第3浪的高点（低点），而形成M头（W底），价格的反转将是必然的事情。

调整浪是指运行方向同它的上一层次的波浪方向不同的波浪。调整浪是主浪的补充。一个浪不是主浪就是调整浪，5浪结构中的第2浪和第4浪、3浪结构中的b

浪都是调整浪。调整浪有一点是共同的，那就是调整浪一定以 3 浪或 3 浪变形的形式出现，绝不会以 5 浪的形式出现。

调整浪是对主浪的波动行为进行调整和修正的。主浪的上升或下降有可能太过于激烈，调整浪在某种程度上可以慢慢地平息这种过于火爆的过程，使投资者能够重新聚集力量，进行适当休整，有利于下一步新一轮上冲或下降。

波浪理论考虑的内容包括三个方面，即价格、比率和时间。其分析包括价格形态分析、比率分析和时间周期分析。比率分析揭示了一个在波浪中经常出现的反映精确价格关系的数字，主要有两类比率关系：回落或反弹关系和倍数关系。

要弄清我们目前所处的位置，最重要的就是要认真准确地识别 3 浪结构和 5 浪结构。这两种结构具有不同的预测作用。一组趋势向上（向下）的 5 浪结构，通常可能是更高层次的波浪的 1 浪，好戏还在后头，中途若遇调整，我们就知道这一调整肯定不会以 5 浪的结构而只会以 3 浪的结构进行。一旦调整完成 3 浪结构，我们绝不会再继续等下去，而是会立即采取行动，买入或抛出。如果我们发现了一个 5 浪结构，而且目前处在这个 5 浪结构的末尾，那么我们就清楚地知道，一个 3 浪的回头调整浪正等着我们，应该立即采取行动。如果这一个 5 浪结构同时又是更上一层次波浪的末尾，那么我们就知道一个更深的更大规模的 3 浪结构将会出现，这时采取行动是非常必要的。

波浪理论的不足是：①学习与掌握波浪理论的难度大；②波浪理论的结论具有多样性和易变性；③波浪理论忽视了成交量；④波浪理论更适合用于事后验证。

关键术语

波浪理论　　道氏理论　　菲波纳奇数列　　主浪　　调整浪

复习思考题

1. 波浪理论是如何形成的？
2. 波浪理论的基本思想包括哪些？
3. 与波浪理论相关的理论包括哪些？
4. 波浪理论的主要原理是什么？
5. 波浪理论考虑的因素包括哪些？
6. 波浪理论价格走势的基本形态是怎样的？
7. 波浪合并和细分的原则是什么？
8. 主浪的特性是什么？
9. 主浪延伸中的规律是什么？
10. 第 5 浪延伸的特殊性是什么？

11. 主浪的斜三角形是什么意思？
12. 主浪的失败形态是什么意思？
13. 调整浪的特性是什么？
14. 调整浪的四种主要类型是什么？
15. 波浪理论中的主浪长度倍数关系呈现出哪些特点？
16. 波浪理论中调整浪长度之间的比率关系呈现哪些特点？
17. 波浪理论中的四个规则是什么？
18. 试论述波浪理论的应用及其不足。

第七章
主要技术指标

从世界范围来看，技术指标的流行是在计算机广泛使用之后，大约在20世纪70年代后期逐步得到流行。全世界各种各样的技术指标有千种以上，它们都有自己的拥护者，并在实际应用中取得一定的效果。目前，中国证券二级市场上的分析系统主要有：①钱龙4.5+恒生热自动；②通达信跨越2000分析系统；③钱龙龙卷风分析系统；④港澳财经咨询系统；⑤长江证券网上冲浪；⑥巨灵智多星咨询系统；等等。其中，钱龙4.5+恒生热自动就有36个技术指标。这里只介绍一些目前在市场上流行的主要技术指标。

第一节　技术指标概述

证券市场上的投资者都需要掌握一套适合自己的技术指标体系，这样才能更好地在证券市场上生存。正因为如此，我们就有必要了解技术指标的有关知识。

一、技术指标的定义

“技术指标”是市场人士非常熟悉的名词。要知道技术指标，我们首先要知道技术指标法。技术指标法，是指按事先规定好的固定的方法对原始数据进行处理，将处理之后的结果制成图表，并用制成的图表对证券市场进行行情研判。经过技术指标法处理出来的数据就是技术指标。

那么，技术指标法所用的原始数据和处理数据的方法又各是什么呢？

原始数据指的是开盘价、最高价、最低价、收盘价、成交量和成交金额4价2量，有时还包括成交笔数、财务指标和股本结构等其他数据。通常的原始数据是指4价2量。但是，我们也应该注意，由于交易制度和金融工具不同，在其他一些市场上，原始数据所包含的内容有所变化。例如，期货市场中有未平仓量（open interest）。因为本书的证券市场主要以我国股票市场为主，所以原始数据都是指上面提到的6个。

对原始数据进行处理指的是对这些数据的部分或全部进行变形和整理加工，使之成为我们希望得到的东西。不同的处理方法产生不同的技术指标。有多少种处理原始数据的方法就会产生多少种技术指标；反过来，有多少种技术指标，也就意味着有多少种处理原始数据的方法。从数学的观点来看，技术指标是一个6元函数：6

个自变量就是6个原始数据，因变量就是技术指标值，函数就是处理自变量的方式。

产生了技术指标之后，最终都会在图表上得到体现。处理原始数据，不仅是把一些数字变成另一些数字，而且可能是放弃一些数字或加入一些数字。

1. 产生技术指标的方法

从大的方面看，产生技术指标的方法有两类：数学模型法和叙述法。

（1）数学模型法。数学模型法有明确的计算技术指标的数学公式。只要给出了原始数据，按照公式和简单的说明，就可以比较方便地计算出技术指标值。一般是用计算机来完成计算的过程。这一类是技术指标中极为广泛的一类，著名的随机（KD）指标、相对强弱（RSJ）指标、乖离率（BIAS）指标、移动平均线（MA）和趋向（DMI）指标等。

（2）叙述法。叙述法没有明确的数学公式，只有处理数据的文字叙述。对原始数据只说明应该怎样进行变形，遇到这种情况应该怎样办，遇到那种情况应该怎样办，也就是“用嘴说清楚”。这一类指标相对较少，还没有得到公认。例如，钱龙软件中的等量K线、压缩图、新价线等，就属于这一类。本章只介绍第一类指标，第二类指标读者可参考有关书籍。

2. 技术指标的应用法则

技术指标的应用法则主要通过以下六个方面进行：①指标的背离；②指标的交叉；③指标的极端值；④指标的形态；⑤指标的转折；⑥指标的盲点。

（1）指标的背离。指标的背离是指技术指标曲线的走向与价格曲线的走向不一致。实际中的背离有两种表现形式：第一种是顶背离，第二种是底背离。技术指标与价格背离表明价格的波动没有得到技术指标的支持。技术指标的波动有超前于价格波动的功能。在价格还没有转折之前，技术指标提前指明未来的趋势。技术指标的背离是使用技术指标最为重要的一点。

（2）指标的交叉。指标的交叉是指技术指标图形中的两条曲线发生了相交现象。实际中有两种类型的指标交叉：第一种是同一个技术指标的不同参数的两条曲线之间的交叉，常说的“黄金交叉”［见图7.1（a）］和“死亡交叉”［见图7.1（b）］就属于这一类；第二种交叉是技术指标曲线与固定的水平直线之间的交叉［见图7.1（c）］。水平直线通常是横坐标轴，横坐标轴是技术指标取值正负的分界线，技术指标与横坐标轴的交叉表示技术指标由正变负或由负变正，技术指标的交叉表明多空双方力量对比发生了改变，至少说明原来的力量对比受到了“挑战”。

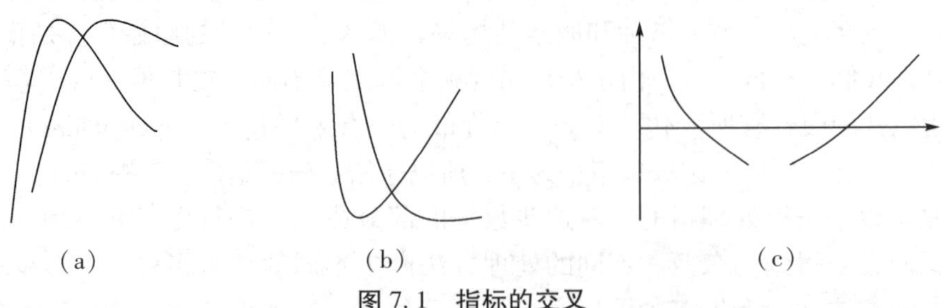

图7.1　指标的交叉

（3）指标的极端值。技术指标的极端值是指技术指标的取值极其大或极其小，技术术语上将这样的情况称为技术指标进入“超买区和超卖区”（overbought and oversold）。大多数技术指标的“初衷”是用一个数字描述市场的某个方面的特征，如果技术指标值的数字太大或太小，就说明市场的某个方面已经达到了极端的地步，应该引起注意。

当然，我们在技术指标达到某种程度就可以被认为是极端值方面，并没有一个固定的数字。因为，对同一个技术指标，不同证券的极端值不可能一样，同一证券在不同的时间区间也可能会有不同的极端值。对某个技术指标值是否是极端值的判断，有人认为可以这样考虑：既然是极端值，那么在实际中出现的机会应该不多，比如一年 4 次或 6 次；某个值只要在过去的历史中每年都超过（低于）这个数值，我们就可以认为这个值不是极端值。

（4）指标的形态。技术指标的形态是指技术指标曲线出现了形态理论中所介绍的有关形态。在实际中，出现的形态主要是双重顶（底）和头肩形，个别时候还可以将技术指标曲线看成价格曲线，根据形态使用支撑线与压力线。

（5）指标的转折。技术指标的转折是指指标的图形发生了调头，这种调头通常发生在高位或低位。有时，这种调头表明前面过于极端的行动已经走到了尽头，或者暂时遇到了麻烦；有时，这种调头表明一个趋势将要结束，而另一个趋势将要开始。技术指标中转折的典型代表是 DMI。对此，将在后面详细说明。

（6）指标的盲点。技术指标的盲点是指技术指标无能为力的时候，也就是说，技术指标既不能发出买入的信号又不能发出卖出的信号。有人认为：从实践来看，技术指标在大部分时间里是处于“盲点”状态的；只有在很少的时间里，技术指标才发出“正确”的信号，这一点我们切不能忘记。因此，“每天都期待技术指标为我们提供有用的信息”是对技术指标的误解，也是极其有害的。如果没有认识到这一点，在使用技术指标的时候将会不断地犯错误。

3. 技术指标的本质

每一个技术指标都是从一个特定的方面对证券市场进行观察，以特定的数学公式产生的特定技术指标，总是反映证券市场特定方面的深层内涵，而这些内涵仅通过原始数据是很难看出来的。

另外，投资者在投资实践中会对市场有一些想法，有些基本思想可能只停留在定性的程度，没有进行定量分析。技术指标可以进行定量分析，这将使得具体操作时的精确度大大提高。例如我们都知道，证券价格不断地下跌时，跌多了总有一个反弹的时候和到底的时候。那么跌到什么程度，我们就可以买进了呢？仅凭前面定性方面的知识是不能回答这个问题的，乖离率等技术指标所拥有的超买超卖功能在很大程度上能帮助我们解决这一问题，尽管它们不是百分之百地解决问题，但至少能在我们采取行动前从数量方面给我们以帮助。

二、技术指标法同其他技术分析方法的关系

其他技术分析方法都有一个共同点，那就是只重视价格，不重视成交量。如果单纯从技术的角度看，没有成交量的信息，别的方法都能正常运转，照样进行分析

研究，照样能进行行情预测，这些方法到了最后都要附带很笼统地说一句“要有成交量的配合”。但是，对于多大的成交量属于“配合”，多大的成交量属于“不配合”，只有很简短的说明，投资者在实际使用的时候感到极不方便。

技术指标由于种类繁多，所以考虑的方面就很多，人们能够想到的，几乎都能在技术指标中得到体现，这一点是别的技术分析方法无法比拟的。

在进行技术指标的分析和判断时，也经常用到别的技术分析方法的基本结论。例如，在使用RSI等指标时，我们要用到形态学中的头肩形、颈线和双重顶之类的结果以及切线理论中支撑线和压力线的分析手法。由此可以看出全面学习技术分析的各种方法是很重要的。只注重一种方法，对别的方法无知是很不好的。

三、应用技术指标应注意的问题

技术指标说到底就是一些工具，我们利用这些工具对证券市场进行预测。

首先，使用技术指标应考虑其适用范围和环境。每种技术指标工具都有自己的适应范围和适用环境。有时有些工具的效果很差，而另一些工具的效果就比较好，有时情况可能会变得相反。投资者在使用技术指标时，常犯的错误是机械地照搬结论，而不问这些结论成立的条件和可能发生的意外。有些人盲目地相信技术指标，出了错误以后，又走向另一个极端，认为技术分析指标一点用也没有。这显然是错误的，只能说他们不会使用指标。正如一把刀如果落在武林高手的手中，就能杀死对手；同样还是这把刀，如果落在没有武功的人的手里，就可能被别人杀害。因此，我们不能说刀没有用。刀是有用的，就看我们会不会用。从这个意义上，我们可以说技术指标是有用的，出问题的是使用技术指标的人。

其次，每种指标都有自己的盲点，不仅如此，这些技术指标在条件不成熟的时候还会失效。市场中遇到的技术指标高位钝化就是技术指标失效的具体体现。所有这些要求我们在实际中不断地总结，并找到盲点和失效所在。这对于在技术指标的使用中少犯错误是很有益处的。遇到了技术指标失效，要把它放置在一边，去考虑别的技术指标。一般说来，东方不亮西方亮，在众多的技术指标中总会有几个能对我们进行有益的指导和帮助。尽管有时这种帮助可能不大，但总比没有强，至少投资者心里会有点底，操作起来有一定的信心。

最后，了解每一种技术指标是很有必要的。但是，众多的技术指标我们不可能都考虑到，每个指标在预测证券市场方面也有能力和准确程度方面的差别。一些投资者通常使用的手法是以四五个技术指标为主、别的指标为辅，依此构建自己的指标体系。选择技术指标体系因人而异，各有各的习惯，不好事先规定。但是，我们可以从实战出发，对自己所选择的几个指标不断进行调整。调整的内容包括对技术指标的调整和对技术指标参数的调整。

不断地对使用技术指标的效果进行检讨是使用技术指标时不可缺少的步骤。

第二节　移动平均线和平滑异同移动平均线

移动平均线和平滑异同移动平均线都是对原始的收盘价进行平滑之后的产物。它们产生的过程类似，反映的是证券价格的同一方面的内容，因此，这两个指标在操作手法上有很多相通的内容。

一、移动平均线（moving average，MA）

（一）移动平均线的计算方法和参数

移动平均线方法是趋势方法之一，它是利用移动平均线来追踪、分析证券价格趋势的一种方法，是对 K 线图法和道·琼斯理论的必要补充。它既能用于中长期趋势分析，又可用来判断买卖时机。移动平均线的计算方法就是求连续若干天的收盘价的算术平均。连续交易日的数目就是 MA 的参数。例如，参数为 10 的移动平均线就是连续 10 个交易日的收盘价的算术平均价格，记为 MA（10）。同理，我们有 5 日线、15 日线等概念。

其计算过程是：先计算时间数列（参数为 n）的最初 n 项的平均数，然后前面删除一项，后面加上一项，计算出第二个 n 项平均数，再用同样的方法计算出后面的平均数。如果从 3 月 5 日开始，制作 5 日移动平均线，那么 3 月 5 日的证券价格平均值应为 3 月 1 日至 3 月 5 日的证券价格收盘价的平均值（这里的 5 日应为 5 个交易日）。以此类推，随着计算日的推移，不断标出同等时间区间的平均值，描绘出曲线来，这就是证券价格移动平均线。

所谓证券价格移动平均线法，就是运用移动的证券价格平均值使证券价格变动状况呈曲线化的方法。从实质上讲，移动平均线法就是在时间序列分析中略去原有数列中一些偶然性的或周期性的波动，依次取一定项数计算所得的一系列平均数，形成一个变动起伏较小的新数列曲线，以显示证券价格平均值的短期和中长期发展趋势。

移动平均线法的基本特征就是利用平均数方法来消除证券价格的不规则偶然变动，以观察整个市场的动态变化。移动平均线最突出的作用在于，通过某一时期平均收盘证券价格的移动走势，避免人为的短线临时作价，从而可以较为准确地反映证券价格的变动趋势。一般情况下，当移动平均线正在上升，而证券价格跌到平均线以下时，这是证券价格趋势将要下跌的信号；反之，则为证券价格上升的前奏。移动平均线一般用 5 天、10 天和 30 天的移动平均值组成，但不同投资策略的投资者可将此参数改为适合自己使用的数值再配以不同时间的 K 线，以便为自己提供更准确的买卖时机。

计算移动平均线并不是只能选择交易日，也可以自己选择时间区间，如周、月、60 分钟、30 分钟等。

（二）移动平均线的应用

移动平均线可以单独应用也可以组合应用。

1. 移动平均线的单独应用

通常，证券价格在移动平均线之上，则意味着市场的买力（需求）较大；反之，证券价格在移动平均线之下，则意味着供过于求，卖压较重。

移动平均线可分为短期、中期、长期的移动平均线。一般来说，短期的移动平均线是指周期在10日以下的移动平均线；中期的是指周期在10~20日的移动平均线；长期的则是指周期在20日以上的移动平均线。

在欧美市场，投资者或投资机构非常看重200日的长期移动平均线，并以此为年线，作为长期投资的依据。行情若在此长期移动平均线下，属空头市场；反之，行情若在此长期移动平均线之上，则为多头市场。综合长、中、短期的移动平均线，也可以研判市场的多空倾向。

在一个持续上涨的多头市场（牛市）中，可以明显看出长期、中期、短期移动平均线的排列组合是：市场行情（收盘价）在最上面；第二条线为短期移动平均线；紧接着第三条线为中期移动平均线；长期移动平均线由于必须平均过去较低的价位，明显的是最低的一条线。

反之，在空头市场（熊市）中，移动平均线的排列由上而下依序为长期、中期、短期移动平均线，最下面则为市场行情（收盘价）。

由于短期移动平均线比长期移动平均线更容易反应证券价格的涨跌速度，所以一般又把短期移动平均线称为“快速移动平均线”，而把长期移动平均线称为“慢速移动平均线”。

2. 移动平均线的组合应用

单个移动平均线由于采样数据较为单一，有时会频繁发出错误信号。为减少失误，增强信号的准确性，人们在实践基础上推出了三种移动平均线组合应用。大家常用的钱龙分析软件就提供了此项功能，我们将短期、中期、长期这三种移动平均线组合起来，再配以不同时间的K线，这对于把握买卖的有利时机和判断趋势走向更有意义。

在移动平均线的组合中，当短期线急剧地超越中长期线向上方移动时，可视为买进信号；当K线位于最上方并同短中期线并列，且各条移动平均线都呈上升趋势时，表明行情仍处于上升趋势，可继续持仓；当上涨行情持续一段时间后，短期线从停滞状态的高点出现下降趋势时，表明证券价格走势开始疲软，这是卖出证券的时候；当短期线从高位依次向下突破中长期线时，这是最后的清仓时机；当长、中、短期平均线及K线按顺序自上而下并列，且各条线都呈下降状态时，这表明市场为典型的弱势行情；当弱势行情持续相当一段时期后，短期线从谷底转为上升趋向时，这是抄底的极好时机。

在组合线中，如果证券价格持续下降至谷底后转为上升移动时，此时顺序分别为短、中、长期线，它们的排列也依次改变。首先是短期线突破中期线，再越过长期线居于最上方，此后，中期线突破至长期线之上。突破点为黄金交叉点，简称“金叉”，此点可以确认行情将进入上涨时期。这就是所谓的多头排列，是典型的上涨行情。反之，证券价格上升到高价区上下徘徊，接着转向下跌。随着时间的推移，短、中、长期线也逐步下行，逐步向下突破交叉。中长期线相交的点则为死亡交叉点，简称“死叉”。这意味上涨行情的终结。移动平均线此时为空头排列。

在移动平均线的组合应用中，投资者应根据自己的实际操作策略设定相应的参数，一定要活学活用，不要不论做短、中、长线，都用5日、10日、30日平均线组合。投资者可自己探索适合自己操作策略的平均线组合。

（三）移动平均线的特点

移动平均线具有以下几个特点：

（1）移动平均线可以追踪趋势。移动平均线能够表示证券价格的趋势方向，并追随这个趋势。如果从证券价格的图表中能够找出上升或下降趋势线，那么，移动平均线将保持与趋势线方向一致。移动平均线能消除中间证券价格在这个过程中出现的小起伏。原始数据的证券价格图表不具备这个保持追踪趋势的特性。

（2）移动平均线提供的价格信息具有滞后性。在价格原有趋势发生反转时，移动平均线的行动往往过于迟缓，调头速度落后于大趋势。这是移动平均线的一个极大的弱点。等移动平均线发出反转信号时，证券价格调头的难度可能已经很大了。

（3）移动平均线具有稳定性。从移动平均线的计算方法就可知道，要比较大地改变移动平均线的数值，无论是向上还是向下，都比较困难，必须是当天的证券价格有很大的变动。因为移动平均线的变动不是一天的变动，而是几天的变动，一天的大变动被几天一分摊，变动就会变小而显不出来。这种稳定性有优点，也有缺点。在应用时我们应多加注意，掌握好分寸。

（4）移动平均线具有助涨助跌性。当价格突破了移动平均线时，无论是向上突破还是向下突破，价格都有继续向突破方面再走一程的愿望，这就是移动平均线的助涨助跌性，证券价格在实际中继续再走一程到底有多远，这要结合其他技术指标进行分析。

（5）移动平均线具有支撑线和压力线的特性。从移动平均线的上述四个特性可知，移动平均线在价格走势中起着支撑线和压力线的作用。移动平均线的突破，实际上是支撑线和压力线的被突破，从这个意义上就很容易理解市场上经常说的“站在××日均线之上”是什么意思，这里其实是把××日的移动平均线当成了支撑线；相应的“均线系统呈空头排列”指的是移动平均线正在起压力线的作用以及方向向下。

移动平均线的参数的作用就是加强移动平均线上述几方面的特性。参数选择得越大，上述的特性就越强。比如，突破5日线和突破10日线的助涨助跌的力度完全不同，突破10日线比5日线的力度大，改过来较难一些。

从上面的讲述我们可以知道，使用移动平均线通常是对不同的参数同时使用，而不是仅用一个。在实际投资中，尽管各个投资者在参数的选择上有差别，但都包括长期、中期和短期三类移动平均线。当然，长、中、短是相对的，投资者可以根据实际情况来确定。

（四）葛兰维尔法则

移动平均线的使用法则，按经典的说法是葛兰维尔（Granville）法则，它包括三种买入信号和三种卖出信号，具体如下：

(1) 移动平均线从下降开始走平，证券价格从下向上穿过移动平均线；证券价格连续上升远离移动平均线，突然下跌，但在移动平均线附近再度上升；证券价格跌破移动平均线，并连续暴跌，远离移动平均线。以上三种情况均为买入信号。

(2) 移动平均线从上升开始走平，证券价格从上向下穿移动平均线；证券价格连续下降远离移动平均线，突然上升，但在移动平均线附近再度下降；证券价格上穿移动平均线，并连续暴涨，远离移动平均线。以上三种情况均为卖出信号。

需要说明的是，每天的证券价格实际上是1日的移动平均线。证券价格相对于移动平均线实际上是短期移动平均线相对于长期移动平均线。从这个意义上说，如果只面对两个不同参数的移动平均线，则我们可以将相对短期的移动平均线当成证券价格，将较长期的移动平均线当成移动平均线，这样，上述法则中证券价格相对于移动平均线的所有叙述，都可以换成短期相对于长期的移动平均线。换句话说，5日线与10日线的关系，可以看成证券价格与10日线的关系。

有人据此总结出葛兰维尔移动平均线八大法则，如图7.2所示。

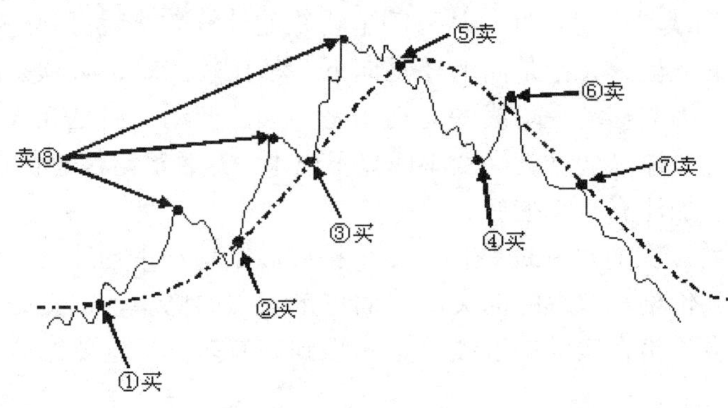

图7.2　葛兰维尔移动平均线八大法则

(五) 移动平均线的盲点

移动平均线的盲点主要体现在：

(1) 信号频繁，不好把握。在盘整阶段或趋势形成后的中途休整阶段或局部反弹和回挡阶段，移动平均线极易发出错误的信号，因为这时不同周期（参数）的移动平均线的取值比较接近，容易出现交叉等信号。在这些阶段移动平均线势必会发出很多信号，产生信号频繁的现象。信号多了就容易出现错误，这是使用移动平均线最应该注意的。

(2) 支撑线与压力线结论的不确定。移动平均线只是作为支撑线和压力线，站在某线之上，当然有利于上涨，但并不是说一定会涨，因为支撑线也有被突破的时候。

二、平滑异同移动平均线（moving average convergence and divergence，MACD）

平滑异同移动平均线是在指数平滑的基础上进一步计算而得到的，它可以用来进行行情研判。

（一）平滑异同移动平均线的计算公式

MACD 由正负差（DIF）、异同平均数（DEA）和柱状线（BAR）三部分组成。DIF 是 MACD 的核心。MACD 在 DIF 的基础上产生。BAR 又是在 DIF 和 DEA 基础上产生的。

1. DIF 的计算方法和参数

DIF 是快速平滑移动平均线与慢速平滑移动平均线的差，正负差的名称由此而来。快速和慢速的区别是进行指数平滑时采用的参数的大小不同：快速是短期的，慢速是长期的。本节以现在流行的参数 12 和 26 为例，对 DIF 的计算过程进行介绍。

快速平滑移动平均线是 12 日的，则计算公式为

$$今日\ EMA（12）=\frac{2}{12+1}\times 今日收盘价+\frac{11}{12+1}\times 昨日\ EMA（12）$$

慢速平滑移动平均线是 26 日的，则计算公式为

$$今日\ EMA（26）=\frac{2}{26+1}\times 今日收盘价+\frac{25}{26+1}\times 昨日\ EMA（26）$$

以上两个公式是指数平滑的公式，平滑因子分别为 2/13 和 2/27。如果选别的系数，也可以照此法办理。

$$DIF=EMA（12）-EMA（26）$$

单独一个 DIF 也能进行行情预测，但为了使信号更可靠，我们引入了另一个指标 DEA。

2. DEA 的计算公式和参数

DEA 是 DIF 的移动平均，也就是连续若干个交易日的 DIF 的算术平均。对 DIF 作移动平均就如同对收盘价作移动平均一样，其计算方法同 MA 一样。引进 DEA 的目的是消除 DIF 的一些偶然现象，使信号更加可靠。

由于要计算移动平均，就要涉及参数，这是 DEA 的另一个参数。计算一共需要 3 个参数。前两个用于计算 DIF，后一个用于计算 DEA。计算公式为

$$DEA（12，26，10）=（DIF_{t+1}+DIF_{t+2}+\cdots+DIF_{t+10}）\div 10$$

3. BAR 的计算公式

BAR 的计算公式如下：

$$BAR=2\times（DIF-DEA）$$

从公式中可以看出，BAR 是 DIF 与 DEA 的差。在分析软件中，将画成柱状线，分为绿色和红色两种。BAR 的大小反映了 DIF 与自己的移动平均 DEA 之间的差，有点类似于证券价格与自己的 MA 之间的差。在后面技术指标的介绍中可以看到，这样的差被称为摆动（oscillate）。

（二）MACD 的应用法则

利用 MACD 进行行情预测，主要是从三个方面进行：

（1）从 DIF 和 DEA 的取值和这两者之间的相对取值（交叉）对行情进行预测。其应用法则如下：

①DIF 和 DEA 由负值变为正值，与横坐标轴产生交叉，则市场属于多头市场。

在较低的位置 DIF 向上突破 DEA 是买入信号，属于黄金交叉的范畴；在横轴附近，DIF 向下跌破 DEA 只能认为是回落，当作获利了结。

②DIF 和 DEA 由正值变为负值，与横坐标轴产生交叉，则市场属于空头市场。在较高的位置 DIF 向下突破 DEA 是卖出信号，属于死亡交叉的范畴；在横轴附近，DIF 向上突破 DEA 只能认为是反弹，当作获利了结。

③当 DIF 的取值很大的时候，应该考虑卖出；当 DIF 的取值很小的时候，应该考虑买进。当然，“很大”和“很小”必须涉及定量的问题，需要有主观的判断。在实际中，这一条不常用，原因是定量的问题不好解决。

我们知道，DIF 是正值，说明短期的平滑移动平均线比长期的高，这类似于 5 日线在 10 日线之上，所以是多头市场。DIF 与 DEA 的关系就如同证券价格与 MA 的关系一样，DIF 上穿或下穿 DEA 都是一个 DIF 将要上升还是下降的信号。而 DIF 的上升或下降，进一步又是价格将要上升或下降的信号。上述的操作原则正是从这方面考虑的。

（2）利用 DIF 和 MACD 与价格曲线的背离。这属于技术指标的背离的范畴。DIF 和 MACD 与价格形成背离是比较强烈的采取行动的信号，是卖出还是买入要根据 DIF 的上升和下降情况而定，如果 DIF 或 MACD 与价格曲线在比较低的位置形成底背离，是买入的信号；如果 DIF 或 MACD 与价格曲线在比较高的位置形成顶背离，是卖出的信号。

（3）BAR 的使用。BAR 的通常使用方法是：当横轴下面的绿线缩短的时候买入，当横轴上面的红线缩短的时候卖出。这样操作的好处是比较快，容易在价格比较好的时候行动。

（二）MACD 的优缺点

与 MA 相比，MACD 的优点是除掉了 MA 产生的频繁出现的买入卖出信号，使发出信号的要求和限制增加，避免假信号的出现，用起来比 MA 更有把握，因此，证券市场上的许多投资者都在使用它。

但是，同 MA 一样，MACD 在证券市场没有明显趋势而进入盘整时，失误的时候极多。另外，对未来证券价格的上升和下降的深度，MACD 不能给出有帮助的建议。

第三节　威廉指标和随机指标

威廉指标和随机指标是证券市场中重要的指标之一，它们最早起源于期货市场，并受到广泛注意，在被引入股票市场后，也使广大股票投资者获得了巨大的收益。目前，这两个指标已经成为中国证券市场中广泛使用的指标之一。

一、威廉指标

威廉指标（WMS%或 R%）是由拉里·威廉（Larry Williams）于 1973 年首创

的，最初用于期货市场。WMS%表示市场处于超买或超卖状态。

（一）WMS%的计算公式和物理意义

WMS%的计算公式如下：

$$WMS\%(n) = [(C-H_n) \div (H_n-L_n)] \times 100\%$$

式中，C 为当天的收盘价；H_n 和 L_n 为最近几日内（包括当日）出现的最高价和最低价。

WMS%有一个参数，那就是选择的日数 n。WMS%指标表示的含义是当天的收盘价在过去的一段日子的全部价格范围内所处的相对位置。如果 WMS%的值比较大，说明当天的价格处在相对较高的位置，要提防回落；如果 WMS%的值比较小，说明当天的价格处在相对较低的位置，要提防反弹；WMS%取值居中，在 50%左右，则当天的价格上下的可能性都有。

可以这样来理解 WMS%指标。一个移动的小球，在上有天花板、下有地板的空间里上下波动。当小球向上撞上天花板就会调头向下，向下撞到地板就会反弹向上。小球上下移动的外力本来是零，这样，小球将规则地上下移动，并一直继续下去。但是，由于多空双方力量的不断变化，小球所受的外力不是零。多方力量大时，小球向上移动；空方力量大时，小球向下移动。但是，撞上天花板和地板后的调头始终是正确的，只不过不像没有外力时那么有规则，不是一撞就回头，可能要撞好几次才回头，这是有外力的原因。

（二）WMS%的参数选择和应用法则

上面所说的天花板和地板的位置随着时间的推移，是在不断变化的。这就是参数选择的问题。在 WMS%出现的初期，投资者认为市场出现一次周期循环大约是 4 周，那么取周期的前半部分或后半部分，就一定能包含这次循环的最高值或最低点。这样，WMS%选的参数只是 2 周，则这 2 周之内的 H_n 或 L_n 至少有一个成为天花板或地板。这对我们应用 WMS%进行行情研判很有帮助。

基于上述理由，WMS%的选择参数应该是循环周期的一半。中国证券市场的循环周期目前还没有明确的结论，我们在应用 WMS%时，需要多选择几个参数试试。

WMS%的操作法则是从两个方面考虑的：一是从 WMS%取值的绝对数值，二是从 WMS%曲线的形态。

（1）从 WMS%取值的绝对数值方面考虑。公式中 WMS%的取值介于 0~100%，以 50%为中轴将其分为上下两个区域：

①WMS%高于 80%，即处于超买状态，行情即将见顶，应当考虑卖出；

②WMS%低于 20%，即处于超卖状态，行情即将见底，应当考虑买入。

这里的 80%和 20%只是一个经验数字，不是绝对的。实际中，WMS%大于 90%或低于 10%的现象经常出现。不同的情况产生不同的买进线和抛出线，投资者要根据具体情况在实际投资中不断地摸索。有一点应该说明，在中国证券市场上，买进线普遍比 20%低，卖出线普遍比 80%高。另外，WMS%的波动比较频繁，这也是一些投资者不喜欢这个指标的原因。

（2）从 WMS%曲线的形态考虑。撞顶和撞底次数的原则是使用 WMS%最为可靠的原则，因为 WMS%的波动过于频繁，需要耐心地多等几次撞顶和撞底。

①在 WMS%进入高位后，一般要回头，如果这时证券价格还继续上升，这就产生了顶背离，是出货的信号；

②在 WMS%进入低位后，一般要反弹，如果这时证券价格还继续下降，这就产生了底背离，是买进的信号；

③WMS%连续几次撞顶（底），局部形成双重顶（底）、多重顶（底）、头肩顶（底），此时则是买入（卖出）的时候。

④有人认为："WMS%撞顶和撞底次数的原则是至少 2 次，至多 4 次。也就是说，如果投资者发现 WMS%已经是第 4 次撞顶或撞底，那么就不应该犹豫了，应采取行动。这里将会遇到数次数的问题，这带有一定的主观性，因为并不是 WMS%必须等于 100%或 0 才算是撞顶或撞底，有时可以差一点。"①

从 WMS%的形态上还有一些内容可以介绍，留在下面的随机指标中进行。

二、随机（KD）指标

随机（KD）指标是由乔治·雷恩（George Lane）首创的，最早也是用于期货市场。

（一）KD 指标的计算公式和理论依据

产生 KD 以前，将先产生未成熟随机值（row stochastic value，RSV），其计算公式为

$$RSV(n) = [(C-L_n) \div (H_n-L_n)] \times 100\%$$

式中，C 为当天的收盘价；H_n 和 L_n 为最近 n 日内（包括当天）出现的最高价和最低价。从公式中可以看出，RSV 实际上就是 WMS%，可能是这两者产生的途径不同，各自取了不同的名字。

对 RSV 进行指数平滑，就得到 K 指标：

$$今日K值=(1-\alpha)\times 昨日K值+\alpha\times 今日RSV$$

式中，α 为平滑因子，它是可以人为选择的数字，不过这个参数目前已经约定俗成，固定为 1/3 了。

对 K 值进行指数平滑，就得到今日 D 值：

$$今日D值=(1-\beta)\times 昨日D值+\beta\times 今日K值$$

式中，β 为平滑因子，它是可以人为选择的数字，不过这个参数目前也已经约定俗成，固定为 1/3。

需要说明的是，计算 KD 需要使用初值，即第一个 K 和第一个 D。按照约定，第一个 K 和第一个 D 都等于 0.5 或 50%。从数学的观点看，K 值是 WMS%的指数平滑，D 值是 K 值的指数平滑。同时，D 值又是 WMS%的二次指数平滑。

KD 是在 WMS%的基础上发展起来的，所以 KD 就具有 WMS%的一些特性和原理。在上涨趋势中，收盘价一般接近天花板；相反，在下降趋势中，收盘价接近地

① 李向科. 证券投资技术分析［M］. 北京：中国人民大学出版社，2000：87.

板。在反映证券市场价格变化时，WMS%最快，K 其次，D 最慢。在使用 KD 指标时，我们往往称 K 指标为快指标，称 D 指标为慢指标。K 指标反应敏捷，但容易出错；D 指标反应稍慢，但稳定可靠。

在介绍 KD 时，往往还附带一个 J 指标，其计算公式为

$$J=3D-2K$$

其实，$J=D+2(D-K)$，可见 J 是 D 加上一个修正值。J 的实质是反映 D 和 D 与 K 的差值。在实际中，J 的使用相对较少，并且其使用非常简单，就是高抛低吸，因此，这里不做重点介绍。

（二）KD 指标的应用法则

KD 指标是两条曲线，在应用时主要从四个方面进行考虑：

（1）KD 的取值。KD 的取值范围都是 0~100%，其可划分为几个区域：超买区、超卖区、徘徊区。按流行的划分法，80%以上为超买区，20%以下为超卖区，其余为徘徊区。

根据这种划分，KD 超过 80%就应该考虑卖出了，低于 20%就应该考虑买入了。这种操作是很简单的，同时又是很容易出错的，完全按这种方法进行操作很容易招致损失。大多数对 KD 指标了解不深入的人，以为 KD 指标的操作就限于此，故而对 KD 指标的作用产生误解。应该说明的是，上述对 0~100%的划分只是一个应用 KD 指标的初步过程，只是信号，真正要做出买卖的决定，还必须从另外两个方面考虑。

（2）KD 指标曲线的形态。当 KD 指标在较高或较低的位置形成了头肩形和多重顶（底）时，是采取行动的信号。注意，这些形态一定要在较高位置或较低位置出现，位置越高或越低，结论越可靠、越正确。操作时可按形态学方面的原则进行。

在 KD 的曲线上也可以画趋势线，以明确 KD 的趋势。在 KD 的曲线图中仍然可以引进支撑线和压力线的概念。某一条支撑线和压力线的被突破，也是采取行动的信号。

（3）KD 指标的交叉。K 与 D 的关系就如同证券价格与 MA 的关系一样，也有死亡交叉和黄金交叉的问题，即 K 从下向上与 D 交叉为黄金交叉，应该买入；K 从上向下与 D 交叉为死亡交叉，应该卖出。不过这里的交叉的应用是很复杂的，还附带很多其他条件。下面以 K 从下向上与 D 交叉为例对这个交叉问题进行介绍。

K 从下向上与 D 交叉是黄金交叉，为买入信号，这是正确的。但是出现了黄金交叉是否就应该买入，还要看别的条件：第一个条件是黄金交叉的位置应该比较低，是在超卖区的位置，越低越好；第二个条件是 K 与 D 相交的次数。有时在低位，K 与 D 要来回交叉好几次。交叉的次数以 2 次为最少，越多越好。第三个条件是交叉点相对于 K 线和 D 线低点的位置，这就是常说的“右侧相交”原则。K 是在 D 已经抬头向上时才同 D 相交，比 D 还在下降时与之相交要可靠得多。换句话说，右侧相交比左侧相交好。

满足了上述条件，买入就放心一些。少满足一条，买入的风险就多一些。但是，如果要求每个条件都满足，尽管比较安全，但也会错过很多机会。

对于 K 从上向下穿破 D 的死叉，也有类似的结果，读者不妨自己试试，这里就

不重复了。

（4）KD 指标的背离。简单地说，背离就是 KD 曲线的趋势与证券价格的走势不一致。当 KD 处在高位或低位时，如果出现与证券价格走向的背离，则是采取行动的信号。

当 KD 处在高位，并形成两个依次向下的峰，而此时证券价格还在上涨，并出现两个上升的峰，就构成顶背离，是卖出的信号；与之相反，KD 处在低位，并形成一底比一底高的两个谷，而证券价格还继续下跌，就构成底背离，是买入的信号。

（5）对应用 KD 指标的补充。除了上述 KD 的操作方法之外，还有两条予以补充。

第一，当 $K>D$ 时，不卖出；当 $K<D$ 时，不买入。除了出现一天之内上下波动幅度极大这种罕见的情况外，这样做几乎都是正确的；

第二，当 K 值和 D 值达到了极高或极低，比如说，$K>93\%$ 或 $D>88\%$ 时，可以不考虑别的因素而采取行动，这其实属于技术指标极端值的范畴。在这里再次强调，每个证券的极高和极低是不相同的，需要自己从中总结。

（三）使用 KD 指标应该注意的问题

KD 指标考虑的不仅是收盘价，而且有近期的最高价和最低价，这避免了仅考虑收盘价而忽视真正波动幅度的弱点。使用了平滑技术后，又可以使结论更加可靠。

KD 的不足之处在于：出现一些情况时，KD 无能为力。最大的盲区是当 KD 从低点经过一段时间后，第一次到达高位，或从高位下到低位时，容易出现误判。这是向每位使用 KD 指标的投资者提出的最大的忠告。

当 KD 从顶部或从底部中途不经过曲折达到低位或高位时，KD 指标将形成第一个峰或第一个谷，这个时候极易出现误判。

若真的遇到了这种情况，建议不要理会 KD 指标，而采用别的方法。

KD 指标的另一个不足之处是在顶部或底部的钝化。由于计算公式的限制，在顶部或底部，KD 指标对价格的反应极为迟钝。价格上涨或下降了很多，而 KD 指标可能才动一点点，这就不会给我们提供买入卖出的合理价位。这个弱点是没有办法的事情，我们应充分认识到 KD 指标的这一不足，避免发生错误。

在行情火爆的时候，KD 指标指出的顶背离有时需要等待更长的时间，出现第二次顶背离的时候才能采取行动，要等到 KD 指标形成依次从上向下 3 个峰的时候才真正行动。技术指标对于完成战术决策任务帮助很大，KD 指标在这方面的优势也是明显的。

当然，和其他技术分析方法类似，在价格进入整理阶段时，KD 指标一般会显得无所作为。

最后应该说明的是，上述所有关于 KD 指标的应用法则都是针对日线的，对于不同周期的 KD 指标，在使用上要进行相应的调整，具体的数字和进入高低位的次数都要进行修正和改变，变动之后才能用。

第四节　相对强弱指标

相对强弱指标（relative strength index，RSI）的发明者是威尔斯·威尔德（Welles Wilder）。RSI 以一个特定时期内的证券价格变动情况来推测价格未来的变动方向，并根据证券价格涨跌幅度的大小反映市场的强弱。

一、RSI 的计算

（一）RSI 的参数

RSI 的参数是选择的交易日的天数，即考虑的时期的长度，一般的有 5 日、9 日、14 日等几种。这里的 5 日与 MA 中的 5 日线是截然不同的两个东西。下面以 14 日为例具体介绍 RSI（14）的计算方法，其余参数的计算方法与此相同。

（二）RSI 的计算过程

先找到包括当天在内的连续 14 天的收盘价，用每一天的收盘价减去上一天的收盘价，我们会得到 14 个数字。这 14 个数字中有正（比前一天高）有负（比前一天低）。

$$A=14\text{ 个数字中正数之和}$$

$$B=14\text{ 个数字中负数之和}\times(-1)$$

A 和 B 都是正数。这样，我们就可以算出 RSI（14）：

$$\text{RSI}(14)=[A/(A+B)]\times 100\%$$

从数学上看，A 表示 14 天中证券价格向上波动的大小；B 表示向下波动的大小；$A+B$ 表示证券价格总的波动大小。RSI 实际上是表示向上波动的幅度占总的波动幅度的百分比，如果占的比例大就是强市，否则就是弱市。

目前，大量的书籍中是这样介绍 RSI 的：

$$\text{RSI}=100-100/(1+\text{RS})$$

$$\text{RS}=A/B$$

式中，RS 为相对强度。通过很简单的数字推导就可知道，这个式子就是上面介绍的式子。很显然，RSI 的计算只涉及收盘价，并且可以选择不同的参数。RSI 的取值介于 0~100%。

二、RSI 的应用

RSI 的应用应该考虑以下五个方面：

1. 不同参数的两条或多条 RSI 曲线的联合使用

同 MA 一样，天数越多的 RSI 考虑的时间范围越大，得到的结论越可靠，但反应速度慢，这是无法避免的。我们称参数小的 RSI 为短期 RSI，我们称参数大的 RSI 为长期 RSI。这样，两条不同参数的 RSI 曲线的联合使用法则可以完全照搬 MA 中的两条 MA 线的使用法则：①短期 RSI>长期 RSI，属多头市场；②短期 RSI<长期 RSI，

属空头市场。当然，这两条只是参考，不能完全照此操作。

2. 根据 RSI 取值的大小判断行情

0~100%可分成四个区域，我们可根据 RSI 的取值落入的区域进行操作。强弱区域的划分如表 7.1 所示。

表 7.1 强弱区域的划分

RSI	强弱区域	对应的操作
81%~100%	极强	卖出
51%~80%	强	买入
21%~50%	弱	卖出
0~20%	极弱	买入

极强与强的分界线和极弱与弱的分界线是不明确的，换言之，这两个区域之间不能画一条黑白分明的分界线，这条分界线实际上是一个区域。我们在别的大量的技术分析书中看到的 30%、70%或者 15%、85%，这些数字实际上都是对这条分界线的大致描述。应该说明的是这个分界线位置的确定与以下两个因素有关：

（1）与 RSI 的参数有关。参数不同，其区域的划分就不同。一般而言，参数越大，分界线离中心线 50%就越近，离 100%和 0 就越远。

（2）与选择的证券本身有关。不同的证券，由于其活跃程度不同，RSI 所能达到的高度也不同。一般而言，越活跃的证券，分界线的位置离 50%就应该越远；越不活跃的证券，分界线离 50%就越近。

随着 RSI 取值的从上到下，应该采取的行动是这样一个顺序：卖出→买入→卖出→买入。市场是强市，我们要买入，但是太强了、强得过分了就应该抛出。“物极必反”“量变引起质变”都是对这个问题的最好的说明。

3. 从 RSI 的曲线形态上判断行情

同 KD 指标一样，RSI 在较高或较低的位置形成头肩形和多重顶（底），是采取行动的信号。要记住，这些形态一定要出现在较高位置和较低位置，离 50%越远越好。距离越远，结论越可信，出错的可能性就越小。形态学中有关这类形态的操作原则，这里都适用。

与形态学紧密联系的趋势线在这里也有用武之地。RSI 在一波一波的上升和下降中，也会给我们提供画趋势线的机会。这些起着支撑线和压力线作用的切线一旦被突破，就是我们采取行动的信号。

4. 从 RSI 与证券价格的背离方面判断行情

与 KD 指标一样，RSI 也有利用背离进行操作的。RSI 处于高位，并形成一峰比一峰低的两个峰，而此时，证券价格对应的是一峰比一峰高，这叫顶背离。证券价格此时的这一涨是最后的衰竭动作（如果出现跳空就是竭尽缺口），这是比较强烈的卖出信号。与这种情况相反的是底背离：RSI 在低位形成两个依次上升的谷底，而证券价格还在下降，这是最后一跌或者说是接近最后一跌，是可以开始建仓的信号。

5. 极高的 RSI 值和极低的 RSI 值

当 RSI 处在极高和极低位时，可以不考虑别的因素而单方面采取行动。比如说上证指数的 RSI 如果在 93%以上，则必须出货；如果低于 5%，则一定买进。当然，这里的 93%和 5%是可以变化的，它与 RSI 的参数有关，与选择的证券有关。

第五节　乖离率和心理线

一、乖离率

乖离率（BIAS）是描述证券价格与证券价格的移动平均线相距的远近程度的技术指标。BIAS 指的是相对距离。

（一）BIAS 的计算公式及参数

n 日的乖离率=［（当日收盘价-n 日移动平均价）/ n 日移动平均价］×100%

用字母和符号表示：

$$\text{BIAS}(n) = [(C-\text{MA}_n)/\text{MA}_n] \times 100\%$$

公式中，C 为当日收盘价；MA_n 为参数为 n 的移动平均价，n 也是 BIAS 的参数。公式中的分子为收盘价与移动平均价的绝对距离，可正可负，除以分母后，表示的就是收盘价与移动平均价的相对距离。当移动平均价为 1 元时相差 0.1 元，这与移动平均价为 10 元时相差 0.1 元是很不相同的，所以在某些场合要用相对距离，不应仅考虑绝对距离。

BIAS 的公式中含有参数的项只有一个，即 MA。这样，MA 的参数就是 BIAS 的参数，即乖离率的参数就是移动平均价的参数，也就是天数。参数的选择首先影响 MA，其次影响 BIAS。一般说来，参数选得越大，则允许证券价格远离 MA 的程度就越大。换句话说，证券价格远离 MA 到了一定程度，我们就可以认为该回头了，而这个远离的程度是随着参数的变大而提高的。例如，参数为 5 时，我们可能认为 BIAS 到了 4%，证券价格就该回头了；而参数为 10 时，我们则必须等到 BIAS 超过 4%，比方说到了 7%才认为证券价格该回头。

（二）BIAS 的应用法则

BIAS 的原理是离得太远了就该回头，因为证券价格天生就有向心的趋向，这主要是人们的心理因素造成的。另外，经济学中价格与需求的关系也是产生这种向心作用的原因。证券价格低，需求就大，需求一大，供不应求，证券价格就会上升；反之，证券价格高，需求就小，供过于求，证券价格就会下降；最后达到平衡，平衡位置就是中心。

BIAS 的应用法则主要从三个方面考虑：

（1）从 BIAS 的取值大小方面考虑。这个方面是产生 BIAS 的最初的想法。找到一个正数或负数，只要 BIAS 一超过这个正数，我们就应该感到危险而考虑抛出；只要 BIAS 低于这个负数，我们就感到机会可能来了而考虑买入。这样看来，问题的关键就成了如何找到这个正数或负数，它是采取行动与保持沉默的分界线。

应该说明的是这条分界线与三个因素有关：第一，BIAS 选择的参数的大小。选择的参数越大，确定采取行动的分界线就越大。第二，选择的具体是哪只证券。越活跃的证券，选择的分界线也将越大。第三，不同的时期，分界线的高低也可能不同。

这里，给出这些分界线选择的参考数值。切记这些分界线仅是参考，投资者应该根据具体情况对它们进行适当调整。下面仅举一例：

BIAS（5）>3.5%，BIAS（10）>5%，BIAS（20）>8%以及 BIAS（60）>10%是卖出时机；BIAS（5）<-3%，BIAS（10）<-4.5%，BIAS（20）<-7%和 BIAS（60）<-10%是买入时机。

从上面的数字中可看出，正数和负数的选择是不对称的，一般说来，正数的绝对值要比负数的绝对值大一些。例如，3.5>3，5>4.5 等。对 BIAS 来说，这种正数的绝对值偏大是进行分界线选择的一般规律。

如果遇到由于突发的利多或利空消息而出现暴涨暴跌的情况，以上的那些参考数字肯定不管用，应该考虑别的应急措施。经有关人员总结，暴涨暴跌时，对相关数字应该做如下调整：

①对于综合指数，BIAS（10）>30%为抛出时机；BIAS（10）<-15%为买入时机。

②对于个股，BIAS（10）>35%为抛出时机；BIAS（10）<-20%为买入时机。

（2）从 BIAS 的曲线形态方面考虑。形态学和切线理论在 BIAS 上也能得到应用。不过要注意，形态和切线在这里没有通常意义下的那么标准，很多形态和切线的确认需要丰富的想象力。

①BIAS 形成从上到下的两个或多个下降的峰，而此时证券价格还在继续上升，这是抛出的信号；

②BIAS 形成从下到上的两个或多个上升的谷，而此时证券价格还在继续下跌，这是买入的信号。

以上两条为指标背离原则和趋势的内容。

（3）从两条 BIAS 线结合方面考虑。当短期 BIAS 在高位下穿长期 BIAS 时，是卖出信号；在低位，短期 BIAS 上穿长期 BIAS 时，是买入信号。短期和长期在这里是针对参数而言的，参数大的为长期 BIAS，参数小的为短期参数。

（三）应用 BIAS 应注意的问题

（1）上面提供的具体数字仅供参考，投资者不要因为有数值而受到误导。正确的做法是在实践中自己寻找分界线的位置。

（2）在 BIAS 迅速地达到第一峰或第一谷时，是最容易出现操作错误的时候，而这时往往会出现一些突发事件。对此，投资者应当特别小心。

（3）BIAS 的应用应该同 MA 的使用结合起来，这样效果可能更好。当然，同更多的技术指标结合起来也会极大地减少 BIAS 的错误。具体的结合法如下：

①BIAS 从下向上穿过 0 线，或 BIAS 从上向下穿过 0 线可能也是采取行动的信号。上穿为买入信号，下穿为卖出信号。因为此时，证券价格也在同方向上穿过

了 MA。

②BIAS 是正值，证券价格在 MA 之上，如果证券价格回落到 MA 之下但随即又反弹到 MA 之上，同 BIAS 也是呈现相同的走势，则这是买进信号。对于下降的卖出信号也可类似处理。

③BIAS 是正值，并在高位向 0 回落，如果接近 0 时，反弹向上，则这是买入信号。BIAS 是负值时，可照此办理。

二、心理线

心理线（PSY）主要是从证券投资者的买卖趋向的心理方面，对多空双方的力量对比进行探索。

（一）PSY 的计算公式及参数

PSY 的计算公式异常简单。其计算公式为

$$\text{PSY}(n) = (A/n) \times 100\%$$

式中，n 为时间区间的长度，也就是天数；A 为在这 n 天之中证券价格上涨的天数。例如，$n=10$，10 天之中有 3 天上涨，7 天下跌，则 $A=3$，PSY（10）= 30。这里的上涨和下跌的判断是以收盘价为标准的，如果今天的收盘价比前一天的收盘价高，则今天就定为上涨天；比前一天的低，则今天就定为下降天，这样，数起 A 来是很方便的。

从 PSY 的表达式中可以看出，PSY 是指近一段时间内，上涨的天数所占的比例。我们简单地认为上涨是多方的力量，下跌是空方的力量，则 PSY 以 50 为中心，50 以上是多方市场，50 以下是空方市场。多空双方力量的对比就这样被简单地描述出来了。

对 PSY 的参数的选择是人为的，没有硬性规定。为了便于计算，也由于习惯，一般选择参数为 10。参数选得越大，PSY 的取值范围越集中、越平稳；参数选得越小，PSY 的取值范围上下的波动就越大。这是在选择 PSY 的参数的时候应该注意的。

（二）PSY 的应用法则

（1）在盘整局面，PSY 的取值应该在以 50 为中心的附近，上下限一般定为 25 和 75。PSY 取值在 25~75 说明多空双方基本处于平衡状况。如果 PSY 的取值超出了这个平衡状态，就是超买或超卖，我们就应该注意了，准备采取行动。

（2）PSY 的取值如果高得过头了或低得过头了，都是行动的信号。一般说来，如果 PSY<10 或 PSY>90 这两种极端低和极端高的局面出现，就可以参考别的因素而考虑采取买入或卖出行动。

（3）当 PSY 的取值第一次进入采取行动的区域时，往往容易出错，要等到第二次出现行动信号时才保险。这一条本来是对全部技术分析方法都适用的，但对 PSY 来说尤为重要。几乎每次行动都要求 PSY 进入高位或低位两次才能真正称得上是安全的。第一次低于 25 或高于 75 就采取买入或卖出行动，一般都会出错。

（4）PSY 的曲线如果在低位或高位出现大的 W 底或 M 头，也是买入或卖出的

行动信号。别的形态对 PSY 也适用。

（5）PSY 线一般最好同证券价格曲线相配合使用，这样更能从证券价格的变动中了解超买或超卖的情形，PSY 同证券价格的背离现象也是成立的。

第六节　人气指标、买卖意愿指标和中间意愿指标

证券市场的每一个交易日都进行着多空双方的较量，因此对投资者而言，如何正确地描述多空双方在每个交易日的力量对比，已经成为正确分析当前形势，合理地预测未来证券价格变动方向的一个比较重要的课题。然而，要正确、合理、全面地反映每一天的多空力量对比或者是某一段时期内多空双方力量的对比，是一件非常困难的事情，分析人员所能做的是尽量地描述多空双方力量的对比，要一点不差地做到正确描述是不现实的。

这里将要介绍的这三个技术指标——人气指标（AR）、买卖意愿指标（BR）和中间意愿指标（CR）是描述多空双方力量对比的方法之一。它们从不同的方面对多空双方的力量进行了描述，效果各有千秋。我们在应用时应当结合使用。

一、AR、BR 和 CR 的基本构造原理

每天股市一开盘，就要进行交易，就有买进和卖出，多空双方的争夺就开始了。一天之中，多空双方的优势不是永恒的，而是不断交替变换的，各个时期多空双方都可能占优势。如果某一天多方的力量强，那么证券价格就将被抬至较高的价位；如果空方的力量强，那么证券价格就将被压到较低的价位。

正如每一个事物都有一个开始一样，多空双方的争斗也是从某一个基点水平或者是均衡价位开始的。证券价格在这个基点水平的上方，说明多方处于优势，反映的是多方的力量；反之，证券价格若处于这个基点水平的下方，则说明空方处于优势，反映的是空方的力量。

如此看来，正确而恰当地找到这个基点水平是非常重要的。基点水平反映的是多空双方处在均衡状态的水平。随后的进一步争夺打破了这一均衡，使证券价格向上或向下偏离这一基点水平。偏离得越远，说明力量越大；偏离得越近，说明力量越小。

AR、BR 和 CR 这三个技术指标从各自不同的角度选择了基点水平，也就是多空双方处于均衡的价位水平。它们各自都有自己的道理，不能说哪个好，哪个不好。应该记住，AR、BR 和 CR 最初构造的原理是相同的，都是用距离基点水平或均衡价位的远近描述多空的实力，远的就强，近的就弱。所不同的是基点水平或者说是均衡价位的选择不同罢了。这种选择的不同不会导致很严重的偏离和误断，AR、BR 和 CR 的结合使用是可以相互弥补各自的不足，并帮助我们去判断其他指标。

二、AR 指标

AR 指标不仅被称为人气指标，还被称为买卖气势指标，是反映市场当前情况

下多空双方争斗结果的指标之一。市场人气旺，则多方占优，买入活跃，证券价格上涨；反之，人气低落，交易稀少，人心思逃，证券价格下降。

（一）AR 指标的形成

AR 选择的市场均衡价位，或者说是多空双方都可以接受的暂时价位是每一个交易日的开盘价。选择开盘价作为均衡价位是有一定道理的，尽管这种选择有不合理的成分。经过一夜的思考和分析之后，每一个证券投资人都在心目中选择了一个自己认可的价位，并于第二天的开盘之前以这样的价位进行买卖。更由于目前我国证券交易所实行的是集合竞价产生开盘价，这使得以开盘价作为当日多空双方正式开始进行战斗的均衡起点更具有实际意义。以往那种传统的以第一笔成交价作为开盘价的做法，使开盘价在很大程度上失去了意义。高开高走、高开低走、低开高走、低开低走和平开高走、平开低走，都反映了这一天多空双方力量的对比。一般情况下，开盘后证券价格的走势结果是多种多样的，上述几种仅是很简单的模式，真正的价格走势的种类比这几种要多得多，绝不会这么简单地一直上升或一直下降，中间往往要经过很多波折。

AR 指标选择了以开盘价作为多空双方事先已接受的均衡价位，简化了多空双方在争斗中的演变过程，以最高价到开盘价的距离描述多方向上的力量，以开盘价到最低价的距离描述空方向下的力量。这样，多空双方在当日的强弱程度就简单地被描述出来了。

（二）AR 指标的计算公式和参数

多空双方每天的强弱可用数学公式表示如下：

$$\text{多方强度 } BS = High - Open$$

$$\text{空方强度 } SS = Open - Low$$

式中，High 为当日的最高价；Low 为当日的最低价；Open 为当日的开盘价。我们在对当前多空力量对比进行研究时，应该考虑得广泛些，包括的天数应该多一些，以避免片面地被某一天的偶然因素误导。选择多少天的多空强度进行比较是人为选择的问题，选择的天数就是 AR 指标的参数。

例如，参数为 26 的 AR 指标，其计算公式为

$$AR(26) = (P_1/P_2) \times 100\%$$

式中，$P_1 = \sum(High - Open)$，为 26 天的多方强度的总和；$P_2 = \sum(Open - Low)$，为 26 天的空方强度的总和。从式中可看出，AR 表示这 26 天以来多空双方总的强度的比值。AR 越大表示多方的强度越大，AR 越小表示空方的强度越大。多空双方谁强谁弱的分界线是 100：100 以上是多方占优；100 以下是空方占优；正好是 100 说明多空双方力量相等，谁也不占优势。AR 指标的这种表示法与 RSI 中的相对强弱度具有异曲同工之妙。

由此可见，AR 是利用开盘价与最高价和最低价的相互关系，建立了一段时间内多空双方进行争斗的简单的数学模型，并利用这个数学模型对证券价格进行预测。虽然 AR 从结构上讲并没有完全反映证券价格的实际变化过程或者说是多空双方的争斗过程，但是 AR 计算简单，具有很好的实用性，是分析证券价格走向的有力的

技术指标之一。

（三）AR 指标的应用法则

对 AR 的应用应该注意从如下几个方面考虑：

（1）AR 的取值可以反映大势所处的状态。如前所述，AR 指标是以 100 为分界线区分多空双方强度的。当 AR 指标的取值在 100 附近徘徊时，就说明大势处于多空基本平衡的局面，双方都不占大的优势，任何一方都没有足够的力量将对方击垮。

一般来说，当 AR 取值在 80～120 时，为盘整状态，也就是没有明显趋势的状态。通常从形态学的角度看，目前的股市处在持续整理的形态，下一步是密切注意证券价格向哪个方向突破的问题，这时形态学的内容就可以发挥作用了。上面所说的 80～120 只是一个经验数字。投资者在应用 AR 指标时，应该根据不同的参数选择和不同的证券对这个数字进行修正。对前人总结的一些数字进行修正，是应用技术指标时的一项极重要的任务。

从数学的角度看，80～100 和 100～120 的距离在目前的情况下是不一样的。正确的两边等距离的数字应该是：83.33～120 或 80～125。

这其中的理由涉及数学上对称的内容，这里就不多谈了，只是提醒一下。目前的两边等距同以往所说的等距有不同的地方，投资者在应用时，尤其是对原有数字进行修正时，应该注意到这一点的不同。

在多头市场里，AR 的取值几乎在 100 以上。并且随着多方强度的不断增加，AR 的取值会不断地上升。同别的指标一样，物极必反，当 AR 不断地上升到一定的程度后，就应该考虑获利了结的问题了。

有人根据经验，认为当 AR 的取值大于 150 时，就应该有“可能要回头”的意识了。当然，150 这个数不是万能的，投资者应该根据所选择的参数和所买入的证券对 150 进行修正。150 仅起抛砖引玉的作用。

在空头市场里，AR 的取值在大多数情况下肯定是在 100 以下。随着空方力量的增大，AR 的取值会不断下降。AR 过低，人气低迷，人气需要充实。但低过头后，就应该考虑买入了，这是符合一般规律的。有人根据经验，认为当 AR 取值小于 60 时，就应该要想到介入市场的问题了。同样，60 这个数也是需要根据具体情况调整的，不能一概而论。

从 AR 取值大小反过来也能看出当前证券市场所处的大环境，是多方占优还是空方占优。人气如何也可以从 AR 的取值上看出。AR 取值的上升和下降反映的是人气的旺盛与低迷。

（2）从 AR 与证券价格的背离方面看趋势。同大多数技术指标一样，AR 指标也有领先证券价格达到峰顶和谷底的功能，这就为我们应用背离原则提供了方便。一般来说，AR 到达峰顶并回头时，如果证券价格还在上涨，这就是进行获利了结的信号；如果这时 AR 的取值已经到了该考虑抛出的时候则更是如此。同理，AR 到达谷低并回头向上时，如果证券价格还在继续下跌，就是介入市场的时机。

（3）AR 指标与 BR 指标的结合使用。这个内容将在介绍 BR 指标时论述。

（四）应用 AR 指标应该注意的事项

对 AR 指标来说，最应该注意的是下面所提到的准则：

当技术指标“迅猛”地第1次达到投资者应采取行动的区域的时候，如果投资者立即采取行动，所冒的风险是很大的，技术指标在这个时候极易出现错误。只有等到技术指标第2次或第3次进入投资者应采取行动区域的时候，才能增大投资者投资成功的机会。

这个准则的延伸作用就是应用形态理论对其进行研判，这样，形态学和切线理论就能在AR指标的应用中发挥作用了。

三、BR指标

BR指标同AR指标一样也是反映当前情况下多空双方相互较量结果的指标之一。其基本的构造思想同AR指标是相同的。

（一）BR指标与AR指标的区别

BR指标与AR指标极为相似，区别在于它们所选择的市场多空双方的均衡点不同。AR指标将当日的开盘价作为均衡价位，而BR指标将前一天的收盘价作为均衡价位。AR指标仅描述当天多空双方争夺的结果，根本不考虑以前的争夺历史和争夺结果，这样有时未免会失真。

选择前一天的收盘价作为均衡价位，不仅反映了当天多空双方的争夺结果，更为重要的是，还能反映前一个交易日收盘后，多空双方由于隔了一个夜晚所产生的力量积蓄，从而引起的向上或向下跳空的缺口。从这个意义上来看，BR指标比AR指标更能全面地反映证券市场中的暴涨暴跌，AR指标则损失了开盘后跳空的信息。BR指标可以单独使用，也可以同AR指标结合使用。

前一大的收盘和今日的开盘是一头一尾，如果没有特殊情况，一般来说，这两者应该相差不多。如果一段时间内均未出现大的向上和向下开盘的跳空缺口，AR指标和BR指标应该是相差不多的。

每个交易日结束后，多空双方的争夺并未结束。在这段时间里，各种消息会使人们买卖的意愿产生大的波动，对多空双方原有的力量产生巨大的影响。以前收盘价作为均衡点正确地包含了这方面的信息，这也就是BR指标比AR指标优越的地方。

（二）BR指标的计算公式和参数。

如前所述，在BR指标中，多空双方的力量是用如下方式表现的：

$$\text{多方强度 BS} = \text{High} - \text{YC}$$

$$\text{空方强度 SS} = \text{YC} - \text{Low}$$

式中，High和Low为今日的最高价和最低价；YC为昨日的收盘价。

同AR指标一样，为了减弱偶然性和片面性，我们选择的多空双方力量不是一天的对比，而是多天的力量对比、选择的天数就是BR指标的参数。

例如，以26为参数，BR指标的计算公式为

$$\text{BR}(26) = (P_1/P_2) \times 100\%$$

式中，$P_1 = \sum(\text{High}-\text{YC})$，为26天的多方强度的总和；$P_2 = \sum(\text{YC}-\text{Low})$，为26天的空方强度的总和。从公式中可以看出，BR指标反映了多空双方26日以来总的

强度的比值。BR 指标越大，则多方力量越强；BR 指标越小，则空方力量越强。双方的分界线是 100：100 以上是多方优势，100 以下是空方优势。这一点同 AR 指标是完全相同的。

BR 指标的计算比 AR 稍微麻烦一点，因为每次使用的 YC 是上一天的收盘价，不是同一天的，在使用数据方面不像 AR 指标那样方便。BR 指标的意义直观，反应敏捷，比 AR 指标有一定的优越性，也是我们分析证券价格走向的有力的技术指标之一。

（三）BR 指标的应用法则

对 BR 指标的应用主要是从以下几个方面进行考虑：

（1）从 BR 的取值上看市场所处状态。由 BR 的定义和公式就可看出，BR 取值在 100 附近则多空双方力量相当；BR 取值越大，多方所占优势越大；BR 取值越小，空方所占优势越大。

具体的数字：当 BR 在 70~150 时，可认为股市处在整理阶段，多空双方的力量至多是稍占优势，谁都没有足以击垮对方的力量；70~150 是经验上的界线，根据具体的情况要进行调整。主要因素是参数选择的不同和证券选择的不同，这两种因素是决定 BR 界线的主要因素。另外，当 BR 指标处在盘整时，从形态学的角度看，证券价格的走势也呈现出持续整理的形态。投资者应该根据形态学的知识对此时的情况加以判断。

同 AR 指标一样，以 100 为中心的两边对称与我们熟悉的等距离是有所区别的，例如，70~143，150~66.6。以上两对参数才是对称的。对界线进行修正时，应注意这一点。

在多头市场里，BR 的取值一定很高，并且随着多头强度的增加，BR 的取值还会上升，当然强过了头就会向反向发展。一般说来，BR>300 时，应注意证券价格的回头向下。当然 300 这个数字也是经验之谈，我们应根据具体情况对其进行修正。

与此情况相反，在空头市场里，BR 的取值一定很低，并且随着空方力量的增加，BR 还会进一步下降。当 BR 的取值低到一定程度，我们就可以考虑买入的问题了。一般说来，BR<40 时，应注意证券价格的向上反弹。同样，40 这个数字也是需要根据不同情况进行不断地变动的，不能一概而论。

（2）从 BR 指标与证券价格的背离方面看趋势。BR 指标有领先证券价格达到峰顶和谷底的功能，这就是背离原则的应用基础。

BR 达到峰顶并回头时，如果证券价格还在上涨，这就形成了背离，是比较强的获利了结信号。BR 达到谷底并回头向上，这也是背离，是比较强的买入信号，应该考虑介入证券市场了。另外，BR 形成两个依次下降的峰，而证券价格却形成两个依次上升的峰，这也是背离，也应考虑获利了结。同理，BR 形成两个依次上升的谷底，而证券价格是两个依次下降的谷底，这又是背离，是介入证券市场的信号。

（3）AR 指标和 BR 指标的结合使用。一般而言，BR 指标的取值比 AR 指标大一些，上下波动的范围要大一些。从图形上看，BR 指标总在 AR 指标的上方或总在

AR 指标的下方。

AR 指标可以单独使用，而 BR 指标一般同 AR 指标结合使用。这是因为，BR 指标有时上下波动得实在太大，不易掌握，而 AR 指标不存在这个问题。

如果 AR、BR 都急剧上升，则说明证券价格离峰顶已经不远了，持股者应考虑获利了结。

如果 AR 被 BR 从上往下穿破，并且处在低位，则是逢低价买进的信号。

如果 BR 急剧上升，而 AR 指标未配合上升，而是盘整或小回，都是逢高出货的信号。

（四）应用 BR 指标应注意的问题

BR 指标同 AR 指标在取值上的最大区别在于 BR 指标在极特殊的情况下可能产生负值，而 AR 指标永远不会产生负值。这个现象是由于 BR 指标的公式而产生的，即 High-YC，YC-Low。这两项都可能产生负值。如果今天的最高价比昨天的收盘价还低，或者昨天的收盘价比今天的最低价还低，就会产生负值。这种负值有可能导致最终的 BR 指标取负值。

产生负值从根本上并不能对我们应用 BR 指标产生影响，但是负值在使用时确实有不方便的感觉。对负值，我们主要有两个态度：

（1）将取负值的 BR 指标一律认为是取零值，也就是将负值用零代替。

（2）改变 BR 的计算公式，使其不产生负值。下面介绍两种方法以供读者参考。

方法一：每一日多空双方的强度，High-YC 和 YC-Low，都以非负计数，若出现负值，则以零计。比如，High-YC<0，则以 0 代替原来的 High-YC。这样 BR 的公式中就绝不会出现负值了。

方法二：这种方法是在方法一的基础上改进得到的。我们在以 0 代替取负值的多空强度的同时，另一方的程度也要相应地进行改变（方法一是只改一方，另一方不动）。例如，设 YC-Low<0，则说明今天产生了向上跳空缺口。计算公式为

$$空方强度\ SS=0$$

$$多方强度\ BS=High-YC+\beta\times(Low-YC)$$

式中，β 为计算系数，是由人为确定的。它的大小反映对缺口的看重程度的高低，一般 β 以小于 3 为宜。

同理，High-YC<0 时，说明今天产生了向下跳空缺口。计算公式为

$$空方强度=YC-Low+\beta(YC-High)$$

$$多方强度=0$$

尽管这里提供了多种方法，但还是以最简单的方法一来处理 BR 取负值的情况为宜。同大多数技术指标一样，当证券价格第一次进入 BR 指标的采取行动的区域时，投资者应该特别小心，这时所下的结论出现问题是经常发生的，要做到万无一失或少失误，必须等到第二次进入行动区域才能下结论。

四、CR 指标

CR 指标是同 AR 指标和 BR 指标极为类似的指标。可以这么说，AR 指标、BR

指标和 CR 指标是“三胞胎”，三者极为相似：计算公式相似、构造原理相同、应用法则也相似。它们的区别只是在取值的大小上有些不同，应用时的界线不同。

（一）CR 指标的均衡价格

CR 指标找到的多空双方的均衡价位是昨日的中间价，既不是 AR 指标中的今日开盘价，也不是 BR 指标中所用的前一日收盘价。AR 指标和 BR 指标选择的多空双方均衡价位当然各有自己的道理，但是它们的不足也是显而易见的。以 BR 指标选择的前一日收盘价为例。有时仅以收盘价描述前一日的多空均衡价位是会引起错误的。有时全天的走势都比较稳定，证券价格在一个固定的范围内波动，但外部因素或偶然发生的事件可能使证券价格在接近收市的很短的时间内形成大幅度上升或大幅度下降的走势，这样，以收盘价作为均衡价位就有些歪曲当日的证券价格走势的实际情况。

为避免 AR 指标和 BR 指标的不足，在选择多空双方均衡价位时，CR 指标选用了中间价。其实，为了同样的目的，我们可以采用中间价以外的别的价格，比如说平均价。应该说明，在大多数情况下，收盘价和中间价相差不大，产生出来的 CR 指标也和 BR 指标很接近。

（二）CR 指标的计算公式

在 CR 指标的计算公式中，每日多空双方的力量是用下面的方式描述：

多方强度 BS = High − YM

空方强度 SS = YM − Low

式中，High 和 Low 为今日的最高价和最低价；YM 为前一日的中间价。中间价又叫中价，它也是一个技术指标（按本书的定义），它是由开盘价、最高价、最低价和收盘价这四个价格通过加权平均得到的。加权平均中每个价格的权重可以人为选定。目前，流行的中间价计算方法有以下四种：

$$M=(2\times Close+High+Low)/4$$

$$M=(Close+High+Low+Open)/4$$

$$M=(Close+High+Low)/3$$

$$M=(High+Low)/2$$

从四种中间价的计算方法中可以看出，它们对四种基本价格的重视程度是不一样的。但我们可以看出，对开盘价的重视肯定强于另外三个基本价格。

中间价产生的原因主要就是避免以收盘价作为对全日的交易情况的描述可能产生的偏差。

（三）CR 指标的参数

在计算 CR 时，为了避免由于某一天的意外情况产生的偶然性和片面性，我们所考虑的不只是一天，而是很多天的多方和空方力量的对比，选择的天数就是 CR 指标的参数，参数是可以人为选择的。

例如，以 26 为参数，CR 指标的计算公式为

$$CR(26)=(P_1/P_2)\times 100\%$$

式中，$P_1=\sum(High-YM)$，$P_2=\sum(YM-Low)$ 分别为 26 天以来多空双方力量的总

和；而 CR 正是这两种力量总和的比值。

CR 指标越大，多方力量越强；CR 指标越小，空方力量越强。反过来看，如果是多头市场，证券价格会一路上升，那么 P_1 会不断增加，相应地，P_2 会减少或者增加得慢，结果就是 CR 的值会增加。与此类似，如果是空头市场，证券价格下挫，P_2 会不断增加，P_1 会减少或增加得慢，导致 CR 不断地减小。

（四）AR、BR 和 CR 之间的关系

与 AR 指标和 BR 指标相比，我们可以看出 CR 指标更接近 BR 指标。两者都是以上一个交易日的均衡点作为新的一天的多空双方争夺的起点。两者的区别只是在均衡点选择上有些不同。从数字上和图形上很容易看出，CR 的图形更接近 BR，与 AR 可能相差很远。

（五）CR 指标的应用法则

CR 指标的构造原理和方法与 AR 指标和 BR 指标是相同的。CR 指标的上升和下降，反映的也是多空双方力量的消长。反过来，多空双方力量对比的变化，也会在 CR 指标取值上得到反映。

总的来说，CR 指标的应用法则同 AR 指标和 BR 指标是相似的，有关 AR 指标和 BR 指标的应用法则的叙述都适用于 CR 指标，只要略做一些修改就可以了。

（1）从 CR 指标的取值方面考虑。这里 CR 指标的取值与 BR 指标有些不同。当 CR 指标的取值低于 90 时，买入一般较为安全。不过，90 这个数字也是个参考，CR 指标越低，买入越安全。当 CR 指标取值比较大时，应考虑卖出，这个时候应该参考 AR 指标和 BR 指标的表现。

（2）从 CR 指标的形态方面及背离方面考虑。这两个方面其实是相通和相似的。同别的指标一样，只要形成指标与证券价格在底部和顶部的背离，都是采取行动的信号。

（六）应用 CR 指标时应注意的问题

主要应注意两个方面：①CR 指标比 BR 指标更容易出现负值；②当 CR 指标第 1 次发出行动信号时，往往错误比较大，应当注意。

对第一个问题，由于 BR 指标也遇到过同样的问题，我们可以采用相同的对待方法。最简单的方法就是，将取负值的 CR 指标一律当成 0。

对第二个问题，这是个几乎所有的技术指标会碰到的问题。只有等到第二次指标发出行动信号的时候，才能极大地降低风险。

五、AR、BR 和 CR 指标的缺陷

在结束这一节之前，有必要指出 AR、BR 和 CR 指标在设计上、理论解释上与 K 线理论的矛盾。

从 K 线的介绍中，我们已经知道：上影线越长，越不利于上升；下影线越长，越不利于下降。而在这三个指标中，上下影线长，都是利于同方向的，因为在该指标理论设计中认为：下影线越长，说明空方力量越强；上影线越长，说明多方力量越强。这种设计的基本出发点同 K 线理论中的结果产生了矛盾，这是在应用 AR、

BR 和 CR 指标时应该注意的。好在并不是所有的 K 线理论都是有利于下降的，如倒转锤头线和上吊线。

第七节　能浪潮和指数点成交值

一、能浪潮

能浪潮的英文全称是 on balance volume（OBV），其中文名称直译是“平衡交易量”。有些人把每一天的成交量当成海的潮汐一样，因而形象地将 OBV 翻译为能量潮。OBV 是由乔·格兰维尔（Joe Granville）于 20 世纪 60 年代发明并逐渐广泛流行的。我们可以利用 OBV 验证当前证券价格走势的可靠性，并可以由 OBV 得到趋势可能反转的信号。OBV 对于准确预测未来是很有用的。比起单独使用成交量来，OBV 比成交量看得更清楚。

（一）OBV 的计算公式

OBV 的计算公式很简单。首先，我们假设已经知道了上一个交易日的 OBV 值；其次，计算今日的 OBV 值。计算的依据就是今日的成交量、今日的收盘价以及上一个交易日的收盘价。计算公式如下：

$$OBV(n) = OBV(n-1) + sgn \times V(n)$$

今日 OBV=昨日 OBV+sgn×今日的成交量

式中，V 为成交量；sgn 是符号 sign 的缩写，它可能是+1，也可能是-1，这由下式决定：

sgn=+1，如果今日收盘价大于或等于昨日收盘价

sgn=-1，如果今日收盘价小于昨日收盘价

成交量指的是成交的证券的手数，而不是成交金额。有些书上没有明确指明这两个概念。在这里，我们做出了明确的区别。

（二）OBV 的构造原理

OBV 的构造原理类似于潮涨潮落的原理。事物的发展总是曲折的，不会一帆风顺，正如海浪在向前推进时，中途还有潮落的现象。每次向前的浪潮如果总比向后的浪潮大，则整个趋势还是向前的。我们可以把股市比喻成一个潮水的涨落过程。如果多方力量大，则向上的潮水就大，中途回落的潮水就小。衡量潮水大小的标准是成交量：成交量大，潮水的力量就大；成交量小，潮水的力量就小。

每一天的成交量可以理解成潮水，但这股潮水是向上还是向下，是保持原来的大方向，还是中途回落，这个问题就由今日的收盘价与昨日的收盘价的大小比较来决定：

（1）如果今日收盘价≥昨日收盘价，则这一潮水属于多方的潮水；

（2）如果今日收盘价<昨日收盘价，则这一潮水属于空方的潮水。

潮涨潮落反映多空双方力量的对比变化和最终大潮将向何处去，这就是 OBV 的基本原理，也是 OBV 叫能量潮的原因。OBV 曲线在实际的波动中会出现众多的 N

字形，逐渐向上的N字形说明了上升的力量，逐渐向下的N字形说明了下降的力量。

（三）OBV的应用注意事项和应用法则

OBV指标被许多投资者使用。我们在应用OBV指标的时候要特别注意以下内容：

（1）单纯从OBV的大小，我们不能得出任何结论。OBV不能单独使用，必须与证券价格曲线结合使用才能发挥作用。

（2）OBV只注重曲线的相对走势。计算有一个选择最初值的问题，也就是说第一个OBV值是怎么求的问题。这个问题不重要，因为，我们关心的只是最近日子的OBV曲线的相对走势，而OBV的取值的绝对数字对我们是没有用处的。这一点也是广大技术分析者应该注意的地方。

（3）OBV曲线的上升和下降对我们进一步确认当前证券价格的趋势有着很重要的作用。

①证券价格上升（下降），而OBV也相应地上升（下降），那么我们可以进一步确认当前的上升（下降）趋势。

②证券价格上升（下降），但OBV并未相应地上升（下降），那么我们对目前的上升（下降）趋势的认可程度就要大打折扣。这就是背离现象，OBV已经提前告诉我们趋势的后劲不足，有反转的可能。

③对别的技术指标适用的形态学和切线理论的内容也同样适用于OBV曲线。W底和M头等著名的形态学结果也适用于OBV。

④在证券价格进入盘整区后，OBV曲线会率先显露出脱离盘整的信号，向上或向下突破。

OBV 指标的应用原则

一般而言，投资者对价格变化的重视程度要远高于成交量。基础的技术分析理论认为，量价的分析必须结合起来才能取得较好的效果。实际上，对大盘或个别证券趋势的判断也不可能脱离对成交量的分析。市场的经验也表明，成交量通常比价格先行变动。因此，在对证券市场趋势进行研判时，有必要掌握OBV指标的应用法则，以弥补证券价格分析上的不足之处。

OBV线将成交量值予以数量化并制成趋势线，配合证券价格趋势，从价格的变动及成交量的增减关系来推测市场气氛。一般而言，市场中投资者对证券价格未来趋势的观点分歧会通过成交量的变化反映出来，具体表现为：分歧越大，交易量越大。OBV的理论基础是市场价格的变动必须有成交量配合，价格上升时成交量必须增加，但并不一定要求成交量的变化与证券价格的变化成正比。价格升降而成交量不相应升降，则市场价格的变动难以继续。由此可以看出，OBV的出发点是成交量为证券价格变动的先行指标，短期证券价格的波动与其业绩并不完全相关，而是受人气的影响，因此从成交量的变化可以预测证券价格的短期波动方向。

OBV 把证券价格上升时的成交量视为人气积聚，做相应的加法处理，而把证券价格下跌时的成交量视为人气离散并做减法运算。OBV 指标的应用原则重点在对 OBV 线形态的变化上。在操作上，一般是把 OBV 线与证券价格线进行对照，一旦出现背离走势，就认为是一个出入市场的信号。当证券价格频频上升，创下新高点时，OBV 线却不能创出新高，意味着上升的能量不足；换言之，后市的力道已经用得差不多了，这是一个卖出信号。反之，倘若证券价格下跌不止，创下一个新低点，OBV 线却不愿下跌或下跌甚少，并未创下新低，说明证券价格已经跌得差不多了，后市反弹有望。当证券价格上涨而 OBV 线同步缓慢上升时，表示证券市场继续看好，仍可持有证券。如果 OBV 线短时间内暴升，则表示能量即将耗尽，证券价格可能会反转。另外，在应用时还可以观察 OBV 的“之”字形波动。当 OBV 累计 5 次出现局部高点或低点时可视为短期反转信号；当局部高点或低点累积到 9 个时，须注意行情的中期反转。

由于 OBV 的走势可以局部显示出市场内部主要资金的移动方向，显示当期不寻常的超额成交量是在低价位还是在高价位上产生，因此，投资者可领先一步掌握大盘或个股突破盘局后的发展方向。不过应当注意的是，OBV 线一般作为证券市场短期波动的重要判断方法，运用 OBV 线一定要配合证券价格趋势予以研判分析。

二、指数点成交值

指数点成交值（trading amount per weight stock price index，TAPI），是指每一加权证券价格指数的成交金额。从它的名称中可以看出，TAPI 是描述每一个交易日的指数和成交金额的关系的技术指标。

（一）TAPI 的计算公式和构造基本原理

从 TAPI 的叙述中就可以明确地知道 TAPI 的计算公式：

$$TAPI=A/PI$$

式中，A 为每日的成交金额；PI 为当天的证券价格指数，有些是综合指数，有些是成分指数。

TAPI 是没有参数的技术指标，这在技术指标中是不多的，只要将成交金额与指数相除就够了。

至于 TAPI 的构造的基本原理，可以用一个简单的情况加以说明。如果我们假设证券市场只有一只证券上市交易，那么，证券价格指数也是根据这一只证券进行计算的。由证券价格指数的计算方法，我们可知道，当天的证券价格指数是当天的市场总值与基期市场总值的比值。由于只有一只证券，所以证券价格指数其实就是这只证券当天的价格与基期价格之比。TAPI 的意思实际上是：

$$TAPI=(A/C)\times(C_0/100)$$

式中，A 为当日成交金额；C 为当日收盘价；C_0 为基期价格，它是个不变的常数。只有 A 和 C 在变动（随时间的不同）。

成交额/价格的含义是成交数量，由此可知，TAPI 有点接近成交量的意思，只不过多乘上一个常数 $C_0/100$。

从以上对 TAPI 在简单情况下的含义的理解，可以推断出它在一般情况下的含义。总的来说，TAPI 可以理解为成交量乘上一个固定的常数，所以，在对 TAPI 的应用上有很多地方类似于成交量。

（二）TAPI 的应用法则

TAPI 的应用法则包括：

（1）在多头市场中，TAPI 将同证券价格一样不断地创出新高。但到 TAPI 与证券价格不同步的时候，就是多头市场进入尾声的信号。这也可以理解为背离现象。

（2）在空头市场中，TAPI 将同证券价格一样不断地创新低。如果某一次证券价格创新低，而 TAPI 并未创新低，反而有所上升，这就是空头市场将要结束的前兆。

（3）TAPI 的上升和下降与成交量和成交金额始终是同步的，三者可以彼此参考。

（4）从 TAPI 的绝对取值上，我们不能得到任何有关多空双方力量对比的信息，只有从 TAPI 的相对取值上才能得到。TAPI 的高低是相对的，无一定的高和低的界线，必须根据实际情况进行观察。

（5）从以上四点可以看出，TAPI 是不能单独使用的技术指标，必须同证券价格的图形，如 K 线图，结合使用才能发挥作用。这一点对成交量和成交金额也是适用的。

第八节 腾落指数、涨跌比和超买超卖指标

大多数技术指标都是既可以应用到个股，又可以应用到综合指数。这一节介绍的这三个指标只能用于大盘，而不能应用于各个单独的证券，这是由它们的计算公式的特殊性决定的。

一般说来，一个证券市场中上市交易的证券有很多，每一天交易之后，这些证券的上升和下降情况各不相同。为了反映总体的升降趋势，产生了综合指数，如道琼斯30 种工业平均指数（DJIA）、标准普尔（S&P500）指数、上证综合指数，等等。每种综合指数都是用一定计算方法计算出来的，力图公正、全面地反映整个市场的上升和下降的情况。

但是，不管怎么努力，不管用什么计算方法，都不可能面面俱到。综合指数总有不尽如人意的时候，反映证券市场的实际情况时也会有偏差。

这一节介绍的三个技术指标，从某个角度讲能够弥补综合指数的不足，提前向我们发出相关信号。

一、腾落指数

腾落指数（advance decline line，ADL）其实就是上升下降曲线的意思。ADL 是分析趋势的，它利用简单的加减法计算每天证券上涨家数和下降家数的累积结果，与综合指数相互对比，对大势的未来进行预测。

(一) ADL 的计算公式

ADL 的计算公式分为三个步骤：①先假设我们已经知道了上一个交易日的 ADL 的取值；②计算当天的上涨公司家数和下降公司家数；③计算当天的 ADL 值。

如果当天所有证券中上涨的共有 NA 家，下降的共有 ND 家，不涨不跌的为 M 家——这里的涨跌的判断标准是以当天收盘价与前一日收盘价相比较。这样，当天 ADL 的值为

$$当天\ ADL=昨日\ ADL+NA-ND$$

即

$$ADL_n=ADL_{n-1}+NA-ND$$

具有一点数学知识的读者很容易由上式推出：

$$ADL=\sum NA-\sum ND$$

式中，$\sum NA$ 为从开始交易的第一天算起，每一个交易日的上涨家数的总和；$\sum ND$ 则为下降家数的总和；两者之差就是 ADL。

(二) ADL 的应用法则

ADL 的应用法则包括以下五个方面：

(1) ADL 的应用重在相对走势，并不看重取值的大小。计算 ADL 并不需要从交易的第一天算起，从中途的任何一天都可以开始计算 ADL，只要随便设定一个初值就可以了。因为，ADL 的应用重在 ADL 曲线的相对走势，并不看重 ADL 具体取值的大小，这一点与 OBV 是一样的。

(2) ADL 只能对综合指数未来的走势提供参考意见，不能对选择证券提出有益的帮助。

(3) ADL 不能单独使用，总是要同综合价格指数曲线联合使用才能发挥作用。其作用主要体现在以下几个方面：

①ADL 与价格指数同步上升（下降），创新高（低），则可以验证大势为上升（下降）趋势，短期内反转的可能性不大。

②ADL 连续上涨（下跌）了很长时间（一般是 3 天），而价格指数却向相反方向下跌（上升）了很长时间，这是买进（卖出）信号，至少有反弹（回挡）存在。这属于技术指标背离的范畴。

③在价格指数进入高位（低位）时，ADL 却没有同步的上升（下降）行动，而是开始走平或下降（上升），这是趋势进入尾声的信号，也是属于背离的范畴。

④ADL 保持上升（下降）趋势，价格指数却在中途发生转折，但很快又恢复原有的趋势，并创新高（低）。这是买进（卖出）信号，是后市多方（空方）力量强盛的标志。

(4) 形态学和切线理论的内容也可以用于 ADL 曲线。如 ADL 曲线在相对高（低）的位置形成反转形态，比如双顶（底）、头肩形等，这是指数反转的前兆。

(5) 有人根据经验认为，ADL 对多头市场的应用比对空头市场的应用效果好。关于这一点，读者在使用 ADL 时应该注意，并加以验证。

二、涨跌比

涨跌比（advance decline ratio，ADR）其实就是上升下降比。由于与 ADL 有一定的联系，ADR 又被称为“回归式腾落指数”。ADR 是由证券的上涨家数和下降家数的比值推断证券市场多空双方力量的对比，进而判断出证券市场的实际情况。

（一）ADR 的计算公式和参数

ADR 的基本思想是观察证券上涨家数之和与下降家数之和的比率，借以看出证券市场目前所处的大环境。ADR 的计算公式为

$$ADR(n) = PA/PD$$

式中，$PA=\sum NA$，$PD=\sum ND$；PA 为最近 n 日内上涨证券家数之和；PD 为最近 n 日内下降证券家数之和；n 为选择的天数，是 ADR 的参数。

选择几天（n）的证券上涨和下降家数的总和，而不是一天的上涨和下降家数，目的是避免某一天的特殊表现误导我们的判断。参数 n 究竟选多大，没有一定的规则，完全是主观的。不过参数选择得是否合适是很重要的。选得过大或过小都会影响 ADR 的作用发挥。目前，比较流行的是选择参数为 10，即以 10 日作为 ADR 的选择日数。ADR 还可以选择别的参数，如 5、25 等。ADR 曲线是以 1 为中心来回波动的，波动幅度的大小以 ADR 的取值为准。影响 ADR 取值的因素很多，主要是公式中分子和分母的取值。参数选择得越小，ADR 上下波动的幅度就越大，曲线的起伏就越剧烈；参数选得越大，ADR 上下波动的幅度就越小，曲线上下起伏越平稳。这一点同大多数技术指标是一致的。

（二）ADR 的应用法则

ADR 的应用法则包括以下六个方面：

（1）从 ADR 的取值看大势。ADR 的取值范围在 0 以上。从理论上讲，ADR 的取值可以取得很大，但实际情况中 ADR>3 都很困难。一般来说，根据 ADR 的取值可以把大势分成以下几个区域：

①ADR 的常态。当 ADR 取值在 0.5~1.5 时，ADR 处在常态的状况。此时，多空双方谁也不占大的优势，这个区域是 ADR 取值较多的区间。

在极端特殊的情况下，主要是在外在消息引起证券市场暴涨暴跌的情况下，ADR 的常态状况的上下限可以扩大一些，上限可以到 1.9，下限可以到 0.4。

②ADR 的极端值。ADR 的取值超过了常态状况的上下限，就是非常态的状况或极端值。通常，ADR 进入非常态状况就是采取行动的信号，因为这表示上涨或下跌的势头过强了，有些不合理，指数将要回头。ADR 在常态状况说明多空双方对现状的认可，这个时候买进或卖出证券都没有太大的把握。

（2）从 ADR 与综合指数的配合看市场。配合主要是从以下两个方面进行的：

①ADR 上升（下降）而综合指数同步上升（下降），则综合指数将继续上升（下降），短期反转的可能性不大。

②ADR 上升（下降）而综合指数向反方向移动，则短期内会有反弹（回落）。这是背离现象。

（3）从 ADR 曲线的形态上看大势。ADR 从低向高超过 0.5，并在 0.5 上下来回移动几次，就是空头进入末期的信号。ADR 从高向低下降到 0.75 之下，是短期反弹的信号，可以一搏。

在多头市场开始时，在上升的第一段和第二段，ADR 的取值可能会极快地增加。投资者在应用时应注意常态状况的上下限调整。

ADR 先下降到常态状况的下限，但不久就上升并接近常态状况的上限，则说明多头市场已具有足够的力量将综合指数向上拉上一个台阶。

（4）ADR 的常态状况的上下限的取值是可以变化的，与选择的参数有关。不同的参数，上下限也不同。一般来说，参数越大，上下限离 1 越近；参数越小，上下限离 1 越远。ADR 是以 1 作为多空双方力量均衡的分界线的。

（5）由于 ADR 是用多空双方力量相除来表示力量对比，所以 ADR=1 是双方力量相等、处于均衡状态的表示。应该说明的是离 1 的远近不能用惯用的方式衡量，例如 0.5 离 1 的距离并不等于 1.5 离 1 的距离，这一点在 AR 指标中也有类似的问题。应该是如下的对应关系：

0.5~2.00、0.66~1.50、0.33~3.00、0.40~2.50、0.53~1.90、0.75~1.33

以上几对数字离 1 的距离是相等的。在对 ADR 中某些数字进行调整时，应注意等距的问题。

（6）ADR 不能分析个股，分析个股需用别的技术指标。

三、超买超卖指标

超买超卖指标（over bought over sold，OBOS）也是运用上涨和下跌的证券家数的差距对大势进行分析的技术指标。与 ADR 相比，其更直观、计算更简便。

（一）OBOS 的计算公式和参数

OBOS 同 ADR 一样，是用一段时间内上涨和下跌的证券数量总和之间的差距来反映当前证券市场中多空双方力量的对比和强弱。ADR 选择的方法是两者相除，而 OBOS 选择的方法是两者相减。OBOS 的计算公式为

$$OBOS(n)=PA-PD$$

式中，$PA=\sum NA$，$PD=\sum ND$，其含义与 ADR 的公式中的含义是相同的，都表示 n 日内每日上涨的证券数量的总和与 n 日内每日下跌的证券数量的总和。天数 n 为 OBOS 的参数，一般选 $n=10$ 作为参数。

选择相除还是相减是从两个方面描述多空双方力量的差距，只是方法不同，本质并未改变。从直观上看，OBOS 的多空平衡位置应该是 0，也就是 $\sum NA=\sum ND$ 的时候。OBOS 大于 0 或小于 0 就是多方或空方占优势，而 ADR 是以 1 为平衡位置的。

（二）OBOS 的应用法则

OBOS 的应用法则包括以下七个方面：

（1）当市场处于盘整时期时，OBOS 的取值应该在 0 的上下来回摆动。当市场处在多头市场时，OBOS 应该是正数，并且距离 0 较远。同样，当市场处在空头市场时，OBOS 应该是负数，并且距离 0 较远。一般而言，距离 0 越远，则力量越大，

势头越强劲。具体到OBOS大于多少或小于多少才算是多方或空方占绝对优势了，这个问题是不好回答的，这一点是OBOS不如ADR的地方。因为，上市证券的总的家数、参数的选择，都直接影响这个问题的答案。

对于参数选择可以知道，参数选择得越大，OBOS越平稳。但是上市交易证券的总数是个不能确定的因素。由此可见，OBOS绝对数字的大小对我们研判的作用不大，重点应该是OBOS的相对数字。

（2）同技术指标的一般规则一样，强过头了或弱过头了就会走向反面，所以，当OBOS过分地大或过分地小时，都是采取行动的信号。这里又出现了上述的问题，就是具体的界线不好确定，也就是OBOS在大于多少就要卖出、小于多少就要买入。具体的数字应该从实践中总结，而且会不断地变动。

（3）当OBOS的走势与证券价格指数背离时，也是采取行动的信号，大势可能反转。这是背离的又一应用。

（4）形态理论和切线理论中的结论也可用于OBOS曲线。最为著名的就是，OBOS在高位（低位）形成M头（W底），是卖出（买入）的信号。连接高点或低点的切线也能帮助我们看清OBOS的趋势，进一步验证是否与证券价格指数的走势发生背离。

（5）当OBOS曲线第一次进入信号区域时，应该特别注意是否出现错误，这是使用所有技术分析方法都要注意的问题。

（6）由于OBOS比ADR的计算简单，所以使用OBOS的时候较多，使用ADR的时候就少些。我们建议，以OBOS为主，以ADR为辅，放弃ADR也是不对的。

（7）OBOS只是针对大势的技术指标，对于个别证券的选择没有任何指导意义。这一节介绍的三个技术指标都属于这种情况。

技术分析经验①

通过市场实践总结出来的技术分析经验十分宝贵，不断总结经验十分必要。这里跟大家分享一些技术分析经验，仅供参考。

一、剖析主流资金真实目的，发现最佳获利机会方面的股市原理

（1）惯性原理：处于涨势或者跌势的时候，其趋势一般将延续一段时间。

（2）波浪原理：跌有多深则涨也将会有多高；量足则价升。

（3）静极思动：价滞而量缩往往预示着大行情的来临。

（4）物极必反：行情发展到极端状态时将朝着它的反向运行。

（5）一致性：当长期和短期的趋势一致时，其趋势的威力最大。

（6）转折交叉：当短期和长期趋势发生矛盾时，可能会变盘。

（7）成本原理：当买入的成本小于市场成本时，风险较小。

---

① 子龙.短线晋级：股市实战技法［M］.北京：中国科学技术出版社，2007：119-121.

二、有关主力行为动向的经验

（1）主力收集：指标在中低位，价量配合好，盘中常有大手笔买单，有间歇性放量行为。

（2）主力入场：该股处于盘整或者下跌过程中，突然放出巨量上扬，外盘明显大于内盘，换手积极，主力入场明显。

（3）主力派发：经常高开低走，上冲乏力，均线时常跌破，价量配合差。

（4）主力撤庄：股价暴跌，价量配合极差，内盘远远大于外盘，若成交量放出，属主力撤庄行为。

（5）主力拉升：主力吸足筹码之后，开始震仓洗筹，最明显的特征是升跌均无量，并且成交量呈逐波缩小之势，当形态发展到均线收敛、多头排列的时候，主力往往会拉升。

三、有关底部形态分析

股票价格的大幅上扬是从底部开始的。底部有一个筑底过程，筑底的目的是调整均线或者清洗筹码。只有当市场上对该股的抛盘达到了极微的程度，或者因为消息导致市场人士对股市绝望而逃命，而又有新生力量介入的时候，底部才有可能形成。因此从图表上看，一种形态为窄幅缩量盘整，另一种形态则是巨量破位下跌。底部形成后方可产生强大的上升行情。

实战中有人总结出七种底部形态：第一种是“平台底”，第二种是“海底月”，第三种是“阳夹阴”，第四种是“均线星”，第五种是“探底线”，第六种是“三红兵”，第七种是“长尾线”。股票的底部一般至少需三天才能形成。根据形态划分，任何形态都需和均线系统以及成交量配合，均线处于收敛或者短期均线在中长期均线下方可谓底部，而成交量没有一个递减缩小的过程或者没有一个放量急剧下跌的过程就谈不上底部。表面上看，底部向上突破的那天往往是消息引起的，但其实是通过之前的时间和形态构造出来的。下面就分头来论述底部的七大形态。

（1）平台底：股价在5日均线附近连续横盘三天，迫使5日线和10日均线形成金叉或者5日线上翘、10日均线下移速率变慢。具体的要求是三天中第一天收小阴线，第二天收小阳线或小阴线，第三天收小阳线，整体看三根K线是平移的。

（2）海底月：它的具体要求是第一天收中阴线或者大阴线，第二天、第三天收上升形态的小阳线或十字星，并且三天中有成交量放大的迹象。大阴线好比一只大船沉入海底，但在海底受到强大的支撑，并有超过其下跌的能量促使它上升。因此假如说均线系统是往上的，中线指标也看好，没有理由认为该大阴线是行情的终止，反而应该考虑这是主力刻意打压造成的。因此出现这种情况时，可以认为是新一轮行情的启动。

（3）阳夹阴：二根阳线中间夹一根阴线，意思是说第一天股票上扬受到抑制，第二天被迫调整，但第三天新生力量又重新介入。这种上升就比较可靠，后市向好的机会多。

（4）均线星：在底部均线系统刚修复往上的时候，往往会在底部均线附近收一个阴十字星或者阳十字星，这是多空力量平衡的一种表示，但它发生在底部，第二天极容易出现反弹或者往上突破。这是一种不引人注目的形态。

（5）三红兵：在底部均线附近或者下方连续出现三根低开高收的小阳线，并且量有逐步放大的迹象，预示着有小规模的资金在逢低吸纳，后市将看好。

（6）探底线：当天开盘低开在均线的下方，而收盘在均线的上方，这是主力为了进一步做行情而刻意做出来的，按照惯性原理，后市理应看涨。

（7）长尾线：当天开盘之后，股市出现放量下跌，但最后莫名其妙地被多头主力拉升，留下了一条长长的下影线。这是做反弹资金介入的信号，只要第二天重拾上升路，上升空间就很明显。底部是由形态构造的，但成交量起了一个关键性的作用，无论是缩量也好，放量也好，都必须要有规律。比如说逐波缩量、温和放量，都是一种向好的量变过程。但假如放量不规则或者说上去的时候成交量很大但价格没有涨多少，无论任何形态都有成为下跌换挡的可能。

四、投资分析的几点经验和看法

一是升的时候放量好还是缩量好。当然是放量好。但并不是说放量就可以买进，买入和放量是两回事情。放量要看性质，若是高位对倒，则是出货信号，而量小或者量极微反倒是一种风险相对较小的量变形态。原因如下：第一，量小可排除对倒；第二，量小可证明抛盘轻；第三，量小便于主力控盘，涨起来比较疯。所以看到连续缩量而股价坚挺的股票可适量跟入做个中线。

二是上升或者下跌目标值的预测。股市中大部分人都联想比较丰富，对事态的发展比较偏向于极端，分辨不出是反弹还是启动，是回档还是跌势，他们只知道每年都有翻倍的股票，但从未想过能翻倍的股票到底有多少。其实只要以一颗平常心对待，严格按股票的买卖法则去进行，那就一定能进退自如。

三是均线指标金叉死叉的研判。这种分析一定要结合长期均线进行，若日线死叉而周线金叉要服从于周线，证明短期有回档，而回档是介入的良机，因为周K线预示即使本周不涨，下周也有机会涨上来。

四是对指标的运用。MACD是一个中线指标，其对后市的判断能力相对较强，其中DIF与DEA的金叉有效程度相当高；RSI为短线指标，一般在50附近金叉为短线买入时机。

五是反对做短线。做短线其实是风险相当大的行为，大部分操作者只看15分钟或者60分钟K线就贸然行事，根本不把周线分析当成一回事，每天忙忙碌碌，结果手续费都不一定赚得够。

六是对题材的认识。股票涨无非一是绩优，二是盘小，三是收购，四是超跌，而实质性的主要是对其价值的重新认识。每股收益能反映该股的成长性，而每股净资产则说明该股值多少，所以一个股市熊到极点，跌破净资产时，无论如何是不会长久的。当然，每股收益较小的股票也是很难有所作为的。

五、有关买卖法则的经验

（1）价格窄幅横向整理，而成交量呈逐波递减或者温和放大、均线形成黄金交叉或者一致向上，或者均线收敛、多头排列，且周K线也出现类似的图形，可买入。

(2) 均线空头排列且成交量分布不规则，量大而涨幅小，上影线长，高位剧烈震荡，价格屡创新低，均可作为卖出的依据。

(3) 打压、整理时逢低吸纳，往上突破时要注意回挡，必涨形态可适当跟风，头部形成当坚决派发。打压指连续下跌趋势变缓，且成交量递减萎缩；或者放量下跌但下档接盘出奇大。整理指股价盘整，而成交量萎缩变小。底部指盘轻、价窄、量缩，均线走平，大众获利筹码少。必涨指放巨量上攻之后出现再度放量调整，但调整幅度明显变小，同时均线系统强烈向上，属上升换挡态。

(4) 涨前特征：①当日收市价与昨日最高价比小于2%而大于-2%；②除实体上移或收十字K线上，当天为三日内新低；③均线距离小于2%或窄幅整理。

(5) 选股原则：①震荡小（3%）；②平底、圆底、均线上升（探底）十字星；③均线向好（金叉或收敛靠拢）；④盘子轻；⑤实体从均线处上升；⑥周K线呈突破或者调整到位之势。

(6) 下跌之前：①均线系统助跌，且有进一步加速下移之势；②成交量分布极不规则；③上影线明显偏长，阳线实体总体偏短；④高低点每天下移，并有加速之势。

(7) 上涨之前：①成交量极度萎缩；天量出现在现价下面；②股价坚挺，窄幅盘整；③中线指标由弱转强，短线指标强势调整；④均线走平，短期在上；有些股出现长下影K线。

(8) 股市分析次序。①看大盘：5分钟、1分钟成交明细量价是否配合？短线指标30分钟、60分钟K线是否有上升空间？震荡否？②寻个股：启动时形态好，价量配合理想，有板块效应，离阻力区较远，均线稳步上升。③找题材：看个股异常波动同近期何种消息有关，可加大操作可信度。

(9) 30日均线原理（一般情况）：如果股价有效跌破30日均线，其下跌第一目标为从高位下来的区域a到现价b的差距，到位后若得不到成交量的支撑，其第二下跌目标为前次下跌的2倍……依次类推；反之，涨的时候突破30日均线，其上涨目标预测也类似。

(10) 向好迹象种种：窄幅有望变成宽幅，缩量有望变成放量，探底有望引发上行，均线趋势有望变好，多头排列则涨势强烈，上影线短抛盘轻，下影线长支撑大，量比变大有资金介入。

内容提要

证券市场上的投资者都需要掌握一套适合自己的技术指标体系，这样才能更好地在证券市场上生存。

技术指标法是指按事先规定好的固定的方法对原始数据进行处理，将处理之后的结果制成图表，并用制成的图表对证券市场进行行情研判。经过技术指标法处理出来的数据就是技术指标。

原始数据指的是开盘价、最高价、最低价、收盘价、成交量和成交金额这 4 价 2 量，有时还包括成交笔数、财务指标和股本结构等其他数据。

对原始数据进行处理指的是对这些数据的部分或全部进行变形和整理加工，使之成为我们希望得到的东西。不同的处理方法产生不同的技术指标。从数学的观点来看，技术指标是一个 6 元函数：6 个自变量就是 6 个原始数据，因变量就是技术指标值，函数就是处理自变量的方式。产生了技术指标之后，最终都会在图表上得到体现。处理原始数据，不仅是把一些数字变成另一些数字，而且可能是放弃一些数字或加入一些数字。

从大的方面看，产生技术指标的方法有两类：数学模型法和叙述法。数学模型法有明确的计算技术指标的数学公式。只要给出了原始数据，按照公式和简单的说明，就可以比较方便地计算出技术指标值。一般是用计算机来完成计算的过程。叙述法没有明确的数学公式，只有处理数据的文字叙述。例如，钱龙软件中的等量 K 线、压缩图、新价线等。

技术指标的应用法则主要通过以下六个方面进行：①指标的背离；②指标的交叉；③指标的极端值；④指标的形态；⑤指标的转折；⑥指标的盲点。指标的背离是指技术指标曲线的走向与价格曲线的走向不一致；指标的交叉是指技术指标图形中的两条曲线发生了相交现象；技术指标的极端值是指技术指标的取值极其大或极其小，技术术语上将这样的情况称为技术指标进入“超买区和超卖区”；技术指标的形态是指技术指标曲线出现了形态理论中所介绍的有关形态；技术指标的转折是指指标的图形发生了调头，这种调头通常发生在高位或低位；技术指标的盲点是指技术指标无能为力的时候，也就是说，技术指标既不能发出买入的信号又不能发出卖出的信号。有人认为：从实践来看，技术指标在人部分时间里是处于“盲点”状态的，只有在很少的时间里，技术指标才发出“正确”的信号。

每一个技术指标都是从一个特定的方面对证券市场进行观察，以特定的数学公式产生的特定技术指标，总是反映证券市场特定方面的深层内涵，而这些内涵仅通过原始数据是很难看出来的。另外，投资者在投资实践中会对市场有一些想法，有些基本思想可能只停留在定性的程度，没有进行定量分析。技术指标可以进行定量分析，这将使得具体操作时的精确度大大提高。

技术指标由于种类繁多，所以考虑的方面就很多。人们能够想到的，几乎都能在技术指标中得到体现，这一点是别的技术分析方法无法比拟的。

在进行技术指标的分析和判断时，经常用到别的技术分析方法的基本结论。

应用技术指标时应注意：首先，使用技术指标应考虑其适用范围和环境。其次，每种指标都有自己的盲点，不仅如此，这些技术指标在条件不成熟的时候还会失效。市场中遇到的技术指标高位钝化就是技术指标失效的具体体现。所有这些要求我们在实际中不断地总结，并找到盲点和失效所在。这对在技术指标的使用中少犯错误是很有益处的。遇到了技术指标失效，要把它放置在一边，去考虑别的技术指标，最后，了解每一种技术指标是很有必要的。每个指标在预测证券市场方面也有能力和准确程度方面的差别。一些投资者通常使用的手法是以四五个技术指标为主、别的指标为辅，依此构建自己的指标体系。选择技术指标体系因人而异，我们可以从实战出发，对自己所选择的几个指标不断进行调整，调整的内容包括对技术指标的调整和对技术指标参数的调整。

所谓证券价格移动平均线法，就是运用移动的证券价格平均值使证券价格变动状况呈曲线化的方法。从实质上讲，移动平均线法就是在时间序列分析中略去原有数列中一些偶然性的或周期性的波动，依次取一定项数计算所得的一系列平均数，形成一个变动起伏较小的新数列曲线，以显示证券价格平均值的短期和中长期发展趋势。

移动平均线法的基本特征就是利用平均数方法来消除证券价格的不规则偶然变动，以观察整个市场的动态变化。移动平均线最突出的作用在于，通过某一时期平均收盘证券价格的移动走势，避免人为的短线临时作价，从而可以较为准确地反映证券价格的变动趋势。一般情况下，当移动平均线正在上升，而证券价格跌到平均线以下时，这是证券价格趋势将要下跌的信号；反之，则为证券价格上升的前奏。

通常，证券价格在移动平均线之上，则意味着市场的买力（需求）较大；反之，证券价格在移动平均线之下，则意味着供过于求，卖压显然较重。

在移动平均线的组合中，当短期线急剧地超越中长期线向上方移动时，可视为买进信号；当K线位于最上方并同短、中期线并列，且各条移动平均线都呈上升趋势时，表明行情仍处于上升趋势，可继续持仓；当上涨行情持续一段时间后，短期线从停滞状态的高点出现下降趋势时，表明证券价格开始走软，这是卖出证券的时候了；当短期线从高位依次向下突破中长期线时，这是最后的清仓时机了；当长、中、短期平均线及K线按顺序自上而下并列，且各条线都呈下降状态时，这表明市场为典型的弱势行情；当弱势行情持续相当一段时期后，短期线从谷底转为上升趋向时，这是抄底的极好时机。

在组合线中，如果证券价格持续下降至谷底后转为上升移动时，此时顺序分别为短、中、长期线，它们的排列也依次改变。首先是短期线突破中期线，再越过长期线居于最上方，此后，中期线突破至长期线之上。突破点为黄金交叉点，简称“金叉”，此点可以确认行情将进入上涨时期。这就是所谓的多头排列，是典型的上涨行情。反之，证券价格上升到高价区上下徘徊，接着转向下跌。随着时间的推移，短中长期线也逐步下行，逐步向下突破交叉。中长期线相交的点则为死亡交叉点，简称“死叉”，这意味上涨行情的终结。移动平均线此时为空头排列。

移动平均线可以追踪趋势；提供的价格信息具有滞后性；具有稳定性；具有助涨助跌性；具有支撑线和压力线的特性等特点。MA的参数的作用就是加强MA上述几方面的特性。参数选择得越大，上述的特性就越大。

MA的使用法则，按经典的说法是葛兰维尔法则，它包括三种买入信号和三种卖出信号，具体如下：

（1）移动平均线从下降开始走平，证券价格从下向上穿过移动平均线；证券价格连续上升远离移动平均线，突然下跌，但在移动平均线附近再度上升；证券价格跌破移动平均线，并连续暴跌，远离移动平均线。以上三种情况均为买入信号。

（2）移动平均线从上升开始走平，证券价格从上向下穿移动平均线；证券价格连续下降远离移动平均线，突然上升，但在移动平均线附近再度下降；证券价格上穿移动平均线，并连续暴涨，远离移动平均线。以上三种情况均为卖出信号。

MA 的盲点主要体现在：

（1）信号频繁，不好把握。在盘整阶段或趋势形成后的中途休整阶段或局部反弹和回挡阶段，MA 极易发出错误的信号，因为这时不同周期（参数）的 MA 的取值比较接近，容易出现交叉等信号。在这些阶段，MA 势必会发出很多信号，产生信号频繁的现象。信号多了就容易出现错误，这是使用 MA 最应该注意的。

（2）支撑线与压力线结论的不确定。MA 只是作为支撑线和压力线，站在某线之上，当然有利于上涨，但并不是说就一定会涨，因为支撑线也有被突破的时候。

平滑异同移动平均线是在指数平滑的基础上进一步计算得到的，它可以用来进行行情研判。

关键术语

技术指标法　　指标的背离　　指标的交叉　　指标的极端值　　指标的形态
指标的转折　　指标的盲点　　移动平均线　　平滑异同移动平均线
葛兰维尔法则　　威廉指标　　KD 指标　　相对强弱指标　　乖离率
心理线　　人气指标　　买卖意愿指标　中间意愿指标　　OBV
TAPI　　ADL　　ADR　　OBOS

复习思考题

1. 技术指标的产生方法有哪些？
2. 技术指标的应用法则是什么？
3. 技术指标的本质是什么？
4. 技术指标法同其他技术分析方法的关系是什么？
5. 应用技术指标时应注意哪些问题？
6. MA 是如何计算出来的？
7. 如何运用移动平均线？
8. 移动平均线具有哪些特点？
9. 什么是葛兰维尔法则？
10. MA 的盲点主要体现在哪里？
11. 利用 MACD 进行行情预测，主要应从哪些方面进行？
12. KD 指标的应用法则是什么？
13. 使用 KD 指标应该注意哪些问题？

14. RSI 的应用中应该考虑哪些方面?
15. BIAS 的应用法则是什么?
16. 应用 BIAS 应注意哪些问题?
17. PSY 的应用法则是什么?
18. AR 指标的应用法则是什么?
19. BR 指标的应用法则是什么?
20. 应用 BR 指标应注意哪些问题?
21. CR 指标的应用法则是什么?
22. 应用 CR 应注意哪些问题?
23. OBV 的构造原理是什么?
24. OBV 的应用法则和注意事项各是什么?
25. TAPI 的应用法则和注意事项各是什么?
26. ADL 的应用法则和注意事项各是什么?
27. OBOS 的应用法则和注意事项各是什么?

参考文献

[1] 吴晓东. 证券投资技术分析 [M]. 3 版. 成都：西南财经大学出版社，2010.

[2] 尼森. 日本蜡烛图技术 [M]. 丁圣元，译. 北京：地震出版社，1985.

[3] 墨菲. 期货市场技术分析 [M]. 丁圣元，译. 北京：地震出版社，2007.

[4] 陈共，周升业，吴晓求. 证券投资分析 [M]. 北京：中国人民大学出版社，1997.

[5] 中国证监会证券从业人员资格考试委员会办公室. 证券投资分析 [M]. 上海：上海财经大学出版社，1999.

[6] 李扬，王国刚. 资本市场导论 [M]. 北京：经济管理出版社，1998.

[7] 詹亮宇. 证券操作实务 [M]. 上海：立信会计出版社，2000.

[8] 夏德仁，艾洪德，王振山. 金融市场与证券投资 [M]. 大连：东北财经大学出版社，1997.

[9] 张龄松，罗峻. 股票操作学 [M]. 北京：中国大百科全书出版社，1997.

[10] 陶崇恩. 短线法宝 [M]. 北京：中国大百科全书出版社，1994.

[11] 范从来，夏江. 证券投资 [M]. 南京：南京大学出版社，1995.

[12] 姜纬. 金融衍生市场投资理论与实务 [M]. 上海：复旦大学出版社，1996.

[13] 陈之大. 证券投资技术分析 [M]. 成都：西南财经大学出版社，1996.

[14] 侯本惠，郭小洲. K 线图投资技巧详解 [M]. 杭州：浙江大学出版社，1996.

[15] 吴晓求. 证券投资学 [M]. 北京：北京理工大学出版社，1993.

[16] 黎航. 中国股市操练大全 [M]. 上海：上海三联书店，2008.

[17] BONTON E G. The Basics of Investing [M]. 3 ed. New York：John Wiley & Sons，Ins.，1986.

[18] JAMES P O. What Works on Wall Street [M]. New York：Mc Graw-Hill，Inc.，1998.

[19] BURTON G M. A Random Walk Down Wall Street [M]. New York：W. W. Norton & Company，1995.

[20] WILLIAM D G. 45 Years in Wall Street [M]. New York：Lambert-Gann Pub-

lishing Co. Inc., 1962.

[21] FRANK J F, T. DESSA FABOZZI. Bond Markets, Analysis and Strategies [M]. New York: Prentice Hall Inc., 1989.

[22] CHARLES B CARLSON. Free Lunch on Wall Street—Perks, Freebies and Giveaways for Investors [M]. New York: McGraw-Hill Inc., 1993.

[23] ROBERT D E, JOHN M, BASSETTI W H. Technical Analysis of Stock Trends [M]. 11th Edition. LA: CRC Press, 2018.

[24] BENJAMIN G. The Intelligent Investor [M]. Revised Edition. New York: Harper Business, 2006.

[25] BENJAMIN G, DAVID L D. Security Analysis [M]. The Classic 1951 Edition. New York: McGraw-Hill Companies, 1996.

附录
常用技术指标说明

1. 振动升降指标

（1）指标说明。

振动升降指标（accumulation swing index，ASI）由威尔斯·威尔德（Welles Wilder）创立。威尔德企图以开盘价、最高价、最低价、收盘价构筑成一条幻想线，形成最能表现当前市况的真实市场线。威尔德认为当天的交易价格并不能代表当时真实的市况，真实的市况取决于当天的价格和前一天及次一天价格间的关系。他经过无数次的测试之后，决定了 ASI 计算公式中的因子。由于 ASI 与当时的市场价格相比更具真实性，因此，对于证券价格是否真实的创新高或新低点，提供了相当精确的验证。ASI 精密的运算数值，为投资者提供了判断证券价格是否真实突破压力线或支撑线的依据。

ASI 和 OBV 同样维持 N 字形的波动，并且也以突破或跌破 N 字形高、低点为观察方法。ASI 不仅具备辨认证券价格真实与否的功能，另外也具备了“停损”的作用，及时地给投资人多一层的保护。

（2）运用原则。

ASI 走势几乎和证券价格是同步发展的，当证券价格由下往上欲穿过前一波的高点套牢区时，在接近高点处，尚未确定能否顺利穿越之际，如果 ASI 领先于证券价格，提早一步通过相对证券价格的前一波 ASI 高点，则次一日之后，可以确定证券价格必然能顺利突破高点套牢区。投资者可以把握 ASI 的领先作用，提前买入证券，轻松地坐上上涨的轿子。

当证券价格由下往上欲穿越前一波低点的密集支撑区时，在接近低点处，尚未确定是否将因失去信心而跌破支撑之际，如果 ASI 领先于证券价格，提早一步跌破相对证券价格的前一波 ASI 低点，则次一日之后，可以确定证券价格将随后跌破低点支撑区。投资者可以早一步卖出证券，减少不必要的损失。

向上爬升的 ASI，一旦向下跌破其前一次显著的 N 形转折点，一律可视为停损卖出的信号。

证券价格走势一波比一波高，而 ASI 却未相对创新高，形成“牛背离”时，应卖出。

证券价格走势一波比一波低，而 ASI 却未相对创新低，形成“熊背离”时，应买进。

2. 变动率指标

（1）指标说明。

变动率指标（rate of change，ROC）由杰拉德·阿佩尔（Gerald Apple）和福雷德·海斯尔（Fred Hitschler）两人提出。ROC 指标可以同时监视常态性和极端性两种行情，等于综合了 RSI、W%R、KD、CCI 四种指标的特性。

ROC 也必须设定天线和地线，但是拥有三条天线和三条地线（有时候图形上只需画出各一条的天地线即可）。和其他的超买超卖指标不同，天地线的位置既不是 80 和 20，也不是+100 和-100，ROC 指标的天地线位置是不确定的。

什么是不确定的位置呢?

ROC 不是在 0~100 波动的。它以 0 为中轴线，可以上升至正无限大，也可以下跌至负无限小。但是基本上 ROC 指标线的上下幅度，都会保持有限度波动，不会无限制地扩张。ROC 指标主要的内涵在于证券价格和 12 天前价格的距离。为什么呢?我们假设 12 天前的价格是一根柱子，而现在的价格是一头牛，两者之间绑着一条长短不等的绳子，在这条绳子的范围之内（常态范围），牛可以正常地走动吃草，但是每一根柱子上都绑着一头牛，每一条绳子的长度都不同。因此，每一头牛（单只证券的价格）可以自由走动的距离也不同。同样的，现在的价格和 12 天前的价格之间，也存在着差距的限制，而每一只证券和它 12 天前的差距限值也不相同，这就是 ROC 指标第一条的超买超卖线距离，随着证券的不同而有所不同的原理。

牛安静地吃草，就是所谓的“处于常态范围”之内，可是，牛（证券价格）也可能会发狂，挣脱绳索拔足狂奔，这会演变成“极端行情”。那么，我们就以 0 轴到第一条超买或超卖线的距离，往上和往下拉一倍、两倍的距离，再画出第二条、第三条超买超卖线，则图形上就会出现上下各三条的天地线。

（2）运用原则。

ROC 的波动在“常态范围”内，且上升至第一条超买线时，投资者应卖出证券。

ROC 的波动在“常态范围”内，且下降至第一条超卖线时，投资者应买进证券。

ROC 向上突破第一条超买线后，指标继续朝第二条超买线涨升的可能性很大，（属于中期多头市场）；指标碰触第二条超买线时，涨势多半将结束。

ROC 向下跌破第一条超卖线后，指标继续朝第二条超卖线下跌的可能性很大（属于中期空头行情）；指标碰触第二条超卖线时，跌势多半将停止。

ROC 向上穿越第三条超买线时，属于疯狂性多头行情，涨不停，回挡之后还要涨，投资者应尽量不轻易卖出证券。

ROC 向下穿越第三条超卖线时，属于崩溃性空头行情，跌不休，反弹之后还要跌，投资者应尽量不轻易买进证券。

3. 威廉变异离散量

（1）指标说明。

威廉变异离散量（William's variable accumulation distribution，WVAD）由拉

里·威廉姆斯（Larry Williams）创立，是一种将成交量加权的量价指标。其主要的理论精髓在于重视一天中开盘价到收盘价之间的价位，而将此区域之上的价位视为压力，区域之下的价位视为支撑，求取此区域占当天总波动的百分比，以便测量当天的成交量中，有多少属于此区域。

如果区域之上的压力较大，将促使 WVAD 变成负值，代表卖方的实力强大，此时，投资者应该卖出证券。如果区域之下的支撑较大，将促使 WVAD 变成正值，代表买方的实力雄厚，此时，投资者应该买进证券。

WVAD 正负之间，强弱一线之隔，非常符合我们推广的东方哲学技术理论。由于模拟测试所选用的周期相当长，测试结果也以长周期成绩较佳，因此，笔者建议长期投资者选择使用，如同 EMV 使用法则一样，应该在一定的投资期限内，不断地根据 WVAD 信号进行交易买卖，以求得统计盈亏概率的成果。

（2）运用原则。

当 WVAD 由负值变成正值的一刹那，视为长期的买入点。

当 WVAD 由正值变成负值的一刹那，视为长期的获利点。

注意！依照 WVAD 信号买入证券时，不必等待 WVAD 卖出信号，而在买入股票之后交给 SAR（下面讲到的停损指标）管理。

4. 梅斯指标

（1）指标说明。

梅斯指标（mass index），是唐纳德·多西（Donald Dorsey）累积证券价格波幅宽度之后所设计的震荡曲线。该指标最主要的作用在于寻找飙涨证券或者极度弱势证券的重要趋势反转点。

MASS 指标是所有区间震荡指标中风险系数最小的一个。由于证券价格高低点之间的价差波带忽而宽忽而窄，并且不断地重复循环，所以利用这种重复循环的波带，可以准确地预测证券价格的趋势反转点。一般市场上的技术指标，通常没办法具备这方面的功能。

观察 MASS 指标的曲线图时，必须特别注意其曲线凸出的部分。当证券价格的高低波幅差距扩大，或者证券价格的动量指标急速喷出时，都会造成曲线形成凸出的部分。

为了将证券价格的波幅差距固定成一个范围模式，MASS 指标将每日的价差波幅以指数平均的方式加以平滑，以便观察它的波带的宽窄的程度。一般而言，当 MASS 高于 25 时，代表价差波幅扩大；当 MASS 低于 25 时，代表价差波幅狭窄。但是，所谓“凸出的部分”，经常是价差波幅瞬间大幅扩张造成的。冲击的力量过于猛烈，造成 MASS 曲线向上穿越 27，暗示证券价格波带的宽度已扩增至一定极限，近期内反转的可能性增加。

为了让 MASS 指标的反转信号具有实际参考价值，观察 MASS 曲线的“凸出的部分”信号时，必须同时观察 K 线图走势，并且在 K 线图表上，搭配一条 9 天的移动平均线。投资者可根据移动平均线移动的方向，决定进场买入或者退场卖出。

（2）运用原则。

MASS 曲线向上穿越 27，随后又掉头跌落 26.5。如果当时证券价格的 9 天移动平均线正处于上升状态，代表多头行情即将反转下跌。

MASS 曲线向上穿越 27，随后又掉头跌落 26.5。如果当时证券价格的 9 天移动平均线正处于下跌状态，代表空头行情即将反转上涨。

MASS 曲线低于 25 的证券，一般不具有投资机会。

5. 动量指标

（1）指标说明。

动量指标（MTM）是一种专门研究证券价格波动的技术分析指标，它以分析证券价格波动的速度为目的，研究证券价格在波动过程中各种加速、减速、惯性作用以及证券价格由静到动或由动转静的现象。

动量指标的理论基础是价格和供需量的关系。证券价格的涨幅随着时间必须日渐缩小，变化的速度慢慢减缓，行情则可反转；反之，下跌亦然。动量指标就是这样通过计算证券价格波动的速度，得出证券价格进入强势的高峰和转入弱势的低谷等不同信号，由此而成为投资者较喜爱的一种技术工具。

证券价格在波动中的动量变化可通过每日之动量点连成曲线即动量线反映出来。在动量指数图中，水平线代表时间，垂直线代表动量范围。动量以 0 为中心线，即静速地带。中心线上部是证券价格上升地带，下部是证券价格下跌地带。动量线根据证券价格波动情况围绕中心线周期性地往返运动，从而反映证券价格波动的速度。

有时，只用动量值来分析研究，显得过于简单。在实际中再配合一条动量值的移动平均线使用，形成快慢速移动平均线的交叉现象，用以对比和修正动量指标，效果更好。

（2）运用原则。

一般情况下，MTM 由上向下跌破中心线时为卖出时机；相反，MTM 由下向上突破中心线时为买进时机。

在选设 10 日移动平均线情况下，当 MTM 在中心线以上，由上向下跌穿平均线为卖出信号；反之，当 MTM 在中心线以下，由下向上突破平均线为买入信号。

证券价格在上涨行情中创出新高点，而 MTM 未能配合上升，出现背离现象，意味着上涨动力减弱，此时应关注行情，慎防证券价格反转下跌。

证券价格在下跌行情中走出新低点，而 MTM 未能配合下降，出现背离现象，该情况意味着下跌动力减弱，此时应注意逢低承接。

若证券价格与 MTM 在低位同步上升，显示短期将有反弹行情；若证券价格与 MTM 在高位同步下降，则显示短期可能出现证券价格回落。

6. 平均线差

（1）指标说明。

平均线差（DMA）是指利用两条不同期间的平均线，计算出差值之后，再除以基期天数而得。

（2）运用原则。

DMA 线向上交叉 AMA 线，可考虑买入。

DMA 线向下交叉 AMA 线，可考虑卖出。

DMA 指标也可观察与证券价格的背离。

7. 动向指数

（1）指标说明。

动向指数（DMI）又叫移动方向指数或趋向指数，是属于趋势判断的技术性指标，其基本原理是通过分析证券价格在上升及下跌过程中供需关系的均衡点，即供需关系受价格变动之影响而发生由均衡到失衡的循环过程，从而提供趋势判断的依据。

动向的指数有三条线：上升指数线、下降指数线和平均动向指数线。三条线均可设定天数，一般为 14 天。

（2）运用原则。

动向指数在应用时，主要是分析上升指标（+DI），下降指标（-DI）和平均动向指数（ADX）三条曲线的关系，其中+DI 和-DI 两条曲线的走势关系是判断出入市的信号，ADX 则是对行情趋势的判断信号。

上升指标（+DI）和下降指标（-DI）的应用法则如下：

①走势在有创新高的价格时，+DI 上升，-DI 下降。因此，当图形上+DI14 从下向上递增突破-DI14 时，显示市场内部有新的多头买家进场，愿意以较高的价格买进，因此为买进信号。

②相反，当-DI14 从下向上递增突破+DI14 时，显示市场内部有新的空头卖家出货，愿意以较低价格沽售，因此为卖出信号。

③当走势维持某种趋势时，+DI14 和-DI14 的交叉突破信号相当准确，但走势出现牛皮盘整时，+DI14 和-DI14 发出的买卖信号应视为无效。

平均动向指标 ADX 的应用法则：

①趋势判断。当行情走势朝单一方向发展时，无论是涨势还是跌势，ADX 值都会不断递增。因此，当 ADX 值高于前一日时，可以断定当前市场行情仍在维持原有趋势，即证券价格会继续上涨，或继续下跌。特别是当+DI14 与 ADX 同向上升，或-DI 与 ADX 同向上升时，表示当前趋势十分强劲。

②牛皮市判断。当走势呈牛皮状态，证券价格新高及新低频繁出现，+DI 和-DI 愈走愈近，反复交叉，ADX 将会出现递减。当 ADX 值降低至 20 以下，且出现横向移动时，可以断定市场为牛皮市。此时趋势无一定动向，投资者应持币观望，不可根据±DI14 发出的信号入市。

③转势判断。当 ADX 值从上涨高点转跌时，显示原有趋势即将反转，如当前处于涨势，表示跌势临近；如当前处于跌势，则表示涨势临近。此时，±DI 有逐渐靠拢或交叉之表现。ADX 在高点反转的数值无一定标准，一般以高度在 50 以上转跌较为有效。观察时，ADX 调头向下，即大势到顶或到底之信号。当走势维持某种趋势时，+DI14 和-DI14 的交叉突破信号相当准确。但走势出现牛皮盘整时，+DI14 和

-DI14 发出的买卖信号应视为无效。

（3）评价。

不需要主观判断，只需要在有效市场信号下采取行动。而且上升指标与下降指标的交错信号容易理解。

在动向指数中增添 ADXR 指标，能够扩充动向指数的功能。ADXR 是 ADX 的评估数值，其计算方法是将当日的 ADX 值与 14 日前的 ADX 值相加后除以 2 得出。ADXR 的波动一般较 ADX 平缓，当±DI 相交，发出买卖信号后，ADXR 又与 ADX 相交，则是最后的出入市机会，随后而来的行情较急，因此应立即采取行动。

ADXR 还是市场的评估指标。当 ADXR 处于高位时，显示行情波动较大；当 ADXR 处于低位时，则表明行情较为平静。

8. 宝塔线

（1）指标说明。

宝塔线（TWR）是以白黑（虚体、实体）的实体棒线来划分证券价格的涨跌及研判其涨跌趋势的一种线路，也是将多空之间拼杀的过程与力量的转变表现在图中，并且显示适当的买进时机与卖出时机。

它的特征与点状图类似，亦即并非记载每天或每周的证券价格变动过程，而乃系当证券价格连续创新高价或连续创新低价，抑或反转上升或下跌时，再予以记录和绘制。

（2）运用原则。

宝塔线翻白之后，证券价格后市总要延伸一段上升行情。

宝塔线翻黑之后，证券价格后市总要延伸一段下降行情。

盘局时，宝塔线的小翻白、小翻黑，可依设定损失点或利润点之大小而决定是否进出。

盘局或高档时宝塔线长黑而下，应获利了结，将手中证券卖出；反之，翻白而上，则是买入证券时机。

宝塔线分析若能再与 K 线、移动平均线等共同运用，效果更佳。

宝塔线翻黑下跌一段后，突然翻白，须防范为假突破之现象，不可马上抢进，须观察 3 天。最好配合 K 线与成交量观察再作决定。

9. 成交量变异率（VR）

（1）指标说明。

成交量变异率（volumlity volume ratio，VR）的主要作用在于从成交量的角度测量证券价格的热度，不同于 AR、BR、CR 的价格角度，但是同样基于“反市场操作”的原理。和 VR 指标同性质的指标还有 PVT、PVI、NVI、A/D VOLUME 等，本书仅列举 VR 一项。

对于以“反市场操作”的原理使用 VR 指标，看起来似乎很简单，实则内部蕴藏玄机。“反市场操作”的背后还有“反反市场操作”，如同“反间谍”的背后还有“反反间谍”，这个市场“螳螂捕蝉，黄雀在后”，尔虞我诈，投资人需时时谨慎提防。

当你认为盲目的群众绝对是错误的时候，群众却可能是对的。所以，什么时候该脱离群众？什么时候该附和群众？这是 VR 指标最大的课题。如果你追求真理，那么证券市场有一个真理，也是唯一的市场真理——“没有道理的道理”。

（2）运用原则。

VR 在 350 以上，代表证券市场片面资金大多数已投入市场，市场上已无多余资金可供抬高证券价格，终将造成证券价格因缺乏后续资金支持而反转下跌。

何谓片面资金？这是指一般常态行情时，经常性流连证券市场以寻求短期利润的资金。由于并非大多头疯狂行情，各路人马压箱底的银两并未全部拿出来。所以，此种经常性资金，一旦将证券价格推升一定幅度，即面临资金短缺的窘境。

VR<40 左右，证券价格会获得消极性资金的支撑而反弹。

何谓消极性资金？其包括只敢低档承接不追高的保守资金。由于资金库存已久，累积了相当的实力，在某一个共同认可的合理保守价位，形成了一股扎实的资金区。同时，因为前波段证券价格下滑认赔杀出的残余资金，在惨遭教训惊悸之余，也投入了保守派资金的行列，这股力量缺乏主动攻击的动机，但是敢于固守城池，两者合成消极性资金。

10. 抛物线转向指标

（1）指标说明。

抛物线转向也称停损点转向。投资者可利用抛物线方式，随时调整停损点（SAR）位置以观察买卖点。由于 SAR 以弧形的方式移动，故称之为抛物线转向指标。

（2）运用原则。

买卖的进出时机是价位穿过 SAR 时，也就是向下跌破 SAR 便卖出，向上越过 SAR 就买进。

11. 慢速 KD 指标

（1）指标说明。

慢速 KD 是指在 KD 的基础上，对 D 再进行一次平滑，这次选择的平滑工具是移动平均，而不是指数平滑。慢速 KD 中的 K 就是 KD 中的 D，慢速 KD 中的 D 是 KD 中的 D 值移动平均。我们知道，经过平滑的比未经过平滑的慢，所以慢速 KD 同 KD 的本质没有什么不同。

（2）运用原则。

从 K 取值方面看，KD 的取值范围是 0～100%，将其划分为几个区域，如超买区、超卖区、徘徊区。按现行的划分法，80%以上为超买区，20%以下为超卖区，其余为徘徊区。根据这种划分，KD 超过 80%，投资者就应该考虑卖出了；低于 20%，投资者就应该考虑买入了。这种操作很简单，同时又很容易出错，完全按这种方法进行操作很容易招致损失。大多数对 KD 指标了解不够深入的人，以为 KD 指标的操作就限于此，故而对 KD 指标的作用产生误解。应该说的是上述对 0～100%的划分只是一个应用 KD 的初步过程，只是初步信号。真正做出买卖的决定还必须从另外几个方面考虑。

从 KD 指标曲线的形态方面看，当 KD 指标在较高或较低的位置形成了头肩形和多重顶（底）时，是采取行动的信号。注意，这些形态一定要在较高位置或较低位置出现。位置越高或越低，结论越可靠、越正确。操作时，可按形态学方面的原则进行。对于 KD 的曲线，我们也可以画趋势线，以明确 KD 的趋势。在 KD 的曲线图中仍然可以引进支撑线和压力线的概念。某一条支撑线和压力线的被突破，也是采取行动的信号。

从 KD 指标的交叉方面看，*K* 与 *D* 的关系就如同证券价格与 MA 的关系一样，也有死亡交叉和黄金交叉的问题。不过，这里的交叉的应用是很复杂的，还附带有很多的条件。下面以 *K* 从下向上与 *D* 交叉为例对这个交叉问题进行介绍。*K* 上穿 *D* 是金叉，为买入信号，这是正确的。但是出现了金叉是否就应该买入，还要看别的条件。第一个条件是金叉的位置应该比较低，是在超卖区的位置，越低越好。第二个条件是与 *D* 相交的次数。有时在低位，*K* 与 *D* 要来回交叉好几次。交叉的次数以二次为最少，越多越好。第三个条件是交叉点相对于 KD 线的低点的位置，这就是常说的"右侧相交"原则。*K* 是在 *D* 已经抬头向上时才同 *D* 相交比 *D* 还在下降时与之相交要可靠得多。换句话说，右侧相交比左侧相交好。满足了上述条件，买入就放心一些。少满足一条，买入的风险就多些。但是，如果要求每个条件都满足，尽管比较安全，但也会损失和错过很多机会。对于 *K* 从上向下突破 *D* 的死叉，也有类似的结果。

从 KD 指标的背离方面看，简单地说，背离就是走势的不一致。KD 处在高位或低位时，如果出现与证券价格走向的背离，则是采取行动的信号。KD 处在高位，并形成两个依次向下的峰，而此时证券价格还在一个劲地上涨，这叫顶背离，是卖出的信号。与之相反，KD 处在低位，并形成一底比一底高，而证券价格还在继续下跌，这构成底背离，是买入的信号。除了上述 KD 的操作法之外，还有几条补充。第一，$K>D$ 时，不卖；$K<D$ 时，不买。第二，当 KD 值达到了极高或极低，比如说 92%或 5%时，可以不考虑别的因素而单方面采取行动。应该说明的是，各个股票的这个极高和极低是不相同的，需要自己从中寻找。

12. 三重指数平滑移动平均

（1）指标说明。

三重指数平滑移动平均（triple exponentially smoothed moving average，TRIX）通常在长线操作时使用。它可以过滤掉一些短期波动的干扰，避免交易次数过于频繁，造成部分无利润的买卖及手续费的损失。TRIX 是一项超长周期的指标。投资者长时间按照 TRIX 的信号交易，获利百分比大于损失百分比，利润相当可观。

（2）运用原则。

在长期操盘或投资中，趋向类指标中以 TRIX 最适合。

TRIX 由下向上交叉 TMA 时，投资者可买进；TRIX 由上向下交叉 TMA 时，投资者可卖出。

13. 简易波动指标

（1）指标说明。

简易波动指标（ease of movement value，EMV）由《股市周期》（*Cycle in the*

Stock Market）一书作者小理查德·W. 阿姆斯（Richard W. Arms Jr.）根据等量图（equivolume charting）原理提出。如果较少的成交量便能推动证券价格上涨，则EMV数值会升高；相反，证券价格下跌时也仅伴随较少的成交量，则EMV数值将降低。倘若价格不涨不跌，或者价格的上涨和下跌都伴随着较大的成交量时，则EMV的数值会趋近于零。

在证券价格下跌的过程中，由于买气不断萎靡退缩，成交量逐渐减少，EMV数值也因而下降，直到证券价格下跌至某一个合理支撑区，捡便宜货的买单促使成交量再度活跃，EMV数值于是向上攀升。当EMV数值由负值向上趋近于零时，表示部分信心坚定的资金成功地扭转了证券价格的跌势，行情不但反转上扬，并且形成另一次的买进信号。

行情的买进信号发生在EMV数值由负值转为正值的一刹那，然而随后的成交量并不会很大，一般仅呈缓慢的递增。这种适度稳定的成交量，促使EMV数值继续向上攀升。由于头部通常是成交量最集中的区域，因此，市场人气聚集越来越多，直到出现大交易量时，EMV数值会提前反应而下降，行情已可确定正式反转，形成新的卖出信号。

EMV运用这种成交量和人气的盛衰，构成一个完整的证券价格系统循环。EMV引导投资者掌握证券价格的变动规律，避免在人气汇集且成交热络的时候买进股票，并且在成交量已逐渐展现无力感而狂热的群众尚未察觉能量即将用尽时卖出股票并退出市场。

（2）运用原则。

当EMV由下往上穿越0轴时，投资者可买进；当EMV由上往下穿越0轴时，投资者可卖出。

投资者会在指标图形中发现，EMV指标曲线大部分集中在0轴下方，这是EMV指标的主要特色。因此，从图形上可以看出，EMV位于0轴之上的机会并不多。由于证券价格下跌，成交量较少，EMV自然位于0轴下方；当成交量增加时，EMV又趋近于零。这可以说明EMV的理论精髓。从另外一个角度说，EMV指标已经为投资人过滤了行情，凡是急躁冒进的行情都不被EMV看好。EMV重视移动长久且能产生足够利润的行情。

14. 指数平均数

（1）指标说明。

指标平均数（exponential moving average，EXPMA）原属于均线型指标，但由于它是以交叉为主要的信号，因此，本书将其归入趋向型指标。

因为计算移动平均线时，必须采用前 n 天的价格综合平均，平均线的走向受制于前 n 天的价格，因此，其交叉信号经常落后行情数日时间。

为了解决移动平均线落后的问题，技术分析人士另外寻求EXPMA等类均线指标，用以取代移动平均线。EXPMA正是在这种环境下被广泛采用的。EXPMA可以随证券价格快速移动而变化，并可立即调整方向，有效地解决了信号落后的问题。

（2）运用原则。

当第一条 0.15 的 EXPMA 由下往上穿越第二条 0.04 的 EXPMA 时，将对证券价格造成推升力道，当第一条 0.15 的 EXPMA 由上往下穿越第二条 0.04 的 EXPMA 时，将对证券价格造成迫降的力道。

证券价格由下往上碰触 EXPMA 时，很容易遭遇大压力回挡；证券价格由上往下碰触 EXPMA 时，很容易遭遇大支撑反弹。

15. 顺势指标

（1）指标说明。

顺势指标（commodity channel index，CCI）由唐纳德·兰伯特（Donald Lambert）创立，专门用于测量证券价格是否已超出常态分布范围，属于超买超卖类指标中较特殊的一种，波动于正无限大和负无限小之间。但是，它又不需要以 0 为中轴线，这一点也和波动于正无限大和负无限小的指标不同。然而每一种的超买超卖指标都有“天线”和“地线”。除了以 50 为中轴的指标，天线和地线分别为 80 和 20 以外，其他超买超卖指标的天线和地线位置，都必须视不同的市场、不同的证券而有所不同。CCI 指标的天线和地线分别为+100 和-100。这一点不仅是原作者相当独到的见解，在意义上也和其他超买超卖指标的天线与地线有很大的区别。读者必须相当了解他的理论原理，才可能更熟练地运用 CCI、布林线、ROC 指标。

什么是超买超卖指标？顾名思义，“超买”就是已经超出买方的能力，买进证券的人数超过了一定比例。那么，根据“反群众心理”，这时候应该反向卖出证券。“超卖”则代表卖方卖证券卖过了头，卖证券的人数超过了一定比例时，反而应该买进证券。这是在一般常态行情下，最被重视的反市场、反群众理论。但是，如果行情是超乎寻常的强势，则超买超卖指标会突然间失去方向，行情不停地持续前进，群众似乎失去了控制。对于证券价格的这种脱序行为，CCI 指标提供了不同角度的看法。

按照波浪理论的原理，证券价格以 8 浪的方式前进。在发展到第 5 浪时，无论其处于上涨浪或下跌浪，都是行情波动最凶猛的时候，投资者毫无理性地疯狂，证券价格在很短的时间内加速度完成最大幅度的波动。

有些投资者想在最安全的范围内买卖证券，但是对于部分冒险性较强的投资者而言，他们宁可选择在高风险的环境下，介入获利速度快、利润大的市场。这种市场经常是“一翻两瞪眼”，入市要快，出市也要快。

如果说以 0~100 为范围的超买超卖指标，是为常态行情设计的。那么，CCI 指标就是专门对付极端行情的。也就是说，在一般常态行情下，CCI 指标不会发生作用。当 CCI 扫描到证券价格异常波动时，“战斗机立刻升空作战”，而且力求速战速决。

注意！CCI 的“天线”是+100，“地线”是-100，这个范围也有可能因为证券差别而稍有变动，这需要投资者明察秋毫并加以增减。但是，大体上不会差异太大。

（2）运用原则。

CCI 从+100~-100 的常态区往上突破+100 天线时，为抢进时机。

CCI 从+100 天线之上往下跌破天线时，为加速逃逸时机。

CCI 从+100～-100 的常态区往下跌破-100 地线时，为打“落水狗”的放空卖出时机。

CCI 从-100 下方往上突破-100 地线时，打“落水狗”的空头，应尽快鸣金收兵回补买进股票。

16. 佳庆指标

（1）指标说明。

佳庆指标（Chaikin oscillator）是由马可·蔡金（Marc Chaikin）发明的一种新成交量指标。马可·蔡金对佳庆指标的设计原理，做了简要叙述：“本指标是为了将市场的内在动能，真实地表现在分析图表上。现有的技术指标，不管应用在大盘或者个股上，都必须将成交量列入考虑的范围。在价格的波动趋势中，成交量分析有助于掌握证券价格本质上的强弱度。成交量与证券价格的背离现象，经常是确认反转信号的唯一线索。约瑟芬·格兰维尔和拉里·威廉斯两位教授，直到 20 世纪 60 年代后期，才开始注意成交量与证券价格的关系。他们发现，必须在成交量总额中，筛选出较具意义的部分成交量，才能创造出更具代表性的指标。多年来，大部分的技术分析师，将上涨证券的成交量全部视为正值，将下跌证券的成交量全部视为负值。但是，这种论调存在着很大的缺点，必须加以改良，才足以反映证券价格的真实本质。”

以 OBV 累积能量线为例子。如果当日证券价格上涨，则当日所有的成交量总额一律视为多头动能；如果当日证券价格下跌，则当日所有成交量总额一律视为空头动能。这种论点太过于简化，而且不符合实际的现状。一段完整的趋势行情，会形成很多次重要的短、中期头部和底部。然而，OBV 指标主要针对极端的行情起作用。也就是说，只有在成交量极度萎缩或极度扩张的状况下，OBV 指标才能发挥作用。

拉里·威廉斯对 OBV 加以改良，用来分析当日的成交量属于多方还是空方力道。OBV 将当日的收盘价和前一日的收盘价相比较。然而，马可·蔡金却以当日收盘价和当日开盘价相比较，并且设计了一条累积能量线。如果收盘价高于开盘价，则开盘价距收盘价之间的上涨幅度，以正值百分比表示，并乘以当日成交量。如果收盘价低于开盘价，则开盘价距收盘价之间的下跌幅度，以负值百分比表示，再乘以当日成交量。经过这样的改良之后，其侦测量价背离的功能更完善。

在使用佳庆指标之前，必须注意下列三大要点：

第一，以中间价为标准，如果收盘价高于当日中间价，则当日成交量视为正值。收盘价越接近当日最高价，其多头力道越强。如果收盘价低于当日中间价，则当日成交量视为负值。收盘价越接近当日最低价，其空头力道越强。

第二，一波健全的上升趋势，必须包含强劲的多头力道。多头力道就像火箭升空，需要消耗的燃料多大。如果多头力道虚弱，则视为燃料不足，没有推升证券价格的条件。相反，下降趋势经常伴随着较低的成交量。但是，波段下降趋势即将成熟前，经常会出现恐慌性抛压。这些卖盘，有部分来自机构的大额结账抛售。这一点，相当值得注意！证券价格不断地创新低点，成交量也相对呈现缓步的缩减。在这期间，注意突然大量抛出的现象，这个现象发生时，经常是底部完成的信号。

第三，我们必须承认，没有任何一个指标是完美的，建议搭配其他指标使用，以尽可能避免失误。

（2）运用原则。

佳庆指标与证券价格产生背离时，可视为反转信号（特别是在其他搭配运用的指标群正处于超买或超卖水平时）。

佳庆指标本身具有显示超买超卖的作用，但是，其超买和超卖的界线位置，随着证券不同而不同，必须自行认定。建议至少观察一年以上的走势图，从中找出其经常性的超买和超卖界线，进而界定出一个标准。

佳庆指标由负值向上穿越 0 轴时，为买进信号（注意！证券价格必须位于 90 天移动平均线之上，才可视为有效）。

佳庆指标由正值向下穿越 0 轴时，为卖出信号（注意！证券价格必须位于 90 天移动平均线之下，才可视为有效）。

17. 点数图

（1）指标说明。

点数（OX）图是一种最简单的图示方法，但它又是最难理解的一种方法。这一方法的主要特点是，没有时间尺度，并忽视价格的微小变化，只是通过预先确定的点数将证券价格的变动方向记录在图表上，以此观察市场的情况和价格的运动方向。必须注意的是，在制图中并不记录时间和数量。因此，变动很小的价格可能会仍然保留在非常狭小的价格范围之内，这对制图来说，工作量就很小了。对不同的证券来说，由图来描述的纵向价格波幅是大不相同的，横轴表示的时期对每一只证券来说也是不同的，有的证券可能在一天之内发生了数次的价格波动，有的证券则可能稳定不动。因此，它只表示了普通证券价格在时间上的变动方向。

技术分析者可用 OX 图来寻找证券价格主要变动方向的趋势和轨迹。如果不考虑时间因素，就能够确定供求的力量，并且能通过 OX 图来判断支持证券价格的力量何在。威胁证券价格的证券供给之源出自何处。这两种力量通常被解释为阻止及支持水平。

在画 OX 图时，如何设定每一方格的代表值十分重要，它直接决定着整张 OX 图在将来测市功能的发挥。因此，技术分析人员要适当地设定每格代表值及多少格升跌才开始转行。格值增大即代表波幅较小的环节不予理会。因为在一个成熟的市场，价格频繁反复上下是市场的规律，要剔除它对市场价格动向的干扰，可将格值提高。

OX 图有两大功能：

第一，表现多空强弱的情况与变化。许多在 K 线图上表现不很明显的，均可在 OX 图上明显表现出来。

第二，可以观察中长期大势与个别证券价格的变动方向。具体如下：

① 在 OX 图中出现买卖信号时，有时可暂缓进场，待其回挡到 45 度角切线时，或回至其支撑线与阻力线时，再进场交易；

② 当走势在持续上涨或持续下跌时，不要去找寻其高低价区，而以回挡第四格再出场为宜。如果回挡后再度破其新高点或新低点，再行进场。

③ 最漂亮的图形是三线齐顶后第四次突破，是标准升势。

④ 由于大众交易人士的预期心理，所以市场会有过度反应的现象出现。我们在决定停止损失与决定进出场时机时，应以长期趋势和价位区域作为参考标准。

OX 图可令我们在证券市场中保持冷静，而不被突变的市况困扰。OX 图由于忽略了成交量与时间因素，因此预测效果大打折扣。我们可通过 OX 图从众多证券价格波动形态中寻求最佳的形态组合，以预测后市的转向。

（2）绘制方法。

OX 图不是通过坐标来表现价格的变化，而是通过小方格来表现价格的变化。其主要内容如下：

X 表示价格上升，*O* 表示价格下降。方格中的数字表示月份，图左边的数字表示单位价格。

在每次证券价格上升时，用“×”来表示。价格每上升一个单位，使用一个小方格来表示。比如在第一列，单只证券的价格从 7 元上升到 8 元，就在 8~9 的小方格里打上一个“×”。又如一次上升多个单位。比如说，在第三列，价格从 5 元上升到 7 元时，便可一次打两个“×”。假如价格在一个单位内变动，就用不着打任何记号，比如价格从 7.3 元涨到 7.5 元时，由于没有达到一个新的单位价，就用不着打“×”。同样，如果价格在一个单位价格内下降，也用不着打下降的记号。

每次证券价格的下降，用“○”来表示。价格每下降一个单位，便在相应的小方格中填上一个“○”，下降多少个单位必须填上多少个“○”。

当证券价格开始朝相反的方向变化时，则另起一列，在第一列中，价格上升到 8~9 元，开始下降，于是在第二列用“○”表示下降一个单位价格。比如从 8 元降到 5 元，则图中第二列所表示的意义是：当价格上涨到 8 元时，开始下降，并一直降到 5 元以下。

小方格里的阿拉伯数字表示月份，即价格变化到了哪一个月。第二列的“3”字：一方面表示价格下降到 5~6 元；另一方面又表示价格变化到这一点时，进入了 3 月份。同样，第 10 列的“4”表示价格变化进入了 4 月份。从小方格中的“3”，到小方格中的“4”，我们可以看到 3 月份的证券价格涨落情况。

18. 3 减 6 日乖离率和 6 减 12 日乖离率（B3612）

3 减 6 日乖离率和 6 减 12 日乖离率，就是用 n_1 日均线减 n_2 日均线，其中 n_1、n_2 值可调，要求 $n_2>n_1$。

19. 成本均线

成本均线（CBJX）反映了证券的移动平均成本。移动平均成本和一般的证券价格均线的不同在于引进了成交量的概念。

20. 布林线

（1）指标说明。

布林线（Bollinger bands）由翰·布林格（John Bollinger）设计。它利用统计学

原理标准差求信赖区间。该指标包络线指标更能随机调整其变异性：不固定上下限之范围，随证券价格的变动而变动。

（2）运用原则。

布林线利用波带可以显示其安全的高低价位。

当变易性减弱，而波带变窄时，激烈的价格波动有可能随时产生。

高低点穿越波带边缘时，立刻又回到波带内，会有回挡产生。

波带开始移动后，以此方式进入另一个波带，这对于找出目标值有相当大的帮助。

21. 相对强度指标

相对强度指标（RS）用于描述个别证券和大盘之间的背离情况。其中，移动平均线的意义是在 n 个周期中个别证券和大盘的平均背离情况。一般来说，它将个别证券和相同市场中的指数进行比较。

22. 震荡量指标

（1）指标说明。

震荡量（OSC）是动量指标的另一种表现形式，一般用百分比值来加以计算。其内涵是以当日收盘价除以 n 日前收盘价，再乘以 100。

（2）运用原则。

其运用原则与 MTM 一样。

23. 平均成本线

平均成本线（PJCB）反映了个别证券或者大盘的综合成本。成本线有三条，它们分别是本日市场平均成本 CB 和移动平均成本 $CBMA_1$、$CBMA_2$。

24. 平均盈亏指标

平均盈亏指标（PJYK）用以描述在一定周期前买入证券的投资者现在的盈亏比率。它其实是成本均线的乖离率。

25. 包络线

包络线（envelopes）指标是基于一条移动平均线上下移动的百分比而形成的线。包络线如附图 1 所示。

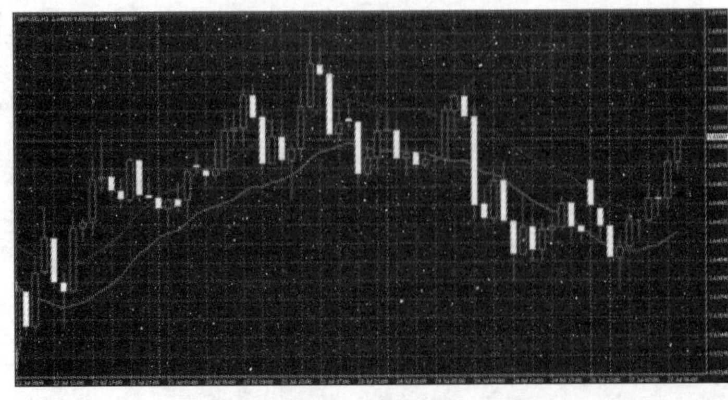

附图 1　包络线

包络线指标的具体分析分为两种情况：

（1）当价格在上线附近徘徊一段时间后，突破上线上升时，此时应该是一个上升趋势，可以做“买单”；当价格在下线附近徘徊一段时间后，突破下线下降时，此时应该是一个下降趋势，可以做“卖单”。

（2）当价格接触到下线后又往上穿过移动平均线时，就做“买单”；当价格接触到上线后又往下穿过移动平均线时，就做“卖单”。

包络线的具体计算方式如下：

上线=SMA（Close，N）/（1+K/100）

下线=SMA（Close，N）/（1−K/100）

注：SMA 为简单移动平均值，是一个可变参数，可以以 EMA、WMA 等作为参数。它们的计算方式请参考移动平均线指标（MA）的计算方式。

N 为时段周期，系统默认为 14，也是一个可变参数。K 也为一个可变的参数，是一个偏差值，它的变化数值是决定上线和下线之间幅度大小的重要参数值。Close，即收盘价，也是一个可变参数，我们可以在指标属性中选择。

26. 推荐分析软件：分析家 2006

分析家 2006 是目前较好用的分析软件之一，它不需要单独再安装数据接收接口。安装后，一点“接收”就可以向证券公司的股票软件一样自动补充从股票上市至今的行情数据（只是这个行情没有下载到硬盘上），而且还可以自动补充 5 分钟的数据。该软件功能博大精深，操作简单易学，使用轻盈流畅，是最专业的分析研究工具。该软件最大的好处就是画趋势线不会偏移，放大 K 线也很方便。